Tuttu Tarkiainen:
Die athenische Demokratie

Deutscher
Taschenbuch
Verlag

dtv

Dieser Band erschien 1966 in der
BIBLIOTHEK DER ALTEN WELT
Reihe Forschung und Deutung
des Artemis Verlags

Ungekürzte Ausgabe
Januar 1972
Deutscher Taschenbuch Verlag GmbH & Co. KG,
München

Titel der finnischen Originalausgabe: ›Demokratia, antiikin ateenan kansanvalta‹
Aus dem Finnischen übersetzt von Rita Öhquist
Umschlaggestaltung: Celestino Piatti
Gesamtherstellung: C. H. Beck'sche Buchdruckerei, Nördlingen
Printed in Germany · ISBN 3-423-04104-8

INHALT

GESTALTUNG, AUSBREITUNG UND FESTIGUNG DER ATHENISCHEN DEMOKRATIE

DAS DEMOKRATISCHE SYSTEM IN FUNKTION

Das Buch

Die Staatsverfassung und Regierungsform, die sich im athenischen Stadtstaat zwischen dem 6. und 4. Jahrhundert vor Chr. herausbildete, hat allen späteren Versuchen, Volksherrschaft zu verwirklichen, den Namen Demokratie hinterlassen, und ihnen auch als theoretischer Ausgangspunkt gedient. Die Normen, Einrichtungen und Gesetze dieser Demokratie, die noch eine Demokratie der Wenigen war, sind oft von Historikern und Staatsrechtlern beschrieben worden. Tarkiainen geht über die historische und theoriegeschichtliche Darstellung hinaus und untersucht die politischen Motive und die treibenden sozialen und wirtschaftlichen Kräfte, die eben jene Gesetze und Institutionen hervorgebracht haben, und er analysiert den Mechanismus der athenischen Demokratie: ihr Funktionieren, ihre Reibungsflächen, und ihre Grenzen.

Der Autor

Tuttu Tarkiainen (1912–1969) war Professor der Staatswissenschaften an der Universität zu Tampere und an der Wirtschaftshochschule zu Helsinki. Er war in der Industrie und im finnischen diplomatischen Dienst, u. a. in Moskau und Rom, tätig und leitete von 1949 bis 1952 die Welternährungsorganisation FAO in Washington.

VORWORT

In dem vorliegenden Werk wird einleitend die im Gebrauch des Wortes «Demokratie» wie auch bei der wissenschaftlichen Betrachtung der Demokratie herrschende Regellosigkeit hervorgehoben und festgestellt, wie stark das geistige Erbe Alt-Griechenlands die Erforschung der modernen Demokratien bereichert, aber auch belastet hat.

Die Hauptkapitel sind der Auseinandersetzung mit der ersten Volksherrschaft, der Demokratie im alten Athen, gewidmet.

Über die Entwicklung der politischen Verhältnisse im damaligen Athen gibt es gründliche geschichtliche Untersuchungen, desgleichen eine Fülle von Darstellungen und Analysen der politischen Theorien bei den alten Griechen. Es fehlte jedoch eine einheitliche Darlegung, die gewisse, vom Standpunkt einer staatswissenschaftlichen Untersuchung der Demokratie aus besonders zentrale Fragen erhellen könnte, wie zum Beispiel: Wann, aus welchen Anlässen und wie entstand jenes System, das den Namen Demokratie erhielt? War es die Verwirklichung einer Idee oder nicht? Welchen Zwecken dienten seine Institutionen in den Augen der Zeitgenossen? Welche Umstände betrachtete man als charakteristisch für das System? Wo lief die Grenze zwischen der Demokratie und den andersnamigen politischen Systemen? Stimmten die Zeitgenossen in ihren Antworten auf diese Fragen überein oder nicht? Bei wem lag in der Demokratie die politische Gewalt? Welche realen Verhältnisse wurden durch Ausdrücke wie «Freiheit» und «Gleichheit» wiedergegeben?

Die Angaben darüber sind freilich lückenhaft und vielfach widerspruchsvoll oder unsicher. Trotzdem läßt sich aus den teilweise sehr zerstreuten Ergebnissen der Forschung über altgriechische Verhältnisse eine erhebliche Klärung jener Fragen erzielen. Auf diesem zu Gebote stehenden Material baut sich die vorliegende Darstellung auf.

TUTTU TARKIAINEN

EINLEITUNG

Die vieldeutige Anwendung des Wortes «Demokratie»

«Demokratie» ist heutzutage einer der weitestverbreiteten politischen Ausdrücke. In allen Weltteilen, unter Menschen aller Farben, in Wort und Schrift wird er als bald mehr, bald weniger geläufige Bezeichnung gebraucht. Die Alltagssprache bringt mit den Begriffen «Demokratie» sowie den Ableitungen «Demokrat» und «demokratisch» viele verschiedene Vorstellungen und sehr heterogene Verhältnisse zum Ausdruck. Außer der politischen Demokratie spricht man von einer sozialen und wirtschaftlichen; irgendeine Gesetzesbestimmung oder verwaltungsmäßige Maßnahme wird als demokratisch oder undemokratisch gekennzeichnet; dieselben Attribute lassen sich auf die Arbeitsmethoden zwischenstaatlicher Organisationen anwenden; in Moral und Haltung von Individuen oder Gemeinschaften kann man «Demokratismus» oder sein Gegenteil erkennen usw.

Wahrscheinlich wäre es gar nicht so unmöglich, jenen gemeinsamen Faktor zu bestimmen, den «Demokratie», von einem Einzelnen oder einer Gruppe angewendet, in politischer, sozialer, wirtschaftlicher, juristischer, pädagogischer, industrieller, moralischer oder anderer Bedeutung hat. Es ist jedoch klar: um auf ein solch weites Gebiet ausdehnbar zu sein, muß der gemeinsame Faktor so begrenzt sein, daß er kaum ausreicht, um nur annähernd vollständig die Bedeutung des Wortes Demokratie in einer einzigen jener verschiedenen Anwendungen zu erklären.[1] Was im Sprachgebrauch des Einzelnen oder einer Gruppe solchen Äußerungen der Demokratie gemeinsam sein kann, erweist sich unter Umständen lediglich als eine gleichlaufende Tendenz oder als ein auf Erreichung irgendeines Ideals zielendes Prinzip. In den meisten Zusammenhängen, wo dieses Ideal heute unter dem Namen Demokratie auftritt, läßt sich der Sinn leichter und meistens auch treffender durch ein anderes Wort wiedergeben. So dürfte es einfacher – und mindestens ebenso deutlich – sein, zum Beispiel[2] eine Gesetzesbestimmung «unparteiisch» oder «gerecht» statt «demokratisch», das Verhalten der Herrschaft zur Dienerschaft «überheblich» oder «streng» statt «undemokratisch» zu nennen.

Die Verbreitung des Wortes Demokratie und seiner Ableitungen wurde wesentlich dadurch gefördert, daß man in steigendem Maß ganz verschiedenartige Werte hineinlegte. Demokratie ist zu einem der wichtigsten Ausdrücke des politischen Sprachgebrauchs und sogar zum Schlüsselsymbol der sichtbarsten politischen Auseinandersetzungen unserer Tage geworden. Aber ebensowenig wie die Verallgemeinerung des Ausdrucks Demokratie vermochte die Intensivierung der emotionellen Ladung des Symbols selber die Meinungsverschiedenheiten über die Bedeutung des Wortes – das heißt welche Sachverhalte es aussagt – aufzuheben. So überraschend es vielleicht klingen mag – die Widersprüche in den Auffassungen von der Demokratie rühren keineswegs von der Knappheit des vorhandenen Wissensmaterials her. Im Gegenteil: quantitativ ist dieses Wissen von Jahr zu Jahr gewachsen; Darstellungen und Deutungen der Demokratie erscheinen fortlaufend in nie dagewesenem Ausmaß. Dennoch vermochte man kein Bild von der Demokratie zu schaffen, das auch nur annähernd überall da gutgeheißen würde, wo der gleiche Ausdruck gebraucht wird. So geht der Streit darüber, was Demokratie ist, weiter.

Das Chaos im Gebrauch des Wortes Demokratie ist gewissermaßen eine natürliche Folge vieler Umstände. Zunächst haben wir überhaupt kein allgemein akzeptiertes Verfahren, um die Bedeutung dieses Wortes zu bestimmen. Demokratie läßt sich nicht durch eine Definition bestimmen wie etwa das gleichseitige Dreieck, bei dem dadurch die Verwechslung mit anderen Dreiecken leicht und allgemeingültig verhindert werden kann; oder wie bei der Definition chemischer Verbindungen, die es zum Beispiel ermöglicht, den Grundstoff Blei, *plumbum*, von dem in der täglichen Sprache üblichen «Blei» des Bleistiftes unmißverständlich zu unterscheiden. Uns fehlt beim Gebrauch des Wortes Demokratie und beim Studium der Demokratie ein fester Ausgangspunkt in Gestalt einer formellen Vereinbarung über die Bedeutung des Wortes – wie etwa bei einem auf einer allgemeinen Kirchenversammlung festgelegten theologischen Begriff oder bei einem Fachausdruck aus der Physik oder dem internationalen Recht, dessen Sinn in zwischenstaatlichen Verträgen oder Konferenzprotokollen fixiert ist. Wer die Frage nach dem Wesen der Demokratie zu klären sucht, hat – im Gegensatz etwa zu den Interpreten des Kommunismus – als Richtschnur und Stütze nicht ein einziges Schema von einem anerkannten Kommentator, aus dem sich eine orthodoxe Theorie über die Bedeutung des Wortes selber ableiten ließe. Hingegen gibt es eine Menge wissenschaftlicher und populärer, sowohl jahrhundertealter wie neuer Darstellungen der Demokratie. Keine einzige aber hat sich irgendwie eine kanonische Stellung errungen.

Wie also kann man wissen, ob auch nur einer dieser schillernden Begriffe ein «richtiges» Bild der Demokratie gibt? Oder gehört sie zu den Phänomenen, deren verschiedene Abarten widerspruchsvolle Auffassungen rechtfertigen? Und wäre auch die Möglichkeit zu berücksichtigen, daß Demokratie überhaupt nur als Idee, als Phantom besteht, ohne Entsprechung in der Wirklichkeit? Worüber man also uferlos disputieren könnte, ohne das Wissen um das ganze Problem im mindesten zu vertiefen?

Wo die Demokratie gesucht wird

Die Sinndeutung des Wortes Demokratie – wie so manch andre Begriffe, die soziale Beziehungen und Betätigungen spiegeln – ist vor allem dadurch erschwert, daß man in dem Wort, oder gleichsam hinter ihm, eine Art magisches «Wesen» vermutet. Angespornt von diesem Glauben, hat man sich nach Art der alten Griechen dauernd gemüht, die wahre, ewig unwandelbare «Idee» des Wortes zu entdecken.[3] Auch in der Demokratie hat man ein Moment sehen wollen, das gleichsam «oberhalb» der empirisch feststellbaren Realitäten ist – entweder gleichzeitig sowohl auf der Ebene der Tatsachen wie der Ideen oder ganz im Bereich der letzteren.

Mit jedem einigermaßen klarumrissenen politischen System sind, bald bewußt, bald fast unbewußt, eine Menge Ideen und Glaubensvorstellungen verknüpft. Mit ihrer Hilfe wird die Methode der politischen Gewaltausübung erklärt, gestützt und notfalls verteidigt und das Verhältnis der Herrschenden sowie der Beherrschten zu dem System und seinen Einrichtungen gestaltet. Heute faßt man derartige Ideen und Glaubenssätze oder zu Glaubenssätzen gewordene Gedanken unter dem Namen Ideologie zusammen. Auch die Demokratie hat ihre eigene Ideologie. Dazu können Grundsätze gehören, denen zufolge das Verhältnis zwischen den Trägern der politischen Gewalt und den ihr Unterworfenen im demokratischen System angeblich für geregelt gilt, wie auch Ideale, deren Verwirklichung und Aufrechterhaltung man auf diese Weise für gesichert hält, und mitunter auch jene, deren Erreichung man zu erstreben glaubt. Solche ideologischen Faktoren treten in der Wirklichkeit verstreut auf; ihre Zahl und Wirkung wechselt, je nach Zeit und Ort, erheblich, und sie können teilweise einander widersprechen. Man kann sie erfolgreich zum Beispiel mit den Methoden der Soziologie oder Geschichtswissenschaft analysieren. Doch haben sie auch Stoff für philosophische Untersuchungen der Grundlagen der Demokratie geliefert.

In der Literatur finden wir ausgiebige Deutungen der ideologischen Grundlagen der Demokratie. Die einen könnte man insofern prophetisch nennen, als sie einer Zeit entstammen, in der man von der Demokratie keinerlei andere Kenntnisse hatte als die aus der Antike überlieferten oder auf reine Phantasiebilder begründeten. Die anderen, späteren Darstellungen können sich auf Erfahrungen aus dem modernen politischen Leben stützen, also mehr oder weniger überzeugend nachweisen, wieweit die Verwirklichung einer Grundidee oder die Annäherung an ein Ziel in der Praxis geglückt ist.

Kennzeichnend für die philosophisch betonten Untersuchungen über die Demokratie ist, daß eine Idee oder eine Menge verschiedener Thesen gleichsam als Axiom auftritt und daß die Entwicklung des Gedankens gewissermaßen nach der Postulierungsmethode erfolgt. Solche als Grundlage oder Ausgangspunkt gewählten

Ideen können ebensogut der Feder eines Wissenschaftlers wie einer politischen Parole entstammen. Also sind sie ihrem Charakter und ihrer Form nach bald sehr abstrakt, geradezu metaphysisch, bald scheinbar leicht faßlich – wenn auch in Wirklichkeit ebenso dunkel und vieldeutig wie die ersteren. Für die verschiedenen Grundlagen, auf denen sich dergestalt ideologische Darlegungen aufbauen, seien nur einige Beispiele erwähnt: Im 18. und noch im 19. Jahrhundert setzte man ziemlich allgemein voraus oder behauptete, die Menschen seien «vernünftige» Wesen, die ihre eigenen Gesetze schaffen, um, diesen untertan, «frei» und «gleich» zu sein, und die einzige Staatsordnung, unter der sich diese Wahrheiten unantastbar erhielten, sei die Demokratie. In den jüngst vergangenen Generationen sahen wiederum viele das «Wesen» der Demokratie in Abraham Lincolns zündendem Wort «*Government of the people, by the people, for the people*». Als Baumaterial für Ideologien trifft man ferner oft Leitbilder wie «soziale Gleichberechtigung», «freie Meinungsäußerung», «politische Skepsis», «Verantwortung der Regierenden für die öffentliche Meinung», «Suprematie des Gesetzes» usw.

Unnütz, in diesem Zusammenhang viele Worte auf den Nachweis zu verschwenden, zu welch durchaus verschiedenen Ergebnissen man von derartigen Voraussetzungen aus gelangen kann. Ausdrücke wie «Freiheit» und «Gleichheit» sind gänzlich bedeutungslos, wenn sie nicht auf irgendeinem Gebiet definiert werden. Über den Inhalt aller drei Teile von Lincolns Ausspruch können die Ansichten – und tun es auch tatsächlich – schroff auseinandergehen, ebenso über ihre Wertordnung. Jeder Begriff darin ist sozusagen leer, bis er mit Inhalt gefüllt wird. So sagt «Volk» nicht aus, was jeweilig zum Volk gerechnet wird, «durch das Volk» gibt nicht den geringsten Aufschluß, wie das System funktioniert, und «für das Volk» führt den Gedanken leicht auf widerspruchsvolle Wege.

Wer also ein Bild der demokratischen Ideologie entwerfen will, hat weitgehende Freiheit: nicht nur zu entscheiden, welches Material er überhaupt für seine Konstruktion gutheißt und in welcher Wertordnung, sondern auch, ob er die Bedeutung der angewandten Worte erklären oder unerklärt lassen will. Weil zur Klärung der

Meinung ein Hinweis auf die in der sinnlich wahrnehmbaren Welt herrschenden Verhältnisse nötig ist, wird aus den ideologischen Darstellungen oft eine Sammlung doppelsinniger, qualitativ verschiedener Thesen: die einen sind von Natur aus analytisch, aus sich erklärbar und den Forderungen der Logik genügend; die anderen wiederum synthetisch, auf durch Wahrnehmung gewonnenem Wissen fußend. Das Kombinieren dieser verschiedenartigen Faktoren geschieht sehr eigenmächtig und gibt oft den Einflüssen geschichtlicher Überlieferungen, sprachlicher Angewohnheiten und – wie wir wissen – politischer Sympathien Raum.

Die Folge ist natürlich Buntscheckigkeit und Inkonsequenz in den Ideologien der Demokratie. Unleugbar erhellt dies aus den Ergebnissen einer diesbezüglichen Umfrage, welche die *UNESCO,* Organisation der Vereinigten Nationen für Erziehung, Wissenschaft und Kultur, einer Schar Gelehrter von internationalem Ruf vorlegte. Die Antworten ließen folgendes erkennen: Unter den Sachkundigen herrschen tiefgehende Meinungsverschiedenheiten, die in manchen Fällen eine ideologische Voreingenommenheit spiegeln. Ferner: die Kenntnisse von den ideologischen Prozessen sind so unentwickelt, daß die übertriebenen Vereinfachungen der Widersprüche weitgehend unter dem Schutze autoritativer Gelehrter akzeptiert werden können, weil «sogar hervorragende Sachkenner geneigt sind, komplexe historische, philologische und philosophische Streitfragen zu behandeln, als gälte es nur zu wählen zwischen zuverlässigem Bericht und endgültiger Analyse einerseits und einem Haufen grob falscher Darstellungen und absichtlicher Entstellungen anderseits».[4] Klar ist, daß unter diesen Verhältnissen keine auch nur annähernde Einigung über das «wahre Wesen» oder die «Idee» der Demokratie, ja nicht einmal über ein Verfahren, die Widersprüche auszugleichen, zu erzielen war.

Eine andere, in der wissenschaftlichen Literatur beliebte Methode bei der Untersuchung der Demokratie ist die Aufstellung einer sogenannten Theorie. In mancher Beziehung erinnert sie an den Entwurf einer ideologischen Konstruktion. Die Theorie von der Demokratie erwächst hauptsächlich aus jenen Grundsätzen, die man in einem politischen System verwirklicht sieht oder zu sehen wünscht. Sie finden sich teils im praktischen Leben, von dem sie abstrahiert werden, teils in den Darstellungen anderer Verfasser. Ein scharfsinniger Forscher vermag sie selber zu entwickeln. Das Material kann auf den ersten Blick realistischer als die Ideen und Ideale wirken: zum Beispiel «repräsentative Regierungsform» und «allgemeines Stimmrecht». Auch kann man Forderungen in Form eines Prinzips, wie «Mehrheitsprinzip» und «Schutz der Minderheiten», aufstellen. Und schließlich gibt es innerhalb jenes Materials genau dieselben Formulierungen wie in den üblichen ideologischen Ausführungen, etwa: «Volkswille» und «allgemeines Streben nach Freiheit und Gleichheit».

Ihrer Zusammensetzung nach ist die theoretische Darstellung der Demokratie oft schwer von der rein ideologischen zu unterscheiden, und diese Unterscheidung wird nicht immer für nötig gehalten. Allgemeine Prinzipien und sogar verhältnismäßig klar scheinende Begriffe wie «repräsentative Regierungsform» und «allgemeines Stimmrecht» fordern nämlich Hinweise auf empirisch feststellbare Verhältnisse, ehe sie inhaltlich zuverlässig werden. Und ebenso wie der Verfasser einer ideologischen Darstellung hat der Schöpfer einer Theorie die Wahl zwischen einer breiten und einer engen Basis für sein Schema, so daß auch in diesem Fall die Ergebnisse einander schroff widersprechen können.

Zur Illustration genügen ein paar Beispiele aus der neuesten Literatur. Einerseits hat man bemerkt, wenn Demokratie nur eine vom Volk getragene Regierung bedeute, so hätte sich das nationalsozialistische Deutschland von 1938 eine Demokratie nennen können, da sein Regierungssystem zu jenem Zeitpunkt offenbar populär war. Ebenso könne man ein Einparteiensystem, wie es in der Sowjetunion herrscht, in «gewissem Sinn» als Demokratie betrachten, unter der Voraussetzung, daß die Mehrheit der Bevölkerung es stützt.[5] Solch weitgespannter Deutung zufolge hätte es also – zum Beispiel zur Zeit der beiden Napoleons, Oheim und Neffe – Demokratien gegeben und gäbe es auch heutzutage, die man nur anders zu nennen pflegt.

Anderseits hat man so strenge Theorien entwickelt, daß man daraus den Schluß ziehen muß, die Demokratie sei in dieser Welt nur mangelhaft verwirklicht worden oder gänzlich ohne Entsprechung geblieben. Somit wird sie also auf die Ebene der Utopien, für Menschenkräfte unerreichbar, entrückt. Nach manchen Auslegern der Demokratie könnten die Schwierigkeiten beim Klassifizieren infolge der Unklarheit der typologischen Grenzen sozialer Erscheinungen vermieden werden, wenn man in der Demokratie einen Idealtypus, eine theoretische Konstruktion, sähe. Einer dieser Theoretiker schreibt zum Beispiel: «Der Idealtyp Demokratie spiegelt nicht eine bestehende Ordnung, sondern stellt ein abstraktes Vorbild auf, das die in der aktuellen Wirklichkeit nur in geringerem oder höherem Grad auftretenden Faktoren in ihren Höchstwerten verkörpert.»[6]

Natürlich muß der krasse Widerspruch in den Ergebnissen der Untersuchung das Vertrauen zur Methode, zu ihren Benützern, oder zu beiden, erschüttern. Es wäre indes sinnlos, die Kompetenz der meisten Verfasser der ideologischen und theoretischen Darlegungen anzuzweifeln. Unter ihnen sind viele der zu ihrer Zeit hervorragendsten Denker und Sozialwissenschaftler. Ihre Konstruktionen können sich auf die schärfsten Analysen stützen und erfüllen die strengsten Forderungen der Logik. Daß sie, von verschiedenen Grundlagen ausgehend, so völlig voneinander abweichen können, braucht noch keineswegs zu bedeuten, daß sie – abgesehen von einer möglicherweise richtig getroffenen Konstruktion – «falsch» seien. Man kann eben nicht ohne weiteres die Einteilung in «wahre» und «unwahre» anwenden.

Alle demokratischen Ideologien, demokratischen Theorien und andere Äußerungen über die philosophischen Grundlagen der Demokratie, wie immer man sie nennen mag, sind in gewissem Sinne «wahr». Sie zeigen ja, welche Grundideen der Schöpfer oder Anhänger der jeweils in Frage stehenden Gedankenkonstruktion (vorausgesetzt, daß er ehrlich ist) in der Demokratie befolgt sieht, welche Werte zu schaffen oder zu erstreben wären oder wenigstens, welche Ideen die Demokratie befolgen, welchen Idealen sie nachstreben sollte. Dies alles gibt wertvollen Aufschluß darüber, was sich der Einzelne oder eine ganze Gruppe unter Demokratie vorstellt und etwa von ihr erhofft und fordert. So erleichtern die ideologischen und philosophischen Auseinandersetzungen das Verständnis der Auffassungen von der Demokratie.

Aber schon ihre Vielfalt und Unvereinbarkeit zeigt, daß es erstens kein allgemein anerkanntes Ideal der Demokratie gibt. Aus diesem Umstand ergibt sich, daß auch keine allgemein anerkannten Dogmen entstehen, sich also nur eine Reihe loser dogmatischer Systeme, vielleicht mit eigenem, satzungsmäßigem Schema, entwickeln konnten. Zweitens herrscht schroffe Meinungsverschiedenheit darüber, wieweit die Demokratie in der sinnlich wahrnehmbaren Welt und wieweit sie in der Gedankenwelt zutage tritt. Allen Ausführungen gemeinsam ist jedoch die Anerkennung der Tatsache, daß mit dem Wort «Demokratie» durchweg auch – und sogar am häufigsten – etwas anderes als transzendentale Faktoren oder sonst völlig abstrakte Prinzipien gemeint sind. Auch der konsequenteste Ideologe oder Theoretiker kann nicht um die Feststellung herumkommen, daß nach allgemeinem Sprachgebrauch die Bezeichnung Demokratie schon seit langem mit gewissen empirisch wahrnehmbaren Erscheinungen verknüpft war und immer noch ist. Die Hauptfrage, vor die sich dabei der Erforscher der Demokratie gestellt sieht, ist: Welcher Platz ist dem allgemeinen Sprachgebrauch neben der ideologischen oder theoretischen Darstellung zu geben?

Die Suche nach der «Idee» hinter der Demokratie erfolgte unter der Voraussetzung, Anwendung und Bedeutung des Wortes seien voneinander trennbar. Unter ersterer verstand man dabei den je nach Zeit und Ort wechselnden Sprachgebrauch, unter letzterer den unveränderlichen Inhalt, den «Inbegriff» des Wortes. Während der tägliche und allgemeine Gebrauch mit all seiner Unvollkommenheit und Fehlerhaftigkeit empirisch beweisbar ist, enthüllt sich die absolute Bedeutung des Wortes wohl nur als Frucht schwerer geistiger Anstrengung oder intuitiver Erkenntnis.

In Wirklichkeit haben jedoch Worte keine solche unauswechselbare, «wahre» oder «eigentliche» Bedeutung. Darum ist das Suchen fruchtlos. Der einzige Sinn, den Worte haben, ist eben der durch den Gebrauch gegebene. Er muß durchaus nicht – wird es auch oft nicht – ewig derselbe bleiben. Damit das Wort auf die Dauer seine Aufgabe als Kommunikationsmittel befriedigend erfüllen kann, muß es sich in irgendeiner Gemeinschaft und irgendeiner Periode wenigstens relativ eingebürgert haben. Unter diesen Voraussetzungen läßt sich die willkürliche, individuelle Anwendung hinreichend deutlich von dem feststehenden Gebrauch als «falsch», «fehlerhaft», «irreführend» unterscheiden. Hingegen liegt es auf der Hand, daß der Gebrauch eines Wortes nur so weit unveränderlich ist wie das, was man mit dem Wort aussagen will.[7] Auch die Bedeutung des Wortes Demokratie ist nur zu klären, wenn man zu den Möglichkeiten greift, die diese allgemeinen Regeln bieten.

Offensichtlich – und man kennt keine Tatsachen, die der Annahme widersprächen – ist «Demokratie» ursprünglich als sprachlich bequemes Mittel in Gebrauch gekommen, um ein politisches System und keineswegs eine teilweise oder vollständig metaphysische Entität zu bezeichnen. Folgen wir dieser Anwendung, müßte sich ermitteln lassen, welche Systeme Demokratie hießen. Weil «hinter oder jenseits der tatsächlichen politischen Einrichtungen nichts ist, was sie ausdrücken, nachahmen oder verwirklichen»[8], findet man das jeweilig Demokratie Genannte nur durch Prüfung dieser Institutionen. Also hängt der Wert der ideologischen und theoretischen Gedankenkonstruktionen davon ab, wieweit ihre Grundlagen den empirisch feststellbaren Verhältnissen entsprechen. Logische Deduktion fügt natürlich nichts zu dem schon in diesen Grundlagen enthaltenen Wissen hinzu, sondern entwickelt es nur und gibt der Tatsachenschilderung neue Form.

Wo und wann die Demokratie ursprünglich entstanden ist

Der Grund, warum in dem einen Land das herrschende System Demokratie, in einem anderen anders genannt wird, könnte natürlich die rein sprachliche Angewohnheit sein, dieselbe Sache auf mehrfache Weise auszudrücken. Aber den in Verbindung mit dem abendländischen Gebrauch des Wortes Demokratie und seiner Ableitungen auftretenden Tatsachen nach zu schließen, dürfte solche Angewohnheit hier nicht vorliegen, oder wenn – man denke an das Widerstreben der Engländer, mit jenen Worten ihre eigenen Verhältnisse zu charakterisieren –, dann ist sie sicher als ziemlich gering zu veranschlagen. Hingegen werden augenscheinlich die staatlichen Einrichtungen eines Landes entweder deshalb demokratisch genannt, weil man es, gerade im Zusammenhang mit diesem Land, so gelernt hat und gewohnt ist oder weil man diese Institutionen irgendwie der Vorstellung entsprechend findet, die man von der Demokratie hat.

Aber es ist noch nicht einmal zwei Jahrhunderte her, daß es – abgesehen vielleicht von gewissen entlegenen Schweizer Kantonen und einigen Freien Städten Deutschlands[9] – kein Land gab, wo man die staatlichen Einrichtungen «demokratisch» genannt hätte. Dennoch war das Wort auch dazumal nicht unbekannt, nur jedoch, wie gesagt, Eigentum der Buchgelehrten. Der Begriff «Demokratie» und sein Niederschlag in der Literatur hatten ja eine schon über zweitausend Jahre alte Tradition, ehe man in den Staaten der Neuzeit anfing, in dieser oder jener Form das zu erstreben, was man unter «Demokratie» verstand, und ehe die Bezeichnung selbst allgemein wurde. Jene literarischen Spuren lassen sich leicht bis in das alte Hellas zurückverfolgen. Dort geboren, ist ja das Wort «Demokratie» aus der griechischen Sprache in unsere modernen Kultursprachen übergegangen.

Dehnt man die Ermittlung seiner Bedeutung bis auf jene Urquellen aus, so kommt man zu einer Menge heterogener Ergebnisse. Von ihnen haben manche anscheinend nur Wert vom Standpunkt der Sprachwissenschaft oder hauptsächlich von dem der Geschichte der Philosophie und der politischen Geschichte. Die Kenntnis aller Tatsachen, welche die Etymologie und die früheste Anwendung von «Demokratie» spiegeln, ist jedoch unvermeidlich bei einer staatswissenschaftlichen Analyse der Volksherrschaft, und sei es nur der modernen Demokratie schon allein, weil bei dem Streit um die Bedeutung von «Demokratie» noch stets und ständig

Argumente herangezogen werden, für die man die Begründungen im alten Griechenland sucht oder die man als gedankliche Wegweiser der Literatur über damalige Verhältnisse entlehnt hat.

Das Wort «Demokratie» läßt sich leicht in seine Grundbestandteile zerlegen. In dem griechischen Kompositum *demokratía* ist die Wurzel des ersten Teils *démos* und die zweite Hälfte *kratia*. *Démos* bedeutete ursprünglich das Wohngebiet, Land der Gemeinschaft, und zugleich die auf diesem Territorium lebende Bevölkerung. Im Laufe der Zeit wurde es ausschließlich für das «einfache Volk» oder «die breite Menge», als Gegensatz zu den wenigen Machthabern, und schließlich allgemein für alle Staatsbürger angewendet. *Kratia*, das man nur als Teil der Komposita kennt, leitet sich wiederum von *krátos*, Kraft, Macht, ab und bedeutet Herrschen, Machtausübung.[10] «Volksregierung» oder «Volksherrschaft» ist also eine sehr wortgetreue Entsprechung von «Demokratie».

Mit Hilfe der philologischen Erklärung läßt sich jedoch nicht entscheidend nachweisen, was eigentlich unter dem, was die Griechen «Demokratie» nannten, zu verstehen war. Trotzdem wird noch heute manchmal der Sinn des Ausdrucks lediglich mittels dieses einfachen Übersetzungsprozesses gedeutet[11], zweifellos weil er eben willkürlichen Auslegungen Spielraum läßt.

In Griechenland verstand man unter «Demokratie» ein bestimmtes politisches System – obgleich es auch in der Antike nicht an Versuchen fehlte, den Sinn des Terminus auf andere Gebiete auszudehnen. Gleich wie viele andere von den Griechen ererbte Bezeichnungen für Grundformen politischer Systeme, zum Beispiel Monarchie oder Alleinherrschaft, Tyrannis oder widerrechtlich durch einen Einzelnen usurpierte Alleinherrschaft, Oligarchie oder Herrschaft der Wenigen, Aristokratie oder Adelsherrschaft usw., gehörte die «Demokratie» als eines der Instrumente zu der Methode, mittels deren die Staatsformen auf Grund der Anzahl und Wesensart der Machthaber klassifiziert wurden.

Zur Klärung des ursprünglichen Inhalts der «Demokratie» müßte man also das mit diesem Namen belegte System prüfen. Dies stößt jedoch auf große Schwierigkeiten. Vor einigen Jahrzehnten konnten sie vielleicht noch übergangen werden, aber in den neuesten Forschungen über das antike Hellas treten sie immer mehr in den Vordergrund. Von alters her wußte man, daß in den erhaltenen Schriften griechischer Historiker, Philosophen, Schriftsteller und Staatsmänner sehr widerspruchsvoll und vieldeutig von dem demokratischen System gesprochen wird – erwähnt doch schon der *locus classicus,* Aristoteles' «Politik», ganze vier oder sogar fünf verschiedene Variationen der Demokratie. Aber erst in jüngster Zeit erkennt man allmählich, daß dies nicht so sehr durch den Artenreichtum der «demokratisch» genannten Formen im althellenischen Kulturkreis bedingt war als durch die Tatsache, daß auch damals um das Wort «Demokratie» eine sehr ähnliche politische und ideelle Polemik ging wie heutzutage.

Den antiken Quellen kann man drei verschiedene Auffassungen über den Zeitpunkt entnehmen, wann das demokratische System in Athen, jenem griechischen Stadtstaat, über den die vollständigsten Nachrichten erhalten sind, in Kraft getreten sein sollte. Diese Auffassungen haben sich bis in die Forschungen unserer Tage erhalten. Nach manchen formte sich nämlich die athenische Demokratie im Perikleischen Zeitalter (etwa 462–429 v.Chr.), nach anderen gründete sie schon Kleisthenes (Ende des 6. Jahrhunderts), und die dritten verlegen ihren Anfang sogar auf die Zeit von Solons Reformen (Anfang des 6. Jahrhunderts). Einige wollen die Wurzeln gar noch weiter in die Vergangenheit verlegen, bis zu der legendären drakonischen Verfassung.[12]

Durch Kleisthenes' Neuerungen rückte jedoch das politische System sehr spürbar von dem ab, was es zu Solons Zeit gewesen war, und in der Perikleischen Epoche vollzogen sich abermals prinzipiell wie praktisch bedeutsame Umwälzungen. Natürlich wäre es nicht unmöglich, das politische System mit all den Wandlungen, die es in dem langen Zeitraum durchmachte, unter dem Namen Demokratie zusammenzufassen und darin eine gewisse «konsequente Entwicklung», «Radikalisierung», «Verfall» oder andere derartige Erscheinungen erkennen zu wollen. Ebensowenig hätte etwas die Griechen gehindert, so zu verfahren. Tatsächlich folgt auch Aristoteles in seiner Darstellung der verschiedenen Entwicklungsstufen der Demokratie diesem Schema. Aber in Wirklichkeit verfuhr man nicht so, und auch Aristoteles' Schilderung spiegelt nicht den damaligen allgemeinen Sprachgebrauch.

Über das Auftauchen des Wortes «Demokratie», seine sich ausbreitende Anwendung und die ihm zugelegte Bedeutung wird weiter unten eingehend gesprochen. In diesem Zusammenhang seien nur folgende Punkte erwähnt.

Es scheint durchaus glaubhaft, daß Kleisthenes, der bei Herodot und in vielen anderen Quellenschriften als Gründer der athenischen Demokratie angeführt wird, das politische System seiner eigenen Zeit nicht Demokratie genannt hat – geschweige denn, daß der um einige Generationen ältere Solon den Ausdruck gebraucht hätte. Gewisse Dokumente bestätigen die Annahme, daß während der Perserkriege (erste Hälfte des 5. Jahrhunderts) und der darauf folgenden Jahre das politische System Athens *isonomía* genannt wurde. Der Ausdruck war sehr weit gefaßt: außer Gleichheit im allgemeinen und speziell Gleichberechtigung vor dem Gesetz wurde damit auch das Gleichgewicht und ferner jenes politische System bezeichnet, zu dem man nach dem Sturz der Monarchie oder Tyrannis übergegangen war. Isonomie, ebenso wie der etymologisch nahverwandte Terminus *isegoría,* womit meist Redefreiheit gemeint ist, wurde zu Kleisthenes' Zeit zum politischen Schlagwort der Athener. Mit seinem Gebrauch und den darauf sich aufbauenden Ausdrucksbildern verband sich jedoch nichts, was genauen Aufschluß über die Volksherrschaft oder die vom Volk ausgeübte Macht gäbe.

Der Ausdruck Isonomie als politische Parole jener Partei, die in Athen eine Erweiterung des Machtbereichs der gesamten Bürgerschaft erstrebte, wich allmählich dem anderen Wort: Demokratie. Herodot, Zeitgenosse des Perikles, behandelt beide Ausdrücke fast als Synonyme. In den uns erhaltenen Quellen wird von einem Fall berichtet, wo Perikles sehr eingehend das politische System Athens als Demokratie charakterisierte. Es ist jene berühmte Rede auf die Gefallenen, die er 431 hielt und die Thukydides in seiner Geschichte des Peloponnesischen Krieges bringt. Obschon der

Quellenwert der Rede angezweifelt wird, ist diese Stelle in bezug auf das Auftreten des neuen Terminus erhellend. In ihrem die Demokratie verteidigenden Pathos hat man eine Bekräftigung der Annahme sehen wollen, den Namen Demokratie hätten ursprünglich Perikles' Gegner dem unter ihm aufgekommenen politischen System verliehen. Jedenfalls scheint gerade dieses System ein besonderes Anrecht auf die Bezeichnung Demokratie zu haben.

«Demokratie» verdrängte also in der Antike vorher gebräuchliche politische Symbole, wie dies auch in der Neuzeit geschah, und wurde immer mehr gang und gäbe. Auch erwies sich die Anziehungskraft des Wortes als erheblich und führte unter anderem dazu, daß sich das Bedeutungsgebiet des Terminus weit über das ursprüngliche ausdehnte. Schon zur Zeit von Herodot und Perikles scheint eine Polemik entstanden zu sein, ob Kleisthenes als Verfechter der Aristokratie oder der Demokratie anzusehen sei. Als die Gegner der Volksherrschaft gemerkt hatten, wie vorteilhaft es für ihre Bestrebungen war, wenn der Grenzstein für das Inkrafttreten des demokratischen Systems möglichst weit in die Vergangenheit gerückt wurde, erklärte man bei den Anstalten zur Änderung der Gesetzgebung, 411, Kleisthenes offiziell zum Gründer der athenischen Verfassung. Nach der Restauration 403, durch die das politische System aus Perikles' Zeit wieder eingeführt wurde, ging man sowohl in den die Demokratie befürwortenden wie in den skeptisch oder feindlich gegen sie eingestellten Kreisen daran, einen großen Mann aus noch fernerer Vergangenheit als Kleisthenes zum Demokraten zu stempeln, nämlich Solon. Die neue Auslegung der Vergangenheit Athens mit parteipolitischen Vorzeichen setzte sich bis weit ins 4. Jahrhundert fort. Nicht nur Staatsmänner und Volksredner waren daran beteiligt, sondern sogar die Bemühungen des Aristoteles, verschiedene Institutionen, die schon zu Perikles' Zeiten aufgehoben oder umgebildet worden waren, für demokratisch zu erklären, spiegeln den Einfluß der allgemeinen Tendenz wider.

Die parteipolitischen Deutungen der Geschichte Athens hatten, wie gesagt, weittragende Folgen. Infolge der Knappheit an ursprünglichen und zuverlässigen Quellen und der Schwierigkeit exakter Übersetzungsarbeit war es mühsam, das Knäuel von Irrtümern, Verwechslungen und absichtlichen Entstellungen zu entwirren, zu dem sich die Angaben aus der früheren Entwicklung der athenischen Verfassung in der Polemik des letzten Drittels des 5. Jahrhunderts und im 4. Jahrhundert geballt hatten. Im Lichte der bisher gewonnenen Ergebnisse scheint sich also dennoch herauszustellen, daß auf Grund des im alten Athen allgemein gewordenen Sprachgebrauchs Aristoteles' klassische Darstellung der verschiedenen Entwicklungsstufen der Demokratie auf den Kopf gestellt werden mußte: das unter Perikles entwickelte und nach der Restauration gefestigte politische System, das Aristoteles als «äußerste Demokratie» kennzeichnete, ist wahrscheinlich als Urtyp der Volksherrschaft anzusehen. Die anderen von ihm beschriebenen Formen der Demokratie hatten vielleicht gar nicht das durch allgemeinen Sprachgebrauch verliehene Recht auf diese Bezeichnung.

Ist die athenische Demokratie eine Demokratie?

Der allgemeine Sprachgebrauch weist uns demnach die Wege, wo in der Antike und wo in unsren Tagen «Demokratie» benannte politische Systeme zu finden sind. Das Bild aber, das wir uns von dem Verlauf der Grenze zwischen diesen und andersnamigen Systemen machen können, ist recht ungenügend.

Wie wir sahen, fehlen uns zunächst Unterlagen, um zu entscheiden, von welchem Zeitpunkt oder Ereignis an sich die athenische Staatsform aus einer «nichtdemokratischen» in eine «demokratische» verwandelte. Die Unvollständigkeit des Quellenmaterials setzt natürlich unserem Wissen von den Zuständen in der Antike Grenzen. Anderseits ist kaum anzunehmen, daß auch die glücklichsten archäologischen oder schriftlichen Funde je die genaue Geburtsstunde der Volksherrschaft enthüllen werden. Solch einen unbezweifelbaren Wendepunkt konnte es offensichtlich gar nicht geben, wie der langwierige Streit der Griechen selbst über die Entstehungszeit der Demokratie beweist. Sicher scheint auch, daß – im

Gegensatz zu dem, was einige Forscher glauben annehmen zu können – die alten Hellenen keine im voraus konzipierte «Idee der Demokratie» hatten, die zu gegebener Zeit ihre Verwirklichung in staatlichen Einrichtungen gefunden hätte. Erst als sich die Bezeichnung «Demokratie» für das System eingebürgert hatte, war daraus eine Demokratie «geworden». Im Handumdrehen hat sich das sicher nicht vollzogen. Nur dort, wo ein das ursprüngliche Vorbild kopierendes oder variierendes System angenommen wurde, konnte ein jäher Übergang von der Nichtdemokratie zu dem Demokratie benannten System sich vollziehen.

Das Bild, das die entsprechenden Wandlungen in den modernen Staaten geben, ist in seinen Hauptzügen den Geschehnissen in der Antike sehr analog. In manchen Ländern, die unter dem Namen Demokratie gehen und wo sich die staatlichen Institutionen gradweise ohne plötzliche Umwälzungen entwickelt haben, geben die Wandlungen im allgemeinen Sprachgebrauch keine Richtschnur für eine genaue Grenzziehung zwischen Nichtdemokratie und Demokratie. In anderen wiederum, wo annähernd dieselbe Stufe in der Konstruktion und Funktion des Staatsgefüges sprunghaft erreicht wurde, kann man den Übergangspunkt wohl fast auf den Tag genau festlegen. Bei solchen Totalreformen hat man jedoch bewußt ein Schema nach irgendeinem Demokratie genannten Vorbild angenommen und dabei vielleicht recht weite Gebiete jener Zone, wo man sich die Scheidelinie denken könnte, überschritten.

Eine deutlichere Grenzziehung zwischen demokratischem und nichtdemokratischem System als die vorige besteht offenbar dort, wo das als demokratisch bezeichnete System einige Zeit danach wieder aufgegeben wurde. Das geschieht oft in solchen Perioden, wo die Anwendung des Wortes Demokratie schon erhebliche linguistische Genauigkeit erreicht hat. Sowohl im alten Griechenland wie in der Neuzeit, gerade während bedrohlicher Krisen für die Volksherrschaften, begegnet man detaillierten Verdeutlichungen der Konturen der Demokratien. Aber wie unzureichend diese Kennzeichen als Wegweiser sind, beweist der heute noch stark schwankende Wortgebrauch.

Wenn man gleichwohl annähme, man könne zu verschiedenen Zeiten und in verschiedenen Ländern befriedigende Kriterien zur Unterscheidung der Demokratien von Nichtdemokratien finden, so wäre auch damit noch nicht die Frage nach den Kennzeichen der Demokratie entschieden. Um ihr überhaupt auf den Grund zu kommen, müßte man sich natürlich vergewissern, ob in den als Demokratie bezeichneten politischen Systemen sehr wesentliche Übereinstimmungen bestehen und immer bestanden haben und ob diese Züge nur den Demokratien eigen sind und allen anderen bekannten Systemen fehlen. Daß manchen Systemen zu verschiedenen Zeiten und in verschiedenen Ländern die gemeinsame Bezeichnung zugelegt wurde, bürgt indes nicht dafür, daß sie analog sind, ja nicht einmal, daß sie nicht in grundlegenden Beziehungen miteinander kollidieren könnten.

Schon eine oberflächliche Orientierung über die Verhältnisse in Ländern, die nach heutigem Sprachgebrauch Demokratien heißen, zeigt, daß ihre politischen Institutionen keineswegs identisch sind. Im Gegenteil: viele weichen erheblich voneinander ab – obgleich in Darstellungen, wo sie ausdrücklich vom Standpunkt der Demokratie behandelt werden, zuweilen eine sehr begreifliche Neigung zur Hervorhebung ihrer Gleichartigkeit herrscht. Und vergleicht man die Demokratie Athens mit den heutigen Demokratien, so sieht man sich einer verwirrenden Situation gegenüber: nach den Begriffen, die der moderne politische Sprachgebrauch spiegelt, waren nämlich die Demokratien des alten Hellas unleugbar Privilegstaaten, also fundamental verschieden von den modernen Volksherrschaften.

Dieser offenbare Widerspruch zwischen der Staatsordnung, der die Antike den Namen Demokratie gab, und jenen Systemen, die wir heute allgemein so nennen, bereitet den Forschern steigenden Verdruß. Es handelt sich ja letzten Endes darum, ob es überhaupt richtig ist, in so schroff voneinander abweichenden, teilweise einander geradezu widerstreitenden Fällen dieselbe Bezeichnung anzuwenden. Man hat versucht, die Schwierigkeit zu umgehen, indem man unter anderm von «neuzeitlicher» oder «moderner Volksherrschaft» zum Unterschied von der Volksherrschaft im Altertum spricht. Jedoch auch dies Vorgehen befriedigte gewisse Forscher nicht, sondern sie wollten der antiken Volksherrschaft das Recht auf den Namen Demokratie kurzerhand absprechen.[13]

Nimmt man diesen Standpunkt ein, so kommt das der – wenigstens indirekten – Behauptung gleich, die eigentlichen, ursprünglichen Schöpfer des Wortes Demokratie, die Griechen, hätten ihrem Begriff einen irreführenden, unrichtigen Inhalt gegeben. Erst nach über zweitausend Jahren hätte man wohl begriffen, was eigentlich mit diesem Wort gemeint war.

Natürlich hindert nichts eine solche Stellungnahme, sofern sie wirklich motiviert ist. Dann aber muß man sich logischerweise darauf gefaßt machen, daß nachfolgende Geschlechter ihrerseits das gleiche Recht haben, gegebenenfalls uns nachzuweisen, daß wir uns über die Bedeutung des Wortes Demokratie irren, und ihre eigene Interpretation vorzulegen. Und unter diesen Umständen könnten wir schwerlich für unsere eigne Auffassung mehr Gültigkeit als für die Wendung «moderne Demokratie» beanspruchen.

Die Versuche, der antiken Volksherrschaft den Namen Demokratie abzuerkennen, sind von vornherein dazu verurteilt, ein ohnmächtiger Kampf gegen Tatsachen zu bleiben. Demokratie war nämlich auch ursprünglich nicht – im Gegensatz zu einem anderen, heute weltbekannten griechischen Wort: *átomos* – ein Ausdruck, der nur einer zur Erklärung irgendwelcher Erscheinungen aufgestellten Theorie gedient hätte, einer Theorie, deren Gültigkeit erst mit Hilfe von heute ausführbaren Beobachtungen hätte nachgeprüft werden können. Im Gegenteil: mit Demokratie wurden Realitäten gekennzeichnet, welche die Griechen selbst zu beobachten fähig waren, und zwar auf eine Art, die keinen Grund zu der Annahme gibt, sie hätten den Sinn des von ihnen geschaffenen Wortes weniger als weit spätere Generationen erfaßt.

Will man den empirisch nachweisbaren Tatsachen keine Gewalt antun, muß man also gleichermaßen die Existenz der antiken wie der neuzeitlichen Demokratien sowie beider Recht auf die ihnen durch den allgemeinen Sprachgebrauch zukommende Bezeichnung anerkennen. Mit anderen Worten: Es besteht kein triftiger Grund zu leugnen, daß man «Demokratie» anwenden konnte, heute anwenden kann und natürlich auch in Zukunft wird anwenden können als Bezeichnung politischer Systeme, die Züge tragen können, welche nach einer zu anderer Zeit oder auch nur in einer anderen Gesellschaft eingebürgerten Auffassung in schroffem Gegensatz zur Demokratie stehen können.

Daraus muß man erstens schließen, daß die Versuche, die Kriterien der Demokratien in die Form eines festen Schemas, einer Definition der Demokratie, zu gießen, ein kaum halbwegs befriedigendes Ergebnis zeitigen können, und zweitens, daß eine Definition nicht motiviert ist.

Die Demokratie benannten Systeme haben natürlich auch anderes außer dem Namen gemeinsam – die menschliche Erfindungsgabe beim Schaffen von Formen des Gesellschaftslebens ist im allgemeinen nicht allzu groß gewesen. Jene gemeinsamen Züge geben jedoch nicht genügend Material, um daraus ein auch nur annähernd vollständiges und wissenschaftlich unangreifbares Bild vom «Wesen» der Demokratie, von dem, was Demokratie «an sich» ist, zu gestalten. Demokratie in diesem Sinn gibt es ja tatsächlich nirgendwo als in der Phantasie. Die daraus entwickelten Darlegungen über Demokratie haben zeitweise sehr große Tragkraft vom Standpunkt der Bildung demokratischer Systeme gehabt. Aber eine Prüfung der Ideen und Ideale fügt unsrem Wissen von den Systemen selbst nichts hinzu.

Nur von Demokratien, also nicht von der Demokratie «an sich», läßt sich ein synthetisches Wissen erzielen. Jenes Gefühl der Sicherheit, wie es der Forscher vielleicht ersehnt und auf dessen Suche er sich oft verleiten läßt, Zuflucht zum Gebiet analytischen Wissens zu nehmen, vermag dieses Wissen ihm nicht zu schenken. Trotzdem hat es den großen Vorteil, daß die daraus hergeleiteten Thesen immer empirisch bestätigt werden können, ohne an irgendein «höheres Wissen» zu appellieren.

RAHMEN DES STAATES UND DES VOLKES BEI DEN GRIECHEN

STADTSTAAT UND STAATSBÜRGER

Als in der Neuzeit Ideologien emporwuchsen, die als Deutungen der Demokratie auftraten oder programmatisch auf eine Volksherrschaft zielten, lag der gesamte zur Bildung einer Vorstellung nötige Bestand an Begriffen und Dogmen, sogar die Kenntnis gewisser Formen der Verwirklichung und Erfahrungen, im Schrifttum der Antike bewahrt, vor. Mit anderen Worten: die Idee – wie fern sie auch zeitlich sein mochte – war in mehr oder weniger festumrissener Gestalt vorhanden, und die Überzeugung, daß einstmals im lebendigen Leben herrschende Verhältnisse in gewisser Weise jener Idee entsprochen hatten, war unerschütterlich.

Das Erwachen der zur Demokratie führenden Bestrebungen und die Entwicklung der demokratischen Denkweise im alten Griechenland vollzogen sich ohne solche Förderung durch Idee oder Erfahrung. Ein Gedächtnisbild von der Demokratie konnte es nicht geben, da in der den Griechen bekannten Welt nie eine Demokratie aufgetreten war, ehe sie selber zu einer politischen Organisationsform fanden, der sie diesen Namen verliehen. Manche Forscher scheinen freilich die Wurzeln der in Griechenland entwickelten Demokratie – und tatsächlich alles, was sich im Abendland zur politischen Demokratie rechnet – auf Gesellschaftsformen in gewissen indoeuropäischen Völkern zurückzuführen und nennen sie gerne «Urdemokratie». Aber diese Urdemokratie mag unter den Griechenland bevölkernden Stämmen noch so verbreitet und stabilisiert gewesen sein – jegliches Wissen davon war offenbar schon längst vor Beginn der geschichtlichen Zeit verschwunden. Und die mündlichen oder schriftlichen Überlieferungen, auf denen dann in der historischen Zeit der gebildete Grieche in erster Linie sein Weltbild aufbaute, nämlich Homers epische Dichtungen, Hesiods Kosmogonie und Theogonie und das ganze Mythengut mit seinen moralisch wenig erbaulichen Sagen von den in ungeordneter Hierarchie lebenden Göttern und anderen Unsterblichen, vermochten keineswegs einem zu demokratischen Formen führenden Denken positive Impulse zu geben.

Anderseits haben sich die Griechen schon früh um die Planung eines Idealstaats bemüht, und zwar nicht immer als reine Utopie. Ihre zahlreichen Kolonien im Raum des Mittelmeers und Schwarzen Meers boten ja einzigartige Gelegenheiten, ihre Ideen über politische Systeme in die Praxis umzusetzen. Vielfach berief eine Kolonie aus ihrem Mutterstaat oder sonstwoher aus dem eigentlichen Griechenland einen Mann, um dem neuen politischen Gebilde eine Konstitution und Gesetze zu geben.[14] So blieb das Streben nach dem Idealstaat oder dem bestmöglichen Staat neben dem Verfolgen rein praktischer Ziele rege. Es läßt sich denken, welch reiche Anregungen das politische Denken der Griechen aus dieser freien Spekulation wie aus den vielerorts erfolgenden Staatsgründungen empfing. Dennoch entwickelten sich, soviel bekannt, weder in der Formung von Theorien oder Utopien noch auf dem Gebiet der Verfassunggebung in den Kolonien zunächst irgendwelche Anhaltspunkte, die in der Vorstellung diejenige politische Organisationsform vorweggenommen hätten, welche später den Namen «Demokratie» erhalten sollte.

Von gewissen, in dieser Beziehung auftretenden, offenbar irrigen Deutungen infolge der Ungenauigkeit alter Quellen wird später die Rede sein. Die Antike hat auch keinen Propheten hervorgebracht, der die Lehre von einem zu schaffenden demokratischen System mit Argumenten verkündet hätte, die sich auf die Vergangenheit oder Zukunft beziehen oder sich aus der Religion oder Moral anboten.

So schufen und entwickelten die Griechen selbständig dieses nie dagewesene und nicht im voraus zu umreißende politische System und vermochten es beachtlich lange aufrechtzuerhalten, inmitten einer Welt, deren sämtliche nichthellenische und auch große hellenische Teile für die mit dieser Neuerung verknüpften Prinzipien unempfänglich blieben.

Das muß Staunen und Bewunderung wecken. In beiden Reaktionen liegt eine Gefahr. Betrachten wir die Vergangenheit im Lichte dessen, was wir historisches Wissen nennen, kann es leicht geschehen, daß wir den Gang der Ereignisse rückwärts lesen und dadurch unbewußt Zwischenstadien, Ursachen und Motive nach dem für uns von vornherein klaren Endergebnis werten. So kann man der Geschichte etwa die Gestalt eines Romans geben, wo der Ausgang sich als Unvermeidlichkeit, als logischer Erfolg erweist. Versucht man hingegen, sich von diesem Gedankengang zu lösen und der Ereignisfolge nachzugehen, ohne jene Skala der Kategorisierung und Akzentuierung anzuwenden, die das Wissen von der zu erwartenden Entscheidung bietet, so zeigt sich die Vergangenheit dem Betrachter als sehr viel verschlungener und unberechenbarer.

Unter den Faktoren, dank denen im alten Hellas die Verwirklichung des demokratischen Systems möglich wurde, verdienen zunächst eine Reihe allgemeiner Voraussetzungen Erwähnung, von denen die meisten zur Entstehung eines politischen Lebens auf hohem kulturellem Niveau unentbehrlich waren. Dazu rechnen namentlich die geistigen und wirtschaftlichen Errungenschaften der Griechen. Ihnen waren ja besondere Energie und Begabung auf dem Gebiet des Erwerbslebens eigen, Eigenschaften, die schon früh zu einer differenzierteren Abstufung des Gemeinwesens als anderswo führten, eine einzigartige Initiative im Schaffen und Ausbauen auf dem Gebiet der Künste und Wissenschaften sowie der Wille zu politischer Unabhängigkeit. Einen erstrangigen Einfluß auf das Geistesleben und zugleich das politische Denken der Hellenen hatte erwiesenermaßen das in ihrer Mitte erwachte, auf jene Erweiterung und Klärung des Wissens zielende Streben, das man, ihrem Sprachgebrauch folgend, Philosophie genannt hat. Die Bedeutung der Philosophie für die Entwicklung des politischen Lebens in Griechenland ist zweifellos oft übertrieben worden. Aber offensichtlich hat das Streben, die Erscheinungen der Körper- und der Geisteswelt oder allein menschliche Verhältnisse oder menschliche Begriffe in gesetzmäßigen Systemen darzustellen, zwangsweise eine skeptische Einstellung, auch gegenüber den sozialen Einrichtungen, aufrechterhalten und bestärkt. Der Staatsbürger im alten Athen war nicht geneigt, einen Kodex ererbter Bräuche nur deshalb als bindend anzusehen, weil er altbewährt war. Er wollte hinter ihm Grundideen erkennen, die einer vernünftigen Kritik standhielten und deshalb begreifbar waren.[15] Obgleich die Philosophie nur sehr wenige der sie Ausübenden von vielen religiösen und sozialen Vorurteilen abzubringen vermochte, unterstützte sie immerhin die wichtigsten jener Faktoren, dank denen sich das politische Leben der Griechen in so ganz anderer Richtung als das anderer damaliger Völker entwickelte.

An erster Stelle steht da die Formung des hellenischen Staatsgebildes. In der von griechischen Stämmen bewohnten Welt gab es ja Hunderte kleiner Staaten, die sich selbst *pólis* nannten. Der Ausdruck «Stadtstaat» gibt eine etwas irreführende Vorstellung von dem, was Polis in Wirklichkeit ist. Es handelte sich nämlich – die von Homer geschilderte Frühzeit ausgenommen – gewöhnlich nicht nur um eine reine Stadt mit dazugehörigem Gebiet und Bewohnern, sondern um eine Stadt oder eine dichte Gruppe Dörfer mit sie umgebendem oder von ihr gesondertem ländlichem Bezirk und hie und da mit Inseln. Zur Polis konnten also auch neben der Hauptstadt andere Städte und Dörfer mit ihrer Einwohnerschaft gehören. Das Gebiet eines solchen Stadtstaates war immer klein. Die Landschaft Attika – deren Bewohner nicht Attikaner, sondern Athener genannt wurden – hat mit ihren Inseln einen Flächeninhalt von 2650 Quadratkilometern, also mehr als der Kanton Sankt Gallen, aber weniger als das Tessin. Das Athen unterstehende Gebiet überstieg nie 4700 Quadratkilometer. Sparta, die größte Polis des eigentlichen Griechenlands, herrschte über ein Gebiet von 8400 Quadratkilometern; Syrakus und Akragas, die mächtigen Stadtstaaten auf Sizilien, umfaßten je mehr als 4000 Quadratkilometer, waren aber seltene Ausnahmen. Im allgemeinen schwankte die Größe der Stadtstaaten zwischen weniger als hundert und anderthalbtausend Quadratkilometern.[16] Ihre Einwohnerzahl rechnete nach Tausenden oder Zehntausenden, in besonderen Fällen nach Hunderttausenden.

Die Größe einer Polis dürfte eine jener Voraussetzungen sein, deren Vorhandensein die Verwirklichung des demokratischen Systems gestattete und deren Fehlen sie ziemlich sicher verhindert hätte. Der Verkehr im alten Hellas war langsam und – namentlich zu Lande – schwierig. Mittel zum Austausch und zur Verbreitung von Meinungen in weiterem Kreis, als es persönlicher Kontakt ermöglichte, standen nur in beschränktem Maß zur Verfügung. Eine Beteiligung an den Staatsgeschäften, wie die griechische Demokratie sie von ihren Bürgern forderte, wäre in großen Staaten, wie in den Königreichen des Orients oder in dem westlichen Reich der Etrusker, auch technisch nicht möglich gewesen. Sparta oder Lakonien, das zu durchqueren einen guten Fußgänger zwei Tage kostete, war nach griechischem Maßstab gewaltig.[17]

Der Staatsbürger, *polítes*, galt für viel enger der Polis verbunden, als es in einem modernen Staat der Fall ist. Er war ein Mitglied oder – wie man sagen konnte – «ein Teil der Polis, gehörte zum Staat». Aristoteles kleidet den allgemeingriechischen Gedanken in die Form, daß «der Staat zu den von Natur bestehenden Dingen gehört». Sein berühmter Ausspruch (Politik, 1253a), «daß der Mensch mehr noch als jede Biene und jedes schwarm- oder herdenweise lebende Tier ein Vereinswesen ist», der gewöhnlich so übertragen worden ist, der Mensch sei ein politisches oder soziales Tier, bedeutet ursprünglich, daß der Mensch von Natur aus ein animalisches Wesen ist, dazu bestimmt, in einem Staat zu leben.[18] Glied einer Polis zu sein war jedoch nur Auserwählten vergönnt und nach Auffassung der Griechen kein unbedingt und auf die Dauer erworbenes Recht. Die mit der Staatsangehörigkeit verbundenen Rechte konnten nämlich für den Einzelnen beschnitten oder vorläufig, respektive für immer, annulliert werden in Form der sogenannten *atimía*-Bestrafung.

Anderseits bot erst die Stellung des Polites den Rahmen, innerhalb dessen der Grieche sein hohes Lebensideal glaubte erreichen zu können: jene vielseitige, als Ergebnis körperlicher, intellektueller und sittlicher Entwicklung sich darbietende *kalokagathía,* das «Schön-und-gut-Sein», die Lebensform, in der *areté,* Tugend, gedieh. Die Polis wurde auch in einem Ausmaß sondergleichen zum erhaltenden und fördernden Zentrum der moralischen, intellektuellen, ästhetischen, sozialen und praktischen Betätigung des Hellenen. Daher sahen die Griechen im Stadtstaat eine Gemeinschaft, die sittliche Verpflichtungen gegen ihre Mitglieder hatte, wie auch umgekehrt. Und deshalb hatte die Vorstellung eines von der Polis unabhängigen oder ihr sogar feindlich gesinnten Individuums etwas Unnatürliches. Zwar gibt es im politischen Denken der Griechen in der klassischen Periode eine Gegenüberstellung der Herrschenden und Beherrschten wie auch der «Wenigen» und «Vielen», nicht aber eine Gegensätzlichkeit zwischen Polis und Polites, also, modern ausgedrückt, zwischen Staat und Individuum. Sie wäre ihnen ziemlich absurd vorgekommen.[19]

Der Stadtstaat, dessen Bürger «Mitglieder», nicht «Untertanen» waren, garantierte also dem Hellenen, unabhängig von dem in ihm herrschenden politischen System, «Freiheit». So behauptete man zu jener Zeit, aus der schriftliche Zeugnisse erhalten sind. Unter Freiheit verstand man dabei durchweg außer der Unabhängigkeit des eignen Stammes von fremder Herrschaft, mit andern Worten der «nationalen» Selbständigkeit, auch, daß die Regierungsgeschäfte den Rechtsnormen entsprechend, nicht willkürlich erledigt wurden. Ob die Gesetze dem Himmel oder uralten Überlieferungen entstammten oder erst soeben gegeben worden waren, ob der Bürger Zugang zu den Regierungsgeschäften hatte oder nicht – Hauptsache war, daß die Regierung gesetzmäßig war. Viele Stadtstaaten erlebten freilich zeitweilig eine als gesetzlose Willkürregierung anzusprechende Tyrannenherrschaft. Stellenweise scheint dies aber eine – große Zufriedenheit auslösende – Blüteperiode gewesen zu sein. Doch waren zum mindesten alle griechischen Schriftsteller sich darin einig, daß die Tyrannis das schlimmste aller ihnen bekannten politischen Systeme sei. Eine durch Usurpation erreichte und mittels Gewalt aufrechterhaltene Staatsordnung befolgte keinen «politischen Grundsatz» und bildete als solche in der Geschichte einiger

Stadtstaaten einen Schönheitsfehler. Daher behandeln Platon und Aristoteles die Tyrannis gleichsam nur der Vollständigkeit halber.[20]

Den Zustand der Unfreiheit und Rechtlosigkeit, in den eine Willkürherrschaft ihre Untertanen versetzte, fanden die Hellenen für sich selbst unziemlich. Großen praktischen Wert hatte diese noble, selbstbewußte Anschauung freilich nicht, wenn das Heer eines griechischen Stadtstaates die Bevölkerung eines anderen unterwarf. Ihre Bedeutung lag in der Grenzziehung zwischen den Hellenen und allen übrigen Stämmen. Die Nichtgriechen, unter dem Namen *bárbaroi*, Barbaren, zusammengefaßt, unterschieden sich von den Hellenen durch ihre Rasse, Religion, Bildung oder Sprache, ihr fremdartiges «bar-bar»-Idiom. Diese Kennzeichen konnten bisweilen unsicher sein, zumal wenn es sich um die Nachbarstämme nordwestlich und nördlich vom eigentlichen Griechenland handelte. Man rechnete ja schon die in Mittelgriechenland ansässigen Akarnanen und Aitoler zu den Barbaren.[21] Ob von den Hellenen bewundert oder verachtet – eines war allen Barbaren gemeinsam: sie hatten keine Polis. Entweder lebten sie unter orientalischer Despotie oder einer anderen Regierung, die keinen Polisbürger, sondern nur den rechtlosen, botmäßigen Untertan kannte. Daher sahen die Griechen in den Barbaren «Sklaven», in den Hellenen «freie» Menschen. So verstanden, gehört diese «Freiheit» des Polisbürgers zu den Faktoren, deren Fehlen offenbar die Entstehung der Demokratie unmöglich gemacht hätte.

TRADITIONELLE STAATLICHE INSTITUTIONEN

In den vielen Stadtstaaten des eigentlichen Hellas und den verselbständigten Kolonien der Griechen wechselten im Laufe einiger Jahrhunderte sehr verschiedene Regierungssysteme einander ab. So sammelte sich – abgesehen von etlichen Ausnahmen, wo die politischen Verhältnisse, solange Griechenland unabhängig war, ziemlich konstant blieben – in den Stadtstaaten reichliche Erfahrung über Entstehung und Blüte, über Verfall und Untergang politischer Systeme. Und die Griechen erlebten nicht nur jene Perioden, in denen diese Systeme infolge gleichmäßiger Entwicklung oder plötzlicher Umwälzungen wechselten, sondern schärften daran auch ihre Beobachtungen. Sie analysierten und klassifizierten auch die sozialen Erscheinungen in einer Weise, die vielfach bis in unsere Tage als Vorbild gedient hat. Bei der Schilderung politischer Systeme der Antike oder späterer Zeiten ist es schwer, nicht gleich zu den just von den Griechen gebotenen Handhaben zu greifen, nämlich zu den jene Systeme bezeichnenden Ausdrücken. Viele einschlägige, in ihrer griechischen Form erhaltene Wörter haben mit der Zeit zur Bezeichnung von Verhältnissen dienen müssen, die oft, sogar im wesentlichen, von den politischen Zuständen abwichen, auf die sie die Griechen ursprünglich anwendeten. Doch haben die nachhellenischen Geschlechter sich die so entstandene Verworrenheit lediglich selbst zuzuschreiben.

Der Übergang vom Königtum der archaischen Zeit zur Demokratie bedingte natürlich viele verschiedenartige, verschiedengradige und zu verschiedenen Zeiten erfolgende Umwälzungen. Dennoch erschütterten sie relativ wenig die ursprüngliche Struktur, die der Handhabung der stadtstaatlichen Aufgaben diente. Der Weg zum demokratischen System erforderte keine völlige Erneuerung des herkömmlichen organisatorischen Grundschemas. Hingegen änderte sich grundlegend die Zusammensetzung der an der Machtausübung beteiligten Gesellschaftskreise sowie die Form der Einsetzung staatlicher Organe, deren Machtbefugnisse und gegenseitiges Verhältnis. In diesem Beibehalten der uralten äußeren Schale hat man einen Beweis für den Konservatismus der Griechen sehen wollen, im Gegensatz zu ihrem in vieler anderer Hinsicht bezeugten Reformeifer. Daß man aus den ererbten Einrichtungen auch unter neuen Verhältnissen taugliche hat entwickeln können, braucht natürlich ebensowenig Konservatismus wie Mangel an Phantasie zu bedeuten. Am ehesten beweist es wohl, daß in den Aufgaben der Polis keine sehr tiefgehenden Änderungen stattfanden.

Unter dem demokratischen System bildete sich als zentrale Institution die allgemeine Versammlung der Staatsbürger. In der älteren Zeit hieß sie *agorá;* aber unter anderm in Athen bürgerte sich die Bezeichnung *ekklesía,* in Staaten dorischen Ursprungs *halía,* in Sparta jedoch *apellá* ein. In den griechischen Stadtstaaten war sie anscheinend von jeher bekannt, und Abarten davon dürfte es bei den Hellenen sowie bei vielen anderen Völkern schon lange vor der geschichtlichen Zeit gegeben haben. Abgesehen von der jeweiligen faktischen Macht der Versammlung, gehörte schon die Möglichkeit des Zusammentretens auf dem gleichnamigen Marktplatz, der Agora, zu den wesentlichen Zügen jeder Polis.[22] Die Bedeutung der von Homer geschilderten Form der Volksversammlungen gewisser griechischer Stämme in den patriarchalischen Königreichen ist offenbar schon geringer, als sie ursprünglich war. Der König, der höchste *Basileus* der Polis, dessen Amt erblich oder periodischer Neuwahl unterworfen sein konnte, pflegte außer freien Männern aus seiner nächsten Umgebung auch freie Bauern aus der Provinz zur Beratung gemeinsamer Fragen einzuberufen. Es ging hierbei um Gesetzgebung – soweit solche überhaupt erfolgte –, ferner um Rechtsprechung und Exekutive. Bezeichnend war indes, daß der König meistens schon im voraus mit seinen eigenen Ratgebern die Entscheidung getroffen oder wenigstens vorbereitet hatte. Während er und die Ratgeber in der Versammlung sprachen, meldete sich aus dem «Volk» nur relativ selten einer zum Wort. Den Einberufenen blieb lediglich passives, stummes Zuhören, Beifallklatschen oder Murren. Ein Recht, aus eigener Initiative andere Dinge zu behandeln, hatten sie nicht, griffen also weder in Beratungen noch Debatten ein, sondern begnügten sich mit Billigung oder Ablehnung der ihnen vorgelegten Entscheidung.[23] Dieses Verfahren garantierte dem «Volk» weder die Gelegenheit zur Meinungsbildung und -äußerung über allgemeine Fragen der Polis, ehe – ohne sein Zutun – die Vorbereitungen beendet waren, noch aktiv die Erfüllung seines Willens zu fordern. Trotzdem band es in einer Weise einen großen Teil der Machtausübung des Königs und seiner Berater an die Zustimmung oder wenigstens das stumme Akzeptieren des «Volkes».

Als gegen Ende des 8. Jahrhunderts in den meisten hellenischen Staaten die Regierungsform, die wir nach der griechischen Terminologie Aristokratie, Adelsherrschaft, oder Oligarchie, Herrschaft der Wenigen, nennen, die ursprüngliche Monarchie verdrängt hatte, blieb die Volksversammlung als regelrechte Einrichtung bestehen. Sie war auch fernerhin ein meist nur ratifizierendes und selten beratendes, beschließendes oder antragstellendes Organ. Die Ausübung der öffentlichen Gewalt hing zwar im Prinzip von der Zustimmung jener gesamten kleinen Bevölkerungsgruppe ab, die dank Herkunft und Reichtum als vollberechtigte Mitbürger galten und zur Ekklesia oder Halia Zutritt hatten. Faktisch aber lag die Entscheidungsgewalt durchweg bei den von diesen Bevorrechtigten sich noch unterscheidenden Wenigen, die unter sich einen Rat oder die «Kleine Volksversammlung» bildeten. Nur wo die Zahl der Vollbürger besonders klein war, konnte ihre gemeinsame Versammlung eine primäre Bedeutung bei der Behandlung und Entscheidung von Polisgeschäften haben.[24] In Sparta zum Beispiel mußten die Gesetze von der Apella, zu der alle in einem bestimmten Alter stehenden Männer der herrschenden Klasse Zutritt hatten, genehmigt werden; aber sie war nur befugt, die Gesetzesvorschläge des Rates – ohne Debatte und Änderung – anzunehmen oder zu verwerfen; der Rat konnte sogar einen Beschluß der Apella annullieren.

In einigen griechischen Poleis, namentlich in Küsten- und Hafenstädten mit entwickeltem Handel, gab es im 7., 6. und 5. Jahrhundert als Unterbrechung der Oligarchie oder ziemlich unmittelbar vor dem Übergang zum demokratischen System eine Periode relativ rasch vorübergehender gesetzwidriger, usurpierter Alleinherrschaft. Die Tyrannen, *týrannoi,* eroberten meist mit Hilfe der Menge, die keine Vollbürgerrechte genoß, ihre Stellung. Sie suchten die bisherigen Machthaber wie auch das «einfache Volk» den Staatsgeschäften möglichst fernzuhalten, konnten sich aber wohl nicht ganz ohne die Volksversammlung behelfen.[25] So erhielt sich bis zur Ausgestaltung des demokratischen Systems die Vorstellung, für die jeweils besonders wichtig scheinenden Staatsgeschäfte sei die Zustimmung des «Volkes» nötig. Wenn auch dieses Prinzip zeitweilig sehr willkürlich befolgt oder ganz vernachlässigt wurde, geriet der politisch praktische Zweck der Agora doch nicht völlig in Vergessenheit.

Neben der Volksversammlung übernahm die «Demokratie» benannte Verfassung noch andere Einrichtungen aus früheren Perioden, vor allem den durch Jahrhunderte erprobten Rat sowie die von ihm getrennten oder neben ihm entstandenen Ämter. Der Rat hieß meistens *Bulé,* stellenweise auch, wie in Sparta, *Gerusía,* das heißt Rat der Alten. Auch ihn findet man in allen griechischen Stadtstaaten, unabhängig von deren Regierungsform, anfangs, wie gesagt, aus den nächsten Beratern und Mitbewerbern des Königs bestehend. Gewöhnlich waren dies die Führer eines Klans, *Génos,* oder einer mehrere Sippen umfassenden Brüderschaft, *Phratría,* oder eines Geschlechterverbands, *Phylé.* Da sie oft einen ebenso edlen wie gleicherweise aus dem Liebesabenteuer eines Gottes oder der Ehe eines Halbgotthelden entsprossenen Stammbaum wie der König hatten, auch, vereint, ihn an Wohlstand und Waffenmacht übertrafen, wurde es diesem mit der Zeit schwer, seine Priorität zu behaupten. Der Rat begnügte sich nicht mit Raterteilung, sondern trat vielfach als entscheidungfällendes Organ auf. Der König war da nur der Erste unter Gleichgestellten. Ein Vorrecht nach dem anderen verlor er an den Rat oder an Beamte, die – obwohl vom Rat ernannt und vielleicht auch von der Volksversammlung gewählt – mit besonderen Verwaltungsaufgaben betraut wurden. Damit ist nicht gesagt, daß man den König als solchen endgültig abgeschrieben habe, wenn man auch die alte monarchische Staatsform abschaffte. In manchen Staaten erhielt sich nämlich das erbliche oder der Wahl unterstellte Amt eines Hohenpriesters, dessen Verwalter *Basileus* genannt wurde.[26]

Wo dieses Amt ursprünglich nicht existierte – wie in Massalia (Marseille), das während seiner ganzen Unabhängigkeitsperiode Oligarchie blieb – oder wo der König all seine Bedeutung als politischer Faktor verlor – wie in den griechischen Stadtstaaten, von wenigen Ausnahmen abgesehen, zum Beispiel Sparta, wo es zwei Könige nebeneinander gab –, war der Rat weiterhin die wichtigste politische Institution. In der ältesten Form des aristokratischen Systems scheint die Mitgliedschaft im Rat in gewissen Geschlechtern erblich, dynastisch gewesen zu sein. Aber es gab auch eine Art der Bule, in die man ohne ererbte Rechte kam, wenn man vorher ein hohes Amt bekleidet hatte. Zu etwas Ähnlichem entwickelte sich in einer Periode die alte athenische Bule, der sogenannte Areopag (nach *Areios pagos,* Areshügel). Ihm traten die höchsten Beamten nach Beendigung ihrer Amtszeit bei. Ob eine unterste Altersgrenze Bedingung war – in der spartanischen Gerusia meistens das vollendete 60. Jahr – oder nicht, überall gestaltete sich der Rat zu einem Kollegium der Alten, weil die Mitgliedschaft auf Lebenszeit war. Ein solcher traditioneller Rat hatte unter dem aristokratischen System anfangs eine sehr ausgedehnte Macht. Als oberster Hüter der Gesetze und Bräuche konnte er sich in die mannigfachsten Gebiete der allgemeinen Polisgeschäfte mischen. Daneben wurde in einigen Oligarchien eine vielköpfige Bule gegründet, deren Mitglieder durch Wahl oder Los bestimmt wurden. Solch ein neuer Rat wurde auch dem Regierungsapparat von Athen eingebaut. In anderen Oligarchien trat wiederum die Tendenz auf, eine erhebliche Macht auf ein kleines Komitee zu konzentrieren, dessen Mitglieder *Próbuloi* hießen. So geschah es 411 bei dem oligarchischen Staatsstreich in Athen.[27]

Neben dem Rat und der Volksversammlung war die Beamtenschaft gewissermaßen das dritte, wichtigste Organ der Polis. Es entwickelte sich aus der Erweiterung der Aufgaben, die der öffentlichen Gewalt der Polis zur Aufrechterhaltung der Ordnung und Entscheidung von Streitigkeiten unter den Bürgern anvertraut wurden. Die Ämter waren meistens unbesoldete Vertrauensposten. Die Einsetzung der Beamten und die Dauer ihrer Dienstzeit regelte sich in den oligarchischen Stadtstaaten vorwiegend nach zwei Grundsätzen oder – da diese oft parallel liefen – vielleicht besser: auf zweierlei Weise. In den sogenannten dynastischen Oligarchien waren die Ämter gewöhnlich erblich und lebenslänglich, in den «Mischoligarchien» wurden sie meist durch Wahl oder Los auf gewisse Zeit, oft jährlich wechselnd, besetzt. Im letzteren Fall war der Kreis der Anwärter außer durch eine untere Altersgrenze durch Vorschriften über Herkunft und Vermögen beschränkt.[28]

So wie hier schematisch dargestellt, war im großen und ganzen der Regierungsapparat der Polis in den Hauptteilen seiner äußeren Struktur noch, als sich das «Demokratie» benannte System herausbildete. Dieses System brachte gewisse scheinbar vielleicht belanglose, in Wirklichkeit aber wichtige Ergänzungen des eben geschilderten staatlichen Gefüges und vor allem – wie schon gesagt – sehr erhebliche Änderungen in den Beziehungen der Staatsorgane untereinander. Diese Umwälzungen entstanden dadurch, daß der Kreis der Vollbürger, dem nur die Wenigen, *olígoi,* hatten angehören dürfen, nunmehr die Vielen, *polloí,* umfaßte.

BEVÖLKERUNG UND ABGRENZUNG DER STAATSBÜRGERSCHAFT

Die griechische Polis der Antike bewahrte während der ganzen Unabhängigkeitsperiode Hellas' eindeutig den Charakter eines auf wirklicher oder fiktiver Blutsverwandtschaft basierenden Stammverbandes. Der Polites, der Bürger, konnte erst nach der Aufnahme in die engeren Gemeinschaften, in die die Bürgerschaft eingeteilt war, «Mitglied» der Polis werden. Ob sich letztere ursprünglich aus den eigentlichen großen Geschlechtern und Bruderschaften der Sippen zusammensetzten oder nach ihren Wohnsitzen gegründet waren, sie blieben geschlossene, dem Außenseiter schwer zugängliche Verbände. Schon sehr früh teilten sich zum Beispiel die Bürger Athens in vier Geschlechterverbände, *Phylai,* und in kleinere Verbände, *Phratriai,* oder Bruderschaften. In beiden ging die Mitgliedschaft vom Vater auf den Sohn über. Voraussetzung der Staatsbürgerschaft war erstens Mitgliedschaft in einer Phratrie und zweitens Landbesitz. Da das Entscheidungsrecht in den Phratrien wohl vorwiegend bei den Genos-Klans, also aristokratischen Korporationen, lag, hatte jene erste Forderung die Staatsbürger der Polis vor zu starkem «unedlem» Zuwachs zu bewahren.

Die Zubilligung der Staatsbürgerschaft an die einen Bevölkerungsgruppen oder Einzelpersonen und die Verweigerung bei anderen erfolgte in den griechischen Stadtstaaten nach sehr engen Prinzipien. Das wirkte sich unmittelbar auf die Größe der Polisbürgerschaft aus. Tatsächlich war die Abneigung gegen eine Vermehrung der Staatsbürgerzahl ebenso allgemein wie stark. Anzahl und Rechte der Staatsbürger sowie die Erwerbung der Staatsbürgerschaft blieben im politischen Leben wie im politischen Denken der Griechen primäre Fragen.[29]

Einige der Grundsätze, wonach die Polismitgliedschaft bestimmt wurde, gingen auf ererbte Bräuche und Anschauungen zurück. Andere, später angenommene, zeichneten sich durch klare politische Zweckmäßigkeit aus. Erstere waren natürlich ungleich wichtiger als letztere. Vor allem dank ihnen blieb der Demos der Stadtstaaten auch in einer demokratischen Staatsordnung eine kleine Elite – dies freilich nur im Lichte einer später aufgekommenen Denkweise. Den alten Griechen stellte sich die Sachlage ganz anders dar. Will man unhistorische Folgerungen vermeiden, muß man möglichst alle anderen, nicht von den Hellenen selbst akzeptierten Moralnormen und Auffassungen vom Menschen und der Gesellschaft ausschalten. Wobei zu bedenken ist, daß Jahrhunderte hindurch Ilias und Odyssee die Grundlage der griechischen Erziehung, ihre Bibel, bildeten. Das Rezitieren daraus war «ein natürliches Mittel zur Entscheidung von Fragen der Moral und des Verhaltens», bis die andere Bibel Homer verdrängte.[30] So wird es vielleicht auch dem heutigen Menschen verständlich, daß die Griechen selbst, ganz seltene und späte Ausnahmen abgerechnet, in ihrer demokratischen Staatsordnung kein Privilegiensystem, sondern genau das Gegenteil sahen.

Stellung der Frau

Zunächst war es in der Welt der alten Griechen «natürlich», das heißt nach allgemeiner Auffassung unbestreitbar, daß der Frau nicht die gleiche Stellung und die gleichen Rechte wie dem Mann zukamen. Im archaischen Zeitalter, aus dem uns sichere Mitteilungen fehlen, dürfte die Frau wenigstens zuweilen Anteil am öffentlichen Leben gehabt haben. Wahrscheinlich infolge kleinasiatischer Einflüsse zogen sich indes die Frauen bald ausschließlich auf ihren häuslichen Kreis zurück. In einigen Stadtstaaten durften allerdings die freien Frauen vom 6. Jahrhundert an Land besitzen, hatten jedoch etwa in Athen weder das Recht, Verträge zu unterschreiben, noch als Partei vor Gericht aufzutreten oder den verstorbenen Ehemann zu beerben usw.[31] Selbst in Sparta, wo man, wie überhaupt bei den Dorern, nicht dazu neigte, die freie Frau ins Haus zu sperren, hatten sie keinen Anteil am öffentlichen Leben. Trotzdem war laut Aristoteles (Politik, 1270a) zu seinen Lebzeiten, dank der Testierfreiheit, den Aussteuern und der geringen Anzahl Männer, etwa zwei Fünftel des ganzen Landes in ihrem Besitz. Nach griechischem Recht war die Frau nie Selbstherrscherin, konnte also auch nicht vollberechtigte Bürgerin sein.

Die rechtlich benachteiligte und in bezug auf geistige Entwicklung vernachlässigte Stellung der Frau weckte, soweit bekannt, keinen wesentlichen Widerspruch. Wie sich oft beobachten läßt, führt solch ein zur dauernden erblichen Gewohnheit gewordenes Unterwürfigkeitsverhältnis leicht zur Stabilisierung der Auffassung, die derartig Abhängigen seien auch geistig, moralisch und intellektuell den sie Beherrschenden unterlegen. So auch im alten Hellas. Zwar findet man bei Platon und Xenophon – beide Schüler des Sokrates – anerkennende Aussprüche über weibliche Eigenschaften und Fähigkeiten. Aber allgemein herrschende Ansichten spiegeln sie nicht. Die geringschätzige oder richtiger: ignorierende Einstellung zur Frau im Stil eines Thukydides dürfte Ende des 5. Jahrhunderts kaum selten gewesen sein. Und im folgenden Jahrhundert findet Aristoteles, der vielfach den Vorurteilen seiner Zeit huldigte, es ebenso unbestreitbar wie später der Apostel Paulus, daß das Weib dem Manne nachgeordnet und ausdrücklich ihm dienstbar sei. Das dem freien Mann eigene Talent zum Herrschen, so behauptet er (Politik, 1254b und 1260a), ist bei der Frau «ohne die erforderliche Entschiedenheit», beim Kind unentwickelt. Die Frau, mag sie auch sonst Qualitäten haben, ist zum Gehorchen, nicht zum Befehlen geschaffen.

Die wenigen Ansätze zu einer positiveren Wertung der Frau, die sich Ende des 4. Jahrhunderts in Athen zeigten, änderten an ihrer Stellung nichts.

Aber die rechtliche und zumal die politische Emanzipation der Frau war ja auch in vielen hochentwickelten neuzeitlichen Demokratien eine sehr späte Erscheinung. Namentlich in den letzten Jahrzehnten hat die politische Gleichberechtigung der Frau immer mehr Boden gewonnen; dennoch kann man auch heute noch nicht behaupten, das politische Stimmrecht der Frauen gehöre dem allgemeinen Sprachgebrauch nach unbedingt zur demokratischen Staatsordnung. Manche Theoretiker betonen, da die Frauen keine eigene Gesellschaftsgruppe bilden, sondern denselben sozialen Gruppierungen und Schichtungen wie die Männer zugehören, verstoße ihre Ausschaltung aus dem politischen Leben nicht unbedingt gegen die theoretisch an die Demokratie gestellten «Forderungen».

Stellung des Sklaven

Die Stellung der Frau bringt also den antiken und den modernen Gebrauch des Wortes «Demokratie» nicht in Widerspruch zueinander. Anders ist es bei der Sklaverei. Seit etwa einem Jahrhundert ist man sich in der westlichen Kulturwelt ziemlich einig, daß in einem demokratischen Staat Sklaverei nicht geduldet werden könne. Den alten Griechen hingegen erschien die untergeordnete Stellung des Sklaven aus Gründen der Tradition und der Vernunft wenn auch nicht ebenso unerschütterlich und ausnahmslos, so doch ebenso natürlich wie die soziale Minderwertigkeit der Frau.

Die Sklaverei führte in der Praxis zu vielen verwickelten Problemen, die man lange Zeit nicht mit Hilfe irgendeiner eindeutigen moralischen Satzung zu entscheiden wagte.

Aus Griechenlands frühester historischer Zeit weiß man, daß es neben einer Reihe vertraglich festgelegter Pacht- und Leibeigenschaftsverhältnisse auch Sklaverei in des Wortes eigentlicher Bedeutung gab. Meistens, wenn auch nicht ausschließlich, waren die Sklaven fremdstämmige Kriegsgefangene oder durch Seeraub als

Handelsware eingeführt. Ihre Zahl wuchs mit der wirtschaftlichen Differenzierung. Die Versklavung von Stammesgenossen erfolgte vor allem durch die von den reichen Grundbesitzern streng gehandhabte Hypothekenpolitik, die durch den allmählichen Übergang zur Geldwirtschaft Ende des 7. Jahrhunderts in Schwung kam. In den Städten wiederum führte die Konzentrierung der Kapitalien und die Entstehung großer wirtschaftlicher Unternehmen zu gesteigerter Inanspruchnahme der Sklavenarbeitskraft.

Im allgemeinen dürfte die Behandlung der Sklaven in dem patriarchalischen Rahmen der sogenannten Homerischen Zeit relativ erträglich gewesen sein. Wo man anfing, sie weitgehend auch außerhalb des eigentlichen Familienhaushalts einzusetzen, wirkte sich das zu ihrem Nachteil aus. In Athen jedoch, wo sich vom 5. Jahrhundert an in der Gesetzgebung und im Verhalten zur Umwelt eine ausgesprochen humane Tendenz durchsetzte, hat man die Stellung des Sklaven – freilich in unverkennbar propagandistischer Absicht – eine bessere als die der armen Freien in einer oligarchisch regierten Polis nennen können.

Tiefergreifend als die Art der Behandlung war natürlich die absolute Abhängigkeit des Sklaven vom Willen seines Herrn, und daß er keinen oder nur sehr geringen Rechtsschutz genoß. Immerhin galt es nicht überall, unter anderm nicht in Attika, für erlaubt, einen Sklaven wie ein Tier umzubringen. Ein bekanntes Beispiel für das Gegenteil ist die Sportjagd, die, nach Plutarch, spartanische Jünglinge unter den Staatssklaven, den Heloten, veranstalteten.

Auch in moralischer Hinsicht hielt man den Sklaven für minderwertiger als den Freien. So wurde sein Zeugnis vor Gericht von vornherein als falsch verdächtigt, wenn es nicht durch Folter erpreßt war. In Athens demokratisch-philanthropischer Epoche konnte der Sklave als einziger zur Prügelstrafe verurteilt werden. Eine Art arithmetische Ähnlichkeit – Gleichheit kann man es auch in relativem Sinn kaum nennen – in der Behandlung des Freien und des Sklaven zeigt sich wenigstens darin, daß ersterem höchstens 50 Drachmen Buße, letzterem höchstens 50 Rutenschläge zudiktiert werden durften.[32]

Als erleichterndes Moment ist zu betrachten, daß im Laufe der Zeit die Versklavung eigener Stammesangehöriger, wenn auch nicht absolut, so doch im Verhältnis zum Einsatz fremdstämmiger Sklaven abnahm. Die heftige Opposition gegen die Pacht- und Kreditgewährungsmethoden reicher attischer Grundbesitzer führte offenbar zwangsläufig zu Solons Zeit, genauer wohl in den 590er Jahren, zu gesetzgeberischen Maßnahmen, um die Lage der Bedrängten zu verbessern. Die Forschung ist freilich recht skeptisch in bezug auf viele Solon zugeschriebene Reformen. Doch nimmt man an, daß dem Gläubiger damals das Recht abgesprochen wurde, künftighin den Schuldner oder dessen Angehörige zu knechten, und daß dieses Gesetz rückwirkende Kraft erhielt. Welches auch der wirkliche Inhalt dieser berühmten Maßnahme, der sogenannten *seisáchteia,* «Abschüttelung der Lasten», war, jedenfalls wurde aus dieser Reform allmählich, vor Mitte des 5. Jahrhunderts, das Prinzip abgeleitet, der Polisbürger dürfe unter keinem Vorwand irgendeiner Sklaverei, auch nicht bedingt oder zeitweilig, unterworfen werden.[33] Demnach wäre die Solonische Reform sehr tiefgreifend und in des Wortes wahrer Bedeutung modern gewesen. Sie ließe sich als Umsturz eines der Schutzhaft entsprechenden Systems bezeichnen[34], also als eine Reform, die in unserem aufgeklärten Abendland allgemein erst Ende des 19. Jahrhunderts durchgeführt wurde. Die Folgerungen, die man in Athen unter dem Einfluß der durch die Seisachteia ausgelösten Tendenz zog, schufen in diesem «fortgeschrittensten» griechischen Kleinstaat eine der wesentlichsten Voraussetzungen zum Entstehen der besonders vieldeutigen Vorstellung von der «persönlichen Freiheit des Individuums». Zugleich war man jenes unangenehme Gefühl losgeworden, das die Versklavung freier Landsleute in ihrer eigenen Heimat hatte verursachen müssen.

Die Versklavung eines Feindes, auch wenn er Hellene war, erweckte nicht so großen Widerwillen. Im Krieg galt ja als Siegerbeute alles dem Gegner Gehörige, bis zu seinem Leben und dem seiner Sippenmitglieder und Sklaven. Es war durchaus statthaft, sogar edelmütig, dem Besiegten das Leben zu «schenken» und als

Gegenleistung ihn in Sklavendienst zu nehmen. Als sich aber ein allgriechisches Gemeinschaftsgefühl zu entwickeln begann und die panhellenische Solidaritätsidee eine – wennschon ziemlich kleine – Basis erhielt, zeichnete sich auch im Verhalten zu dem griechischstämmigen Besiegten und seiner Versklavung eine Wandlung ab. Laut Thukydides (VIII, 41 und 62) war schon in den 410er Jahren eine Abneigung gegen die Versklavung anderer Hellenen spürbar. Vielleicht ein paar Jahrzehnte später fordert Platon (Politeia, 469 b bis c) im Namen der «gerechten Sache» die Hellenen auf, nicht andere Hellenen zu versklaven, sondern vielmehr des hellenischen Geschlechts zu schonen. Anfang des 4. Jahrhunderts entstand ein prinzipieller Streit, ob die Thebaner mit der Befreiung der messenischen Sklaven Spartas Diebstahl begangen hätten.[35] Aus jener Zeit stammt auch ein Gesetz, das den Athenern verbot, einen in Kriegsgefangenschaft geratenen Freien als Sklaven zu kaufen.[36]

Das Verhalten zu den nichtgriechischen Fremden, deren Gattungsname «Barbaren» allmählich einen verächtlichen Nebenklang bekam, wich völlig von der Behandlung der Freien in der eigenen Polis und auch anderer Hellenen ab. Der Barbar war für den Hellenen ein Mensch, demgegenüber er sich prinzipiell in keiner Weise moralisch verpflichtet fühlte. Neben dieser auf uralter feindlicher Einstellung beruhenden Haltung entwickelte das panhellenische Gemeinschaftsgefühl mit der Zeit die Vorstellung einer gewaltigen Überlegenheit der Griechen über alle anderen Stämme, eine Vorstellung, die teilweise an die bekannte Fiktion des «auserwählten Volkes» erinnert. Der berühmte Redner Isokrates (4. Jahrhundert) behauptete, der Naturordnung zufolge stehe der Hellene dem Barbaren ebensofern wie der Mensch dem Tier.[37] Bei solcher Denkweise fand man es natürlich moralisch unbedenklich, einen Barbaren in menschenunwürdiger Sklaverei – ob nun durch Herkunft, Richterspruch, Raub, Krieg oder Handel verursacht – zu halten. Um so begreiflicher, daß zwischen dem Sklaventum Fremdstämmiger und dem Gleichberechtigungsstreben der eigenen Mitbürger kein Widerspruch zutage trat. Zu dieser Einstellung findet sich leicht eine zeitlich relativ nahe Entsprechung in Werken politischer Schriftsteller der Südstaaten Nordamerikas, die im 19. Jahrhundert, namentlich unter Berufung auf altgriechische Vorbilder, für eine demokratische Staatsordnung und zugleich für Beibehaltung der Sklaverei eintraten.

Eine Prüfung der Anschauungen antiker Philosophen zur Klärung der Grundlagen des Sklavenwesens ist in diesem Zusammenhang nur insoweit von Bedeutung, als sie gewisse zeitbedingte Betrachtungsweisen spiegeln. Der beste Führer hierbei ist Aristoteles als hervorragendster damaliger Kenner und Analytiker der sozialen Verhältnisse in der griechischen Welt. Allerdings war es auch ihm nicht beschieden, das gesellschaftsmoralische Denken der Griechen vor dem Ende ihrer Unabhängigkeit nennenswert – wenn überhaupt – zu beeinflussen.[38] Aber seine Ansichten über die Sklaverei scheinen ihrerseits eng mit gewissen Anschauungen in seiner eigenen Umgebung verkoppelt zu sein. Sein Gedankengang ist bezeichnend dafür, wie selbst ein so kritischer Forscher – von seinen ungelehrten Zeitgenossen zu schweigen – mit dem Problem fertig wird, ohne sich überhaupt schwierige moralische Fragen stellen zu müssen.

Für Aristoteles ist die angeborene Ungleichwertigkeit der Menschen, das heißt die qualitative Verschiedenheit, eine unbestreitbare Tatsache. Er ist überzeugt, daß «einige Menschen von Natur Freie oder Sklaven sind, für welche letzteren es auch nützlich und gerecht ist, Sklaven zu sein» (Politik, 1255a). In Sklaverei geraten kann freilich ungerechterweise und durch Gewalt auch ein von Natur nicht dazu Bestimmter, aber dafür gibt es ja beweiskräftige Kennzeichen. Der Sklave kann nichts anderes als Sklave seines Herrn, ein «lebendiger Sachbesitz» sein, ohne irgendwelches Beschlußrecht, dem Tiere vergleichbar. Die Natur hat ihm, seinen schweren Aufgaben entsprechend, einen anderen Körperbau zugedacht als dem Freien, obschon die Absichten der Natur auch in dieser Hinsicht nicht immer verwirklicht sind (Nikomachische Ethik, 1161a; Politik, 1253b–1255b, 1259b–1260b). Auch geistige Unterschiede gibt es. Aristoteles hat eine ganz verschiedene Seele bei beiden beobachtet: die Seele des Freien ist zum Befehlen, die des Sklaven zum Gehorchen geschaffen. Aber wie beim Körperbau sind auch hier die Pläne der Natur manchmal durcheinander geraten. Es können nämlich, fügt Aristoteles hinzu, Sklaven neben den Leibern der Freien auch die Seele freier Männer haben (Politik, 1254b).

In der Sklavenfrage nimmt Aristoteles den traditionellen griechischen Standpunkt ein, der in der zweiten Hälfte des 4. Jahrhunderts um so leichter allgemeine Gültigkeit besaß, als die meisten Sklaven, wenigstens in Athen, damals Barbaren waren. Nun hatten aber schon vor Aristoteles gewisse Sophisten eine neue Lehre verkündet, wonach die Sklaverei verwerflich sei. Sie hatten dabei einerseits die «Natur», *phýsis,* und das Naturrecht, anderseits die herkömmlichen Normen und das von Menschen diktierte Recht, *nómos,* einander gegenübergestellt. Je nach ihrer Vorstellung von dem in der «Natur» herrschenden Zustand und dem von der «Natur» geschaffenen Recht konnten sie in stark akzentuierte Gedankenkonstruktionen über die natürliche Verschiedenwertigkeit der Menschen oder umgekehrt zu einer Lehre von der angeborenen Gleichheit der Menschen geraten. Die logische Folge aus dem letzten Standpunkt war die Abstempelung der Sklaverei zu einem naturwidrigen, durch die historische Entwicklung erzeugten Mißstand. Diese sozusagen «moderne» Anschauung erhielt ihre konzentrierte Form in des Sophisten Alkidamas Behauptung, Gott habe alle Menschen frei geschaffen, und die Natur habe keinen einzigen Menschen zum Sklaven gemacht. Diesem schwungvollen Ausspruch nach hätte also der Mensch gegen das Naturrecht verstoßen, indem er die Sklaverei schuf, und dieses Unrecht müsse korrigiert werden. Aber auch Alkidamas' Worte hat man fragwürdig gefunden, nicht gerade als Entstellung – obschon antike Handschriften im allgemeinen nicht pedantisch kopiert wurden –, sondern als rhetorische Übertreibung. Vielleicht habe er auch gar nicht die naturgemäße Freiheit aller Menschen, sondern nur die der Griechen gemeint.[39]

Wie dem auch sei, die einmal aufgeworfene Frage der sittlichen Unrechtmäßigkeit der Sklaverei war unter den Intellektuellen des

4. Jahrhunderts ein Diskussionsthema. Unter anderm polemisierte gerade Aristoteles gegen die damaligen Aufklärungsphilosophen, doch ohne die Diskussion darüber abzuschließen.

Die Anschauungen über die Sklaverei wurden hier so eingehend erörtert, um zu zeigen, mit welchen moralischen Gründen die Griechen sie verfochten. Selbst hitzig untereinander um ihre Gleichwertigkeit streitend, verwiesen sie einen großen Teil der Polisbewohner ganz aus ihrem eignen Kreis in eine Unterschicht, ohne zu empfinden – oder wenigstens offen zugeben zu müssen –, daß sie die Forderungen der Ethik sowie der Logik verletzten. Konnte man von dem Sklaven behaupten, er gehöre seinen geistigen wie körperlichen Eigenschaften nach naturgemäß in die Stellung, die er innehatte, so war es natürlich sinnlos, den Sachverhalt ändern zu wollen. Auch heute würde wohl selbst ein Tadler der griechischen Gesellschaftsordnung nicht für die Ausdehnung des politischen Stimmrechts auf geistig Zurückgebliebene, Entmündigte in den modernen Demokratien eintreten.

In diesem Zusammenhang erübrigen sich weitere Erwägungen, ob eine solche Argumentation zur Verteidigung der Sklaverei ausreichte, die schon allein angesichts der von Aristoteles beobachteten Launen der Natur kaum alle denkenden Griechen hat überzeugen können. Jedenfalls war es anscheinend ein sehr triftiges Argument für die Rechtfertigung einer Institution, deren eigentliches Motiv auf einer ganz anderen Ebene lag. Für die Beibehaltung der Sklaverei bestanden ja bekanntlich zwingende wirtschaftliche Gründe.

Die Existenz der Stadtstaaten war so eng mit der Einrichtung der Sklaverei verknüpft, daß deren Abschaffung nicht ohne tiefgreifende Umwälzungen denkbar war. Von der Tragweite der Sklavenfrage zeugt die auf Grund überlieferter Nachrichten berechnete Zahl der Sklaven. Einer Schätzung nach entsprach sie um die Mitte des 5. Jahrhunderts in Attika etwa einem Viertel der gesamten Polisbevölkerung.[40] Nach anderen Forschern waren Ende der 430er Jahre, eben vor Ausbruch des Peloponnesischen Krieges, mehr als ein Drittel der Bevölkerung Attikas[41] oder sogar die Hälfte[42] Sklaven. Die ziemlich verbreitete, auf alten Quellen fußende Ansicht, auch die armen Bürger hätten mindestens je einen, die Reichen sogar je fünfzig Sklaven gehabt, kann also den Tatsachen zu jener Zeit nicht entsprechen. Im folgenden Jahrhundert aber steigerte sich diese Zahl vermutlich noch, während die der freien Bevölkerung erheblich zurückging. Als der makedonische Regierungsverweser Demetrios von Phaleron in den 310er Jahren, nach dem Ende der Unabhängigkeitsperiode, eine Volkszählung veranstaltete, soll sie die ungeheure Zahl von 400000 Sklaven auf nur 21000 Mitbürger ergeben haben. Sie dürfte stark übertrieben sein; immerhin gab es anscheinend damals sehr viel mehr Sklaven als Freie in Attika.[43]

Da die Attiker nicht solch ausgedehnte Kulturländereien hatten wie die römischen Latifundienbesitzer oder die Farmer der nordamerikanischen Südstaaten, gab es auf dem Lande verhältnismäßig wenige Sklaven, in den Stadthaushalten, Gewerbebetrieben und Gruben hingegen reichlich. Vom 5. Jahrhundert an entwickelte sich in Athen ein regelrechter Sklavenverleih. Auch zu öffentlichen Polisaufgaben zog man Sklaven heran. Von diesem Bruchteil der Sklavenbevölkerung und seiner besonders wichtigen Ausnahmestellung wird noch die Rede sein.

Massenbefreiung der Sklaven hätte vielleicht wirtschaftlich dennoch keine allzu tiefgehende Umwälzung in der Stadt Athen bewirkt – wo schon vom 5. Jahrhundert an Sklaven fast ebenso hoch bezahlt wurden wie freie Arbeiter – wie auf dem Lande und namentlich in den Bergwerken.[44] Trotz alledem ist die Behauptung, Athens Wirtschaftsleben habe hauptsächlich auf der Sklaverei beruht, ebensowenig stichhaltig wie der zähe Glaube, die Verwendung von Sklaven habe die Athener körperlicher Arbeit entwöhnt. Die zahlreichen Arbeitskräfte aus dem Sklavenstand waren durchaus nicht in jeder Hinsicht von Vorteil, denn sie drückten natürlich die Löhne der freien Arbeiter. Auch war die Sklavenhaltung für den Athener im klassischen Zeitalter, was die Erleichterung des materiellen Lebens betrifft, sicher kein so wesentlicher Faktor wie seine erstaunliche Anspruchslosigkeit in bezug auf Komfort und Luxus.[45]

Die Verleihung bürgerlicher und politischer Rechte an viele vorwiegend fremdrassige Personen mit proletarischem Lebensstandard habe ihrerseits die Herrschaft der Athener in ihrer eigenen Polis gestürzt oder zum mindesten schwer erschüttert. Aus all diesen Gründen war es den Freien Attikas angenehmer, ihre ererbte Vorstellung von der Berechtigung des Sklavenstandes beizubehalten, als ihr Ohr der Verkündigung neuer Ideen zu leihen. Der von einigen Sophisten ausposaunte Gedanke, die Sklaverei sei abzuschaffen – ein Gedanke, der wohl nicht ernstlich gemeint war –, fand in der klassischen Zeit kaum ein Echo. Auch die private Freilassung von Sklaven war minimal.

Stellung der Ausländer

Neben den Frauen und Sklaven gab es in den Stadtstaaten noch einen dritten Bevölkerungsteil, der selbst in der demokratischen Periode nicht zu den politisch berechtigten Bürgern gehörte: die auf die Dauer hier angesiedelten freien Fremdlinge, unter anderm in Athen *Métoikoi* genannt. Diese Metöken konnten der Herkunft nach Griechen oder Barbaren sein. Ihre Ansiedlung, namentlich in Athen und Peiraieus, fand sporadisch Aufmunterung. Da sie in Attika kein Land besitzen durften und vorwiegend städtische Gewerbetreibende waren, wohnten nur wenige auf dem Lande. Sie durften die verschiedensten Berufe ausüben. Ihr neuer Heimatstaat Athen verlangte von ihnen Leistungen in Form von Heeres- und Flottendienst, Steuer und – je nach Vermögen – Beteiligung an den Kosten für öffentliche Feste der Stadt. Aber trotz ihrer gesetzlich anerkannten Stellung und den ihnen auferlegten Verpflichtungen waren sie nicht «Mitglieder» der Polis. So gab es zum Beispiel keine legitime Ehe zwischen einem Metöken und einer Athenerin, und bei Rechtsstreitigkeiten, die nicht den Handel betrafen, mußten sie sich einem außerordentlichen Gerichtsverfahren unterwerfen.[46]

Daß die Fremden auch bei dauernder Ansässigkeit im Polisgebiet kein Bürgerrecht genossen, weicht im Prinzip nicht von der

Einstellung des modernen Staates zu dem entsprechenden Problem ab. Überall, wo nicht eine ausgesprochene Tendenz die Einwanderung fördert, ist die Gewährung der Staatsbürgerschaft an den Ausländer recht kompliziert, einerlei, ob sich die Staatsordnung demokratisch oder anders nennt. Deshalb braucht man auch nicht den Ursachen nachzuforschen, die einen Fremden von der Bürgerschaft in der Polis ausschlossen. Es genügt der Hinweis auf die erwähnte, hartnäckig beibehaltene primitive Meinung, der Fremde habe von vornherein als Feind zu gelten. Zeitweise konnte das Verhalten der Athener zu den Fremden eine für die damalige griechische Welt einzigartig liberale Tendenz aufweisen. Das zeigt unter anderm die Behauptung in der von Thukydides verfaßten Leichenrede auf die Gefallenen, die Perikles 431 im Krieg gehalten haben soll: die Athener gestatteten jedem offenen Zutritt zu ihrer Stadt und verwehrten vertrauensvoll auch Fremden nicht den Aufenthalt (Thukydides, II, 39). Dennoch behielt sich der Stadtstaat weiterhin das Recht vor, gegebenenfalls Fremde auszuweisen.[47] «Es war an sich leicht, einen Griechen davon zu überzeugen, daß es ein Unrecht sei, einem Proletarier Rechte zu verweigern, die der Reiche und Hochgestellte ausübte; nicht so leicht war es indes, einem Athener klarzumachen, daß ein aus Naxos oder Paros Gebürtiger, nachdem er in Athen ansässig geworden, die gleichen Rechte wie ein Athener genießen könne...»[48] Schon die Tatsache, daß ein Metöke ebensolches Ansehen wie ein Polisbürger genießen konnte, war für Platon ein Zeichen von Anarchie (Politeia, 562e bis 563a), zu der übertriebene Freiheit in einem demokratischen System führen konnte.

Die Metöken stellten höchstwahrscheinlich nicht einen so großen Teil der Polisbevölkerung dar wie die Sklaven, doch war ihre relative Anzahl im 5. und 4. Jahrhundert recht beträchtlich: einer Schätzung nach in Athen 431, zu Beginn des Peloponnesischen Krieges, rund 70000, davon etwa 23000 erwachsene Männer. Sehr viel vorsichtiger schätzte ein anderer Forscher die Gesamtzahl auf 28500 Metöken, also nur ein Sechstel der freien Athener, Männer, Frauen und Kinder, während die Kopfzahl Metöken nach der ersten Berechnung fast die Hälfte betragen hätte.[49] Nach etwas mehr als einem Jahrhundert stellte die Volkszählung des Demetrios von Phaleron in Attika 21000 waffenfähige Bürger und insgesamt 10000 männliche Metöken und Freigelassene fest.[50]

Die Einbürgerung aller Metöken hätte also einen großen Zuwachs der «Familienmitglieder» der Polis bedeutet. Immerhin hätte sie nicht solche wirtschaftlichen und sozialen Umwälzungen heraufbeschworen wie etwa die Verleihung der Bürgerrechte an die Sklaven. Die Metöken waren ja nicht nur Freie, sondern meist geborene Hellenen und ihrer Kultur nach vielfach athenischer als die Athener selbst. Unter ihnen waren von Anfang an viele, die sich um den Wohlstand der Stadt oder um intellektuelle Aufgaben, wie sie dem Freien anstehen, hochverdient gemacht hatten. Auch ist zu bedenken, daß, abgesehen von Sokrates und Platon, alle führenden Philosophen Athens anderswoher als aus Attika stammten. Zudem rekrutierte die Polis einen beträchtlichen Teil ihrer Land- und Seestreitkräfte aus dem Kreis der Metöken.

Diese Gruppe unterschied sich also von den Sklaven außer durch ihre rassische Substanz, Stellung und Größe auch insofern, als die soziale Grenze, die zwischen Bürgern und Sklaven fast durchweg horizontal verlief, zwischen Bürgern und Metöken bis zu einem bestimmten Grad vertikal das Gemeinwesen durchschnitt. Wenn nun bisweilen die Polis von ihrer herkömmlichen Exklusivität abweichen mußte, war es dem Wirtsvolk begreiflicherweise weniger peinlich, wenn die Zugezogenen freie Fremde und nicht Sklaven waren. Man weiß auch von Fällen, wo einzelne oder ganze Gruppen Metöken in Bürgerkreisen Zutritt fanden, daß sich manche sogar ungesetzlich einer Polisfamilie eingliederten. Plutarch berichtet (Solon, 24), ein Solonisches Gesetz – schon Anfang des 6. Jahrhunderts – habe das Bürgerrecht solchen Fremden zugesprochen, die für immer aus ihrem Vaterlande verbannt waren oder mit ihrem ganzen Hause nach Athen übersiedeln wollten, um ein Gewerbe zu betreiben. Sollte es ein solches Gesetz gegeben haben, ist es jedenfalls bald in Vergessenheit geraten. Ende desselben Jahrhunderts soll der Tyrann Peisistratos mit ähnlichen Mitteln freie

Fremde als Arbeitskräfte nach Attika gelockt und Kleisthenes außer Fremden auch hörige Metöken als Bürger anerkannt haben. Letztere Gruppe (vgl. Aristoteles, Politik, 1275 b) dürfte frühere Sklaven umfaßt haben, die bei ihrer Befreiung die Stellung von Metöken erhalten hatten. Metöken, die sich im Krieg ausgezeichnet hatten, konnten volle Staatsbürgerrechte erhalten. Manchmal verlieh Athen aus politischen Gründen das Bürgerrecht auch Flüchtlingen aus einem Bündnerstaat, den Bewohnern eines Nachbarorts oder angesehenen Ausländern.[51]

Derartige Maßregeln galten indes als Ausnahmen. Weder prinzipiell noch praktisch gesehen ändern sie etwas an der Tatsache, daß die Polisbürger immer einen geschlossenen Kreis bildeten, selbst als Athen an der Spitze eines Verbandes zahlreicher Stadtstaaten, eines wirklichen Imperiums, stand.

Bürgerschaft

Die Gesamtheit der Bürger, das *Politeuma,* bildeten also die als mündig geltenden Freien, die nicht einem Gebiet außerhalb ihres Heimatstaates entstammten. Einen gelegentlichen Zuwachs bedeuteten die unter feierlichen, umständlichen Formalitäten naturalisierten Staatsbürger.

Einerlei, ob die das Bürgerrecht betreffende Gesetzgebung streng oder relativ liberal war, der Kreis der Politen blieb stets eng. Obgleich, wie erwähnt, die Bevölkerung einiger der größten und dichtestbewohnten Poleis zeitweise viele hunderttausend Menschen umfassen konnte, stieg die Zahl der Staatsbürger, soviel man weiß, ausgenommen in Syrakus im 4. Jahrhundert, nie und nirgends auch nur auf 50000. Vermutlich hatten von mehreren hundert Stadtstaaten kaum zwanzig mehr als rund 10000 Bürger.[52] Nach einigen auf ungleichwertigen, fragmentarischen Angaben aus antiken Quellen beruhenden Schätzungen schwankte die Zahl der athenischen Bürger im 5. und 4. Jahrhundert wie folgt: vor der Ära des Perikles, um 480, können es ungefähr 35000 gewesen sein, bei Beginn des Peloponnesischen Krieges, 431, laut relativ zuverlässigen Berechnungen, rund 42000 bis 43000; nach der Vernichtung durch Krieg und Pest um die Jahrhundertwende oder kurz vorher war die Bürgerschaft stark, etwa auf 20000 bis 22000, reduziert; im folgenden Jahrhundert stieg die Zahl vielleicht ein wenig, auf 28000 im Jahre 323, um zu Anfang der makedonischen Herrschaft, laut Demetrios von Phalerons Zählung in den 310er Jahren, auf 21000 zu sinken.[53]

Für die politischen Denker der Antike entsprach die beschränkte Menge Polisbürger einem Ideal. Aristoteles erzählt (Politik, 1267b bis 1268a), wie der Milesier Hippodamos, der berühmte Schöpfer der Stadtpläne von Peiraieus und Thurioi (5. Jahrhundert), der als erster, ohne praktischer Politiker zu sein, die Frage der besten Staatsverfassung erwogen hatte, einen Stadtstaat von 10000 Bürgern vorschlug. Platon, der sich auf seine alten Tage für Zahlenmystik begeisterte, träumte von 5040 Bürgern als Bewohner seiner Polis, weil dieser Zahl unter anderm eigen ist, daß sie durch alle ganzen Zahlen von zwei bis zehn teilbar ist. Außerdem erfüllte diese Idealzahl durch ihre Größe eine gewisse, für ihn erstrangige praktische Bedingung. Seiner Meinung nach war nämlich dem Staat nichts förderlicher, als daß sich die Bürger untereinander beurteilen konnten, um einen jeden in sachdienlichster Form mit Aufgaben betrauen und ihm Recht sprechen zu können (Nomoi, 737–738). Wenn dann Aristoteles – ohne seinerseits ideale Zahlen vorzulegen – abwägt, innerhalb welcher Grenzen eine Polis weder zu klein noch zu groß ist, betont er ebenso und aus denselben Gründen wie Platon, daß die Bürger einander nach ihren Qualitäten kennen müssen (Politik, 1326a und b). In anderem Zusammenhang (Nikomachische Ethik, 1170b) bemerkt er, zehn Bürger könnten natürlich keine Polis bilden, anderseits sei ein Staat von zehnmal zehntausend Bürgern keine Polis mehr.

Die «wirkliche Größe» eines Stadtstaates mußte nach griechischer Auffassung anders als nach Areal und Einwohnerzahl berechnet werden. So schreibt Aristoteles (Politik, 1326a): «Die meisten meinen nun, daß ein glücklicher Staat groß sein müsse.

Auch wenn dies wahr ist, so wissen sie doch nicht, was man unter einem großen und kleinen Staate zu verstehen hat. Sie beurteilen nämlich die Größe nach der zahlenmäßigen Menge der Bürger; man muß aber nicht so sehr auf die Menge als auf ihre Bedeutung achten. Es gibt nämlich eine Aufgabe des Staates, und der Staat, der sie am ehesten zu erfüllen vermag, wird auch als der größte bezeichnet werden können.» – Jedes Ding besitze «seine Fähigkeit nur, soweit es an Kleinheit wie an Größe das Maß nicht zu sehr überschreitet; denn sonst wird es bald seine eigentümliche Natur überhaupt verlieren oder in schlechtem Zustande sein». Die Aufgabe des Staates, die Aristoteles im Auge hat, ist sozusagen eine doppelte (1326b). Der Staat muß autark, sich selbst genügend sein können, darf also nicht zu klein sein. Und er muß eine allgemeine Unterordnung und Achtung vorm Gesetz erzielen können, wie sie eine «wirkliche Konstitution» oder «richtige Lebensweise» fordert. Dies wiederum bedeutet, die Volksmenge darf, um geführt zu werden, nicht zu vielköpfig und das Gebiet, um sich ohne Stentorstimme regieren zu lassen, nicht zu groß sein. Seinem äußeren Rahmen nach paßte Athen in die von Aristoteles für den Idealstaat entworfenen Konturen aus dem einfachen Grund, weil sich im Sinne des Philosophen – wie auch im Denken anderer griechischer Schriftsteller der Antike – das Ideal eben nach den in Wirklichkeit vorhandenen Stadtstaaten abzeichnete.

Die Bevölkerung Attikas verteilte sich während der ganzen klassischen Periode keineswegs gleichmäßig auf Stadt und Land. Manche Tatsache spricht dafür, daß vom Ende des 6. bis Ende des 4. Jahrhunderts eine merkbare Abwanderung vom Land in die Städte erfolgte. Unter Kleisthenes sollen die Bewohner der zur Stadt Athen gehörigen Kreise nicht einmal ein Drittel der gesamten Bürgerschaft betragen haben. Dabei waren nicht alle Stadtbezirke dazumal rein urbanes Gebiet, sondern konnten Feldmark sein. Nach Thukydides (II, 14–17) zogen bei Ausbruch des Peloponnesischen Krieges massenweise Athener vom Lande in die Stadt. Um 430 dürfte mehr als ein Drittel der Mitbürger und ihrer Familien auf Athen und Peiraieus konzentriert gelebt haben. Diese

Umsiedlungsbewegung setzte sich anscheinend während der folgenden hundert Jahre fort. Um 330 lebten vermutlich drei Viertel aller Bewohner Attikas und annähernd die Hälfte aller Mitbürger samt Familien auf städtischem Gebiet.[54]

Die Staatsbürgerschaft der antiken Polis konnte verschiedene Grade aufweisen. Manche Volksgenossen hatten gar keinen Zugang zu den Staatsgeschäften; man hat ihre Stellung mitunter als Halbbürger bezeichnet. Auch von den Vollbürgern hatten die einen nur Zutritt zur Volksversammlung, nicht aber zu anderen öffentlichen Ämtern. Zum Volk als staatlichem Organ gehörten nur die, welche wenigstens das erste aller politischen Rechte besaßen: Teilnahme an der Ekklesia. Sie wurden in Athen, zum mindesten vom 5. Jahrhundert an, unter der Bezeichnung *démos* zusammengefaßt. Gemäß den ziemlich unbestimmten und teilweise widerspruchsvollen Quellen entsprach der Demos in den demokratisch genannten Stadtstaaten der Griechen meistens bedeutend weniger als einem Zehntel und allerhöchstens kaum mehr als einem Siebentel der Polisbewohner, Frauen und Kinder einberechnet.

Die Frage, ein wie großer Teil der Gesamtbevölkerung politische Rechte *besitzen muß*, damit die Staatsordnung als demokratisch anerkannt werden kann, gehört zu denen, die nur in dem Fall zu stellen sind, in dem man ein Idealmodell der Demokratie als vorhanden oder gedanklich konstruierbar voraussetzt. Die Frage wird aber dauernd aufgeworfen, und zwar als eine sehr gewichtige. Sie wird auch beantwortet: zum Beispiel in der Demokratie müsse «ein erheblicher Prozentsatz» oder «der Hauptteil des mündigen Volkes» zu den Staatsbürgern gehören. Tatsächlich hat man derlei Normen aus vorsichtigen und summarischen Feststellungen über moderne Demokratien gewonnen. Als solche beweisen sie hinlänglich, wie in dieser Beziehung der heutige Gebrauch des Wortes Demokratie von dem in der Antike abweicht.

Es gibt auch andere als das rein arithmetische Verfahren, um darzulegen, wie die Anwendung der politischen Macht in der Demokratie nach gewissen modernen Begriffen im allgemeinen allen gleichmäßig zugänglich *sein muß*. Man kann das Hauptgewicht auf die Forderung legen, daß in einem demokratischen System keine, wenigstens keine bedeutsame soziale Gruppe ohne politische Rechte sein darf. Auch hierin standen die Verhältnisse in den altgriechischen Demokratien in krassem Gegensatz zu dem, was man heute als eine der wichtigsten Analogien in den sich Demokratie nennenden Ländern anzusehen pflegt. In der politisch rechtlosen Bevölkerung der alten Stadtstaaten gab es zwei ziemlich deutlich geschiedene soziale Gruppen oder Klassen: Sklaven und Metöken. Den Sklaven oblag durchweg die Schwerstarbeit in Landwirtschaft, Bergbau, Industrie, Hauswirtschaft usw., während die Fremden und die ihnen zeitweise rechtlich vergleichbaren Freigelassenen vorwiegend im Handwerk, Handel und Bankwesen tätig waren.

Die Beschäftigung zwecks Sicherung des Lebensunterhalts schuf indes keine unbedingt schroffe soziale Trennungslinie. Aus Perikles' Leichenrede hat man geschlossen, daß noch in den 430er Jahren die Arbeit, wenigstens offiziell, in Athen idealisiert wurde. Allmählich gewann freilich eine andere, mehr aristokratisch-intellektuell betonte Auffassung Boden. Nach ihr paßte die Vollbürgerschaft nicht zu einem Lebensstandard, der Abhängigkeit von einer anderen Person, körperliche Anstrengung oder überhaupt besonders große Aktivität beim Erwerb des Lebensunterhalts erforderte. Manchen Kreisen erschien als Ideal die Befreiung der Bürger eines gutregierten Staates – um mit Aristoteles zu sprechen – von unedler und der *arete* nicht angemessener Arbeit.

In Wirklichkeit blieb dies in Athen wie in anderen Stadtstaaten, wo die vollen Bürgerrechte weiteren Kreisen als vorher zugebilligt worden waren, eine Utopie. Viele Bürger mußten noch, trotz den verschiedenen öffentlichen Zuwendungen, ihr dem einfachen Lohnarbeiter, dem *bánausos,* angemessenes Gewerbe ausüben. Ferner erhielten sich in den Städten und namentlich auf dem Lande zwischen freien Bürgern mannigfache Dienst- und Gesindeverhältnisse, trotz der anwachsenden Sklavenarbeit. Im Gegensatz zu dem, was einige Philosophen zu behaupten liebten, verachtete der minderbemittelte Durchschnittsathener keineswegs körperliche Arbeit.

Nur das Leben im Dienste eines anderen Menschen und unter dessen Befehlsgewalt vermied er nach Möglichkeit als ihm höchst zuwider.[55]

Es ist also eine übertriebene Vereinfachung, zu behaupten, jener ganze Bevölkerungsteil, der unserer modernen Industrie- und Landarbeiterschaft entspräche, sei ohne volle Bürgerrechte gewesen.

DIE SUCHE NACH DEN URSACHEN UND DEN GRÜNDERN DER ATHENISCHEN DEMOKRATIE

SOZIALE SPANNUNG UND ENTSTEHUNG DES GESCHRIEBENEN GESETZES

Gegensatz zwischen den Gesellschaftsklassen

Bevor die Herrschaft der «Vielen» feste Formen annehmen konnte, mußten natürlich auf vielen Gebieten des Gesellschaftslebens sehr tiefgreifende Änderungen erfolgen. Unsere Quellen über das alte Hellas zeigen trotz ihrer Lückenhaftigkeit, daß der Einführung der Demokratie benannten Staatsordnung zahlreiche Umwälzungen in der wirtschaftlichen Struktur des Polisgemeinwesens vorausgingen, sowohl in der Rang- und Rechtsskala ihrer Mitglieder wie im allgemeinen Denken und Empfinden und in einigen Glaubensvorstellungen.

Aus dieser bunten Vielfalt der Erscheinungen wird der Forscher leicht als wesentlich solche wählen, die seiner Meinung nach unvermeidbar zu der ihm bekannten Lösung geführt haben. Die zu einem von vornherein bekannten Abschluß leitenden Fäden des Sachverlaufs braucht er jedoch nicht ganz im Ungewissen zu suchen. Die antiken Denker und Schriftsteller haben nämlich die Forscher geführt – bald auf richtige, bald auf falsche Spuren – durch reichliche Hinweise auf die wichtigsten jener Faktoren, die in der Polis eine soziale Gärung verursachten und aufrechterhielten. Die spätere Geschichtsforschung hat dann zahlreiche Tatsachen und Hypothesen zur Korrektur und Vervollständigung des Bildes zutage gefördert.

Unter den Erklärungsgründen, die uns die griechische Literatur anbietet, steht entschieden an erster Stelle das Bewußtsein der Antike von dem schroffen Gegensatz, ja ständigen Haß oder Kampf zwischen den Klassen. Allerdings erst seit dem Peloponnesischen

Krieg wird das Denken immer stärker von der Neigung beherrscht, politische Schwierigkeiten vorwiegend als soziale Probleme zu sehen und die Armut als soziale Gefahr anzuerkennen.[56] So stammt Platons berühmte These, in allen bekannten Stadtstaaten seien eigentlich «gar viele Städte ... denn zwei sind nun schon auf jeden Fall darin als einander feind, eine der Armen und eine der Reichen ...» (Politeia, 422 e), aus dem 4. Jahrhundert.[57] Aber diese Betrachtungsweise hatte sehr alte Traditionen, und zwar auf realer Basis.

In der Ilias und Odyssee werden die Edelgeborenen, *aristées* oder *héroes*, als gesondert vom gemeinen Volk, *laós* oder *laoí*, dargestellt. In der frühen aristokratischen Ära waren die Athener offenbar auch politisch in zwei Lager gespalten, indem die Regierungs- und Priesterämter ausschließlich den Aristokraten offenstanden. Solon spricht in seinen Gedichten nur von zwei Gesellschaftsklassen: dem Adel, *esthloí*, und dem gemeinen Volk, *démos*. Und dieselbe Terminologie, die Theognis Ende des 6. Jahrhunderts in seinen Gedichten über die erbitterten Kämpfe in Megara zwischen den Aristokraten, den *agathoí* oder Guten, und dem gemeinen Volk, dem *kakoí* oder Schlechten, anwendet, findet sich Generationen später auch in dem politischen Wortschatz Athens.[58] Diese Epitheta, die sicher keine Erfindung der Ärmeren waren, spiegeln den in der oligarchischen Ära ausgebrochenen Klassenkampf wider. Schon damals existierte der Staat der Armen und der Staat der Reichen in derselben Polis, «sich immer gegenseitig auflauernd», um mit Platon zu sprechen (Politeia, 551 d). Je präziser die Forderungen der Armen wurden, desto aggressiver wurde die Haltung der Machthaber. Nach Aristoteles wurde zu seiner Zeit in einigen Oligarchien ein unerbittlicher Amtseid geschworen; «und gegen das Volk werde ich übel gesinnt sein und zu seinem Schaden raten, was ich kann» (Politik, 1310 a).

In den antiken Schriften werden jedoch nicht nur die sozialen Spannungen und Kämpfe innerhalb der griechischen Stadtstaaten bezeugt und geschildert, sondern auch die demokratische Staatsordnung vielfach in ursächlichen Zusammenhang damit gebracht. Bald wird das demokratische System als Mittel des Klassenkampfes, bald als sein Endergebnis behandelt. Trotz allen Abweichungen ist diesen Deutungen eins gemeinsam: ihre Verfasser stehen der demokratischen Ordnung fremd oder geradezu feindlich gegenüber.

Eine der frühesten und eindeutigsten dieser Darstellungen findet sich in der Athenaion Politeia, einem politischen Pamphlet über die Staatsverfassung der Athener. Lange wurde es Xenophon zugeschrieben, ist aber wahrscheinlich vor diesem, schon Ende der 430er Jahre, entstanden. In dieser Schrift des sogenannten Pseudo-Xenophon (I, 3–14) heißt es, die Demokratie sei eigentlich eine zugunsten der armen Mitbürger geschaffene Staatsordnung. Die mittellosen Elemente erhielten durch sie politische Macht und verschafften sich auf Kosten der Reichen zahlreiche materielle Vorteile. Der unbekannt gebliebene Verfasser, Verfechter der Oligarchie, findet es also nicht verwunderlich, daß die Demokratie überall, nicht nur in Athen, von den Armen, diesen Schlechten, Ungebildeten und Ungerechten, befürwortet und von den unterdrückten Reichen, diesen Besten und Rechtschaffensten, bekämpft wird.[59] Auch bei Platon ist die Entstehung des demokratischen Systems unleugbar eine zum Klassenkampf gehörende Phase, sogar in ihrer Art dessen Höhepunkt. Er – oder der für ihn auftretende Sokrates – behauptet nämlich, die Demokratie entstehe, «wenn die Armen den Sieg davontragen, dann von dem anderen Teil einige hinrichten, andere vertreiben, den übrigen aber gleichen Anteil geben am Bürgerrecht und an der Verwaltung» (Politeia, 557a).

Das ist ja nun ein recht bluttriefendes Konterfei von der Schöpfung einer demokratischen Ordnung und als Produkt eines Philosophen erstaunlich einfarbig. Von Platon könnte man vielleicht annehmen, daß er sich um des literarischen Effektes willen so drastisch ausdrückte, auch nicht die nötige Sachkenntnis besaß. Von seinem Schüler Aristoteles hingegen kann man dergleichen wohl kaum behaupten. Dessen «Politik» stützt sich immerhin auf eine aus 158 verschiedenen Verfassungen erarbeitete Analyse und umfassende Geschichtskenntnisse; auch vermeidet er, bei der Darstellung seiner Phantasie die Zügel schießen zu lassen. So sieht denn auch Aristoteles, «der Meister jener, die da wissen», die Entstehung der

Demokratie nicht als ein ebenso gradliniges Ergebnis des Klassenkampfes wie Platon. Er hat viele verschiedene, die Bildung einer demokratischen Staatsordnung fördernde Faktoren beobachtet, von denen noch die Rede sein wird. Aber auch für ihn ist die Demokratie in erster Linie Herrschaft der Armen – obschon er ebensowenig wie andere Schriftsteller die Grenze zwischen arm und reich klarlegt. Es ist nicht eine Herrschaft der Armen aus dem – vom spekulativen Standpunkt gesehen – zufälligen Grund, daß tatsächlich die Mehrheit des Volkes, die in einer Demokratie im Besitz der Macht ist, aus Armen besteht. Der eigentliche Grund ist, daß infolge des demokratischen Systems die Macht faktisch den Armen zufällt. Mitunter scheint ein bloßer Zufall hierfür zu genügen, wie zur Zeit, da Taras (das heutige Tarent) sich in einen Volksstaat verwandelte, als viele Vornehme im Krieg gegen einen Nachbarstamm gefallen waren (Politik, 1303a). Aristoteles geht in seinem Gedankengang bis zu der Behauptung, niemandem falle es ein, einen Staat, wo die Gewalt in den Händen sehr weniger Armer liege, eine Oligarchie zu nennen, und daß anderseits keine Demokratie entstehen könne, wenn in der Polis mehr Reiche als Arme seien. Hierbei droht der Philosoph in eine offensichtliche Sackgasse zu geraten. Doch bleibt er davor bewahrt, da der allgemein eingeführte Gebrauch des Ausdruckes «Demokratie» zu seinen Lebzeiten solche Gedankenakrobatik nicht mehr gestattet hätte (Politik, 1279b–1280a, 1290a–b).

Derartige Äußerungen über die Identität von demokratischer Staatsordnung und Herrschaft der Armen oder über die Demokratie als Mittel zur Befriedigung der Bedürfnisse der Armen sind voller Theoreme, Parolen oder Theorien politischer Art, wie sie während des Peloponnesischen Krieges und in den Parteikämpfen des 4. Jahrhunderts gang und gäbe waren. Ein unentstelltes Bild von der Wirklichkeit geben sie zwar keineswegs; dennoch liefern sie an sich einen fruchtbaren Ausgangspunkt, außer für die Geschichtsforschung überhaupt, besonders für eine Untersuchung der Entstehung der antiken Demokratie. Was wir über die Schicksale der griechischen Poleis wissen, zeigt nämlich, daß die geschilderten Klassenkämpfe tatsächlich eine zentrale Stellung in der Ereignisfolge darstellen, nach der sich auch die demokratische Ordnung formte.

Gebraucht man aber im Hinblick auf die Verhältnisse der alten Poleis das Wort «Klassenkampf», besteht natürlich die Gefahr, daß man im Gemeinwesen nur eine einfache Spaltung in horizontaler Richtung sieht und den darin wirkenden Widersprüchen einseitig wirtschaftlichen Charakter zuspricht. Obgleich die Spannung zwischen den Klassen, ja der zeitweilige «Klassenkampf» und die Entwicklung der Demokratie genannten politischen Ordnung in den alten griechischen Poleis zweifellos in ursächlichem Zusammenhang stehen, wäre es ein Fehlschluß, die Volksherrschaft als Haupt- oder auch nur als Teilziel des Klassenkampfes anzusehen. Die Demokratie konnte ja nicht – dies sei nochmals wiederholt – Ziel irgendeines Bestrebens sein, bevor sie irgendwo, wenigstens in Gedanken, existierte. Als Pseudo-Xenophon seine Schrift verfaßte, und mehr noch zu Platons und Aristoteles' Lebzeiten, war die athenische Demokratie ja schon wohlbekannt. Man wußte auch, wie sie die Sache der Armen fördern konnte. Aber der «Klassenkampf» war bereits lange im Gang, ehe man etwas von demokratischer Staatsordnung wußte. Er hörte auch nicht auf, als das «demokratische Zeitalter» anbrach, sondern ging, unabhängig von den politischen Systemen, in den verschiedenen Poleis weiter, bis die römischen Truppen im 2. Jahrhundert v. Chr. Hellas unterworfen und befriedet hatten.[60] Wie bei dem Klassenkampf in den letztvergangenen hundert Jahren ging es auch bei dem Kampf zwischen Armen und Reichen in der Antike vor allem um soziale Fragen. Erst in zweiter Linie, soweit die soziale Zielsetzung es erforderte, bewirkte er, unmittelbar oder mittelbar, politische Reformen.

Die soziale Frontenbildung an sich – hier der eigenmächtige Reiche, dort der unterdrückte, verbitterte Arme – war also uralt. Deutlich spiegelt sie sich zum Beispiel in Hesiods Dichtung «Werke und Tage», deren Entstehung – irgendwann zwischen 850 und 650 – sich nicht genau datieren läßt. Damals herrschte noch ausschließlich Naturalwirtschaft mit Naturallöhnung und Tauschhandel. Die eigentliche Verelendung erfolgte wohl vorwiegend in den Agrargebieten, wo die dem damaligen Erbrecht entsprechende Aufteilung des Landes bei zunehmender Bevölkerung zur Bildung von Kleinbetrieben geführt hatte. In den Handels- und Industriezentren glich der Fortbestand einer Art Mittelklasse die wirtschaftlichen Gegensätze aus.

Diese Sachlage änderte sich von Grund aus, als die Griechen immer mehr zu dem in Lydien etwa in den 680er Jahren aufgekommenen Verfahren der Münzprägung übergingen. Als Folge des sich erweiternden Geldhaushaltes vergrößerte sich in vielen griechischen Stadtstaaten der Abstand zwischen Reichen und Armen infolge eines primitiven Kapitalismus, des «Chrematismus» (*chrémata,* Reichtum). Einerseits bot die neue Wirtschaftsform den adligen Grundbesitzern Möglichkeiten, sich zu bereichern, vor allem durch Investierungen in Bergbau und Handel, und den ihnen vermögensmäßig gleichen, aber der Herkunft nach unedlen Emporkömmlingen aus der städtischen Mittelklasse, eine Stellung zu erringen. Anderseits wirkte sie verarmend auf die Unbemittelten und beschleunigte dadurch das Anwachsen der untersten Schichten. Die Kleinbauern litten nämlich unter der Konkurrenz mit dem aus Sizilien und dem Pontos eingeführten billigen Getreide. So wurden sie den Begüterten in einer Weise verschuldet, die man früher nicht gekannt hatte. Das Ausleihen von Geld auf Zinsen, verhaßtestes aller Gewerbe und widernatürlichste Art der Bereicherung, wie Aristoteles kategorisch feststellt (Politik, 1258b), wurde zu einer Waffe, mittels welcher der Reiche den Bauern und die Seinen völlig ruinieren konnte. Der aufgeblühte Handel und die wachsende Industrie machten wiederum die Verwendung der Sklaven als Arbeitskräfte allgemein. Und dies schmälerte die Verdienstmöglichkeiten der freien «kleinen Leute» in den Städten: der Handwerker, Lohnarbeiter, Fischer, Seeleute und anderer.

Die weittragenden Folgen dieser Umwälzungen wurden bald auch im politischen Leben spürbar. Bei der Vielfalt der Stadtstaaten läßt sich allerdings keine ganz einheitliche Entwicklungslinie feststellen. Es gab überwiegend von Ackerbau lebende Staaten, und ihnen gelang es größtenteils, sich außerhalb jener Strömungen zu behaupten, die anderswo eine Folge der Entwicklung von Handel und Industrie und des Übergangs zur Geldwirtschaft waren. Es gab auch viele vom Handel lebende Poleis, die ohne Erschütterungen und ohne Wechsel ihrer traditionellen Einrichtungen sich der neuen Wirtschaftsform anpaßten. Wo aber der selbständige Bauernstand verelendete und Opfer des Hypothekenwesens wurde, wo neben dem Geburtsadel eine neue Geldaristokratie hochkam, während sich zugleich in den anschwellenden Städten und ihren Randgebieten ein vielköpfiges, sich allmählich immer solidarischer fühlendes Proletariat ansammelte, da entstand soziale Spannung. Sie zu lockern, bedurfte es gewaltsamer oder friedlicher Reformen. Einerseits wurde es unvermeidlich, der Mittelklasse unedler Herkunft volle Mitgliedschaft in der Polis zuzusprechen; anderseits galt es, in der durch das Proletariat entstandenen Krise eine Lösung, außer der durch die fortgesetzte Auswanderung gebotenen, zu finden.

Im 7. und 6. Jahrhundert scheint man auch in vielen Stadtstaaten, wo sich die Lage zugespitzt hatte, Wege zur Behebung der Schwierigkeiten gesucht zu haben.

Es lassen sich dabei neben gemeinsamen Verfahren gewisse gleiche Ergebnisse beobachten. Der erste Schritt war in mehreren Stadtstaaten das Kodifizieren der bisher ungeschriebenen Gesetze. Diese Aufgabe sowie die Klärung der in der Polis entstandenen Spannung konnte einem einzigen Mann anvertraut werden. Bei der Gliederung der Bürger nach Rechten und Pflichten wurde das Vermögen als Kriterium neben die Abstammung oder statt ihrer aufgestellt. Und schließlich trat in gewissen Stadtstaaten eine Phase ein, wo ein ungerufener Tyrann mit Gewalt eine Zeitlang die sozialen Konflikte bereinigte.

Drakons Staatsverfassung

Das ursprüngliche Polisrecht setzte sich aus ungeschriebenen Satzungen und Überlieferungen zusammen. Ein Teil derselben regelte die inneren Rechtsverhältnisse der Sippen. Die hierher gehörigen, im Laufe von Jahrhunderten angehäuften Satzungen und Rechtsurteile bildeten den *Thémis* benannten Kodex. Die anderen uralten Rechtsnormen und Entscheidungen, unter dem Namen *Díke* zusammengefaßt, betrafen die Beziehungen zwischen den Sippen. Von diesen beiden Ausdrücken, die unserem «Recht» und ihm naheverwandten Begriffen entsprechen, war der erstere, Themis, feierlicher als der letztere. Er bezeichnete ein von göttlicher Autorität diktiertes Urteil, während sich Dike auf eine allgemeine Sanktion wie auch auf die dem Urteilfällenden zukommende Achtung bezog. Beiden gemeinsam ist indes, daß sie sich nur durch mündliche Überlieferung von Geschlecht zu Geschlecht erhielten. Obgleich in der Wirklichkeit ein solches Gewohnheitsrecht formell und inhaltlich nicht immer gleich bleiben konnte, hatten diese mündlich weitergegebenen Schemata, in die sich die Rechtsnormen kleideten, weder ihren unwandelbaren und unumstößlichen Charakter noch ihre Geheimnishaftigkeit eingebüßt. Sie waren für das niedere Volk unzugänglich, denn nur die mit dem religiösen Kult vertrauten Vornehmen kannten sie. Deren Stellung als exklusive Hüter dieses Weistums und folglich einzige Exegeten des göttlichen wie des menschlichen Rechts konnten die «Besten» zum Vorteil ihrer eigenen Klasse ausnutzen.[61]

Das Niederschreiben und Sammeln der Rechtsnormen erfolgte vermutlich auf Verlangen all jener Kreise, die sich der extremen Macht der Aristokraten widersetzten. Faktisch handelte es sich also um die Kodifizierung von Bräuchen und schon früher in Gesetzesform niedergelegten Satzungen. Antike Geschichtswerke erwähnen, daß in jeder Polis, wo diese Maßnahme ergriffen wurde, jeweils nur ein einziger Mann solche «Gesetzgebung» vornahm. Auch Aristoteles nennt eine große Anzahl Gesetzgeber, wobei er zugleich Behauptungen anderer Verfasser berichtigt (Politik, 1273 b, 1274 a). Der als Spartas Gesetzgeber bekannte Lykurg kann hier unberücksichtigt bleiben. Abgesehen davon, daß sichere Angaben über seine Persönlichkeit fehlen und die Datierung der ihm zugeschriebenen Arbeit allein schon auf das Jahrhundert schwierig ist, soll er selbst ausdrücklich die Niederschrift seiner Gesetze verboten haben. Im übrigen war dieses Einmannverfahren bei der Gesetzgebung offenbar besonders im 7. Jahrhundert beliebt und hat sich von den griechischen Staaten in Italien und auf Sizilien ins eigentliche Hellas und nach Kleinasien ausgebreitet. Der früheste dieser «individuellen Gesetzgeber», über den wir ziemlich zuverlässige Kunde haben, ist Zaleukos, der während der 660er Jahre in dem süditalienischen Lokroi die Kodifizierung vornahm. Eine Generation später, um 610, gab Charondas der sizilischen Stadt Katane Gesetze. Außer in mehreren anderen westgriechischen Poleis fanden sie im Ägäisraum und weiter östlich vielfach Nachahmung. In dieselbe Epoche gehört der athenische Gesetzgeber Drakon, dessen Arbeit etwa aus dem Jahr 620 stammen dürfte. Die Bezeichnung für seine Stellung war vermutlich *Thesmothétes*, Gesetzgeber.

In welcher Form diese frühesten Gesetzgeber zu ihrer Arbeit bevollmächtigt waren, ist ungewiß. Aus einer Angabe des Aristoteles, unter ihnen sei auch der Ende des 7. Jahrhunderts auf zehn Jahre zum bevollmächtigten Vertrauensmann von Mytilene gewählte Pittakos gewesen, schlossen einige Forscher, daß auch andere Gesetzgeber solche *Aisymnétai*, auf legitimem Weg lebenslänglich oder befristet eingesetzte Machthaber, sein konnten (vergleiche Politik, 1285 a–b, 1295 a).

Natürlich konnte man selbst bei einem so konservativen Vorhaben wie der Kodifizierung überlieferter Satzungen das Befolgen neuer Prinzipien neben den alten nicht vermeiden, wollte es vielleicht auch nicht. Manche Gesetzgeber stellten bewußt auch ganz neue Normen auf. In beiden Fällen erlitt der ursprüngliche Charakter des Gesetzes eine Einbuße. Die Auffassung, es könne eben doch Menschenwerk von bedingter Tragweite und Wandlungen unterworfen sein, gewann Boden, ohne daß die überlieferte Vorstellung vom Gesetz ganz verschwunden wäre. In Griechenland erhielten sich weiterhin die uralten, als heilig geltenden, aber ungeschriebenen Rechtsnormen. Für sie bürgerte sich die Bezeichnung *thesmoí* ein. Daneben gab es die aus Menschenwillen geschaffenen und niedergeschriebenen Gesetze, die *nómoi*. Sie waren also wirklich «gegeben». Die Thesmos-Gesetze blieben unwandelbar in Kraft, wenn sie auch noch so widerspruchsvoll waren. Die Nomos-Gesetze konnten prinzipiell geändert oder annulliert werden, obschon in der Praxis solche Eingriffe lange Zeit hindurch sehr schwierig waren.[62]

Von einigen Gesetzgebern wird berichtet, sie hätten ganze «Verfassungen», *politeíai,* aufgestellt. So soll nach einer politischen Propagandalegende aus dem Ende des 5. Jahrhunderts Drakon Athen eine «Verfassung» gegeben haben. In Wirklichkeit hat er wohl nur ein früher unterbrochenes Kodifizierungswerk fortgesetzt. Ob er außer Bestimmungen bei Totschlagprozessen auch andere festgelegt hat, ist ungewiß. Es bleibt also eine offene Frage, ob sich seine Gesetzgebung so revolutionierend ausgewirkt hat, wie man mitunter glaubte. Die mehr als zweihundert Jahre nach Drakon verfaßten Darstellungen seiner Staatsverfassung spiegeln das oligarchisch gefärbte Denken aus dem Ende des 5. Jahrhunderts wider. Sie haben die Historiker vor Schwierigkeiten gestellt, die noch nicht völlig geklärt sind.[63] Anderseits ist das, was die Griechen mit dem Wort Politeia oder anders bezeichneten, dem in der modernen Sprache am ehesten Verfassung, Staatsform, politisches System usw. entsprechen, je nach dem Zusammenhang so vieldeutig, daß darin außer den Bestimmungen über die öffentliche Gewalt auch das gesamte sozialethische System inbegriffen sein kann. In den antiken Stadtstaaten war die Politeia-Verfassung nirgends in einem einzigen Gesetzestext niedergelegt. Dennoch hätte natürlich nichts Drakon gehindert, auch solche Gesetze aufzuzeichnen, auszuwählen und zu vervollständigen, die als zur Verfassung gehörig galten – wie dies später gerade Solon und verschiedene andere, den sogenannten Äsymneten vergleichbare Gesetzgeber taten.

Es fehlen uns auch genaue Unterlagen für die Annahme, der wegen seiner Gesetzesstrenge berüchtigte Drakon habe durch Zulassung unedler Emporkömmlinge zu höchsten Staatsämtern eine wichtige Reform durchgeführt. Nach den Tatsachen scheint die alte, auf Grund der Herkunft erfolgte soziale Scheidung schon vor ihm neben einer ganz anderen Einteilung, nämlich nach dem Vermögen, an Bedeutung eingebüßt zu haben.

Die früheste soziale Klassifizierung in Attika teilte anscheinend die Bevölkerung in drei Schichten. Die oberste Klasse, die *Eupatrídai,* die Edelgeborenen, unterschieden sich von den beiden anderen, den Ackerbauern, *Georgoí* oder *Geomóroi,* und den Gewerbetreibenden oder Handwerkern, *Demiurgoí,* außer dem Lebensstandard auch der Herkunft nach. Aber in der zweiten Hälfte des 7. Jahrhunderts trifft man schon eine politisch-soziale Rangskala nach – wenigstens zum größten Teil – wirtschaftlichem Maßstab. Auch sie ist dreiteilig. Zur obersten Klasse, den Rittern oder *Hippeís,* gehörten die, welche sich Pferde halten und im Krieg als Kavalleristen dienen oder sich an der Finanzierung der Kriegsmarine beteiligen konnten. Die folgende Gruppe, die *Zeugítai,* Gespannführer, bildeten die Besitzer eines Zugochsengespanns, also Landleute mit leidlichem Auskommen. Die Unbegüterten, Eigentümer von nur winzigen Parzellen, Pächter und Tagelöhner, zählten zur dritten Klasse, den *Thétes.* Auch für diese Skala war es charakteristisch, daß die oberste Klasse, die Hippeis, nicht nur vermögender als die anderen, sondern auch edler Abstammung war. Dennoch scheint sich darüber hinaus eine noch reichere Gruppe von Eupatriden, die *Pentakosiomédimnoi,* abgehoben zu haben. Die Grenzen dieser Klasse bestimmte man schon nach einem ganz modernen Maßstab: dem agrarischen Einkommen.[64]

Bald darauf erfolgte die Einteilung der gesamten freien Bevölkerung auf dieser Basis. Die Athener wurden in vier Schätzungsklassen, Telen, gesondert, je nachdem, wieviel *Médimnoi* eines jeden Jahresertrag an Korn, Öl oder Wein betrug. Wer mindestens 500 Scheffel jährlich produzierte, gehörte zu den Pentakosiomedimnoi. Bei den Hippeis schwankte die Zahl zwischen dreihundert und fünfhundert, bei den Zeugiten zwischen zweihundert und dreihundert. Alle Freien, deren Erträge unter der 200-Medimnoi-Grenze blieben, rechneten zu den Theten. Man sieht, die Namen der drei letztgenannten Klassen wiesen auf die alte soziale Schichtung hin, während die «Fünfhundertscheffler» offenbar eine künstliche Benennung ist.

Der ursprüngliche Grund dieser Vermögenseinteilung ist ungeklärt. Wüßte man ihn genau, ließe sich vielleicht das Rätsel, wann diese Telos-Einteilung stattfand, lösen. Für widerlegt gilt heute die Hypothese, die Maßnahme habe zur Steuerregelung gedient, denn direkte Steuern dürfte es in Attika nicht vor der Epoche der Tyrannis, zweite Hälfte des 6. Jahrhunderts, gegeben haben. Möglich ist jedoch, daß durch diese Gliederung die militärischen Pflichten der Athener ihrem Vermögen entsprechend fixiert werden sollten, so daß die Fünfhundertscheffler und die Hippeis bei der Reiterei, die Zeugiten beim Fußvolk und die Theten als Ruderer in der Flotte dienten.[65] Eigentliche politische Bedeutung erhielt jedoch die Telos-Einteilung erst, nachdem sie als Grundlage für die Zuerkennung und Stufung der politischen Rechte genommen wurde. Als man von der alten Klassifizierung nach der Herkunft zum System der *Timokratía* überging, wo dem Staatsbürger Vermögen zur Bedingung gemacht wurde, war das Machtmonopol des Adels im Prinzip – wenn auch noch nicht in der Praxis – auf alle Reichen, hoch- wie niedriggeborene, übergegangen. Doch obgleich die Einteilung der Athener nach dem Vermögen vielleicht zur Zeit Drakons oder auch schon vorher bestand, wird die timokratische Staatsordnung meist als Ergebnis der nach ihm sich fortsetzenden sozialen Unruhen und als Errungenschaft des zweiten großen Äsymneten, Solon, gewertet.

Der «demokratisch gesinnte» Solon

Aristoteles sagt (Politik, 1273 b), der Spartaner Lykurg und der Athener Solon seien nicht nur Urheber von Gesetzen, sondern auch von Verfassungen gewesen. Die Vorstellung – oder vielleicht auch die Erfahrung – daß die Thesmotheten oder Äsymneten einer Polis eine vollständige Verfassung geben könnten, war zu Aristoteles' Zeit nichts Neues. Man hat ja, wie erwähnt, die Niederschrift einer Politeia Drakon zuschreiben wollen, obgleich Aristoteles sich dieser Behauptung nicht anschließt.

Solon wollte man seit Ende des 5. Jahrhunderts sogar ausdrücklich zum Urheber der demokratischen Staatsordnung stempeln. Daß er damit tatsächlich «die Demokratie begründet» habe, brauchte also nicht unwahrscheinlich zu klingen. Nach Herodot zum Beispiel (IV, 161), der etwa ein Jahrhundert vor Aristoteles lebte, beriefen die Einwohner der griechischen Polis Kyrene in Libyen, der unheilvollen Thronfolgekämpfe müde, auf Rat des delphischen Orakels aus der arkadischen Stadt Mantineia den allgemein geachteten Bürger Demonax, damit er «ihre Zustände und ihr Leben» ordne. Dieser Schiedsrichter führte nicht nur eine neue administrative Einteilung der Kyreneer ein. Er stürzte die Staatsordnung so völlig um, daß er, laut Herodot, dem König Ländereien und Priesterämter beließ, aber alle früher den Königen zustehenden Privilegien in die Hände des Volkes legte. Seine Wiederaufrichtung des sozialen Friedens dürfte in der Mitte des 6. Jahrhunderts, also etwa siebzig Jahre nach Drakons Gesetzgebung und nur rund ein Menschenalter nach Solons Reformen, erfolgt sein.

Worte wie die Herodots und eine ganz andere Überlieferung, wonach die Epheser in Kleinasien um 550 dem Aristarchos von Athen auf fünf Jahre eine Art Äsymneten-Stellung verliehen, damit er der Stadt eine «demokratische Verfassung» gäbe, lassen auch einige moderne Historiker vermuten, daß eine solche schon im 6. Jahrhundert bekannt war.[66] Bedenkt man jedoch, daß diese Nachricht über die Ereignisse in Ephesus nur in der byzantinischen Enzyklopädie des Suidas überliefert ist, so liegt der Verdacht nahe, sie sei ein Mißverständnis oder ein späterer Zusatz. Alles, was wir von Attika wissen, deutet darauf hin, daß das Wort «Demokratie» in Athen erst anderthalb Jahrhunderte nach Solon in Gebrauch kam, als sich in dem polititschen System erhebliche Veränderungen hatten vollziehen können. Demnach ist anzunehmen, daß im 6. Jahrhundert auch in der übrigen hellenischen Welt keine Staatsordnung unter dem Namen Demokratie bekannt war. Selbst falls Solon Athen eine neue Verfassung gegeben hätte, würde man wohl auch sie kaum demokratisch genannt haben, welches auch ihr Inhalt gewesen sein mochte.

Tatsache dürfte indes sein, daß Solon seiner Heimatstadt keine «Verfassung» gab, sondern zahlreiche andere wichtige Reformen durchführte. Sie genügten auch in vielen Punkten für einen merklichen Wandel in der bisherigen Politeia, und er hätte auch ohne seine Dichtungen und Sentenzen vollauf verdient, zu den Sieben Weisen Griechenlands zu zählen.

Das durch die Geschichtsforschung vermittelte Bild Solons zeigt, daß er keineswegs starrer Doktrinär oder theoretisierender Vorkämpfer der «Rechte des niederen Volkes» war. Er war einfach ein hochgeborener, wohlhabender Kaufmann, der – bekannt für seine Unparteilichkeit – zur Befriedung der unruhigen Lage berufen wurde. Seine Betreuung mit solch großer Aufgabe und seine Leistungen sind glänzende Zeugnisse jenes bei den Griechen frühentwickelten Dranges, einen vernünftigen Weg, Kompromißlösungen zu suchen, um gewalttätige Schritte zu vermeiden.

Die Verhältnisse, unter denen Solon in die Öffentlichkeit trat, waren voll Spannung. In vielen griechischen Poleis hatten die wirtschaftlichen Umwälzungen Unsicherheit und Unzufriedenheit in der verarmten Bevölkerung und oft auch unter den nicht Vollbürgerrechte genießenden Reichgewordenen ausgelöst. Irgendein Aristokrat oder unadeliger Reicher stellte sich an die Spitze der Gegner der alten Eupatridenherrschaft und usurpierte die Macht. Athen folgte dieser Tyrannisströmung langsamer als gewisse regsame Handelsstädte, wie etwa die auf dem Korinthischen Isthmus. Aber auch Athen sollte den ersten Widerschein jener weitverbreiteten politischen Mode Ende des 7. Jahrhunderts erleben, als Kylon, der athenische Schwiegersohn des Tyrannen von Megara, einen mißlungenen Versuch machte, in seiner Vaterstadt die Macht an sich zu reißen. Die politische und wirtschaftliche Lage, die danach um die Jahrhundertwende in Attika herrschte, schildert Plutarch in seiner Solon-Biographie (13–14) wie folgt: In Athen waren die alten Parteizwistigkeiten – der Historiker spricht sogar von dem «alten Streit um die Gestaltung des Staates» – wieder ausgebrochen. Der Unterschied zwischen reich und arm hatte seinen Höhepunkt erreicht, so daß der Polis wirkliche Gefahr drohte, da der einzige Ausweg aus den Verwicklungen die Zuflucht zu einer Tyrannis zu sein schien. «Das ganze niedere Volk», behauptet Plutarch, sei den Reichen verschuldet gewesen. Entweder zahlten sie ihren Gläubigern ein Sechstel vom Ertrag ihrer kleinen Nutzfläche, weshalb sie *Hektémoroi* und Theten genannt wurden, oder sie verpfändeten sich selbst für ihre Schuld, wodurch sie daheim in Sklaverei geraten oder in die Fremde verkauft werden konnten. Andere mußten ihre Kinder verkaufen oder außer Landes gehen, um der Hartherzigkeit ihrer Gläubiger zu entfliehen. Die meisten und kühnsten unter den Verschuldeten erwogen jedoch die Wahl eines Führers, Befreiung der Ausgepfändeten aus der Schuldhaft, Aufteilung des Landes und – fügt der Geschichtsschreiber hinzu – Umsturz der Verfassung. Jetzt erkannten die einsichtsvollsten Athener, daß sich Solon als einziger weder auf Seite der Reichen noch der Armen an den Unruhen beteiligt hatte, und baten ihn, die Polis durch Schlichtung der Streitigkeiten zu retten; man wählte ihn in das höchste Polisamt als *árchon* und bevollmächtigte ihn zum Schiedsrichter und Gesetzgeber. Die Reichen billigten die Wahl, weil Solon vermögend war, die Armen, weil sie ihn als rechtschaffen kannten.

In ihren Hauptzügen dürfte Plutarchs Darstellung, die auf Quellen des 4. und 3. Jahrhunderts v. Chr. zurückgeht, den Tatsachen entsprechen. Drakons Tätigkeit – wie umfassend sie auch gewesen sein mochte – hatte die in Attika gärende Unruhe und die wirtschaftliche Not nicht beseitigen können, sondern es drohte eine Art «Klassenkampf» auszubrechen. Parteien hatten sich damals freilich noch nicht gebildet, wenn auch einige spätere antike Quellen und zum Beispiel Plutarch, in Anlehnung an sie, es behaupten. Hingegen vollzog sich offensichtlich – um es modern auszudrücken – eine neue Konstellation auf Grund von Gruppeninteressen. Vermutlich bildeten die gegen Beschlagnahme ihrer Ländereien aufbegehrenden Bauern die Kerntruppe der für Solons Wahl Eintretenden. Sie hatten rein wirtschaftliche Motive, denn die Streichung der Schulden sollte ihnen zugute kommen. Doch schlossen sich ihnen auch einige wohlhabende und einflußreiche Bürger an: Kaufleute, Hausindustrietreibende und andere Mitglieder des «Mittelstandes». Ihr Hauptziel war wohl ein politisches: den Eupatriden die politische Macht zu entreißen. Den Aristokraten gelang es nicht, die Wahl Solons zu verhindern. Wann und in welcher Eigenschaft er sein Reformwerk ausführte, läßt sich nicht ganz genau sagen. Man weiß, er bekleidete das Amt eines Archon, vermutlich 594/593, aber überdies, entweder gleichzeitig oder vorher oder nachher, dürfte er durch Sonderermächtigung der Ekklesia als Schiedsmann, *Diallaktés,* und als Gesetzgeber, Thesmothetes oder *Nomothétes,* gewirkt haben.[67]

Solon erließ zahlreiche Gesetze wirtschaftlichen, sozialen und politischen Charakters. Obgleich jene Holztafeln, auf denen sie aufgezeichnet waren, schon früh verschwunden sind, weiß man noch relativ viel über sie, eigentlich fast zu viel, insofern als sich äußerst schwer unterscheiden läßt, was zu den von alters her gültigen Normen gehört und vielleicht erst von Solon kodifiziert war, was ihm wiederum Geschichtsschreiber des 5. und 4. Jahrhunderts an Material aus der Periode vor oder nach ihm zugeschrieben haben und was schließlich als seine Schöpfung zu betrachten ist. Immerhin kann man auf Grund dieser Kenntnisse ein, wenn auch teilweise ungenaues Bild von seiner Vermittlertätigkeit wie auch von der athenischen Staatsordnung zu seiner Zeit rekonstruieren.

Seine Maßnahmen zur Beseitigung der damals gerade als besonders schreiend empfundenen wirtschaftlichen Mißstände blieben wohl ziemlich unvollständig, obschon man später glaubhaft machen wollte, sie hätten geradezu umwälzende Wirkungen gezeitigt. Ein Kenner des alten Griechenlands kam zu der Feststellung, Solon, «der offenbar typische konservative Reformator», habe zugunsten der bedrängten Volksschicht nur das Allerdringendste getan, um die drohende Revolution abzuwenden. Solon strich die Schulden der vorm Ruin stehenden Grundbesitzer und hob wahrscheinlich die Versklavung der Hektemoroi, Pächter, auf. Doch zur Unterstützung jener, die durch Hypothekenanleihen ihr Land schon verloren hatten, unternahm er nichts.[68] Immerhin war sein Kodifizierungswerk, dessen Resultat die erste vollständige Gesetzessammlung in Attika gewesen sein dürfte, sicher geeignet, allgemeine Rechtssicherheit zu schaffen. Ihm gelang es offenbar – was Drakon nicht erreicht hatte –, die Machtstellung des Genos in der

Rechtsprechung zu beschränken und dadurch den Einzelnen in ein unmittelbares Rechtsverhältnis zur Polis zu bringen. Für den Adel bedeutete es einen schweren Schlag, daß ein beliebiger Athener, unabhängig von Herkunft und Vermögen, das Recht erhielt, an den Gerichtshof zu appellieren, ohne die Unterstützung der Sippe suchen zu müssen. Das Prinzip der rechtlichen Gleichheit – Solon sagte selbst, er habe «gleiche Rechtssätze für den Geringen wie für den Edlen geschrieben» (Athenaion Politeia, 12, 4) – war schlechthin revolutionär.[69]

Den Einfluß der herrschenden Eupatridengeschlechter zu beschneiden war anscheinend das Ziel von Solons politischen Reformen und zugleich die Hoffnung der ihn unterstützenden Grundbesitzer und vielleicht einiger zurückgesetzter Adliger. Mit diesen Reformen, die sich viel tiefergreifend gestalteten als seine wirtschaftlichen Verbesserungen, bezweckte er nicht etwa die Erfüllung irgendeines Anspruches auf politische Gleichberechtigung. Offensichtlich benutzte er nur die im «Klassenkampf» just sich bietende Gelegenheit, um Struktur und Aufgaben der Poliseinrichtungen gesetzlich so zu untermauern, wie es gerade vom Standpunkt der zur Macht strebenden Reichen günstig schien. Sein politisch-moralisches Schlagwort war *eunomía,* Ehrfurcht vor Gesetz und Ordnung. Den Gedanken an irgendeinen Ausgleich, *isomoiría,* zwischen den Edlen und dem Volk lehnte er ausdrücklich ab.[70] Darum erscheint es nur konsequent, daß er als Grundlage der politischen Rechte und Pflichten jene vierteilige Vermögensskala bestätigte, vielleicht sogar selber schuf.

Nach alten, ziemlich unklaren Berichten änderte er überdies die Währung so, daß zugleich der Geldwert sank, was namentlich den Verschuldeten und der Ausfuhr zugute kam. Gewisse attische Lokalgeschichtsschreiber einige Jahrhunderte nach Solon sahen in der Devalvation eine «demokratische» Maßnahme, dazu angetan, die Vermögensskala zu senken. Damit dies jedoch als Folge der Währungsreform gelten konnte, hätte man natürlich die Grenzen der Schätzungsklassen, der Telen, auch in Geld und nicht in Naturprodukten festsetzen müssen. Aber sehr wahrscheinlich hat man das erst viel später getan. Außerdem ist vielleicht Geld als Zahlungsmittel in Attika nicht vor Mitte des 6. Jahrhunderts allgemein geworden.[71]

Wie dem auch sei, zu Solons Errungenschaften dürfte gehören, daß beim Feststellen der Tauglichkeit von Staatsbürgern für öffentliche Ämter statt der Herkunft nun das Vermögen entschied. Die zwei höchsten Schätzungsklassen, also die Pentakosiomedimnen und Hippeis, hatten allein Anspruch auf die wichtigsten Polisämter. Nur Mitglieder der ersteren konnten zur Hüterschaft des Schatzes der Göttin Athene erwählt werden, und nach gewissen, freilich umstrittenen Überlieferungen waren auch die höchsten Staatsämter anfangs ihnen vorbehalten. Die beiden obersten Schätzungsklassen werden auf höchstens ein Fünfzehntel der gesamten Bürgerschaft geschätzt. Die Angehörigen der dritten, der Zeugitenklasse, konnten vermutlich nur in die allerniedrigsten Polisämter gewählt werden. Sie, wie auch die Pentakosiomedimnen und Hippeis, hatten Zugang zur Ekklesia.

Die Frage, ob die ärmste Bevölkerungsklasse, die Theten, überhaupt zur Teilnahme an den Staatsgeschäften berechtigt war, hat sich als sehr kniff lich erwiesen. Laut manchen antiken Quellen war auch diese allergrößte Gruppe freier Männer jetzt zur Volksversammlung zugelassen. Anderseits wird bezweifelt, ob der vorsichtige Solon wirklich die offenbar umstürzlerisch gesinnten Theten für irgendwelche öffentliche Aufgaben qualifiziert habe. Aristoteles (Politik, 1281 b) weist zwar auf die große Gefahr hin, Männer, die weder über Vermögen noch besondere Qualitäten verfügen, ganz ohne Anteil an der Regierungsgewalt zu lassen, «denn wenn die Zahl der Ehrlosen und der Armen sehr groß ist, so wird dieser Staat voll von Feinden sein». Er behauptet, Solon habe auch diesen Bürgern das Recht zugestanden, an der Wahl der Beamten und der Kontrolle der Amtsausübung teilzunehmen, nicht aber den Zutritt zu Ämtern gewährt. Einige moderne Historiker haben jedoch nicht feststellen können, daß zu Solons Zeit eine solche Notwendigkeit, die Theten zu Staatsgeschäften heranzuziehen, vorgelegen habe. Möglich ist hingegen, daß landlos gewordene

Bauern, also Theten, weiter zur Volksversammlung gingen oder daß in den unruhigen Zeiten nach den Reformen arme Mitbürger unerlaubt, aber auch ungehindert der Ekklesia beiwohnten.[72]

So weiß man also nicht sicher, ob die Zusammensetzung des Demos in der Ekklesia dieselbe blieb oder ob sie vielleicht rechtlich oder nur in der Praxis und gegen die Absicht des Gesetzgebers geändert wurde. Die Nachrichten über die diesem Demos anvertrauten Aufgaben, also über seine Befugnisse, sind teilweise auch voller Widersprüche oder sonst ziemlich unzuverlässig. Solon sagt in einem bekannten Vers: «Ich gewährte dem Volke so viele Gewalt, / wie ihm zukommt, / Nahm seiner Würde nichts weg, / fügte auch keine hinzu.»[73] Daraus könnte man schließen, daß er die bisherigen Rechte des Volkes ausreichend fand und sich damit begnügte, sie in seinen Gesetzen zu bestätigen. Und Aristoteles' Feststellung: «Solon hingegen scheint dem Volk nur die notwendigste Macht gegeben zu haben» (Politik, 1274a), gilt als Paraphrase von Solons eigenen Worten. Zu den Rechten des in der Ekklesia versammelten Volkes gehörte schon vor Solon die Wahl der wichtigsten Beamten – aus den Reihen der Eupatriden – und vielleicht die endgültige Entscheidung über Krieg und Frieden, was wohl oft eine reine Formalität, die Ratifizierung einer Willensäußerung der herrschenden Aristokraten gewesen sein dürfte. Eigentliche Gesetzgebung wiederum hat auch nicht vor Solon oder wenigstens nicht vor Drakon stattgefunden. Solon wollte offensichtlich seinen Gesetzen nicht den Stempel der Unabänderlichkeit geben. Er setzte ihrer Gültigkeit – vielleicht symbolisch – zeitlich eine Grenze: nach Herodot (I, 29) von zehn Jahren, während der Verfasser der Athenaion Politeia (7, 2) sogar von hundert Jahren spricht. Man weiß jedoch nicht genau, ob die solonischen Gesetze überhaupt in der Volksversammlung behandelt wurden, obschon es mitunter angenommen wird. Vermutlich war hingegen das Erlassen und Abändern von Gesetzen, wenigstens von da an, ausschließlich Sache der Ekklesia. Sonst aber – abgesehen von dem Anteil, der dem «Volk» an der Entstehung der Tyrannis zufiel – weiß man nichts Gewisses über die Tätigkeit der Ekklesia im 6. Jahrhundert.

Immerhin glaubt man, daß sie nach den solonischen Reformen regelmäßiger war als vorher, wo sie unter normalen Verhältnissen etwa auf die jährliche Wahlversammlung reduziert war.[74]

Nach mehreren alten Quellen beschränkte sich indes die Macht, die der große Gesetzgeber dem Demos verlieh, nicht auf die Bestätigung der schon immer der Ekklesia zukommenden Aufgaben, sondern erstreckte sich auf ein Gebiet, das die Gründung einer ganz neuen Institution erforderte. So berichtet Aristoteles (Politik, 1274a), Solon habe «die Demokratie geschaffen, indem er die Gerichte aus dem ganzen Volke rekrutierte». Späterhin, als die Befugnisse dieser Gerichte wuchsen und Solons Nachfolger anfingen, «dem Volke wie einem Tyrannen zu schmeicheln», wandelte sich die Staatsordnung gerade dank den Volksgerichten in jene «äußerste Demokratie», die sie in den Tagen des Aristoteles war. Daraus und aus ähnlichen Angaben hat man geschlossen, daß Solon eine besondere Richterschaft, die *Heliaía,* schuf. Zu ihr hatten von Anfang an alle Vollbürger Zutritt ohne irgendwelche juristische oder sonstige Qualifikationen. Aus den Mitgliedern der Heliaia wurden, wie noch in einem späteren Abschnitt der athenischen Geschichte, die Volksgerichte, Dikasterien, zusammengesetzt. Ganz klar ist ihre Aufgabe nicht. Nach der Athenaion Politeia (9, 1) bestand Solons «meistdemokratische» Reform darin, daß er es ermöglichte, gegen die Beschlüsse von Beamten an das Volksgericht zu appellieren, und Aristoteles spricht, wie gesagt, vom Recht des Demos, den Beamten Rechenschaft über ihre Tätigkeit abzufordern. Anderseits behauptet der Verfasser der Athenaion Politeia (9, 2), Solon habe absichtlich seine Gesetze unklar abgefaßt, damit das Volk zu entscheiden habe.[75]

Kritische Forscher haben jedoch bezweifelt, ob an den Angaben etwas Wahres sei, wonach Solon tatsächlich das «Recht sprechende Volk» von dem «deliberierenden» abgesondert und zu diesem Zweck eine neue Institution geschaffen habe. Wie bereits angedeutet, besaß vermutlich die Volksversammlung von alters her gewisse richterliche Befugnisse, die sie namentlich bei politischen Delikten hatte bewahren können.[76] Eben diese als Gericht fungierende

Ekklesia hatte man anscheinend Heliaia genannt. Skeptiker meinen, Solon habe überhaupt keine anderen Volksgerichte gegründet, sondern die Beamtenschaft habe für die von ihr selbst gefällten Urteile gegebenenfalls bei der Ekklesia-Heliaia oder bei vielleicht in zwangloserer Form zusammengetretenen Mitbürgern Rückhalt suchen können. Die Äußerungen über die von Solon gegründeten Dikasterien spiegelten etwa die im 4. Jahrhundert allgemeine Neigung, das Meritenverzeichnis dieses «Gründers der Demokratie» länger zu gestalten, als es wahrheitsgemäß sein konnte. Sie enthielten daher offenbar Anachronismen, und zwar Verlegung der Ereignisse auf einen zu frühen Zeitpunkt. Aber wenn dem auch so wäre – unbestreitbar scheint, daß Solon ein Verfahren begründete, wonach die Heliaia Bürger vor übertriebenen Strafen durch Beamte zu schützen hatte. Eine Folge dieser Neuerung konnte die Entwicklung der eigentlichen Dikasterien im Laufe von Jahrzehnten, völlig unabhängig von Solons ursprünglichen Absichten, sein.[77] Selbst bei so vorsichtiger Deutung bliebe doch noch die Vermutung, daß zu Beginn des 6. Jahrhunderts das Recht des Demos, richterliche Gewalt – und zwar als höhere Instanz als die Beamten – auszuüben, lebendigen Auftrieb und gesetzliche Sanktionierung fand.

Solons «Verfassung» soll auch in anderen staatlichen Organen Veränderungen bewirkt haben. Besonders interessant ist, wie es dem Rat erging. Freilich herrscht in diesem Fragenkomplex ein womöglich noch verwirrenderes Durcheinander als in den Erläuterungen zur Entstehung der Volksgerichte. Kurz gesagt, hat diese Unklarheit hauptsächlich folgende Ursachen: In dem nachsolonischen Athen bestand, wie man weiß, ein Rat, der nach seinem Versammlungsplatz, dem Hügel Areios pagos, *Areopag* genannt wird. Schon in der Antike bildeten sich zwei Auffassungen: nach der einen gab es den Areopag schon vor Solon; nach der anderen hat er ihn gegründet. Ferner berichten gewisse Quellen, er habe neben dem Areopag einen neuen Rat von 400 Mitgliedern gebildet.

Zu dem ersten Problem, dem Alter des Areopags, dürfte hier die Feststellung genügen, daß, wenn es schon schwer ist, das Vorhandensein des Areopags in der vorsolonischen Periode sicher nachzuweisen, sich aus jener Zeit auch von keinem anderen Rat als von dem später unter dem Namen Areopag bekannten Spuren finden. Im allgemeinen gilt es für ausgemacht, daß es im aristokratischen Athen einen Rat gab, Nachfolger und Erbe des von Homer geschilderten Rates der Alten. Wenn eine solche Bule bestand, so ist der einzige hinsichtlich seiner Zusammensetzung unumstrittene Punkt, daß seine Mitglieder Eupatriden waren. Und aus der Struktur des Areopags späteren Datums läßt sich folgern, daß die Mitgliedschaft auch in jenem älteren Rat lebenslänglich war. Sehr wahrscheinlich ist auch, daß der Rat, als würdevoller Hüter uralter Traditionen, die ganze Polisverwaltung lenken und überwachen, sogar Beamte bestrafen konnte. Außerdem konnte er die öffentliche Ordnung beaufsichtigen, über Vergehen gegen Religion und Moral, über politische Umsturzversuche und in Mordprozessen zu Gericht sitzen.

Wichtig ist bei der Suche nach dem Ursprung der demokratischen Staatsordnung die zweite Frage, ob Solon neben dem alten aristokratischen Areopag einen neuen Rat begründete. Nach der Athenaion Politeia (8, 4) zählte nämlich die neue Bule vierhundert Mitglieder, je hundert aus den vier attischen Phylen. Laut Plutarch (Solon, 19) hatten sie alle der Ekklesia vorzulegenden Angelegenheiten vorzuberaten und dafür zu sorgen, daß sie nichts ohne diese Vorbereitung durch den Rat behandelte. Die Festsetzung der Tagesordnung stand, soweit bekannt, nicht dem Areopag zu. Hingegen ist Aristoteles in seiner «Politik» sichtlich bemüht, nicht allzuviel Verdienste auf Solon zu häufen. Er erwähnt kurz (1273b–1274a), Solon habe den Rat wahrscheinlich schon von früher her vorgefunden, und verschweigt die Gründung des neuen Rates.

Schillernde und widerspruchsvolle Angaben sind in antiken Quellen nichts Seltenes. In diesem Fall ist es für die modernen Forscher besonders heikel, daß sich von dem Rat der Vierhundert für die ältere Zeit überhaupt keine Spur findet. Der früheste bekannte Hinweis stammt erst aus der 411 von Oligarchen geschaffenen «Verfassung». Man hat bezweifelt, ob Solon, entgegen dem früheren Usus der Aristokraten, die Tätigkeit der Ekklesia wirklich so regelmäßig und umfassend gestaltet habe, daß zu ihrer Leitung ein ganz neuer Rat nötig war. Anderseits hat man gerade mit der Geringfügigkeit der Aufgaben der Ekklesia erklären wollen, warum die Vierhundert-Bule derartig inaktiv hat bleiben können, daß sie keine Spuren ihres Daseins hinterlassen hat.[78] Man muß sich unter diesen Umständen wohl mit der Schlußfolgerung begnügen, daß die Gründung eines zweiten Rates neben dem Areopag durch Solon nicht hat bündig bewiesen werden können.

Solon scheint den traditionellen Rahmen der Polis-Beamtenschaft weder abgelehnt noch gesprengt zu haben. Vermutlich änderte er die Grundlagen zur Wahl der obersten Beamten und vielleicht die Amtsbefugnisse nur so weit ab, wie es seinen Zwecken, der Unterdrückung der Machtstellung der alten Eupatridengeschlechter, dienlich war. So blieben an der Spitze der Hierarchie weiterhin jene Ämter, auf die sich anfangs die Aufgaben des früheren Königs verteilt hatten oder die sonst relativ frühzeitig entstanden waren: der *Archon,* auf den die oberste Zivilexekutivgewalt des Königs übergegangen war und dessen Stellung die politisch wichtigste und begehrteste war; der *Polémarchos,* Erbe der militärischen Befehlsgewalt des Königs; der *Basileús,* das Königsamt, dessen Träger nur noch religiöse Funktionen und eine gewisse richterliche Gewalt hatte; sechs *Thesmothétai,* deren Ämter späteren Ursprungs waren und deren Aufgaben auf dem Gebiet der Rechtspflege lagen. Alle diese Beamten sieht man oft als die «neun Archonten» zusammengefaßt und den eigentlichen Archon unter dem Namen «Oberarchon». Die Auffassung, sie hätten ein Kollegium, sogar eine Regierung gebildet, dürfte kaum zutreffend sein. Ihre Amtsdauer betrug schon sehr frühzeitig ein Jahr. Nach Ablauf desselben wurden sie für ihre übrige Lebenszeit Mitglieder des Areopags. Natürlich hatten sie zahlreiche Unterbeamte als Hilfskräfte.

Wie gesagt, trat bei der Besetzung von Ämtern, anscheinend dank Solon, das timokratische Prinzip in Kraft, so daß also als Kompetenzvoraussetzung die Vermögensstufe, nicht mehr die Herkunft galt. Im allgemeinen hatten nur die Mitglieder der drei ersten Vermögensklassen Zutritt zu den Ämtern. Die früher den

Eupatriden vorbehaltenen Archontenstellen standen nur den Reichsten offen. Die Frage, ob außer den Pentakosiomedimnen auch die Hippeis schon zu Solons Zeit Archonten werden konnten, ist umstritten. Auch die Angaben über den Beamtenwahlmodus widersprechen einander. Nach der Athenaion Politeia (8) hatte der Areopag in der vorsolonischen Zeit die Behörden aus Kandidaten gewählt, die er zur Prüfung zu sich berief. Laut derselben Quelle änderte ein solonisches Gesetz das Verfahren dahin, daß die vier Phylen je zehn Kandidaten wählen mußten. Aus diesen vierzig Anwärtern wurden die höchsten Beamten, die neun Archonten, erlost. Der Verfasser des Werkes folgert daraus, daß entsprechend auch die Wahl der anderen Beamten verlief, natürlich ohne gegen die timokratische Vermögensskala zu verstoßen.

Diese unter dem Namen *klérosis ek prokríton* bekannte, auf zwei verschiedenen Stufen sich vollziehende Wahl, also Auslosung aus dem Kreis der gewählten Kandidaten, schaltete den Einfluß des Areopags beim Einsetzen der Beamten gänzlich aus. Vielmehr wurde der Akt von zwei anderen Faktoren abhängig: auf der ersten Stufe von der Auslese durch die Bürger, auf der zweiten von der Entscheidung der Götter. Verschiedene Momente lassen jedoch bezweifeln, daß dieses System damals wirklich galt. Erstens weiß man nicht sicher, ob der Areopag das Recht der Beamtenwahl hatte; gewissen Indizien nach kann es nämlich bei der Ekklesia gelegen haben. Zweitens besteht eine Überlieferung, Solon habe den herkömmlichen Wahlmodus nicht geändert. Aus Aristoteles' Schilderung (Politik, 1274a) – die freilich an Eindeutigkeit zu wünschen übrig läßt – geht hervor, daß die frühere Beamtenwahlmethode zu Solons Zeit üblich war und daß zu der «notwendigsten Macht», die er dem Volk einräumte, das Recht, die Beamten zu wählen, gehörte. Aus den Schilderungen in der Athenaion Politeia (5, 2) und bei Plutarch (Solon, 14) erhält man ferner den Eindruck, Solon sei selbst von der Ekklesia gewählt worden. Überdies bleibt ungeklärt, warum das Klerosis-ek-prokriton-System, wenn schon einmal im Zusammenhang mit Solons Reformen festgesetzt, bei den Archontenwahlen ein Jahrhundert lang ohne Anwendung blieb, wie aus den Angaben über die athenischen Verhältnisse herauszulesen ist. Manche Forscher halten es auch für höchst wahrscheinlich, daß die Archonten und andere wichtigste Beamte von der Ekklesia gewählt wurden und Solon diesen Modus beibehalten habe.[79]

Vermutlich war unter Solon die Eignungsprüfung der Beamten, wie man sie aus einer späteren Epoche kennt, noch nicht üblich, anscheinend auch noch nicht die Rechenschaftsablegung. Immerhin kontrollierte wohl der Areopag die Tätigkeit der Beamten, obschon deren Stellung, solange der Rat durch Differenzen geschwächt war, relativ selbständig sein konnte. Der Oberarchon, zu dessen Rechten die Einberufung der Ekklesia und der Vorsitz bei ihren Versammlungen gehörte, war, soviel man weiß, nicht verpflichtet, die Zustimmung des Areopags einzuholen, ehe er der Ekklesia eine Angelegenheit zur Behandlung vorlegte. Unmöglich ist es jedoch nicht, daß er es in wichtigen Fällen tat. Auch dürfte er Gelegenheit gehabt haben, die Meinungsbildung des Areopags zu beeinflussen. Er war nämlich zugleich dessen Vorstand, außer wenn der Areopag als Gerichtshof fungierte oder Kultusfragen behandelte, wobei der Basileus präsidierte.[80]

Bei einer kritischen Untersuchung von Solons Werk müssen also viele Punkte seiner «Verfassung», die man zweitausend Jahre hindurch vorbehaltlos als dazugehörig hingenommen hat, in Frage gestellt, unentschieden gelassen oder geradezu gestrichen werden. Was an sicheren Nachrichten oder auf relativ zuverlässigen Schlußfolgerungen Basierendes übrigbleibt, scheint die Hypothese zu stützen, daß Solon sich überhaupt kaum mit der formalen Struktur der staatlichen Organe befaßte, sondern den äußeren Rahmen der aristokratischen Verfassung fast unangetastet ließ. Mit Hilfe anderer, soeben erwähnter Mittel bewirkte er in den politischen Verhältnissen einen derartigen Umsturz, daß er, um mit Aristoteles zu sprechen, «die Oligarchie beseitigte, die allzu extrem gewesen war» (Politik, 1273 b).

Obgleich seine Leistung hochbedeutend war und – schon nach seinen eigenen Versen zu urteilen – unmittelbar leidenschaftliches

Interesse weckte, ging man erst viele Generationen später daran, ein einheitliches Bild und eine Gesamtvorstellung davon zu formen. Hinweise auf Solon und namentlich auf seine politische Tätigkeit sind nämlich vor dem oligarchischen Umsturz 411 sehr selten. Gerade damals fingen offenbar gewisse politische Kreise Athens an, von einer solonischen «Verfassung der Vorväter», *Pátrios politeía,* zu sprechen. Man befürwortete die Rückkehr zu ihr wegen ihres antidemokratischen Charakters. Auch nach der Wiederherstellung der demokratischen Ordnung 403 kehrten die Hinweise auf Solon häufig wieder, um im Laufe des 4. Jahrhunderts die Form von Lobpreisungen anzunehmen. Jetzt betonte man allerdings den demokratischen Charakter der solonischen Verfassung, und Solon selbst wurde als «der Demokratie genehm», «höchst demokratisch gesinnt», «Gesetzgeber, der die Demokratie gründete» usw. gestempelt.[81] Auch Aristoteles sagt, nach Ansicht mancher seiner Zeitgenossen habe Solon «mit weiser Mischung» der Staatsform die alte Demokratie wiederhergestellt. «Der Rat des Areopags sei nämlich oligarchisch, die Wählbarkeit der Beamten aristokratisch, die Gerichte demokratisch» (Politik, 1273 b). Wenn noch die Vermutung, Solon habe die Dikasterien gegründet, auf einem Irrtum beruhte, so enthielt diese zu Anfang des 6. Jahrhunderts herrschende Staatsordnung kaum ein Element, das zu Aristoteles' Zeit für ausgesprochen «demokratisch» gegolten hätte.

DAS «DEMOKRATISCHE IDEAL» IM ZEITALTER DER TYRANNIS

Einige antike Quellen erwähnen ein Gesetz Solons, wonach ein Bürger, der sich bei Zwisten innerhalb der Polisbevölkerung teilnahmslos abseits hielt, durch Entziehung des Bürgerrechts bestraft werden konnte. Mit anderen Worten: Solon hätte ein System eingeführt, das man heute Abstimmungspflicht nennen würde, und zwar in so strenger Form, daß es den Diktaturen der neuesten Zeit zum Vorbild hätte dienen können. Schon Plutarch hält dieses Gesetz – dessen Historizität einige Forscher stark bezweifeln[82] – für das eigentümlichste und «überraschendste» (Solon, 20). Anderseits könnte die politische *cross-pressure* in Attika so stark gewesen sein, daß eine handfeste Erziehung zur Erfüllung der demokratischen Bürgerpflichten eben nötig war. Solon war ja seinerzeit gerade infolge der schweren Unruhen in die Stellung des Gesetzgebers und Schlichters aufgerückt, ausschließlich zu dem Zweck, jene zu beschwichtigen. Allen Schilderungen nach war er sich auch selber bewußt, daß seine Bemühungen um Herstellung eines sozialen Friedens größtenteils mißlungen waren. Er hatte es, wie Plutarch sagt (Solon, 16), beiden Parteien nicht recht gemacht, «denn er kränkte die Reichen durch die Aufhebung der Schulden und noch mehr die Armen dadurch, daß er die von ihnen erhoffte Landaufteilung nicht vornahm». Die Folge war auch, nachdem er sich zurückgezogen hatte, daß der «Klassenkampf» und die Parteistreitigkeiten erbittert weitergingen und Athen einer Epoche der Tyrannis entgegenführten.

In Attika hatten sich bekanntlich schon vor Solons «Revolution» verschiedene feste Interessen- und Meinungsgruppen gebildet. Doch deren eigentliche Tätigkeit und Auswirkung fällt wohl vor allem in die kurze Spanne zwischen Solons Reformwerk und der Tyrannis. Man hat sich angewöhnt, diese Gruppen Parteien zu nennen, obgleich sie nur in sehr geringem Grad den modernen Organisationen dieses Namens vergleichbar sind. Den Kern der frühesten athenischen «Parteien» bildete ein Geschlecht oder eine Reihe von Geschlechtern. Die Anhänger einer Partei wurden nicht durch eine Organisation zusammengehalten, sondern, außer durch Blutsverwandschaft oder eine andere nahe Bindung, durch gewisse weittragende gemeinsame Interessen oder zufällige Ziele.

Laut mehreren Quellen hatten sich nicht, wie man aus der Einteilung in eine «Polis der Armen» und eine «Polis der Reichen» schließen könnte, Anfang des 6. Jahrhunderts in Attika zwei, sondern drei Parteien gebildet. Die dritte Partei, vermutet man, sei durch Abtrennung von der zweiten «alten» nach Solons Reformen und als Folge derselben entstanden. Vor allem gehörten die früher im Besitz des Machtmonopols gewesenen Eupatridengeschlechter zur *Pedieís*-Partei, so benannt nach den Ebenen zwischen Athen und Eleusis. Ein Gegengewicht zu dieser, eine Rückkehr zu dem Zustand vor der Reform ersehnenden Gruppe bildete die Partei der *Parálioi,* Männer der Küste. Manche meinen, sie habe aus Fischfang-, Seefahrt-, Handel- und Gewerbetreibenden sowie freien Bauern bestanden; andere rechnen überhaupt alle dazu, die Anhänger Solons gewesen und nun die erreichten Stellungen behaupteten. Die dritte Partei ist am bekanntesten unter dem Namen der *Hyperákrioi,* auf den Hügeln oder jenseits der Hügel wohnende Männer. Vielleicht hatten gerade sie sich von den Paraloi abgesondert. Zu ihr gehörten Elemente, die Solons wirtschaftliche und politische Reformen halb und unzureichend fanden, und offenbar hatten sich ihnen landlose Theten zugesellt. Die Hyperakrioi-Partei war den Reichen feindlich gesinnt (vgl. Aristoteles, Politik 1305a) und forderte unter anderem Aufteilung des Grundbesitzes.[83]

Nach der Athenaion Politeia (13, 4) verfolgten diese drei Parteien auch Ziele hinsichtlich des politischen Systems. Die Pedieis erstrebten die Rückkehr der Oligarchie, die Paraloi ein maßvolles, gemischtes Regierungssystem *(mése politeía),* während die Hyperakrioi-Partei am meisten demokratisch gesinnt, *demotikótatos,* war. Diese schematische und etwa zwei Jahrhunderte später verfaßte Charakteristik wiederholt sich auch in anderen Quellen, so in Plutarchs Solon-Biographie (13). Sie hat, infolge ungenauer Auslegungen, die Auffassung gezeitigt, die letztgenannte Partei habe bewußt die Verwirklichung der Demokratie angestrebt. Die Tatsachen beweisen jedoch genau das Gegenteil. So muß der Verfasser der Athenaion Politeia zugeben (14, 1), daß der als «demotikotatos» bekannte Führer dieser «volksfreundlichen» Partei sich als «Gegner der Demokratie» entpuppte: gerade er gründete nämlich die athenische *Tyrannis.*

Der Gang der Ereignisse in dieser Periode war kurz folgender: Die Hyperakrioi-Partei leitete ein Mann namens Peisistratos. Er entstammte keineswegs dem Proletariat, nicht einmal der Mittelklasse, sondern der Aristokratie. Nachdem er als Feldherr Ruhm und Popularität erworben – so heißt es in alten Quellen –, verfiel er darauf, den von seinen Feinden Verfolgten zu spielen, brachte 561/560 die Athener dazu, ihm eine Leibwache zu stellen, und besetzte die Akropolis. Damit begann die erste kurze Tyrannenära. Die Eupatridengeschlechter in den beiden anderen Parteien verbündeten sich, um Peisistratos zu verjagen. Er mußte auch schließlich für mehrere Jahre aus Attika verschwinden. Als aber die Parteikämpfe dort anhielten, gelang es ihm 546, mit Hilfe einer Privattruppe, teilweise aus fremden Söldnern, seine Heimatpolis zurückzuerobern. Er blieb dann an der Macht, bis er 528/527 eines natürlichen Todes starb. Seine Herrscherwürde vererbte sich, ganz wie in einer Monarchie, auf seinen ältesten Sohn, Hippias. Dieser regierte bis 511/510, als verschiedene verbannte Adlige, von Sparta unterstützt, ihn mit Waffengewalt aus Attika vertrieben. Damit endete die Tyrannis in Athen.

Die Gewaltherrschaft der Peisistratiden, gegründet mit Hilfe der revolutionären «Volkspartei» und vermutlich von der Mehrheit der Bürger gutgeheißen, aber ohne Vollmacht vom Volk, erzielte beachtliche Ergebnisse auf sozialem und wirtschaftlichem Gebiet. Die Agrarfrage wurde damals gelöst, wahrscheinlich so, daß die Grundbesitzlosen teils Ländereien landflüchtiger Adliger sowie Darlehen erhielten, teils als Kolonisten jenseits des Meeres angesiedelt wurden. So konnte Peisistratos, ohne eine allgemeine Landverteilung vornehmen zu müssen, zugleich viele seiner Anhänger entlohnen und einen von Solon unbereinigt gelassenen Übelstand abstellen. Für Handel, Handwerk, Seefahrt und Landwirtschaft bedeutete, allem nach zu urteilen, die Tyrannenherrschaft eine ausgesprochen günstige Phase, für die Stadt Athen den Beginn einer Blüte und für die ganze Polis einen Zuwachs an internationaler Macht. Geschichtliche Darstellungen betonen oft ausdrücklich, daß sich die Hebung des Wohlstandes damals auf alle Bevölkerungsschichten und namentlich auf die ärmsten Elemente erstreckte, also nicht zu einer Anhäufung von Reichtümern in den Händen weniger führte. Viele antike Schriften rühmen, in welch glücklichem Andenken die Ära des ersten Tyrannen Peisistratos stand. Man soll sogar seine Regierungsperiode die Rückkehr des Goldenen Zeitalters des Kronos genannt haben. Forscher, denen von vornherein die Geschehnisse in den folgenden Kapiteln des Buches der Geschichte bekannt sind, sehen, wie auch in diesem Fall die Grundlage für ein später sich enthüllendes «Ergebnis» geschaffen wurde. Einer von ihnen fühlt sich veranlaßt zu sagen: «Die Konzentration von Reichtum... und die Verbreitung von Komfort und günstigen Chancen legten die wirtschaftliche Basis zur athenischen Demokratie.»[84]

Es fehlt auch nicht an Vertretern der Ansicht, «unter Peisistratos' Regierung habe sich das demokratische Ideal präzisiert».[85] Ob man damals wirklich von diesem Ideal wußte und wie es beschaffen sein mochte – darüber sind keine Belege erhalten. So dürfte es schwer sein, irgendwelche Schlüsse betreffend den Einfluß seiner etwaigen Präzisierung auf die Entwicklung der politischen Institutionen zu ziehen. Vorausgesetzt aber, das Idealbild habe demjenigen geglichen, das man sich nachher von den hundert Jahre nach Peisistratos in Athen herrschenden Verhältnissen gebildet hat, so wäre eher Grund zu behaupten, während der Tyrannis sei das «demokratische Ideal» bedenklich verdunkelt gewesen.

Zu Peisistratos' wesentlichsten Leistungen gehörte die Abschaffung der Macht der lokalen Dynastien Attikas und die Schaffung einer festen Zentralregierung. Die Bedeutung der Demenrichter auf dem Lande – eine ihm zugeschriebene Einrichtung – lag vielleicht weniger darin, daß, wie in der Athenaion Politeia (16, 5) behauptet wird, ihre Tätigkeit den Landleuten Stadtreisen ersparte, als daß dadurch die erbliche Gerichtsbarkeit der reichen Adligen ausgeschaltet wurde. Auch soll Peisistratos möglicherweise wichtige Verwaltungsmaßnahmen in der Bürgerschaft Athens getroffen haben, um den Einfluß der unter Aufsicht der Aristokraten stehenden Phratrien zu beschneiden. In die Bürgerschaft fanden während der Tyrannis anscheinend auffallend viel neue Elemente Eingang. Sich ihrer zu entledigen versuchte man dann durch die sogenannte *diapséphisis* oder *diapsephismós,* eine Prüfung der Bürgerlisten, die im Anschluß an die Reaktion auf Hippias' Sturz stattfand. Aber unter welchen Formen sich eine Erweiterung der Bürgerschaft vollziehen ließ, ist nicht klar. Peisistratos verdankte ja seine Stellung größtenteils der Unterstützung eben dieser «Halbbürger» – Landarbeiter, Handwerker und anderer minderbemittelter Stadtbewohner –, die zu keinen Phratrien gehörten und auch keinen Zutritt zur Ekklesia hatten. Es hatte in seinem Interesse gelegen, diesen seinen Anhängern eine feste Stellung unter den Mitgliedern der Polis zu sichern. Vielleicht hätte er ihnen Land zuteilen sollen, um ihnen die fehlenden Qualifikationen zu verschaffen. Aber es ist unwahrscheinlich, daß er, wenigstens hinsichtlich aller, so verfuhr.

Eine zweite Möglichkeit wäre gewesen, die Bedingung umzustoßen, daß zur Erwerbung des Vollbürgerrechts Grundbesitz nötig sei. Irgendwann im 6. Jahrhundert wurde diese Bedingung in jedem Falle aufgehoben. Man hat vermutet, daß dieser Umschwung vielleicht gerade in der Periode der Tyrannis erfolgte. Peisistratos soll die alte Einteilung in Phylen und Phratrien durch eine neue auf geographischer Basis ersetzt haben und dadurch den landlosen Neuankömmlingen volle Rechte verschafft haben. Wenn das der Fall war, so hätte der nach dem Sturz der Tyrannis erfolgte Versuch, neue Mitbürger abzustoßen, bedeuten können, daß die Mitgliedschaft in den ehemaligen Phratrien als Vorbedingung der Polisbürgerschaft wieder zu Ehren gekommen war und die Neuerungen des Peisistratos und seines Sohnes eliminiert wurden. Doch sprechen die meisten Forscher offenbar das Verdienst um die Neuordnung der Bürgerschaft Athens dem gleich nach Ende der Gewaltherrschaft aufgetretenen Kleisthenes zu; so auch mehrere Geschichtsschreiber der Antike.

Die Qualifizierung der Theten zu Vollbürgern bedeutete natürlich, da offenbar ein starker Zuwachs an vulgären Elementen damit verbunden war, eine wesentliche Änderung in der Zusammensetzung der Polisbevölkerung. Die Theten durften nun an den Ekklesia-Versammlungen teilnehmen, auch wenn die Beamtenstellen ihnen, als auf der untersten Stufe der timokratischen Staffel Stehenden, weiterhin verschlossen blieben. Wieweit sich die Reform während der Tyrannis praktisch auf die Ekklesia-Beschlüsse auswirkte, läßt sich mit Sicherheit nicht sagen, da die Frage, ob die

Ekklesia überhaupt damals fungierte, nicht schlüssig beantwortet werden kann. Nach einer alten Angabe besteuerten die Tyrannen Ernteerträge, und man hat angenommen, die Ekklesia habe dem zugestimmt. Mehrere Quellen versichern, daß zum mindesten Peisistratos auch sonst frühere Gesetze nicht mißachtet habe. Demnach könnte die Volksversammlung weiterhin die ihr zustehenden Beamtenwahlen vollzogen haben. Aber ganz offensichtlich lag das Hauptgewicht der politischen Macht bei den höchsten Beamten und dem Rat. Die Tyrannen und ihre Anhänger wachten darüber, daß nur ihnen genehme Personen zu Archonten gewählt wurden. Da diese nach beendeter Amtszeit Mitglieder des Areopags wurden, fielen sowohl die wichtigsten Behörden, wie bald auch die meisten Ratsämter, an die Anhänger der Peisistratiden, ohne daß dabei irgendein solonisches Gesetz verletzt zu werden brauchte. Sofern es jedoch stimmt, daß die Tyrannen selbst als Feldherren fungierten und offizielle Opferzeremonien vollführten, ohne zu den Ämtern, in deren Aufgabenbereich dies gehörte, erwählt zu sein, handelten sie offenbar ungesetzlich.[86]

Im übrigen waren die athenischen Tyrannen im Vergleich zu dem Machtgehabe vieler anderer Diktatoren der Antike und der jüngsten Zeit anscheinend liberal, ausgenommen die Zeitspanne nach dem Tode des Hipparchos, Hippias' Bruder, der 514 einer Verschwörung zum Opfer fiel. Aristoteles' Schilderung, wie die Tyrannen gezwungen sind, inmitten allgemeiner Anfeindung durch Schmeichelei Anhänger und Späher, sogar unter Frauen und Sklaven, zu gewinnen (Politik, 1313b), zielt kaum auf das Athen der Peisistratiden. Zwar durchlief schon in der Antike der Ruf dieser Tyrannen ungefähr die ganze Skala von Lobeshymnen bis hinab zur Schmähung; nach relativ glaubwürdigen Berichten dürften sich jedoch die meisten Athener bis 514 ein gewisses Maß ihrer gewohnten politischen Freiheit bewahrt haben. Im Gegensatz zu den offenbar sonst üblichen Gepflogenheiten griechischer Tyrannen verboten die Peisistratiden den Bürgern das Waffentragen vermutlich erst nach der Ermordung des Hipparchos – obschon es hierüber verschiedene Lesarten gibt. Thukydides sagt (VI, 57), bis zu jener Mordtat habe jedermann Zutritt beim Tyrannen gehabt. Begreiflicherweise weckte aber Peisistratos' von Anfang an geübte Vorsichtsmaßregel, die Söhne aufsässiger Eupatridenfamilien, soweit sie nicht freiwillig oder gezwungen außer Landes gegangen waren, als Geiseln zu halten, ein Gefühl von Schutzlosigkeit und Unsicherheit in allen Kreisen, die nicht zu den Parteigängern des Tyrannen zählten. So wurde es möglich, wie die Historiker betonen, die Zwiste zwischen großen, mächtigen Geschlechtern zu beenden und Attikas Einheit zu festigen. Es ist jedoch anzunehmen, daß solche scheinbare Befriedung sich naturgemäß auf den ganzen athenischen Demos erstreckte.[87]

Die Peisistratiden dürften wohl kaum alle jene Feinheiten der Methoden praktiziert haben, die der kenntnisreiche Aristoteles aufgezeichnet hat. Trotzdem hat er vielleicht auch in ihrer Regierung die drei «Prinzipien» beobachtet, die er für die leitenden in der Politik der Tyrannen hielt: gegenseitiges Mißtrauen der Untertanen zu nähren, ihre Aktionskraft einzuschränken und eine kleinmütige Gesinnung großzuziehen (Politik, 1314a).

Die Tyrannen von Athen haben wahrscheinlich nicht die Staatsbürger zu so völliger Passivität in politischer Beziehung gezwungen, wie man aus Aristoteles' theoretischer Formel folgern könnte. Aber natürlich blieb in einem solchen nur einer Dynastie und nur einer «Partei» vorbehaltenen Staatsgetriebe der Raum für die Aktivität anderer ziemlich illusorisch. Darum haben die Worte eines Popularhistorikers, das Volk lerne auch unter einer Diktatur Methoden der Freiheit[88], ironischen Beiklang.

KLEISTHENES – «BEGRÜNDER DER DEMOKRATIE»

Kleisthenes' Reformen

Erst einige Zeit nach dem Sturz der Gewaltherrschaft fing man an, in Athen dieses Ereignis zu würdigen, sogar im Lied vom Morgenrot der «Freiheitszeit» zu singen.[89] Das Volk selbst hatte offenbar nicht den geringsten Anteil an der entscheidenden Tat im Jahre 511/510, sondern die Initiative und ihre Verwirklichung hatte bei der Aristokratie gelegen. Auch in den ersten Schritten der Athener in dem neuen Stadium der Freiheit hatte man keine Aktivierung des Demos bemerken können. Doch wurde er bald in den politischen Kampf hineingerissen, und zwar auf eine höchst merkwürdige Weise, die für die Entstehung der demokratischen Staatsordnung von bleibender Bedeutung sein sollte.

Bald nach der Vertreibung des Hippias spalteten sich die Eupatriden, die bei der Befreiung mitgewirkt hatten, in zwei Lager. Beide waren ausgesprochen dynastische Parteien, und keine trachtete, dem passiv gebliebenen Demos einen größeren Anteil an der Polisregierung als bisher einzuräumen. Nichts deutete damals darauf hin, daß Athen, wie ein Kenner des alten Griechenlands es schwungvoll ausdrückt, ein Stadtstaat sei, dessen ganze Vergangenheit ihn zur Ausführung der seiner harrenden demokratischen Aufgabe prädestinierte.[90] Vielleicht hätte der hierfür nötige Reifeprozeß Athens noch wer weiß wie lange gedauert, wäre nicht der Führer der einen aristokratischen Partei von besonders heftigem Ehrgeiz besessen gewesen. Der verbannt gewesene Kleisthenes, Oberhaupt des Geschlechts der Alkmeoniden, eines der reichsten in Attika, verlor nämlich bei der Archontenwahl im Sommer 508 gegen den Kandidaten der anderen Partei, Isagoras, den Sohn des Teisandros. Er gab indes den Kampf nicht auf, sondern «zog das Volk auf seine Seite», wie Herodot sagt (V, 66). Dadurch änderte sich die Situation völlig. Kleisthenes' Wunsch, sich einen starken Bundesgenossen zu sichern, hatte zur Folge, daß nun der Demos, nachdem er Schiedsrichter in dem Konflikt geworden, bei einer Einmischung seitens der einen Gegenpartei profitieren mußte, «und so entstand aus dem alten Zwist zweier Adelsgeschlechter eine demokratische Reform, die sich im Jahre 510 wohl keiner erträumt hatte».[91]

Hochinteressant und zur Klärung der Motive dieser Umwälzungen wesentlich wäre es, die Entwicklung der Ereignisse zu kennen. Soviel scheint sicher zu sein: auf Ruf des Archons Isagoras kamen spartanische Truppen nach Athen, Kleisthenes floh, und 700 Eupatridenfamilien wurden des Landes verwiesen. Als man versuchte, das Regime der siegreichen Kreise mit Hilfe der Spartaner aufrechtzuerhalten, vertrieben die Anhänger des Kleisthenes, auch der Demos, ihrerseits mit Waffengewalt die fremden Truppen und Isagoras. Kleisthenes kehrte als Sieger in die Stadt zurück. Irgendwann wurden in diesem Zusammenhang jene Gesetze erlassen, die als Kleisthenes' Reformen gelten. Ob die Ekklesia sie vor Ankunft der Spartaner sanktioniert hatte oder sie erst nach deren Abzug aus Athen endgültig behandelt wurden – darüber sind sich die Forscher nicht einig. Jedenfalls scheint über all dem nicht mehr Zeit als höchstens ein knappes Jahrzehnt verflossen zu sein. Viele verschiedene Hypothesen hat man aufgestellt, um die widersprechenden Quellenangaben miteinander in Einklang zu bringen und die Ereignisse jener kurzen, schicksalsvollen Zeitspanne in eine einigermaßen vernünftige Reihenfolge einzuordnen.[92] Solange unter diesen Rekonstruktionen viele wahrscheinlich sind, aber keine einzige unumstritten ist, läßt sich die Frage, welche Faktoren die Reformgesetzgebung nötig und welche sie möglich machten, kaum klären.

Da die Zeit zwischen der politischen Wandlung Kleisthenes' und dem Abschluß seines Reformwerks so knapp und voll dramatischer Konflikte war, fragt man sich zunächst, in welcher Eigenschaft der Reformator seine Gesetzvorschläge verfaßte und wie er sie der Ekklesia vorlegte. Man hat angenommen, er sei bevollmächtigt worden, die «Verfassung» zu entwerfen, oder ein Sonderkomitee habe den Auftrag erhalten, unter seiner Leitung die Gesetzgebung auszuarbeiten. Denkbar wäre auch, daß er als autoritative Privatperson oder vielleicht als Areopagmitglied und getragen von der Mehrheit der Ekklesia, seinen im Archontat sitzenden Rivalen – also schon vor der Intervention der Spartaner – zwang, die Gesetzvorschläge der Volksversammlung zur Behandlung zu unterbreiten.[93]

In den meisten Fällen ist man offen oder indirekt der Auffassung, die Reformideen seien dem Kopf eines einzigen – des Kleisthenes – entsprungen. Doch wurde auch eine Deutung angeboten, wonach die Initiative, wenigstens zum Teil, von seiten des «Volkes» gekommen sei. In der Athenaion Politeia (20, 1 und 20, 4) heißt es nämlich von den damaligen Ereignissen, Kleisthenes habe «das Volk, *pléthos,* zu Hilfe gerufen» und «so der Menge den Staat übergeben», und er sei Vorsteher des Volkes, *prostátes tu dému*, geworden. Diese und ähnliche Andeutungen haben Stoff zur Bildung einer interessanten Hypothese geliefert darüber, wie Kleisthenes auf Demagogenweise vorgegangen sei. Ohne offizielle Stellung und gesetzliche Befehlsgewalt habe er die Massen dazu gebracht, Marktversammlungen abzuhalten. Bei diesen Gelegenheiten habe man öffentliche Angelegenheiten erörtert und über einige Resolutionen abgestimmt, in denen Wunsch und Wille der Versammelten zum Ausdruck kamen. Die auf so irregulärem Weg entstandenen Entschlüsse hätten also Rückhalt an einer so starken Kollektivmacht – wie man heute zu sagen pflegt – gehabt, daß sie eine wirkliche Umsturzgefahr darstellten.[94]

Ob nun Kleisthenes' Neuerungen unter diesen Umständen auf seinen dem Volk gebotenen Verlockungen oder auf den vom «Volk» erhobenen Forderungen basierten – keine Überlieferung scheint darauf hinzudeuten, daß ihre endgültige Sanktion anders als auf normale Weise in der Ekklesia erfolgt sei. Es liegt auf der Hand, daß die Verbündung mit dem Demos – ob sie nun, wie auch behauptet worden ist, eine «auf das Volk sich stützende Diktatur» bedeutete[95] oder nicht – jenem Aristokraten die Unterstützung der Ekklesia-Majorität verbürgte, die bislang vermutlich den Peisistratiden gehört hatte. Selbst angenommen, der Areopag als Hüter der Gesetze habe das Recht gehabt, das Inkrafttreten verfassungswidriger Gesetze zu hindern – ein Recht, dessen Existenz man in Frage gestellt hat –, so schien es ihm vielleicht auch unerwünscht, sich in die kleisthenischen Reformversuche einzumischen. Wahrscheinlich waren die meisten Areopagmitglieder ehemalige Archonten aus der Tyrannisperiode, die zur Partei der Peisistratiden neigten.[96]

Schon in früherem Zusammenhang wurde die administrative Einteilung der attischen Bevölkerung auf Grund des Wohnortes erwähnt, eine Maßnahme, die meistens Kleisthenes zugeschrieben wird. Die Bürger wurden in Gemeindebezirke, Demen, eingeteilt, welche die Grundeinheiten zehn neuer Phylen bildeten. Die Mitgliedschaft in einem solchen *démos* gründete sich auf den Wohnort, vererbte sich aber vom Vater auf den Sohn, auch wenn letzterer aus des Vaters Wohn-Demos wegzog. Die alten Phratrien führten ein Verzeichnis über ihre Mitglieder – Männer, Frauen sowie Minderjährige –, und in den Demos-Listen wurden alle Vollbürger registriert. Jeder Bürger, auch der naturalisierte, mußte – von gelegentlichen Ausnahmen abgesehen – in beiden Listen geführt werden. Wurde einem Bürger die Registrierung im Demos abgestritten, konnte er an das Phratria-Register appellieren und, wenigstens im 4. Jahrhundert, hatte er die Möglichkeit, beim Gericht Klage zu erheben. Aus der Mitgliedschaft in einem Demos war das offizielle Kennzeichen der Polisbürgerschaft geworden.

Daß man es so weit gebracht hatte, war von größter Bedeutung, nicht nur in bezug auf den Zerfall der alten aristokratischen Gesellschaftsordnung, sondern auch auf die Änderung in der Zusammensetzung der ganzen Staatsbürgerschaft. Allein schon dank dieser Reform war es später durchaus vertretbar, Kleisthenes zu den «Gründern» der demokratischen Staatsordnung Athens zu zählen. Aristoteles erwähnt auch (Politik, 1319b) diese Reform als lehrreiches Beispiel dafür, wie mit solchen Mitteln die «äußerste Demokratie» vorbereitet wurde. Zu Kleisthenes' Methode gehörte laut ihm, daß neben den früheren Phylen und Genen zahlreiche neue gegründet wurden, daß die Anzahl privater – das heißt innerhalb der Stamm-, Geschlechter- und anderer Verbände herkömmlichen – Gottesdienste eingeschränkt und die Kultübungen in gemeinsame Zentren verlegt wurden; daß ferner alles aufgeboten wurde, um die Klassen nach Möglichkeit zu vermischen und ihre alten Loyalitätsbande aufzulösen.

Die Tatsachen scheinen darauf hinzudeuten, daß es in Athen schon von früher her Demen gab und die Neuordnung der Bürgerschaft selbst sich auf eben die Weise und zu dem Zweck, wie Aristoteles es schildert, vielleicht nach dem Beispiel irgendwelcher Tyrannen, vollzog. Am ehesten kämen hierbei in Frage die entsprechenden Maßnahmen der Kypseliden von Korinth oder von

Kleisthenes' Großvater mütterlicherseits, dem Tyrannen Kleisthenes von Sikyon (vgl. Herodot, V, 67 und 69). Aber wenn der Gedanke vielleicht auch kein ganz origineller war, so erzielte doch jedenfalls der Reformator in Athen – ob es nun Peisistratos oder Kleisthenes war – mit seinem Vorgehen tiefgreifende Ergebnisse neben der Festigung seiner eigenen politischen Stellung. Die alten, stark aristokratisch betonten Phylen und ihre Untereinheiten bestanden freilich neben den neubegründeten Verbänden weiter. Aber ihre Bedeutung blieb auf das Gebiet der Zeremonien und der Religion reduziert, und ihre politischen Funktionen gingen auf neue Territorialorganisationen über. Um Mitglied eines Demos zu werden, brauchte man nicht Grundbesitzer zu sein. Das Vollbürgerrecht und der Zutritt zu den Ekklesia-Versammlungen stand also von nun an auch den Landlosen zu.[97]

Man hat vermutet, die neue Organisation habe das Eindringen von Außenseitern in die Politenmenge erleichtert, aber sicher ist das nicht. Man hält es nicht für unmöglich, daß sowohl Peisistratos wie Kleisthenes die alten Phratrien zwingen konnten, landlose Freie als Mitglieder anzuerkennen und folglich in die Bürgerlisten aufzunehmen. So wäre von da an der Eintritt in diese geschlossenen Korporationen bedeutend leichter gewesen. Aber das Erwerben der Mitgliedschaft einer Phratria war recht kostspielig wegen der dabei erforderlichen Opfer. Daher die Hypothese, die Armen hätten im 5. Jahrhundert angefangen, das Registrieren ihrer Kinder in den Phratrien zu vermeiden.[98] Wie dem auch sei, jedenfalls hat man, als während des Peloponnesischen Krieges und bald danach zahlreiche Männer aus Plataiai und Samos in die Bürgerschaft aufgenommen wurden, von diesen neuen Mitbürgern offenbar nicht den Eintritt in die Phratrien gefordert.[99]

Im allgemeinen jedoch war im 5. und 4. Jahrhundert Regel, daß ein Bürger sowohl in die Phratria-Gemeinschaft aufgenommen wie im Demos-Bezirk registriert sein mußte. Ersteres war ein religiöser Akt. Er vollzog sich zum erstenmal im Geburtsjahr des Kindes und, wenn es ein Knabe war, zum zweitenmal nach Vollendung des 17. Jahres. Hatte der Jüngling das 18. Jahr erreicht, fand eine zwangsweise Registrierung im Demos statt. Das Verfahren bei der Aufnahme neuer Demos-Mitglieder war insofern merkwürdig, als sich dabei die Formalitäten der Ekklesia im Miniaturmaßstab abspielten. Die Demen-Mitglieder hielten eine Volksversammlung auf der Agora ab und stimmten – nach manchen Angaben geheim – erst darüber ab, ob der Anwärter das erforderliche Alter habe, und dann, ob er herkunftsmäßig den für Athener geltenden Bedingungen entspreche.[100]

So, und vielleicht auch auf andere Weise, wurden zahlreiche neue Bürger registriert. Nach einer Schätzung wuchs die Bevölkerung der Polis mit einem Schlage aufs Doppelte an.[101] Unmittelbaren Nutzen davon hatte natürlich Kleisthenes selbst, da die Neuhinzugekommenen wohl vorwiegend seine Anhänger waren und sich so der durch seine Reformen gewonnene Rückhalt im Demos befestigte. Eine weit wichtigere Folge der zahlenmäßigen Zunahme stimmberechtigter Bürger war der festere Rahmen, den die Zusammensetzung der Ekklesia jetzt auf geraume Zeit hinaus erhielt. Man hält es jedoch für wahrscheinlich, daß die Theten damals noch keine Mehrheit in der Ekklesia bildeten. Zahlenmäßig am bedeutendsten war jene Vermögensgruppe, aus der sich die Hoplitai, das schwerbewaffnete Fußvolk, rekrutierte und die man als Mittelklasse bezeichnen kann.[102]

Über die Tätigkeit der Ekklesia in dem halben Jahrhundert nach dem Sturz der Tyrannis weiß man wenig Genaues. Im allgemeinen glaubt man, Kleisthenes habe die von früher her der Ekklesia und der Heliaia obliegenden Aufgaben stabilisiert. Vermutlich erweiterte er den Machtbereich der ersteren dahin, daß die endgültige Entscheidung bei Todesurteilen, außer bei den von den uralten Blutgerichten gefällten, in die Hände des «Volkes» überging. Das bedeutete unter anderem, daß das bisherige Recht des Areopags, einen Umsturzversuch mit Todesstrafe zu belegen, ganz auf die Ekklesia überging oder seine Ausübung von deren Bestätigung abhängig wurde. Es hat sich ein vermutlich etwa hundert Jahre nach Kleisthenes' Reformen entstandener und teilweise beschädigter Gesetzestext über den Machtbereich der Volksversammlung erhalten, der Rechtsnormen des ursprünglichen Gesetzes enthalten haben dürfte. Demnach lag das höchste Beschlußrecht in allen Fällen, wo das Urteil auf Hinrichtung oder Geldbuße – wahrscheinlich über eine gewisse Grenze hinaus – lauten konnte, bei dem «vollzähligen Volk», *démos plethýon*. Auch um einen Krieg zu beginnen war die Zustimmung des *démos plethýon* nötig; dasselbe galt vermutlich auch für den Friedensschluß. Vollzählig, das heißt alle Bürger umfassend, war nach Ansicht mancher Forscher die Ekklesia wahrscheinlich, wenn mindestens 6000 Bürger anwesend waren. Andere glauben jedoch nicht, daß mit dem Terminus überhaupt das Quorum, die zur Beschlußfassung erforderliche Mindestzahl, gemeint sei.[103]

Durchweg nimmt man an, daß sich gerade unter Kleisthenes eine merkliche Wandlung vollzog, indem die Arbeitsmethode der Ekklesia gesetzlich geregelt wurde. Ungewiß ist, ob der alte Areopag je direkt in die Ekklesia-Leitung eingriff, obgleich, wie erwähnt, beide Institutionen in dem Hauptarchon einen gemeinsamen Vorsitzenden hatten. Wenn die Berichte, Solon oder ein anderer habe neben dem Areopag den Rat der Vierhundert gegründet, nicht stimmen, so erledigte bei Anbruch des letzten Jahrzehnts des 6. Jahrhunderts in Athen vielleicht überhaupt kein besonderes Organ die der Volksversammlung obliegenden Sachen und entwarf deren Arbeitsprogramm oder führte eine, wie die Griechen sagten, «probuleutische» Aufgabe aus. Unter Kleisthenes oder sehr bald nach ihm wurde jedoch eine Bule geschaffen – oder nach Meinung anderer aus dem Rat der Vierhundert gebildet –, die jenen Mangel beseitigte und auf Grund ihrer Mitgliederzahl als Rat der Fünfhundert bekannt war.

Wie bei der neuen Phylen-Einteilung herrschte auch bei der Gründung dieses Rats ein ganz besonderer Zug der Unvoreingenommenheit: neben den traditionellen Einrichtungen entsteht eine neue in einer Weise, die in hohem Maß gekünstelt wirkt und außer praktischen Zwecken auch gewisse Forderungen mathematischer Klarheit erfüllt. Es entsteht der Eindruck, man habe nicht die einfachsten Lösungen gesucht, um die staatlichen Einrichtungen den während der Tyrannis und danach erfolgten sozialen Wandlungen anzupassen, und sich mit den unumgänglichsten Reformen begnügt. Vielmehr hat man fast eine Art theoretisch geformtes und den Gesetzen der Logik folgendes Schema erstrebt und sich in ein kühnes Experiment gestürzt.

Die Zusammensetzung und Arbeitsmethode des Rates der Fünfhundert basierten auf der Phylen-Einteilung. Jede der zehn Phylen hatte im Rat ebenso viele, je auf ein Jahr gewählte Vertreter. Das anfängliche Wahlverfahren ist unbekannt. Möglicherweise war es das «klerosis ek prokriton»-Verfahren: Auslosung unter den gewählten Anwärtern. Jeder Demos-Bezirk wählte wahrscheinlich eine doppelt so große Anzahl Kandidaten, wie ihm proportional zu seiner Einwohnerzahl an dem zur Phyle gehörigen Gesamtanteil zustanden, und unter ihnen wurden in jeder Phyle fünfzig Ratsmitglieder, Buleuten, erlost. Ungewiß ist, ob Theten ursprünglich überhaupt in den Rat der Fünfhundert gewählt werden konnten und ob die Bule-Mitglieder das 30. Jahr vollendet haben mußten, wie dies später der Fall war. Vielleicht war die Bestimmung, nach der ein Bürger auch zum zweitenmal in den Rat gewählt werden konnte, wenn auch wohl nicht gleich nach Beendigung seiner ersten Amtsperiode, aber nicht mehr zum drittenmal, seit Bestehen der Einrichtung in Kraft.

Das Auslosen unter den zur Wahl aufgestellten Kandidaten dürfte eine Neuheit gewesen sein. Hingegen war die Losmethode an sich bei der Wahl einer Person für eine öffentliche Aufgabe altbekannt, schon in der «aristokratischen» Epoche und in den «oligarchischen» Systemen populär, also keineswegs eine «demokratische» Erfindung. Umstritten ist, ob die Auslosung schon zu Solons Zeit bei Besetzung gewisser Ämter, sogar des Archontats, üblich war, dann aber außer Praxis kam. In mehreren griechischen Staaten wurden die Beamten im 6. Jahrhundert durch das Los bestellt, ebenso vielleicht unter Solon oder schon vorher in Athen die Hüter des Schatzes der Göttin Athene aus den «Fünfhundertscheffllern». Dabei fand nur einfaches Auslosen, *klérosis,* unter den die Kompetenzbedingungen Erfüllenden statt. Da bei der Wahl des Rates der Fünfhundert, entsprechend der Kleisthenischen «Verfassung», die *prókrisis,* Wahl der Kandidaten, vor der Auslosung erfolgte, kam es zu einem zweistufigen, gemischten Verfahren, in dem sich Auslese und Akzidens verbanden.

Warum das «klerosis ek prokriton»-System eingeführt wurde, hat sich als schwer lösbares Problem erwiesen, da es im Grunde von der Frage über Ursprung und Bedeutung der Auslosung nicht zu trennen ist. Beide sind immer noch umstritten.[104] Möglicherweise hat die frühere Altertumsforschung – wie manche Forscher behaupten – den religiösen Charakter der Loszeremonie im frühen Griechentum übertrieben betont. Unbestreitbar ist jedoch, daß man in der Entscheidung durchs Los keineswegs immer rein blinden Zufall sah, sondern den offenkundigen Willen höherer Mächte. Noch beim Aufzählen der Grundsätze, auf die sich die «rechtmäßige» oder die «der Natur gemäß waltende» Herrschaft stützen muß, sagt Platon in seinem Werk «Nomoi» (690c) unter anderem: «Indem wir aber die siebente Gattung der Herrschaft eine von dem Glück und den Göttern begünstigte nennen, unterwerfen wir sie einer Art Verlosung und erklären es für das Rechtmäßigste, daß der beim Losen Gewinnende diese Herrschaft übernehme, wer aber verliert, zurücktritt und der Herrschaft sich unterwerfe.»[105] Zu seinen Lebzeiten hatte sich das Losverfahren in der athenischen Staatsordnung sehr erweitert aus Gründen, die offenbar nicht eng mit den allgemeinen religiösen Anschauungen zusammenhingen.

Die Bedeutung der Auslosung sah man außer in ihrer praktischen Handlichkeit auch in der Verwirklichung einer gewissen Gleichberechtigungstendenz. Das Verfahren wurde samt seinen verschiedenen Kombinationen routiniert in die politische Systematik eingebaut. Als zum Beispiel Platon selbst in seinen «Nomoi» letztlich die Bestimmung der Vorgewählten durch das Los, mit anderen Worten: die «klerosis ek prokriton», befürwortet, bemerkt Aristoteles hierzu (Politik, 1266a), auf diese Weise würden «Demokratie» und «Oligarchie» miteinander verkoppelt. Wie weiter unten nachgewiesen wird, trug das Los damals im 4. Jahrhundert ganz allgemein den Stempel eines demokratischen Wahlmodus.

Die phylenweise vorgenommene «klerosis ek prokriton» scheint wiederum, nach Aristoteles' detaillierter Skala (Politik, 1300a), nicht den seiner Meinung nach eindeutig «demokratischen» Typen entsprochen, sondern eher zu einem kombinierten Politeia-System gepaßt zu haben.

Die neue, vom Volk gewählte Bule erfüllte ihre Obliegenheiten anscheinend von Anfang an so, daß sich ihre Mitglieder phylenweise auf zehn Fünfzigmannabteilungen verteilten, von denen jede der Reihe nach als Arbeitsausschuß des Rats ein Zehnteljahr fungierte. Die Ausschußmitglieder hießen *Prytáneis,* Prytanen, das geschäftsführende Ratszehntel wie auch die Periode der Geschäftsführung *Prytaneía.* Wer Anfang des 5. Jahrhunderts im Rat präsidierte, ist ungewiß. Doch herrschte vielleicht schon damals der in der zweiten Jahrhunderthälfte übliche Modus, daß die Prytanen ihren Vorsitzenden, *Epistátes,* aus ihrer eigenen Mitte auf je einen Tag wählten.

Die Tätigkeit der Volksversammlung wurde eng mit dem Rat der Fünfhundert verkoppelt. Es wurde Gesetz, daß die Ekklesia im Laufe des Jahres außer der Beamtenwahlversammlung zehn satzungsgemäße Versammlungen abhalten mußte; außerordentliche Versammlungen konnten auf Verlangen der Beamten einberufen werden. Von diesen zehn regulären Sitzungen mußte eine in jeder Prytaneia abgehalten werden. Später, als die Ekklesia während jeder Prytaneia regelmäßig viermal tagte, unterschied sich jene ursprüngliche Prytanie-Versammlung von den anderen durch den Namen *kyría,* eine Bezeichnung, die auf die Ausübung der höchsten Gewalt deutet und sich bisweilen mit unserem Wort «souverän» decken dürfte.[106] Allgemein nimmt man an, daß der Oberarchon schon zu Kleisthenes' Zeit seine Stellung als Ekklesiavorsitzender an den Epistat des neuen Rats verlor – vorausgesetzt natürlich, daß die Epistat-Einrichtung damals existierte –, aber sichere Angaben über diese Machtbeschneidung gibt es erst aus einem etwas jüngeren Zeitabschnitt.

Selbst wenn beide Versammlungsorgane vorläufig verschiedene Vorsitzende gehabt hätten, war doch die Ekklesia insofern von der

Bule abhängig, als ihre Tagesordnung von dieser aufgestellt werden mußte. Dem Rat der Fünfhundert oblag es offenbar schon von Anfang an, über jede von der Ekklesia zu beschließende oder auszuführende Sache, auch Wahl, eine Vorlage, *Probúleuma,* anzufertigen. Die «probuleutische» Stellung des Rats legte die Ekklesia derartig fest, daß letzterer wahrscheinlich lange Zeit hindurch keine andere Möglichkeit blieb, als die Vorschläge der Bule entweder zu billigen oder abzulehnen, ohne Änderungen darin vornehmen zu können und ohne das Recht, solche Vorlagen zur Behandlung anzufordern, die nach ihren – der Ekklesia – eigenen Weisungen abgefaßt gewesen wären. So hatte der Rat der Fünfhundert die Zügel der Volksversammlung in der Hand, einer Institution, die zwar noch nicht sehr oft, aber immerhin in regelmäßigen Abständen tagte.[107]

Die Befugnis des neuen Rats beschränkte sich nicht auf die probuleutischen Aufgaben, sondern erstreckte sich vermutlich schon von Anfang an darauf, den Beamten Instruktionen zu geben, ihre Tätigkeit zu überwachen, mit fremden Ländern zu unterhandeln und den Finanzhaushalt der Polis zu kontrollieren. Da wir nichts Zuverlässiges über die Macht des Areopags außerhalb des religiösen und juristischen Sektors wissen, sind die Schlußfolgerungen, wieweit sich die Gründung der Fünfhundert-Bule auf die Stellung des Areopags auswirkte, zum großen Teil hypothetisch. Kleisthenes, der, wie erwähnt, während seiner Reformtätigkeit Areopagmitglied hat sein können, tastete vielleicht überhaupt nicht die Befugnisse dieser aus ehemaligen Archonten zusammengesetzten Institution an. Man hat vermutet, das alte Recht des Areopags, die Beamtentätigkeit zu überwachen, habe mittlerweile seine Bedeutung verloren, so daß der Rat der Fünfhundert kaum im eigentlichen Sinn den Areopag auch dieses Anteils an den öffentlichen Geschäften beraubte. Anderseits versteht man, daß auf die Dauer diese vom Volk gewählte, eng mit der Ekklesia zusammenarbeitende Bule an Einfluß den alten Rat aristokratischer Provenienz überholte.

Wahl und Amtsbefugnisse der Beamten erfuhren, soviel man weiß, keine Änderung außer der Rückkehr zu den Verhältnissen der Zeitspanne vor der Tyrannis. Die timokratischen Kompetenzbestimmungen der solonischen Zeit blieben bestehen. Demnach standen die neun Archontenämter und zugleich auch die Mitgliedschaft im Areopag nur Angehörigen der zwei obersten Vermögensklassen und die höchsten Stellen in der Finanzverwaltung einzig den Pentakosiomedimnen offen. Da wahrscheinlich noch zu Kleisthenes' Zeit die Mitgliedschaft in den beiden obersten Zensusklassen Grundbesitz erforderte, lag also der den wichtigsten Beamten wie auch dem Areopag zustehende Anteil an der öffentlichen Gewalt in den Händen der landbesitzenden Bürger.[108]

Das in Kleisthenes' Reformen, namentlich in der Phylenanzahl, sowie in der Struktur und Funktion des Rats der Fünfhundert erkennbare Streben, das Dezimalsystem zu befolgen, hat schon in der Antike wie auch später dazu verlockt, in den Ergebnissen seiner Arbeit vielleicht mehr theoretische Folgerichtigkeit zu suchen und zu finden, als tatsächlich darin lag. So hat man zum Beispiel aus den Schilderungen in der Athenaion Politeia (48, 1; 62, 1; 63, 1) geschlossen, daß schon damals jede Phyle ihren Vertreter in den Behörden hatte und daß zwecks Ausdehnung dieser Regel auf die Archonten diesen als zehntes Mitglied der Sekretär einer Behörde beigegeben wurde und daß alle zehn aus verschiedenen Phylen gewählt wurden. Dies und viele andere das Dezimalsystem spiegelnde Einzelheiten könnten vielleicht auf einem Mißverständnis des Verfassers beruhen oder aus späteren Verhältnissen übertragen sein. Tatsache ist jedoch, daß der neuen Symmetrie offenbar große Anziehungskraft und Tendenz zur Verbreitung eignete. Bald trifft man sie auch in der Organisation der athenischen Wehrmacht. Anfangs stellte jede der zehn Phylen ihr eigenes Regiment zur Verteidigung der Polis, dessen Oberbefehlshaber den Titel *Strategos* hatte. Die Strategen wurden anscheinend je von ihrer eigenen Phyle gewählt, bis etwa 501/500 der Wahlmodus geändert wurde – Kleisthenes könnte damals noch am Leben gewesen sein und mitgewirkt haben. Nach der neuen Methode wählte die Volksversammlung alle zehn Strategen, einen pro Phyle, aus den Phylenmitgliedern, die sich zur Anwartschaft gemeldet hatten. Allem nach zu urteilen, haben die Strategen jedoch anderthalb Jahrzehnte lang noch nicht den Polemarchos verdrängt, obschon die Änderung des Wahlmodus dazu angetan war, ihr Ansehen zu steigern.[109] Auch in anderen Punkten baute sich die Polisverwaltung künftig in immer größerem Maß auf dem Dezimalsystem auf. Später machten sich nach athenischem Vorbild viele andere griechische Stadtstaaten dieses System zu eigen.[110]

Unter Kleisthenes wurden wahrscheinlich eine Menge jener eigentümlichen Methoden wieder aufgenommen und entwickelt – oder vielleicht zum Teil erst erfunden –, mittels deren man sich in der demokratischen Periode Athens der gesetzlich vorgeschriebenen Qualifizierung der Amtsinhaber versicherte und ihre Rechnungspflichtigkeit und Haftbarkeit fixierte. Aus der Athenaion Politeia (55, 3) ist zu entnehmen, daß man, wenigstens in der zweiten Hälfte des 4. Jahrhunderts, vor der Wahl oder Erlosung des Kandidaten feststellte, ob er zu der geforderten Vermögensklasse gehörte, wenn dies Bedingung war. Und nach der Wahl respektive Erlosung, aber vor dem Amtsantritt, wurde er in einer Prüfung, *Dokimasía,* verhört, ob er auch die anderen gesetzlichen Voraussetzungen für das Amt besaß. Bei dieser Dokimasie, welche die in individuelle Ämter wie auch in den Rat der Fünfhundert Gewählten bestehen mußten, examinierte irgendein Beamter.

Die Historiker sind sich nicht darüber einig, wie weit zurück die Wurzeln der Dokimasie reichen und welche Amtsanwärter ursprünglich von welcher Behörde geprüft wurden. Aber sollte auch die Dokimasie schon zu Solons Zeit oder früher üblich gewesen sein, hatte sie vermutlich kaum mehr als formelle Bedeutung, solange alle Beamtenstellen einer engbegrenzten Gruppe vorbehalten waren. Man hat auch vermutet, diesen Prüfungsmodus habe erst Kleisthenes, zugleich mit der Gründung des Rats der Fünfhundert, eingeführt. Jedenfalls mußte diese Bule wohl von Anfang an die eigentliche Eignungsprüfung der Mitglieder ihres Nachfolgers, das heißt des im folgenden Jahr in Funktion tretenden Rats, vornehmen. Ob die Archonten schon früher und die anderen Beamten zum wenigsten von nun an verpflichtet waren, durch die

Dokimasie in ihr Amt zu gelangen und welche Behörde jeweils prüfte, ist ungewiß.[111]

Die Dokimasie galt nicht den Fähigkeiten des Anwärters, sondern nur der Ermittlung seiner gesetzlich vorgeschriebenen Qualifizierung. Später wurde sie freilich inhaltlich umfassender, zeitweise sogar parteipolitisch gefärbt. Die eigentliche Kompetenzprüfung – deren Tradition übrigens bis auf Solons Zeit zurückgehen kann – betraf nur Areopag-Anwärter, also Archonten, die nach Ablauf ihrer Amtszeit in ihr neues, lebenslängliches Amt, ohne Wahlen oder Los, hinüberwechselten. Diese Prüfung vollzog der Areopag selber.[112] Die anderen Beamten mußten nach beendeter Amtszeit eine Prüfung namens *Eúthyna* bestehen. Dabei wurden etwaige Anklagen behandelt, die jeder Mitbürger gegen die Amtsausübung erheben konnte. Die Untersuchenden, *Eúthynoi*, wurden unter den Areopag-Mitgliedern gewählt. Hielten sie eine Anklage für begründet, kam die Sache vor Gericht.

Über den Ursprung des Euthyna-Verfahrens weiß man nichts Sicheres, aber es dürfte auch schon vor Kleisthenes, jedenfalls wohl aber während der Tyrannis gebräuchlich gewesen sein. Hingegen treten die Formen, unter denen die Finanzhandhabung der Beamten kontrolliert wurde, wie man sie seit der Mitte des folgenden Jahrhunderts kennt, noch zu Ende des 6. Jahrhunderts keineswegs offenkundig in Erscheinung, vermutlich, weil die Beamten weiterhin relativ wenig mit den öffentlichen Finanzen zu tun hatten. Ungewiß ist auch, was die Möglichkeit der Fünfhundert, die Beamtentätigkeit zu kontrollieren, zu Kleisthenes' Zeit praktisch bedeutete.[113]

Benennung der Kleisthenischen Staatsordnung

Die Frage, ob das politische System in Athen, so wie es nach Kleisthenes' Reformen war, «demokratisch» oder sonstwie genannt wurde, findet je nach den Spuren, die der Forscher verfolgt, einander widersprechende Antworten. In seiner Schilderung der athenischen Parteikämpfe einige Jahrzehnte nach jenen Reformen spricht

Plutarch – wohl Aufzeichnungen von Atthidographen benutzend und sichtlich bestrebt, die politischen Kontraste zu betonen – von der «Aristokratie» der kleisthenischen Zeit (Kimon, 15). Er charakterisiert sie als eine bewundernswerte Verfassung, die in ihrer Mischung aller Elemente die Eintracht und Wohlfahrt des Staates verbürgte (Perikles, 3). Anderseits vertreten, wie erwähnt, seit Herodot, der etwa ein halbes Jahrtausend älter als Plutarch war, viele die Ansicht, gerade Kleisthenes habe die athenische Demokratie «begründet».

In Wirklichkeit aber wurde das seiner «Verfassung» entsprechende System in der ersten Hälfte des 5. Jahrhunderts wohl noch nicht «Demokratie» genannt, sondern man bezeichnete es mit politischen Schlagwörtern, wie *Isonomía* und *Isegoría*. Das erstere mag «Gleichgewicht», «Ebenbürtigkeit» oder ähnliches und das zweite vermutlich «gleiches Recht» oder «gleiche Freiheit zu reden» bedeutet haben.

Anscheinend das älteste erhaltene Zeugnis für das Wort «isonomia» als Schlüsselsymbol der politischen Verhältnisse Athens ist ein Trinklied, das aus der Zeit nach Hippias' Vertreibung 510 stammen dürfte. Es preist die Verschwörer Harmodios und Aristogeiton, die an der Ermordung des Hipparch, Hippias' Bruder, beteiligt gewesen, weil sie der Polis die Isonomie verliehen hätten. Der Ausdruck war damals wohl ziemlich verbreitet. Er bezeichnete das Gegenteil von Monarchie oder Tyrannis und wurde auf Kleisthenes' Regierungssystem angewandt. Welchen anderen positiven Inhalt das Wort ursprünglich hatte, ist nicht leicht zu ermitteln. Herodot greift offensichtlich auf den Wortschatz der Generation vor ihm sowie die Terminologie seiner Zeit zurück, was erhebliche Unklarheit erzeugt. Er erzählt zum Beispiel, wie Maiandros, der nach dem Tod des Polykrates (etwa 525 v. Chr.) Alleinherrscher in Samos wurde, dort die Isonomie proklamierte (III, 142) und wie Aristagoras (um 500) auf die Autokratie in Milet verzichtete und ebenfalls die Isonomie einführte (V, 37). Auch in dem berühmten Gespräch der persischen Aristokraten über Staatsformen wird die Isonomie gerühmt (III, 80); der Zustand in Athen nach dem

Sturz der Tyrannis wird hingegen Isegorie genannt (V, 78). Überdies erfahren wir von Herodot, wie Dareios' I. Schwiegersohn, der persische Feldherr Mardonios (492), das Mirakel vollbrachte, die Selbstherrscher der ionischen Städte abzusetzen und statt ihrer eine Volksherrschaft, «Demokratie», einzuführen (VI, 43). Gewisse, namentlich in Thukydides' Kriegsgeschichte zutage tretende Zusammenhänge lassen jedoch darauf schließen, daß mit «Isonomie» der Begriff «verantwortliche und rechenschaftspflichtige Regierung» eng verknüpft und mitunter auch das Euthyna-Verfahren inbegriffen war.[114]

Offensichtlich hatte man schon Mitte des 5. Jahrhunderts in manchen athenischen Kreisen begonnen, Kleisthenes zum Gründer der Staatsordnung zu stempeln, die nun mit dem an Stelle von Isonomie sich durchsetzenden Wort Demokratie umrissen wurde. Das dürfte so zugegangen sein: Als die Gegner des herrschenden politischen Systems – eines Systems, das bereits in wesentlichen Punkten von Kleisthenes' «Verfassung» abwich – angefangen hatten, die athenische Staatsordnung Demokratie zu nennen, taten die Anhänger dieses Systems dasselbe, deckten es aber mit Kleisthenes' Namen.[115] Jedenfalls wurde bei Ausbruch der inneren Unruhen in Athen infolge des Peloponnesischen Krieges der von Kleisthenes geschaffenen Staatsordnung als Patrios politeia, «Staatsordnung der Vorväter», vielleicht eine noch wichtigere Stellung zuteil als dem politischen System der solonischen Zeit.

Die Folge war, daß sich Kleisthenes' Ruf als Gründer des demokratischen Systems zäh am Leben erhielt. So konnte im 4. Jahrhundert der berühmte Publizist Isokrates, der die «Demokratie der Demokraten» bekämpfte und die Aristokratie bewunderte, seinem eigenen Schema einer Idealverfassung einen «demokratischen» Stempel verleihen, weil darin Elemente früherer Institutionen aus Kleisthenes' und sogar Solons Zeit kombiniert waren.[116] Aristoteles hingegen sah, wie gesagt, in der Phylen- und Demen-Einteilung des Kleisthenes eines der Mittel zur Errichtung der «äußersten» Demokratie. Anderseits scheinen die wesentlichsten jener Züge, die Aristoteles als charakteristisch für die «besten» und «unverdorbensten» Typen einer Demokratie hielt, auch auf das Athen zu Kleisthenes' Zeit zu passen: alle Bürger hatten das Recht, Beamte zu wählen, von ihnen Rechenschaft zu fordern und Gericht zu halten; die wichtigsten Ämter wurden durch Wahlen besetzt, und der Zugang zu ihnen hing vom Vermögen ab. Sogar daß um die Wende des 6. und 5. Jahrhunderts die meisten Bürger Athens auf dem Lande wohnten, entspricht in gewisser Weise Aristoteles' Schilderung einer «gesunden» Demokratie. Wo sie herrscht, haben die Ackerbau und Viehzucht treibenden Bürger weder Zeit noch Lust, viele Volksversammlungen zu halten (Politik, 1318b–1319a). Als er dies schrieb, hatte der Philosoph kaum das Attika der kleisthenischen Epoche im Auge. Er erwähnt in seiner Aufstellung nirgends ausdrücklich Kleisthenes. Ob er aber dessen Staatsordnung an den Anfang seiner Demokratieskala stellte, also wo die «Volksherrschaft der Vorväter» hingehörte, oder in die Mitte, wo die Entwicklung auf «Radikalisierung» und «Verfall» zusteuerte – jedenfalls repräsentierte sie in dieser seiner Darstellung das mit «Demokratie» bezeichnete politische System.

Spätere Forscher haben freilich nachgewiesen, daß in Wirklichkeit die politischen Einrichtungen im Athen des Kleisthenes erheblich von dem abwichen, was sie in der Vorstellung konservativer Politiker und Schriftsteller Ende des 5. Jahrhunderts und im 4. Jahrhundert waren. Das berechtigt an sich nicht dazu, der kleisthenischen Staatsordnung die Benennung «Demokratie», die ihr in diesem Zeitraum allgemein zugesprochen wurde, abzustreiten. Und so sieht man sie auch weiterhin durchgehend angewendet, meistens allerdings mit irgendeinem Attribut versehen, das dieses System als eine im Frühstadium ihrer Entwicklung stehende, vorläufig noch «gemäßigte» Volksherrschaft der «Mittelklasse» kennzeichnet, im Gegensatz zu der «äußersten» Demokratie, die seit der zweiten Hälfte des 5. Jahrhunderts geherrscht hatte. Hierbei kann man von Aristoteles' Schema in einigen Punkten abweichen, indem man zum Beispiel den Ausgangspunkt der Entwicklungskurve in die Zeit nach Solons Reformen verlegt. Trotzdem wird in den Hauptlinien der alte griechische Gedankengang verfolgt: nach

Durchlaufen einiger Vorstadien erreicht die Demokratie ihren Reifepunkt und beginnt dann zu verfallen.

Will man den Ablauf so darstellen, muß man wissen, wo und an welchem Zeitpunkt dieser Reifegrad zu finden ist. Der altgriechischen Denkweise, deren Einfluß noch heute spürbar ist, folgend, kommt man zu diesem Wissen ganz einfach durch Vergleich der damals jeweilig herrschenden Verhältnisse mit der besonderen Idee der Demokratie. An dem Ort und Zeitpunkt, wo die Realitäten der Idee am nächsten kommen, ist die Scheitelhöhe des Entwicklungsbogens der von Menschenkräften geschaffenen Demokratie. Die davon abweichenden, «Demokratie» benannten Phasen sind entweder Stufen der Unreife oder des Verfalls. Mit dieser Methode könnte man beweisen und hat man auch bewiesen, daß zu Kleisthenes' Zeit das politische System eine Demokratie war, wie immer man es auch damals nennen mochte.

Sich über eine gemeinsame Idee von der Demokratie zu einigen, bedeutete jedoch in der Antike wie heute eine übermächtige Aufgabe. Deshalb ermöglicht der eben erläuterte Weg die Feststellung vieler unter sich verschiedener Reifegrade der Demokratie, von denen sich kein einziger einwandfrei verfechten läßt. Geht man gar so weit, die Anwendung von Ideenkonstruktionen als wissenschaftlich fruchtlos überhaupt abzulehnen, so gewinnt die Frage, ob das durch Kleisthenes' Reformen in Athen geschaffene System eine Demokratie war oder nicht, einen ganz neuen Aspekt. Da es erwiesen scheint, daß die damalige Staatsordnung ein oder zwei Menschenalter lang Isonomie genannt wurde, würde der Name Demokratie nur in dem Fall natürlich erscheinen, daß «Isonomie» und «Demokratie» Synonyma gewesen und geblieben wären. Herodot behandelt sie, wie erwähnt, als fast auswechselbar. Und noch bei dem wahrscheinlich rund fünfzig Jahre jüngeren Platon treffen wir die Adjektivformen beider Wörter, *demokratikós* und *isonomikós,* als Attribute eines unsteten und genußsüchtigen Charakters. Sehr zuverlässige Führer sind beide in dieser Hinsicht freilich nicht. Herodots Werk, offenbar das unvollendete Ergebnis jahrzehntelanger Arbeit, stellt das damalige alte und neue politische Denken recht oberflächlich nebeneinander dar. Außerdem verfährt der Vater der Geschichte bei der Behandlung politischer Ausdrücke notorisch achtlos. Platon seinerseits verleiht den in Frage stehenden Begriffen einen ausgesprochen literarischen Zug.[117]

Aber vielleicht hatten Kleisthenes' Reformen einen wenigstens mittelbaren Anteil an der ziemlich raschen Verbreitung des leicht zu bildenden und handlichen Wortes «Demokratie». Eine Hypothese besagt, weil «Demos» ursprünglich Land und Landbewohner oder auch Gebietseinheiten auf dem Lande bezeichnete und weil sich gerade auf letztere Kleisthenes' Phyleneinteilung stützte, sei das Ergebnis seiner Reformen «die Herrschaft der Landbevölkerung Attikas», «buchstäblich ‹Demokratie›».[118] Dies wie auch die Verbindung des Ursprungs des Wortes «Demokratie» mit der Selbstverwaltungsform der Demen[119] dürfte jedoch hypothetisch bleiben.

POLITISCHE NEUERUNGEN UND ÄNDERUNGEN

Ostrakismos

Durch Beschränkung des politischen Einflusses der Adelsgeschlechter und Aufbau einer vom Demos unterstützten Regierung vollendete Kleisthenes in der Tat «das von den Tyrannen begonnene Werk».[120] Aber, wie gesagt, das Ende der Tyrannis hatte zugleich eine gewisse Auflockerung eingeleitet. Herodot schildert begeistert (V, 78), wie die Gleichberechtigung, die Isegorie, die dem Sturz der Autokratie folgte, auf allen Gebieten zu wertvollsten Ergebnissen führte, wie Athens Macht wuchs, wie die Athener – unter den Tyrannen noch Feiglinge – sich jetzt als mutige Krieger erwiesen. Faktisch hatte diese Machtzunahme und Ertüchtigung der Athener noch verschiedene andere Ursachen als die Isegorie. In dem halben Jahrhundert nach Kleisthenes' Reformen waren es sowohl der Anteil, den die Staatsordnung den Bürgern oder den von ihnen eingesetzten Organen in der politischen Machtausübung einräumte, und die wirtschaftlichen Veränderungen wie auch die von außen her drohende Gefahr, die den Boden bereiteten oder direkt Anlaß gaben zu gewissen wichtigen Ergänzungen und Verbesserungen im politischen System. Man müßte sehr einseitig eingestellt sein, um in diesen nur das Resultat der plötzlichen Aufhellung einer Idee zu sehen.

Einen merkwürdigen Zusatz der staatlichen Institutionen, dessen ursprünglicher Zweck noch nicht einwandfrei geklärt ist, stellt der in der ersten Hälfte des 5. Jahrhunderts eingeführte *Ostrakismós* dar. Nach diesem berühmt gewordenen Verfahren konnte die Volksversammlung die zehnjährige Verbannung eines Bürgers beschließen. Es wurde, wenn man zu diesem Akt schritt, keine bestimmte Person diskutiert, niemand angeklagt, aber auch nicht verteidigt. Man pflegte bei der *Kyría-ekklesía*-Versammlung der sechsten Prytaneia-Periode zu fragen, ob die Ekklesia in dem betreffenden Jahr eine *Ostrakophoría* zu veranstalten wünschte. Im Bejahungsfall wurde etwas später abgestimmt, wer verbannt werden sollte. Diese Abstimmung war geheim: der Name der Person wurde auf eine Tonscherbe, *Ostrakon,* geschrieben. Bei der entscheidenden Abstimmung mußten wenigstens 6000 Bürger zugegen sein; also galt eine Abstimmung, bei der weniger als diese Anzahl Tonscherben abgegeben wurde, für ungültig. Waren genügend Scherben da, wurde gezählt, wessen Name auf den meisten stand oder – nach anderen Deutungen – für wen die absolute Mehrheit stimmte. Hingegen haben viele Forscher die Auslegung, der Name derselben Person hätte auf mindestens 6000 Scherben stehen müssen, verworfen. Der so ermittelte Bürger mußte das Land binnen zehn Tagen verlassen. Doch war im Gegensatz zur Atimie der Ostrakismos keine Strafe. Auch war nichts Ehrenrühriges damit verbunden, keine Entziehung der bürgerlichen Rechte, nicht einmal Beschlagnahme des Eigentums.[121]

Nach der Athenaion Politeia (22,1 und 4) soll Kleisthenes den Ostrakismos eingeführt haben. Wenn das stimmt, könnte man folgern, daß er zum Schutz der Reformen – «als ein Schutz für die junge Demokratie», wenn man so sagen will[122], vor allen etwaigen Umsturzversuchen, namentlich seitens der Peisistratiden – gedacht war. Darauf könnte sich unter anderm Aristoteles' Behauptung (Politik, 1302b) beziehen, in Argos und Athen habe man den

Ostrakismos eingeführt, damit nicht das Übergewicht eines Einzelnen über Polis und Mitbürger allzu groß werde und den Keim zu einer Monarchie oder einem Dynastenregiment bilde. Auch waren nach einer Überlieferung die ersten Opfer des Ostrakismos vermutlich Verwandte und Freunde der früheren Tyrannen (eine Quelle nennt allerdings Kleisthenes selbst als erstes dieser Opfer). Anderseits scheint das Verfahren erst so spät – nämlich zwischen 487 und 484 – in Anwendung gekommen zu sein, daß, wenn das Gesetz tatsächlich von Kleisthenes stammte, es weit über ein Jahrzehnt bestand, ohne in Anspruch genommen zu werden. Man hat bezweifelt, ob die Athener, die durchaus nicht einmütig Kleisthenes' Reformen billigten und unter denen Intrigen äußerst beliebt waren, solch langer Zurückhaltung fähig waren. Und da die Athenaion Politeia als Quelle über den Ursprung des Ostrakismos auch unzuverlässig sein dürfte, hat man die glaubhafte Vermutung ausgesprochen, das Scherbenabstimmungsgesetz sei erst erlassen worden, als ein ausgesprochenes Bedürfnis vorlag. Was aber die Athener zu diesem neuen und drastischen Mittel greifen ließ, bleibt weiter ein Rätsel.

Wo Aristoteles von der allgemeinen Bedeutung des Ostrakismos spricht, besteigt er die Ebene hoher Abstraktion. Er weist auf die Erzählung von Periandros, Tyrann von Korinth, hin, der dem Herrscher von Milet, Thrasybul, einen Wink gab, «die hervorragenden Ähren zu köpfen». Ferner stellt er fest, daß nicht bloß die Tyrannen eine derartige Politik nützlich befunden haben, sondern ebenso geschehe es in den Oligarchien und Demokratien. Durch den Ostrakismos erreicht man ja, daß gewisse, besonders einflußreich gewordene Personen ihrer Stellung beraubt und verbannt werden können. Auf diesem Weg sucht man jene Gleichheit – also eine Art Nivellierung – zu verwirklichen, die wohl das wichtigste Ziel der Demokratie sein dürfte (Politik, 1284a).

Aristoteles' Folgerung ist in ihrer Art und zum Teil berechtigt, wenn man nämlich den Ostrakismos in dem Licht betrachtet, das seine Ausübung in Athen und sicher auch anderswo auf ihn wirft. Unter den in Athen Ostrakisierten waren sowohl erfolgreiche wie gescheiterte Politiker und Feldherren, berüchtigte Intriganten und angesehene Vaterlandsfreunde, zur Oligarchie Neigende und «Volksfreunde». Mußte doch selbst Aristeides, «der Gerechte», dieser «einzige zugleich berühmte und redliche Mann in der Geschichte Athens», den Bannspruch über sich ergehen lassen. Allen diesen gemeinsam war offenbar nur, daß sie zu einer hohen Stellung aufgestiegen waren, dann aber die Gunst des Volkes verloren. Man müßte jedoch den alten Hellenen eine viel stärkere Neigung, ihre Staatseinrichtungen auf einen theoretischen Plan aufzubauen, zuschreiben, als sie faktisch besaßen, ehe man Aristoteles' Deutung als einigermaßen plausiblen Erklärungsgrund akzeptieren könnte. War der Ostrakismos wirklich als Mittel gedacht, eine Art Gleichheit in der politischen Einflußsphäre herzustellen, so hätte man ihn wahrscheinlich von Beginn an anders gehandhabt: nämlich weiterhin konsequent zahlreiche «überragende Ähren geköpft» und die Methode viel länger praktiziert, als es tatsächlich geschah.

Will man ermitteln, welches reale Bedürfnis die Athener zur Annahme eines so merkwürdigen Zusatzes zu ihren Gesetzen wie dieser Ostrakismos-Bestimmung bewog, so bieten wohl die Nachrichten über die zuerst Ostrakisierten die sichersten Fingerzeige. Es waren offenbar Männer mit belastenden Beziehungen zur Tyrannendynastie. Aber außerdem waren wenigstens einige von ihnen Anhänger persienfreundlicher Politik. Daher die Hypothese, die Befürworter des Ostrakismos-Gesetzes hätten den Patriotenkreisen Anfang der 480er Jahre angehört. Diese wollten mittels des neuen Verfahrens in Ungnade gefallene Führer des gegnerischen Lagers bis auf weiteres aus dem politischen Leben ausschalten.[123]

Demnach wäre also der Ostrakismos ursprünglich als die parteipolitische Waffe beabsichtigt gewesen, die er dann in der Praxis darstellte. Das Verfahren war ja mit besonderen Vorsichtsmaßnahmen verknüpft, um das Aufflackern politischer Leidenschaften wie auch unbesonnene Schritte zu verhindern: mit dem Verbot, zu diskutieren, wenn man zur Abstimmung über die Ostrakophoria und über die zu ostrakisierende Person schritt; ferner mit einer zwangsweisen Bedenkzeit zwischen den zwei Abstimmungsakten.

Das Verfahren wäre aber natürlich unanwendbar geblieben ohne vorherige Bearbeitung der ihrer Zusammensetzung nach uneinheitlichen Ekklesia. Sie gab den verschiedenen Gruppierungen Gelegenheit zu Intrigen und Wühlarbeit. Schon in dem Stadium, wo jemand eine Ostrakophoria vorschlug, mußten Sturz und Verbannung einer bestimmten Person geplant werden. Die Stimmung der Ekklesia ließ sich natürlich bei anderen als den genannten Abstimmungsgelegenheiten gegen jemand aufwiegeln.[124]

Soviel man weiß, kam der Ostrakismos in Athen erfolgreich nur etwa zehnmal zur Anwendung, ehe man ihn aufgab. Immerhin lange genug, um das politische Leben recht merklich zu beeinflussen. Zuweilen, zum Beispiel 485/484, als die politische Führung von Xanthippos auf Aristeides, 483/482 von Aristeides auf Themistokles, 472/471 von Themistokles auf Kimon, 461/460 von Kimon auf die «Partei» des Perikles überging, führte der Ostrakismos zu einem Personenwechsel, der tatsächlich eine politische Umorientierung in Athen bedeutete. Im perikleischen Zeitalter konnte der Ostrakismos irgendeinen Gegner der Machthaber – also einen Führer der Opposition – treffen, wie den Schwiegersohn (oder Schwager) Kimons, einen Namensvetter des Geschichtsschreibers Thukydides, wahrscheinlich im Frühjahr 443. So könnte man, wenigstens in einigen Fällen, im Ostrakismos eine Art Volksabstimmung sehen, bei der die jeweilige Politik abgelehnt oder bestätigt wurde. Dennoch verlor er keineswegs seinen Charakter als Waffe persönlicher Schikane. So gelang es anscheinend um 444 der «Oligarchenpartei», Perikles' alten Lehrer und Freund Damon oder Damonides, der mutmaßlich keine öffentliche Stellung bekleidete, zu ostrakisieren.[125]

Das Verfahren hatte seine offenkundigen Nachteile. Einer der spürbarsten war sicher, daß lange Verbannung dem Ostrakisierten oft Gelegenheit und vielleicht auch Anlaß bot, im Ausland viel gefährlichere Intrigen gegen seine Heimatpolis und ihre Regierung anzuzetteln, als es möglich war, solange er in Athen wenigstens unter einer gewissen Kontrolle lebte. Dies, zusammen mit gewissen Opportunitätsgründen, führte vermutlich dazu, daß hin und wieder ausnahmsweise das Urteil vor Ablauf der vorgeschriebenen Verbannungszeit aufgehoben wurde. Wahrscheinlich 481/480 wurde das Amnestiegesetz erlassen, das auch den Ostrakisierten die Rückkehr nach Athen gestattete. Unter ihnen war Aristeides, von dem man fürchtete, er konspiriere mit den Persern, wie Plutarch berichtet (Aristeides, 8). Ihm zufolge gewährte die Ekklesia, auf Perikles' Antrag, auch Kimon vor dem Ende seiner Verbannungszeit die Heimkehr (Perikles, 10; Kimon, 17).

Nachdem der Ostrakismos in der langen Ära des Perikles seit 443 außer Gebrauch gewesen, wurde er noch einmal, auf Anregung des Lampenfabrikanten Hyperbolos – der seitdem bei den Historikern im Rufe eines großen Schurken steht –, zum Leben erweckt. Dieser Führer der «Volkspartei» trachtete, vermutlich 417, einen der Führer der rivalisierenden Gegenparteien dem Scherbengericht auszuliefern. Diese aber taten sich untereinander für die Scherbenabstimmung zusammen, und die Folge war, daß der Initiator selbst aus Attika verbannt wurde. Plutarch schildert (Nikias, 11; Alkibiades, 13), wie diese überraschende Wendung Heiterkeit, aber auch Entrüstung weckte über die Anwendung einer so gewichtigen Waffe auf ein minderwertiges Subjekt wie Hyperbolos. Die ganze Ostrakismos-Institution konnte zu einer Posse ausarten.

Damit hörte sie auf zu funktionieren. Obgleich das Gesetz nicht annulliert wurde, sondern die Ekklesia weiterhin alljährlich befragt wurde, ob sie ein Scherbengericht abzuhalten wünsche, blieb die Verbannung des Hyperbolos der letzte Ostrakismos-Fall. Ganz klar ist es nicht, warum man von dem Verfahren Abstand nahm. Der Ursachen konnten natürlich viele sein. Wie gesagt, deuten alte Quellen darauf hin, daß man Verbannung ins Ausland als unkluges Mittel erkannte, wenn es darum ging, schädliche Intrigen zu inhibieren. Schließlich hatte vor allem die von Hyperbolos eingefädelte Aktion alles Vertrauen in die Vernünftigkeit der Einrichtung untergraben. Einige jener Forscher, nach denen derselbe Name auf den 6000 Tonscherben Vorbedingung der Entscheidung war, meinen überdies, das Erzielen einer so weitgehenden Übereinstimmung sei fortan überhaupt unmöglich geworden.[126]

Wie dem auch sei, der Ostrakismos, der zum Vorbild für eine entsprechende Einrichtung in einigen anderen Stadtstaaten, zum Beispiel in Syrakus Mitte des 5. Jahrhunderts, wurde, verlor in Athen seine Bedeutung. Und zwar in einem so frühen Stadium, daß das Verfahren auch nicht in Zusammenhang mit der Restauration des demokratischen Systems Ende des Jahrhunderts wieder aufgenommen wurde. Obgleich der Ostrakismos noch in Aristoteles' Denken eine wichtige Rolle bei der Schöpfung der in der Demokratie erstrebten «Gleichwertigkeit» spielte, war er also – paradoxerweise – in der sogenannten radikalen Demokratie zu einem toten Buchstaben geworden.

Stellung der höchsten Beamten

Der Ostrakismos stellte eine Erweiterung der politischen Macht der Polis dar, und der dadurch neuerschlossene Machtbereich war dem Demos in die Hand gegeben. Gewisse andere, ungefähr gleichzeitige Änderungen in der Staatsordnung scheinen jedoch die Hypothese zu entkräften, daß man nun unter dem Zwang einer innern Konsequenz zu einer Erweiterung der Demosmacht geschritten sei. Gerade in der ersten Hälfte des 5. Jahrhunderts wurde etwa der Archontenwahlmodus so umgebildet, daß, theoretisch betrachtet, die «Volksgewalt» eingeschränkt wurde.

Nach der Athenaion Politeia (22, 5) ging man von dem bisherigen Archontenwahlmodus wieder zur Auslosung unter den Kandidaten über, wahrscheinlich 487/486. Von da an wählten angeblich die Demen, laut jenem Bericht, 500 Kandidaten, aus deren Mitte die neun Archonten, je einer aus einer Phyle, erlost wurden. Dem fehlenden zehnten Archon entsprach offenbar der aus der zehnten Phyle gewählte «Sekretär», der *Grammateús* der Thesmotheten (Athenaion Politeia, 55, 1). Aber den Berechnungen nach können zur Zeit dieser Reform in Athen höchstens 1500 Bürger das fürs Archontenamt erforderliche Vermögen besessen haben. Man hat daher vermutet, es seien kaum volle 500 Kandidaten alljährlich aufgestellt worden, sondern vielleicht nur 100. Einzelne Forscher halten es freilich für möglich, daß die Mitglieder der Hippeis-Klasse erst im Zusammenhang mit dieser Reform oder bald darauf in das Archontat gewählt werden konnten. Gemäß anderen hätten jedoch diese Ämter seit der Klassifizierung nach Vermögen sowohl den Pentakosiomedimnen wie den Hippeis offengestanden, und es habe sich nun in dieser Beziehung nichts geändert. Plutarch erzählt freilich, Aristeides habe nach der Schlacht von Plataiai (478) gemerkt, wie erpicht die Athener auf eine Demokratie waren, und deshalb einen Gesetzesentwurf vorgelegt, wonach jeder die Möglichkeit hatte, an der Regierung teilzunehmen, und die Archonten aus der gesamten Bürgerschaft zu wählen waren (Aristeides, 22). Diese Angaben – nach denen die Änderung des Archontenwahlmodus also etwa neun Jahre nach dem in der Athenaion Politeia angegebenen Zeitpunkt erfolgte – halten jedoch nicht alle Forscher für zuverlässig.[127]

Die antiken Quellen geben keine Hinweise, warum man der Ekklesia das Archontenwahlrecht nahm und zum Klerosis-ek-prokriton-Verfahren überging. Einige Forscher sahen in der Reform die logische Folgerung aus dem Geist der kleisthenischen Gesetze, die auf eine radikale Demokratie durch Verteilung der Exekutivgewalt auf ein vielköpfiges Kollegium zielten. Andere, realistischer denkende, erklärten, die Tendenz sei gewesen, eine Zentralisierung der Regierungsämter auf Kleisthenes' Sippe, die Alkmeoniden, und deren Freunde zu verhindern. Ferner hat man den Anlaß zu der Reform von 487/486 wie auch die Motive zur Annahme des Ostrakismos in den damaligen außenpolitischen Zwisten der Athener gesucht. Der Zweck war vermutlich eine Intensivierung der politischen und militärischen Potenz der Polisregierung angesichts der persischen Bedrohung mittels dieser Neuregelung in dem überalterten Beamtenapparat. Wenn dem so war, konnten die Initiatoren auch jetzt jene, eine persienfeindliche Politik betreibenden Kreise sein, denen der Ausbau der Verteidigung Athens das wichtigste war. An ihrer Spitze standen damals Themistokles und Aristeides.[128]

Diese Erklärung erscheint einigermaßen befriedigend, wenn man die *post hoc, ergo propter hoc*-Argumentation akzeptiert. Infolge der Reform von 487/486 vollzog sich tatsächlich eine wesentliche politische und militärische Machtverlagerung auf andere staatliche Organe, namentlich auf die Strategen und – möglicherweise – auf den Rat der Fünfhundert. Unbestreitbar scheint, daß durch das Abhängigwerden der Archontenwahl vom Los das Archontat an Ansehen einbüßte und seine Befugnisse reduziert wurden. Da der Oberarchon und der Polemarch, statt wie bisher unter den für befähigtst Geltenden gewählt, nunmehr aus der Kandidatenliste erlost wurden, konnten sie ihre frühere Stellung nicht mehr behaupten. Noch in Herodots Schilderung von der Schlacht bei Marathon, 490 (VI, 109–111), tritt zum Beispiel im athenischen Heer neben den zehn Strategen der Polemarch als entscheidende Instanz auf – freilich wird er schon damals als durchs Los gewählt erwähnt, und auch die Schilderung seines Verhältnisses zu den Strategen hat den Forschern viel Kopfzerbrechen gemacht. Aber nach der Reform verlor er den Oberbefehl über die Streitkräfte an die Strategen und behielt nur seine kultischen Aufgaben und gewisse richterliche Befugnisse gegenüber den Zugewanderten (Athenaion Politeia, 58). Der Oberarchon wiederum dürfte spätestens zu jener Zeit sein Mandat als Ekklesia-Vorsitzender verloren haben, sofern er es noch innehatte. An seine Stelle konnte vorübergehend ein Stratege oder – ohne dieses Zwischenstadium – ein aus dem Rat gewählter Epistat treten.

Jedenfalls war das Strategenamt einer der wichtigsten nach der Reform von 487/486 durch Wahl besetzten Posten. Seine Bedeutung scheint anfangs gradweise, dann jedoch rasch und auf Kosten der übrigen höchsten Ämter gewachsen zu sein. Entweder in Verbindung mit der Reform oder etwas später wurden mit dem Kommando über die von den Phylen aufgestellten Regimenter zehn vom Volk gewählte Taxiarchen betraut, und an die Strategen ging im Kriegsfall das Oberkommando der Polis über. Ihnen unterstanden, nachdem Athen in den 480er und 470er Jahren Seemacht geworden, außer den Landstreitkräften auch die größte Flotte Griechenlands. Und nachdem sich 476 unter Athens Leitung der erste Attische Seebund oder Delische Bund gebildet hatte, standen dessen vereinigte Land- und Seestreitkräfte unter ihrem Oberbefehl. Auch in der Finanzverwaltung und Außenpolitik sollten sie noch ein gewichtiges Wort zu sagen haben. Das Anwachsen der Macht Athens steigerte unmittelbar, ohne daß es einer Änderung der Polisgesetze bedurfte, die Bedeutung der *Strategía,* des Oberbefehls der Streitkräfte.

Das Strategenamt unterschied sich von allen anderen Polisämtern dadurch, daß trotz der nur einjährigen Amtszeit dieselbe Person immer wieder und ohne Interim gewählt werden konnte. Vermutlich irgendwann später im 5. Jahrhundert kam ein Verfahren auf, wonach gleichzeitig zwei Strategen aus einer Phyle gewählt werden konnten (wobei eine der zehn Phylen abwechselnd ohne Vertreter in der Strategia blieb). Das erleichterte den Wiederwahlprozeß und ermöglichte eine gewisse Kontinuität in der Staatsregierung – ein in Kleisthenes' Staatsordnung verabsäumter Faktor.

All das machte den Strategenposten zu einem höchst erstrebenswerten Ziel, um das fähige und verdiente Männer wetteiferten. Die zehn Heerführer waren im 5. Jahrhundert einander gleichgeordnet. Erst im folgenden Jahrhundert trat eine Spezialisierung ein. Im Feldzug verteilten die Strategen ihre Aufgaben durchs Los oder fungierten abwechselnd je einen Tag als Oberbefehlshaber. Aber in kritischen Zeiten, wie beim Einfall der Perser 480 und 479, betraute die Ekklesia einen oder einige von ihnen als *Strategós Autokrátor* mit dem höchsten Kommando. Das bedeutete keinen Dauerposten als Oberbefehlshaber, sondern eine vorübergehende Ermächtigung zur Leitung einer bestimmten Kriegsoperation und Vertretung Athens im Kriegsrat der Alliierten oder ausnahmsweise Aufhebung der herkömmlichen Abhängigkeit der Strategen von der Ekklesia. Die ruhmvolle Erledigung solcher Aufträge steigerte natürlich noch die Autorität des betreffenden Strategen. Aber offenbar auch ohne sie konnte eine Persönlichkeit mit militärischen und politischen Führerqualitäten dank der Möglichkeit der Wiederwahl sehr lange den politisch bedeutungsvollen Posten innehaben. So war Kimon die ganze oder die meiste Zeit zwischen 477 und 461 Stratege und Perikles – der freilich hin und wieder anscheinend

Sondervollmachten von der Ekklesia erhielt – ununterbrochen von 443 bis 430.[129]

Im Gegensatz zur Ostrakismos-Institution war die Reform von 487/486, obschon mit gewissen Abänderungen, von Dauer. Dreißig Jahre später wurden die Zensusforderungen gemildert, wodurch das Archontat bald allen Bürgern offenstand. Irgendwann danach wurde wohl die Wahl der Kandidaten, die Prokrisis, aus dem Wahlakt ausgeschaltet und durch eine erste Auslosung ersetzt.[130]

Einschränkung der Machtbefugnisse des Areopags

Das Verfahren bei der Archontenwahl wirkte sich natürlich auch auf die Zusammensetzung des altehrwürdigen Areopags aus, da ja die Archonten nach Ablauf ihrer Amtszeit für den Rest ihres Lebens Areopagmitglieder wurden. Es erscheint sehr fraglich, ob mit der Reform von 487/486 eine Änderung zugleich in der Stellung des Areopags, wenn auch auf weite Sicht, bezweckt war. Selbst wenn es so war, hat sich diese Änderung kaum als dauerhaft erwiesen. Jedenfalls erlebte der Areopag noch 25 Jahre später eine Umwälzung, deren Wurzeln tief reichten und deren Folgen weittragend waren, so daß verschiedene Forscher sie eine Revolution nennen. Eine gewisse Berechtigung könnte der so anspruchsvolle Name aus dem dramatischen Putschcharakter der Areopagreform herleiten. Außerdem ist bei dieser Reform, im Gegensatz zur Einführung des Ostrakismos und dem Wechsel im Archontenwahlmodus, schon ein Anklang an Klassenkampf zu spüren.

Der in den Perserkriegen begonnene Machtanwuchs Athens war in erster Linie eine Folge von dessen raschem Aufstieg zu einer großen Seemacht. Dies war nur durch Schaffung einer starken Flotte mit ausreichender Bemannung und Bau eines ordentlichen, befestigten Hafens möglich gewesen. Das alles hatte Themistokles zwischen 493 und 472/471 vollbracht. Ob er wirklich solch erstaunlichen Weitblick besaß, daß er – wie manche antike Geschichtsschreiber (vgl. zum Beispiel Plutarch, Themistokles 19) und auch einige spätere sich auf sie stützende Forscher behaupten – im voraus die sozialen und das Entstehen der Demokratie fördernden Folgen seiner Flottenpolitik abzuschätzen vermochte, ist zweifelhaft. Doch ändert das nichts an der Tatsache, daß seine Maßnahmen solche Folgen hatten.

Die rasch angewachsene Flotte mußte sich nämlich großenteils aus Angehörigen der niedrigsten Vermögensklassen, den Theten, rekrutieren. In dem Grade, wie die Bedeutung der Flotte im Kampf gegen die Angreifer aus Asien und bei der Gründung und Aufrechterhaltung des Attischen Seebundes zutage trat, wurden diese der Flotte ihre Schlagkraft verleihenden Elemente immer selbstbewußter und fordernder. Den Theten erwuchs mittelbar und unmittelbar materieller Nutzen sowohl aus dem Seedienst wie aus Athens Entwicklung zu einem in Politik, Handel und Kultur führenden Staat innerhalb einer großen Allianz. Wir wissen nicht, welche Vorteile die Schiffsmannschaft zu Themistokles' Zeit genoß. Doch läßt sich zum Beispiel aus Plutarchs Schilderung (Kimon, 9) schließen, daß Kimon wenigstens zeitweise der Flottenbesatzung Löhnung zahlte. Wichtiger als der eigentliche Kriegsdienst war natürlich für die Existenzfrage der Theten, daß Schiffahrt, Schiffsbau und Handel auch den Freien reichlich neue Arbeitsgelegenheiten boten. Noch bedeutsamer war vielleicht, daß es unter dem Schutz des Delischen Bundes möglich wurde, meist einfach durch Annektion Gebiete außerhalb von Attikas Grenzen unbemittelten Bürgern Athens als Kolonien, *Kleruchíai,* zukommen zu lassen.

Immerhin genügte das alles nicht, um die Theten mit ihren neuerwachten politischen Ambitionen zufriedenzustellen. Es trat eine Reihe von Ereignissen ein, an denen Aristoteles zeigt (Politik, 1304a), wie eine Verfassung sich ändern kann, «weil die Regierung oder sonst ein Teil des Staates sich besonders auszeichnen und an Ansehen gewinnen». Das Prestige des Areopags war, wie er berichtet, in den Perserkriegen gestiegen, was eine vorübergehende Stabilisierung der Regierung zu bewirken schien. Dann aber nahmen die Dinge eine andere Wendung, als der gemeine Mann, der in der Flotte Dienst tat, den Sieg bei Salamis (480) herbeiführte und

Athens Hegemonie zur See sicherte. Das «stärkte die Sache der Demokratie».

Bevor Athens auf Verteidigung und imperialistische Ziele gerichtete Flottenpolitik sich derart zugunsten der Demokratie auswirken konnte, wie Aristoteles es darstellt und spätere Forschung bestätigt hat, waren eine vorteilhafte parteipolitische Konstellation und gewisse günstige Fügungen nötig. Die Athenaion Politeia (28, 2–3) und verschiedene andere Quellen aus der Antike berichten von zwei konkurrierenden Vereinigungen in Athen, als man im 5. Jahrhundert aufs neue begann, eine Art noch unorganisierter Parteien zu bilden. Die eine behauptete, die Interessen der zur Oligarchie neigenden «Vornehmen» und «Angesehenen», *gnórimoi,* zu vertreten, die andere war «volksfreundlich» und unterstand dem Prostates tu Demu, dem «Vorsteher des Volks». Faktisch waren es erwiesenermaßen drei Parteien: die oligarchische, die gemäßigte und die radikale.

Nachdem Themistokles Opfer des Ostrakismos geworden war, hatte Kimon ein Dezennium lang die leitende Stellung in Athen inne. Seine Beziehungen zu der neuen Aristokratie und den alten Geschlechtern, sein Reichtum, seine aktive Außenpolitik sowie seine Abneigung gegen jegliche Änderung der Staatsordnung sicherten seine Position, bis es der radikalen Partei gelang, die zersplitterten Elemente der Opposition zu sammeln. Der Führer dieser Partei, Ephialtes – der trotz späteren gegenteiligen Angaben reich und vornehmer Abstammung gewesen sein dürfte –, sah in dem Areopag das stärkste Bollwerk veralteter und nach Umsturz rufender Verhältnisse. Darum wählte er ihn zum Objekt seiner Angriffe. Zunächst beseitigte er einzelne Areopagmitglieder durch Prozesse wegen ihrer Amtsführung. Aber ihm und seiner Partei lag es vor allem daran, die Institution als solche eines Teils ihrer Macht zu berauben, den allmählich usurpiert zu haben man ihr vorwarf (Athenaion Politeia, 25, 2).

Die Reformlüsternen konnten indes ihren Plan nicht vorantreiben, solange es nicht geglückt war, den populären Kimon zu stürzen, und dieser samt seinen Anhängern die Mehrheit der Ekklesia leitete. Aber während er 462 im Krieg war, wurde die Reform ins Werk gesetzt. Möglich, daß er gerade damals ein attisches Hilfskorps – nach einer Quellenangabe – von 4000 Hopliten, also Männern aus den wohlhabenden Schichten, führte. Die Lakedämonier hatten nämlich Athen um Waffenhilfe gebeten, als die Heloten gegen das von einem Erdbeben heimgesuchte Sparta gemeutert hatten. Unter Ausnutzung dieser zufälligen Änderung in der Zusammensetzung der Ekklesia gelang es Ephialtes und seinen Parteigenossen, Gesetze zur Einschränkung der Areopaggewalt durchzubringen. Wenn die wichtigsten Quellenangaben stichhaltig und die Geschehnisse in der richtigen Reihenfolge geschildert sind, versuchte Kimon nach seiner Rückkehr die Neuerungen wieder aufzuheben, was aber mißlang. Er wurde, wahrscheinlich 461, als Volksfeind und Spartafreund ostrakisiert. Der Führer der Radikalen wiederum, Ephialtes, auf dessen Vorschlag die Reformgesetze entstanden waren, mußte für seine Tat auf althergebrachte Weise büßen: er wurde ermordet.[131]

Zweifellos empfand man in Athen die Reform von 462 als erhebliche Umwälzung im Regierungsapparat. Die Schriftsteller der klassischen Zeit hätten sonst kaum derartig viel Gewicht darauf gelegt, daß sich der von alten Quellen abhängige Plutarch sogar zu der Behauptung verstieg, sie habe zur «uneingeschränkten» Demokratie geführt (Kimon, 15). Der faktische Inhalt der Reform liegt jedoch zum Teil im dunkeln. Weder ist zuverlässig überliefert, wie groß die Macht des Areopags vorher war, noch welche Funktionen ihm nun genommen wurden.

Nach allgemeiner Auffassung übte er, dessen lebenslängliche Mitglieder sich frei von Verantwortung fühlten, eine recht vage definierte Gewalt aus. Auch seine ursprünglichen Aufgaben konnten so umfassend und vielseitig sein, daß er Aufseher über alles und Hüter der Gesetze wurde (Plutarch, Solon, 19). Einer festen Überlieferung nach konnte der Areopag aus eigener Machtvollkommenheit «Übeltäter mit Körperstrafen und Bußen züchtigen», ohne darüber Rechenschaft ablegen zu müssen (Athenaion Politeia, 8, 4). In seiner um 355 verfaßten, Areopagitikos benannten

Rede rühmt Isokrates die «Verfassung der Vorväter», das heißt Solons und Kleisthenes', und hebt dabei besonders die einstige zentrale Stellung des Areopags hervor. Die Vorväter hatten so großen Wert auf harmonische Selbstbeherrschung und Mäßigung, *sophrosýne,* gelegt, daß sie zum Hüter der Sitte den Areios-Pagos-Rat bestellt hatten. Aus dieser Institution hatte sich ein Organ zur Überwachung der moralischen Haltung und Zucht der Bürger entwickelt (Areopagitikos, 37 und 39).[132]

Solch eine sittenrichterliche Funktion mußte wohl auf die Dauer bedrückend, ja unerträglich werden. Auch ist es natürlich möglich, daß jene ausgezeichneten Tugenden, deren Vertreter unter anderm gerade Isokrates in den adligen Areopagiten sieht, diese durchaus nicht hinderten, ihre Funktionen einseitig zugunsten der Begüterten auszuüben. In Ephialtes' Revolution wurde anscheinend diese Form der öffentlichen Sittenkontrolle abgeschafft und kein Versuch gemacht, sie auf eine andere Institution zu übertragen oder sonstwie zu ersetzen.[133] Mit anderen Worten: der öffentliche Machtbereich erfuhr offenkundig eine Einengung, die für den Bürger eine wesentliche Erleichterung darstellen mußte.

Alles deutet darauf hin, daß der Areopag nun auch viel von seinen sonstigen richterlichen Befugnissen einbüßte. Zwar behielt er dank dem allgemeinen religiösen Konservatismus seine Stellung als Gerichtshof in allen Prozessen, wo es um Mord, Brandstiftung und Schändung heiliger Olivenhaine ging; aber die meisten Rechtsfälle auf religiösem Gebiet waren von da an Sache der Volksgerichte, der Dikasterien. Bei all diesen Prozessen, ob bei dem Areopag oder den Dikasterien anhängig, präsidierte der höchste Vertreter des öffentlichen Kults, der Basileus. Die profane Gerichtsbarkeit hingegen wurde dem Areopag ganz entzogen. Dabei verteilten sich seine Aufgaben – von denen das Sittenwächteramt nun weggefallen war – auf den Rat der Fünfhundert, die Ekklesia und die Volksgerichte. Ob der Areopag, wenigstens ungekürzt, noch die ihm angeblich schon vor Solon verliehene richterliche Gewalt in Prozessen wegen staatsfeindlicher Umtriebe behielt, ist ungewiß. Jedenfalls wurden seit der «Revolution» von 462 solche

Fälle wie im allgemeinen auch Anklagen auf Landes- und Hochverrat, sogenannte *Eisangelíai,* vom Rat der Fünfhundert oder von der Ekklesia behandelt. Die endgültige Entscheidung lag bei letzterer oder bei den Dikasterien. Die bisher wahrscheinlich dem Areopag obliegende Rechtsprechung bei Klagen gegen Beamte ging auf den Rat der Fünfhundert über. Einer etwas späteren Praxis zufolge überließ die Bule solche Prozesse der Ekklesia oder den Volksgerichten, falls die vorgeschlagene Strafe strenger war als eine Buße bis zur Höhe von 500 Drachmen.[134]

Welche Änderungen die Reform von 462 in der Kontrolle über die Beamten bewirkte, ist nicht restlos geklärt. Die Nachrichten über die Dokimasie zu Kleisthenes' Zeit sind, wie gesagt, lückenhaft. Nach manchen Forschern prüfte vor Ephialtes' Reform der Areopag nur die Archonten auf ihre Qualifikation hin. Andere halten es für glaubhafter, daß die gewählten Archonten vom Rat der Fünfhundert und nur die rangniedrigeren Beamten vom Areopag geprüft wurden. Auch wurde die Hypothese befürwortet, der Areopag habe ursprünglich überhaupt nicht an der Dokimasie teilgenommen. Die Prüfung, mittels welcher er feststellte, ob die abgegangenen Archonten in seinen eigenen Kreis aufgenommen werden konnten, war ja keine eigentliche Dokimasie. Jedenfalls von der zweiten Hälfte des 5. Jahrhunderts an, wo, soviel man weiß, das Verfahren sich auf die Inhaber aller individuellen Ämter und die Mitglieder des Rates der Fünfhundert erstreckte, hatte der Areopag anscheinend in dieser Beziehung keine Bedeutung. Damals mußten die meisten Beamten zwischen ihrer Wahl und dem Dienstantritt die Dokimasie vor dem Dikasterion ablegen. Der Rat der Fünfhundert wiederum prüfte neben der formalen Qualifikation seiner eigenen Mitglieder die der neun Archonten – der zehnte Archon, der Sekretär der Thesmotheten, gehörte zu den Prüflingen der Volksgerichte. Ursprünglich dürfte eine negative Entscheidung des Rats der Fünfhundert bei den in sein Ressort fallenden Dokimasien endgültig gewesen sein; doch erhielten vielleicht schon vor Ende des 5. Jahrhunderts die Amtsanwärter das Recht, an die Dikasterien zu appellieren. Nach der Athenaion Politeia (55, 2) mußten sich die neun Archonten im 4. Jahrhundert regelmäßig einer doppelten Dokimasie, zuerst durch den Rat der Fünfhundert und dann durch das Gericht, unterziehen.[135]

Die Euthyna-Prüfung, für alle Beamten nach beendeter Dienstzeit vorgeschrieben, wurde wohl während Ephialtes' Reformen oder kurz darauf um einiges ergänzt. Schon vor Kleisthenes war es offenbar Brauch gewesen, Beschwerden gegen abgehende Beamte den Euthynoi zur Untersuchung zu übergeben. Begründete Anklagen stellten diese dem Gericht anheim. Zur Zeit des Verfassers der Athenaion Politeia gingen die Klagen wegen Amtsvergehen je nach ihrem Charakter an die Demenrichter oder die Thesmotheten (48, 4–5). Doch mußten damals alle Beamten, die mit öffentlichen Finanzen zu tun hatten, schon vor der Euthynie detaillierte Rechenschaft über ihre Amtsführung vor zehn Rechnungsprüfern, *Logistaí,* ablegen. Fanden diese eine Anklage motiviert, wurde der Fall vom Dikasterion übernommen. Diese Prüfung der Verwendung öffentlicher Gelder hieß *Lógos.* In der Antike nannte man anscheinend die zweiteilige Rechenschaftsablegung über Amtsgeschäfte in ihrer Gesamtheit bald Logos, bald Euthynie.

Die Rechnungspflichtigkeit der Beamten nach ihrem Abgang reicht erwiesenermaßen weit zurück, gestaltete sich aber wahrscheinlich erst seit Ephialtes' Revolution zu einer die ganze Beamtenschaft umfassenden Routinemethode. Soweit der Areopag an der Prüfung und Beurteilung von Beamten beteiligt gewesen, mußte er auch diese Funktion abtreten. Zu Lebzeiten des Verfassers der Athenaion Politeia wählte der Rat der Fünfhundert aus seiner eigenen Mitte die Euthynoi, während die Logistai durchs Los bestallt wurden. Die Angaben über das Amt der letzteren reichen nicht weiter zurück als bis 454. Selbst falls schon irgendwelche Logos-Prüfungen vor der Reform 462 Bedingung gewesen wären, konnten sie praktisch keine große Bedeutung haben, ehe die öffentlichen Gelder allgemein durch die Hände der Beamten gingen. Im 4. Jahrhundert mußten Beamte, die wegen der Natur ihrer Obliegenheiten keine Logos-Prüfung abzulegen brauchten, sondern nur die für alle Beamten obligatorische Euthyna, schriftlich versichern, öffentliche Gelder weder empfangen noch verwendet zu haben.[136]

Im Falle von Mißbrauch, Vernachlässigung und sonstigen Unregelmäßigkeiten in der Amtsführung konnte der Rat der Fünfhundert auch mitten in der Dienstzeit eines Beamten intervenieren. Zu solcher Kontrolle des Verwaltungs- und – aus erhaltenen Beispielen zu schließen – besonders des Finanz- und Flottenwesens sowie nötigenfalls zum Prozeßverfahren griff er auf Grund von Beschwerden seitens Beamter oder privater Bürger, aber auch aus eigener Initiative. Dieser letzte Modus blieb jedoch praktisch der belangloseste.

Im alten Athen gab es kein Amt, das dem späteren des öffentlichen Klägers entsprochen hätte. Vielleicht könnte man vom Areopag sagen, er habe als Hüter der Gesetze und der Moral diesen Mangel in gewissem Sinn kompensiert. Da er durch die Reform 462 diese Funktion verlor, ohne daß sie auf eine andere Einrichtung übertragen wurde, entstand eine Lücke in der Rechtspflege. Die richterliche Kompetenz und Möglichkeit der Klageerhebung des Rates der Fünfhundert betraf meist nur Vergehen gegen Polisinteressen, nicht aber gegen eine Privatperson, außer wenn der Täter Beamter war. So blieb ein großer Sektor des Klageverfahrens privater Initiative überlassen. Die Bürger hatten ja von alters her das Recht der Anklage gegen Beamte. Solon hatte, der Überlieferung nach, in seinen Gesetzen das Recht einer Privatperson festgelegt, das Gericht anzurufen, nicht nur wenn ihr selbst Unrecht geschehen war, sondern auch wenn sie an dem ganzen Geschehen unbeteiligt gewesen war (Athenaion Politeia, 9,1; Plutarch, Solon 18). Im Zusammenhang mit Ephialtes' Reformen scheint man diesem privaten, freihändigen Anklagewesen bewußt eine erweiterte Bedeutung verliehen zu haben. In den folgenden Jahrzehnten zeigte sich die Wirkung im politischen Leben: die aus politischen Gründen angestrengten Prozesse nahmen zu. Es entstand eine besondere Gruppe gewerbsmäßiger Denunzianten und Erpresser, deren Mitglieder *sykophántes* genannt wurden.[137]

«Garantien der Verfassung»

Aus antiken Quellen ist zu entnehmen, daß unter den in der Revolution 462 dem Areopag entrissenen Rechten göttlichen Ursprungs auch das Hüterrecht über die Unverletzlichkeit der Gesetze oder der Verfassung war. Es ist dort die Rede von der Aufgabe jener alten Institution, «über die Gesetze zu wachen», der sogenannten *Nomophylakía* (zum Beispiel Athenaion Politeia, 3, 6 und 8, 4; Plutarch, Solon 19). Man hat die Einrichtung als so umfassend deuten können, daß sie außer den obenerwähnten Aufgaben der profanen Gerichtsbarkeit unter anderm auch das Recht einbegriff, den Geschäftsgang und die Gesetzmäßigkeit der Beschlüsse in der Ekklesia zu überwachen, ja daß der Areopag jeden Ekklesia-Beschluß, der gegen die geltenden Gesetze verstieß, umstoßen konnte. Manche Forscher schlossen daraus auf eine sehr weitgehende Befugnis des Areopags, Gesetze auszulegen und ein absolutes Vetorecht zu üben. Doch fehlen überzeugende Beweise für die Stellung des Areopags als Hüter der Verfassung und der Gesetze außerhalb des angeführten Aufgabenkreises. Mit besonderer Skepsis sind wohl die Angaben über das Vetorecht aufzunehmen. Wenn wiederum der Areopag spezielle Mittel hatte, die Unverletzlichkeit der Verfassung zu garantieren, so hat er das Recht, sie anzuwenden, offenbar in der Revolution 462 verloren: Manche Forscher halten das für ein Faktum.

Einige Zeit später lassen sich gewisse Garantien der Verfassung mit vielleicht nicht so weit zurückreichenden Wurzeln beobachten. So kennt man aus dem Ende des 5. Jahrhunderts eine Eidesformel, laut der sich die Fünfhundert verpflichteten, der Ekklesia keine Abstimmung über gesetzwidrige Vorschläge zu gestatten (Athenaion Politeia, 29, 4). Die Verknüpfung dieser Bedingung mit dem Eid fand vielleicht statt, als das Amt des Ekklesia-Präsidenten vom Archon, respektive dem ihm vorübergehend nachfolgenden Strategen, an den aus dem Rat selber ausgelosten Epistaten überging, und zwar just im Zusammenhang mit Ephialtes' Reformen. Der Buleuten-Eid hatte, wie die oligarchische Revolution 411 dann zeigte, große praktische Bedeutung für die Erhaltung der Verfassung, ohne natürlich hinreichende Garantie bieten zu können.

Eine zweite Sicherheitsmaßnahme war das «*graphé-paranómon*»-Verfahren, das jeden Bürger zum Hüter der Gesetzlichkeit bestimmte. Das Alter dieser Institution ist sehr ungewiß. Manche Forscher meinen, sie habe in irgendeiner Form schon den solonischen Reformen zugehört. Einer anderen Deutung nach ist sie erst 403/402, zur Zeit der sogenannten Restauration der Demokratie, aufgekommen. Nach relativ glaubwürdigen Quellen wurde jedoch die graphe paranomon unter diesem Namen zum mindesten schon 415 praktiziert. Deshalb verlegen einige Untersuchungen ihre Entstehung in die Jahrzehnte nach 462, vorzugsweise in das Perikleische Zeitalter. Dabei liegt der Gedanke sehr nahe, der Areopag habe vorher einen Gesetzesschutz repräsentiert, den man jetzt irgendwie zu kompensieren wünschte. Und bei dem Umsturz durch die Oligarchen 411 war auch eine der ersten Maßnahmen anscheinend, das Hindernis in Gestalt der graphe paranomon zu beseitigen, bevor man die Verfassung änderte.[138]

Einzelheiten der graphe paranomon kennt man erst aus dem 4. Jahrhundert. Damals könnte sie schon von ihrer ursprünglichen Form abgewichen sein. Zweck der Verfügung war: jeder Bürger sollte berechtigt sein, eine Klärung der Frage anzuregen, ob ein Vorschlag der Ekklesia oder des Rates der Fünfhundert gesetzwidrig war, sowie in diesem Fall den Initiator zu verklagen und die eventuell schon gefällte Entscheidung zu annullieren. Das vollzog sich so, daß der die Ermittlung Fordernde erklärte, er wolle eine «graphe-paranomon»-Klage erheben, weil der Vorschlag oder der Beschluß formell oder inhaltlich den gültigen Gesetzen widerspreche. Das Identifizieren des Initiators war nicht schwierig, da es üblich war, den Vorschlag und den Beschluß mit seinem Namen zu versehen. Die Anklage gegen ihn mußte im Laufe eines Jahres erfolgen, während ein Widerruf des gefaßten Beschlusses bei diesem Verfahren auch später, ohne zeitliche Begrenzung, gefordert werden konnte. Hatte die Abstimmung über den fraglichen Vorschlag noch nicht stattgefunden, wurde die Behandlung unterbrochen, bis er geklärt war. Die Regelung vollzog sich in Form eines Prozesses im Dikasterion. Erwies sich der Beschluß als gesetzwidrig, galt die von der Ekklesia schon darüber vollzogene Abstimmung für ungültig, und war gegen den Initiator Klage erhoben, wurde Strafe, gewöhnlich eine Geldbuße, über ihn verhängt. Ein dreimal auf Grund der graphe paranomon verurteilter Bürger verlor das Initiativrecht in der Ekklesia. Die Festsetzung der Strafe erfolgte nach dem üblichen attischen Gerichtsverfahren: Die Richter stimmten nach der Schuldigsprechung über nur zwei Strafalternativen ab, eine vom Kläger, eine vom Beklagten vorgeschlagene. Die Strenge der Bestrafung wechselte unter diesen Umständen natürlich sehr. Der Ernst des Verfahrens erhellt daraus, daß die Anklage außer durch Ungesetzlichkeit der Initiative auch durch einen so völlig von politischem Ermessen diktierten Ausdruck wie «Verrat an den allgemeinen Polisinteressen» motiviert werden konnte und daß der Schuldige bisweilen zum Tode verurteilt wurde. Außerdem drohte Strafe nicht immer nur dem, der durch seinen Vorschlag das ganze Verfahren ausgelöst hatte. Die Klage konnte sich auch gegen den Ekklesia-Vorsitzenden richten, weil er die Abstimmung über den Vorschlag nicht verweigert hatte.[139]

Das «graphe-paranomon»-Verfahren bedeutete natürlich eine Erweiterung des Machtbereichs des Volks. Jeder Bürger war zum Hüter der Staatsverfassung geworden. Dieses «Volk», das sich aus den jeweiligen Dikasterionmitgliedern, das heißt den durchs Los gewählten Geschworenen, den Heliasten, zusammensetzte, war nun Richter über die Gesetzmäßigkeit und sogar die politische Zweckmäßigkeit von Vorschlägen, Gesetzen und Beschlüssen. Das hatte sicher Aristoteles im Sinn, als er schilderte, wie unter der «äußersten Demokratie» alle Bürger auch über die Verfassungsfragen entscheiden (Politik, 1298 a). Anderseits begrenzte die graphe paranomon die Macht des in der Ekklesia versammelten Demos. Ihm wurde das Dikasterion übergeordnet, das nun unwiderruflich Willensäußerungen der Ekklesia annullieren konnte. Von diesen beiden Organen war wohl keins dem anderen an Gesetzeskenntnis oder Einsicht in die allgemeinen Polisinteressen überlegen, und beide waren, scheint es, politischer Agitation ziemlich gleich zugänglich. Da sie jedoch ihrer Zusammensetzung nach nicht völlig identisch miteinander waren, konnten ihre Meinungen schroff auseinandergehen. Deshalb mußte jeder, in dessen Namen ein auch nur etwas fragwürdiger oder Widerspruch weckender Antrag lief, mit einem Strafrisiko rechnen.

So wurde die graphe paranomon naturgemäß zu einer reformhemmenden Einrichtung – bis man lernte, sie zu umgehen. Die Angst, unter Anklage gestellt zu werden, löste nämlich eine sichtbare Flucht in den «Konservatismus» aus. Wurde irgendeine Neuerung erstrebt, suchte man vorsichtshalber sie durch ein längst vergessenes Gesetz zu tarnen. Man brachte es zu einer gewissen Kunst, auf das Arsenal des archaischen Rechts zurückzugreifen. Das führte unter anderm bei der Aufstellung nicht authentischer oder zum mindesten teilweise entstellter «Verfassungen der Vorväter» zu einer erfolgreichen Irreführung der Zeitgenossen wie auch der Nachwelt. Doch blieb die graphe paranomon nicht bloß ein Verfahren, um Fragen der Gesetzmäßigkeit und des Allgemeininteresses bei den Dikasteriensitzungen zu erörtern. Sie wurde bald ein Instrument gegenseitiger Schikane der Politiker und Cliquen und zu einer Waffe der Sykophantie. Auch war sie wesentlich elastischer als der allmählich außer Gebrauch kommende Ostrakismos. Dieser vollzog sich mehr in der Stille, ohne die bei den Athenern so beliebte öffentliche Diskussion: zu seinem Gelingen war das Quorum nötig, und er konnte nur zu einem immer gleichen «Urteil» führen. In all diesen Beziehungen bot die graphe paranomon eine sozusagen moderne Lösung. Ihre Bedeutung als ernstzunehmende Satzung ging indes zurück, da sie allzu häufig auch in belanglosen Fragen angewendet wurde.[140]

GESTALTUNG, AUSBREITUNG UND FESTIGUNG DER ATHENISCHEN DEMOKRATIE

DAS PERIKLEISCHE ZEITALTER

Perikles, der «Volksfreund»

Herodot belebt seine Schilderung des – schon in die Zeit um 522 datierten – persischen Thronfolgeproblems durch ein rein griechisch gestaltetes Gespräch zwischen persischen Adligen über die positiven und negativen Seiten der verschiedenen Staatsformen. Einer der Gesprächspartner skizziert den Zustand, «wo das Volk herrscht» und der den «schönsten aller Namen, Gleichheit (isonomia)» führt. Da werden die Männer der Regierung durchs Los gewählt, die Amtsträger sind zur Rechenschaftsablage verpflichtet, und «alle Dinge» müssen vom Volk gemeinsam entschieden werden (III, 80). Die so allgemein und vage umrissenen Sonderzüge der Isonomie passen auf die athenischen Verhältnisse, die seit 487/486 herrschten, als man bei der Archontenwahl zum Los übergegangen war. Aber, wie gesagt, unser Wissen von der Struktur und den Aufgaben der staatlichen Einrichtungen noch nach Ephialtes' Revolution reicht nur für sehr hypothetische Rekonstruktionen aus.

Vor allem ist die Frage, ob das politische System jetzt den neuen Namen «Demokratie» trug, immer noch ungelöst. Die Kennzeichnung des Athens der ersten Hälfte des 5. Jahrhunderts als «gemäßigte Demokratie» entspricht natürlich nicht dem damaligen Sprachgebrauch, sondern entstammt einer später akzeptierten willkürlichen Klassifizierung. Vergleicht man wiederum die athenischen Verhältnisse der 460er Jahre mit jenen Merkmalen, die Aristoteles, unsere ergiebigste Quelle, als den verschiedenen Typen der Volksherrschaft gemeinsam aufzählt (Politik, 1317a–1318b), so merkt man, wie viele Attribute einer wirklich durchgeformten Demokratie damals noch fehlen. Doch wurden sie noch vor Beginn des letzten Jahrhundertviertels Athens politischem System eingebaut. Mit ihrer Entstehung pflegt man das Werk eines einzelnen Mannes – Perikles – zu verbinden.

Fast von der Revolution 462 bis zu seinem Tod 429 gab Perikles, Ephialtes' Nachfolger als Führer der «Volkspartei» und mehrfach – einmal sogar wahrscheinlich vierzehn Jahre hintereinander – Stratege, dem politischen Leben Athens sein Gepräge. «Dem Begriff nach war Athen wohl eine Demokratie», sagt Thukydides (II, 65) von jenen Jahren, «in Wirklichkeit stand es unter der Herrschaft des ersten Mannes.» Die wichtigsten politischen Neuerungen dieser Periode gehen auch unter Perikles' Namen oder werden ihm wenigstens zugeschrieben. Demnach hätte also ein ganzes Menschenalter lang der Wille eines einzigen Mannes Athen regiert und dank ihm die Staatsordnung der Polis den Grad der «vollendeten» Demokratie erreicht. Wenn dem so ist, könnte er jenes Ideal konzipiert haben, zu dem sich Athens Staatsform entwickeln sollte. Ein Forscher hat es so ausgedrückt, daß nach dem Umsturz 462 «die Demokratie nach zusätzlicher Erfüllung verlangte» und daß «Perikles sich zur Aufgabe gesetzt habe, das durch Ephialtes' Tod unterbrochene Werk zu vollenden».[141] Ein anderer meint, «die Verwirklichung der Demokratie» sei bei Perikles bewußtes Programm gewesen.[142]

Theoretisch betrachtet wäre es nicht unmöglich, daß einzelne Menschen oder Kreise in Athen schon vor Ephialtes' Revolution oder bald darauf sich eine – sogar ziemlich detaillierte – Vorstellung von der Staatsordnung schufen, die sich einige Jahre später unter dem Namen Demokratie stabilisierte. Ein dementsprechendes Ziel, vielleicht bereits ein konkreter Plan, hätte zum Beispiel in einer programmatischen Schrift oder Rede oder in den Forderungen irgendeiner Gruppe definiert sein können. Aber von derlei findet sich keine Spur. Das Bild einer «vollendeten Volksherrschaft», das, laut einigen späteren Autoren, den «Vollendern» der athenischen Demokratie vorgeschwebt haben mag, ist hauptsächlich auf Grund von Aristoteles' Darstellung der «äußersten Demokratie» konstruiert. Er seinerseits hat, soviel man weiß, die Elemente für den äußersten Grad in seinem Typenverzeichnis demokratischer Verfassungen dem Athen seiner eigenen Zeit entnommen. Das damals Demokratie benannte System war, abgesehen von ein paar Änderungen, ungefähr dasselbe wie das in der Ära des Perikles verwirklichte. Folgt man bei der Suche nach dem möglichen Ideal diesem Gedankengang, kommt man also dem Ausgangspunkt wieder sehr nahe. Falls Perikles einem Demokratieideal huldigte, muß es annähernd dem Zustand entsprochen haben, den die Athener unter seiner Führung erreichten. Ehe man die Folgerung wagt, so sei es tatsächlich gewesen, müßte man sich wenigstens vergewissern, daß Perikles mit seiner konsequenten Vollendung der Volksherrschaft selber bewußt alles das erstrebte, was das sichtbare Ergebnis unter dem Namen «Demokratie» darbot. Manche Quellenangabe steht jedoch der Bildung einer solchen Auffassung im Wege.

Schon einzelne Historiker der Antike stellen Perikles' «Idealismus» in ein zwiespältiges Licht. Er war ja seiner Herkunft und Bildung nach Aristokrat, aber – sofern man sich auf Plutarch verlassen kann (Perikles, 7) – aus Furcht vor dem Verdacht, er strebe nach Alleinherrschaft, und um seine Stellung zu sichern, schloß er sich nicht den wenigen Reichen an. Im Gegenteil: «Er begann, die Sache der zahlreichen Armen zu verfechten, obgleich er von Natur aus keineswegs demokratisch war.» Vom demokratischen Standpunkt aus wäre daran ja nichts weiter auszusetzen gewesen – faktisch vielleicht weniger als an seinem Äußern, das verblüffend an den Tyrannen Peisistratos erinnert haben soll. Zur Erklärung seiner politischen Stellungnahme als zukünftiger Staatsmann mag genügen, daß er dem Geschmack der Mehrzahl der Athener zu entsprechen wünschte. Das Beispiel Kleisthenes' und vieler anderer hatte ja den Weg zum Erfolg vorgezeichnet. Bedenklicher ist indes, daß man die Aufrichtigkeit von Perikles' «Demokratismus» auch sonst angezweifelt hat. So hat man verschiedene seiner Maßnahmen, in denen manche eben jenes zielbewußte Streben, das politische System nach einem theoretisch-demokratischen Schema zu gestalten, haben sehen wollen, auf diesem Ziel völlig fremde Motive zurückführen können.

Entstehung des Lohnsystems

Sehr aufschlußreich ist bei der Suche nach den Impulsen zu Perikles' politischem Wirken die Einführung des *Misthos dikastikos,* der Honorierung der Dikasterionmitglieder. Man weiß, sie geschah auf seine Anregung, doch wann, ist nicht sicher. Nach manchen Quellen erfolgte die Neuerung vielleicht schon vor dem Umsturz 462, als Perikles noch nicht Parteiführer war; nach anderen bedeutend später, 451 oder 450. Eine dritte Gruppe Forscher aber nimmt den Zeitpunkt an, wo Perikles an die Stelle des eben ermordeten Ephialtes trat.[143] Zu der Konfusion trägt noch besonders bei, daß laut einem Bericht, der von irgendwelchen Atthidographen zum Verfasser der Athenaion Politeia und zu Plutarch weitergewandert ist, auch Kimon, der Führer der «konservativen Partei», an den Ereignissen beteiligt gewesen sei. Er war jedoch schon zwischen 460 und 451 infolge Ostrakisierung meistens außer Landes (nur auf Grund einer besonderen Zurückberufung zwischendurch kurzfristig in Athen). Jenem Bericht nach war nämlich der Anlaß zu dem *Misthós* der Dikasterienmitglieder Perikles' Rivalität mit Kimon um die Volksgunst. Als der reiche Kimon sein Prestige durch Fürsorge für die Armen, Speisung notleidender Bürger in seinem Heim, Versorgung Alter mit Kleidung usw. stärkte, merkte Perikles, der nicht so großzügig auftreten konnte, daß er ins Hintertreffen geriet. Da folgte er dem Rat seines Musiklehrers und Freundes Damon oder Damonides aus Oa, «dem Volke das zu verteilen, was dem Volke gehörte», öffentliche Gelder zu verteilen, und hatte binnen kurzem das Volk auf seine Seite gekauft (Athenaion Politeia, 27, 3–4).

Plutarch (Perikles, 4) nennt Damon einen hinter dem Deckmantel seiner Musik mit der Tyrannis liebäugelnden Intriganten, während zum Beispiel Platon ihn als kenntnisreich und weise hochschätzt. Daß Damon als geistiger Vater des Misthos dikastikos hingestellt wird, führen einige Forscher auf jene politischen Deutungen der Vergangenheit aus dem Ende des 5. Jahrhunderts zurück, in denen «volksfreundliche» Staatsmänner geflissentlich angeschwärzt werden. Die Frage, ob die Misthos-Idee von Perikles selbst stammt, Damons Rolle in der Entstehungsgeschichte der Demokratie also zu streichen wäre, kann man als relativ belanglos ausschalten. Aber Perikles' neueingeschlagenes Verfahren, Bürger aus allgemeinen Polismitteln zu entlohnen, blieb kein gelegentlicher Bestechungstrick, sondern wurde zur stehenden Einrichtung. In diesem Licht gesehen, wirkt jene überlieferte Interpretation einer der wichtigsten Phasen in der Vollendung der Demokratie fatal leichtsinnig und gar zu banal. Man hat deshalb nach anderen, ernsthaften Motiven gesucht.

Es ist ungewiß, wann an Stelle der alten Heliaia-Institution die Dikasterien traten, die sich aus dem Kreis der 6000 jährlich gewählten freiwilligen Geschworenen zusammensetzten. Aber vermutlich mußte man – falls es nicht schon früher geschehen war – spätestens zu dieser Maßnahme schreiten, als infolge Ephialtes' Revolution die richterliche Gewalt teilweise vom Areopag auf die Dikasterien übergegangen war. Vielleicht war an sie auch ein großer Teil der den Beamten zustehenden Gerichtsbarkeit abgetreten worden. Ferner war durch den raschen Aufstieg des Erwerbslebens in der Stadt und den Häfen der Bedarf an Gerichtshöfen gewachsen, und Athen mischte sich immer mehr in die Abwicklung der Streitigkeiten zwischen den Mitgliedern des Delischen Bundes. All das vermehrte die Arbeitsbürde der Dikasterien spürbar. Nach einem Dialog in seinem 422 erstaufgeführten Lustspiel «Die Wespen» (661–663) scheint Aristophanes berechnet zu haben, die Mitgliedschaft im Volksgericht erfordere jährlich rund 300 Tage aktive Teilnahme. Dies dürfte übertrieben sein, doch ist es klar, daß «die Verteilung des Rechts von Pontos bis Sardinien» den Eifer selbst solcher Bürger, die Zeit und Interesse für diese Aufgabe hatten, auf eine harte Probe stellte. Vielleicht war es überhaupt schwer, genügend viele als Dikasten, Geschworene, zu gewinnen, und die Befürchtung lag nahe, daß diese Posten lediglich von Vermögenden besetzt würden.

Jedenfalls nimmt man an, daß sich infolge des Misthos die Lage jetzt zugunsten von Perikles' Parteigängern wandelte.[144] Die Diätenbesoldung betrug anfangs vermutlich zwei und ab 425 drei Obolen für die Anwesenheit bei der Gerichtssitzung. Das entsprach ungefähr der Hälfte des Tagesverdienstes eines Durchschnittsatheners.[145] Für Wohlhabende war das kaum verlockend, aber den Arbeitslosen oder Arbeitsscheuen sicherte es einen kleinen Verdienst.

Die Einführung des Misthos dikastikos war politisch hochbedeutsam. Die Dikasterien, deren Ressort jetzt alle Bezirke des politischen Lebens umfaßte, gerieten dadurch faktisch unter die Kontrolle aller Bürger. Nach der Athenaion Politeia (9, 1) garantierte der Volksgerichtshof dem Volk das Entscheidungsrecht in der Polis. Ein Dikasterionmitglied konnte sich, wie der «Freundkleon» in Aristophanes' «Wespen» (620–628), rühmen, fast ebenso mächtig zu sein wie Zeus.

Aber noch eine Folge hatte die Maßnahme: sie brachte das gesamte Lohnsystem, die sogenannte *Misthophoría,* ins Rollen. Man weiß freilich von früherer gelegentlicher Soldzahlung an Soldaten und Seeleute, *Sítos.* Vielleicht hatten schon vor Perikles auch die Mitglieder des Rates der Fünfhundert gewisse Vorteile durch ihr Amt, zum mindesten die Prytanen freie Wohnung und Kost.[146] Jetzt aber setzte weitgehend die Entlöhnung in Geld aus öffentlichen Mitteln ein. In seiner Schilderung der Geschehnisse 412/411 erwähnt Thukydides (VIII, 69) die Gehaltzahlung an Ratsmitglieder. Allgemein wird angenommen, daß auch dieser sogenannte *Misthós buleutikós* in der Ära des Perikles eingeführt wurde. Wie hoch der Sold ursprünglich war, weiß man nicht. Im 4. Jahrhundert erhielten pro Sitzungstag die Prytanen eine Drachme (sechs Obolen), die übrigen Ratsmitglieder fünf Obolen. Wahrscheinlich oder zum mindesten möglich ist, daß zu Perikles' Lebzeiten eine Entlöhnung auch der neun Archonten und überhaupt aller erlosten Beamten einsetzte. Ob die Militärbeamten unbesoldet waren, wie vielfach angenommen wird, ist unsicher. Hingegen wurde die Besoldung der Ruderer, des Fußvolks und der Reiterei offenbar regelmäßiger Brauch.[147]

Als nun einmal der Weg eingeschlagen war, den Perikles gewählt hatte, um sich beim Volk beliebt zu machen, erwies sich also die Misthophoria als rasch ausdehnungsfähig. Gewisse wichtige und angesehene Ämter und Funktionen blieben freilich, wie gesagt, unbesoldet und kamen folglich für Minderbemittelte nicht in Betracht. Auch solch öffentlicher Dienst wie die Teilnahme an der Ekklesia war noch unhonoriert, bis etwas später eine besondere Diätenzahlung, *Misthós ekklesiastikós,* eingeführt wurde. Aber offenbar schon aus der perikleischen Zeit stammt ein Misthos anderer Art: die den Bürgern auf Ansuchen gewährten Beiträge zum Theaterbesuch. Diese sogenannten *Theoriká* sind nicht als ein Entgelt, sondern eher als sozial-kulturpolitische Unterstützung zu werten.

Schon die eigentlichen Entlöhnungen aus öffentlichen Mitteln spornten die politische Aktivität der Bürger merklich an. Die Athenaion Politeia gibt eine interessante Darstellung vom Umfang des Systems (24, 3). Demnach gab es neben 6000 Geschworenen und 500 Buleuten ungefähr 700 Beamte in der Stadt und gegen 700 in den übrigen Bündnerstaaten. Außerdem erhielten so viele in den verschiedenen Heeres-, Seefahrt- und andern Organisationen Diensttuende regelmäßige Löhnung, daß sich in Kriegszeiten die Gesamtzahl der von der Polis Besoldeten mitunter auf 20000 erhöhen konnte. Das entsprach also fast der Hälfte oder – nach anderen Schätzungen – zwei Dritteln der vermutlichen Gesamtzahl der Staatsbürger. Allerdings sind von den Ziffern in der Athenaion Politeia die einen theoretische Maximalzahlen, die anderen aus irgendwelchen Gründen fälschlich hoch überliefert. So haben keineswegs alle Geschworenen an jedem Arbeitstag des Dikasterions zu Gericht gesessen. Bezahlt wurden sie nur für ihre Anwesenheit bei der Sitzung. Nach welchem Prinzip den Ratsmitgliedern ihr Misthos ausgezahlt wurde, ist nicht klar. Auch kann die Zahl der Beamten geringer, als die Athenaion Politeia angibt, gewesen sein, vielleicht – wie ein Forscher folgert[148] – nur die Hälfte. Aber trotz diesen Vorbehalten war die Tragweite des Systems unverkennbar.

Die Misthophoria lockte natürlich minderbemittelte Bürger zu den öffentlichen Ämtern. Bei den Dikasterien war ja die Majorität und das Entscheidungsrecht vermutlich an die arme Volksschicht übergegangen. Über die Situation im Rat der Fünfhundert nach Einführung des Misthos buleutikos weiß man nichts Genaues.[149] Eine annähernde Vorstellung von jener Phase dürfte jedoch die Schilderung in der Athenaion Politeia (27, 1–4) geben, wie während des Peloponnesischen Krieges das in der Stadt eingeschlossene und an Misthos-Zahlungen gewohnte einfache Volk «teils freiwillig, teils unfreiwillig» sich entschloß, «den ganzen Staat selbst zu verwalten». Unbestreitbar scheint es, daß das Misthos-System schon relativ früh, ehe es Ekklesia-Taggelder gab, auf die Verlagerung des wirklichen Schwerpunkts der politischen Macht zugunsten der «Polis der Armen» Einfluß hatte.

Die Wandlung blieb von den Zeitgenossen keineswegs unbeachtet. In den sogenannten konservativen Kreisen löste die Misthophoria strenge Kritik sowohl in politischer wie moralischer Beziehung aus. So spricht Sokrates in Platons wohl bald nach der Jahrhundertwende entstandenen Gorgias (515e) von einer Behauptung, Perikles habe die Athener «faul, feige, geschwätzig und geldgierig gemacht, indem er sie zuerst zu Söldlingen erniedrigt habe».[150] Und in Aristophanes' ungefähr gleichzeitig verfaßtem Lustspiel «Die Weibervolksversammlung» (303–310) sagt der Chor, früher habe nie jemand gewagt, sich eine der Polisregierung gewidmete Stunde bezahlen zu lassen. Jeder habe damals in die Volksversammlung etwas Trinkbares, Brot, ein paar Zwiebeln und Oliven mitgebracht. Wenn jetzt aber einer etwas für seine Vaterstadt tue, fordere er dafür drei Obolen, genau wie sich ein Maurer, der Mörtel trägt, bezahlen läßt.

So hatte sich die Misthophoria rasch zu einer Einrichtung entwickelt, ohne welche wichtigste Teile der Staatsmaschinerie Betriebsstörungen oder geradezu Stockungen ausgesetzt gewesen wären. Ihre vermehrte Bedeutung konnte nicht ohne Einfluß auf die Bildung der politischen Theorie bleiben. Aristoteles rechnet die Honorierung öffentlicher Aufgaben zu den wesentlichsten Attributen der Demokratie (Politik, 1317b). Diesen Zug erhält das demokratische System erst in seinem chronologisch letzten Stadium.

Ist dieses erreicht – haben Bevölkerung und Staatseinkünfte stark zugenommen –, dann erhalten alle das Recht zur Teilnahme an der Regierung, und alle, auch die Armen, haben Gelegenheit, dank den Misthos-Zahlungen, sich politisch zu betätigen (1292 b–1293 a). Das Ideal ist Entlöhnung für alle Leistungen: Taggelder für «Volksversammlungen, Gerichte, Behörden oder doch wenigstens für die wichtigsten Magistrate, Gerichte, Rats- und Volksversammlungen oder doch diejenigen Behörden, die zusammen speisen» (1317 b). Aristoteles sagt sogar, wenn die öffentlichen Mittel nicht ausreichen, müßten die Wohlhabenden das Taggeld der Armen für die notwendigen Zusammenkünfte aufbringen (1320 b). Während in Oligarchien bisweilen das normale Funktionieren der Polis-Organe durch Geldstrafe auf Pflichtversäumnis gesichert ist, erstrebt man in Demokratien das gleiche durch Präsenzgelder. In einer Demokratie, wo auch der Reiche für Versäumnisse keine Strafe zahlen muß, hat das einfache Volk dank den Entlöhnungen mehr Muße als die Reichen. Letzteren bereitet die Sorge fürs Eigene mehr Mühe als den Armen. Dadurch wird «die Menge der Armen» im Staate Herr (1293 a).

Aristoteles' Auffassung von der Misthophoria als einem Charakteristikum der «äußersten» Demokratie war zur Zeit der Abfassung seines Werks, nach 350, sicher ziemlich verbreitet. Etwa hundert Jahre vorher, zu Perikles' Lebzeiten, hatte man natürlich schon erkannt, wie erheblich das Lohnsystem die damals eingeschlagene Richtung stärkte. Daher ist es auch begreiflich, daß bald darauf, gegen Ende des Peloponnesischen Krieges, die Misthophoria sich bei den Umsturzversuchen, die auf Errichtung einer Oligarchie abzielten, zu einer wirklichen Streitfrage entwickelte.

Schon durch die Ausmaße, die sie im perikleischen Zeitalter annahm, belastete die Misthophoria die Finanzlage der Polis stark. Dennoch dürfte die sehr weit verbreitete Auffassung, ihre Verwirklichung wäre ohne die vielfachen wirtschaftlichen Vorteile durch den Seebund unmöglich gewesen, nicht der Wirklichkeit entsprechen, denn man hat ja das System selbst nach dem Zusammenbruch des Imperiums noch ausbauen können.[151] Die Löhne selbst blieben so niedrig, daß vom Standpunkt der Vermögensverteilung die Misthophoria nicht viel bedeutete. Also an sich hat sie den Armen nicht den Weg zu jenen Ämtern öffnen können, die ihnen der alten Zensusklassifizierung gemäß verschlossen waren.

Bedeutung der Schätzungsklassen

Die Einteilung der Bürger in Schätzungsklassen war unverändert geblieben. Aber im Laufe des 5. Jahrhunderts vollzog sich vermutlich eine grundlegende Wandlung, indem man als Einteilungsbasis statt der bisherigen Maßbezeichnungen für den Jahresertrag aus Naturprodukten eine Münzeinheit nahm. Von da an entsprachen ein Medimnos Korn oder Öl einer Drachme, und zur Klasse der Pentakosiomedimnen zählte, wer mindestens 500 Drachmen, zur Hippeis-Klasse, wer zwischen 300 und 500 Drachmen, und zur Zeugiten-Klasse, wer mehr als 200, aber weniger als 300 Drachmen Jahreseinkommen hatte. Wer unter dieser Grenze blieb, gehörte zu den Theten.

Die Bestimmung der Schätzungsklassen in Geld bedeutete, daß das Monopol der Grundbesitzer auf die meisten der höchsten und angesehensten Ämter aufhörte. Alle Bürger ohne Einnahmen aus eigenem Grund und Boden wurden jetzt ihren Bareinnahmen entsprechend in die Zensusskala eingereiht. Infolgedessen traten die Handel, Industrie und Bankwesen vertretenden «bürgerlichen Emporkömmlinge» neben den adligen Grundbesitzern, ihnen sogar gleichgestellt, in den Wettbewerb um öffentliche Ämter. Die wichtigste Ausnahme blieb das Strategenamt, von dessen Inhaber weiterhin Landbesitz gefordert wurde.

Die Bestimmung der Zensusgrenzen in Geld, einem Mittel von wechselndem Wert, setzte die neue Schätzungsskala dauernd gewissen Schwankungen auf wirtschaftlichem Gebiet aus. Während der Perserkriege trat nämlich in Athen eine Preis- und Lohnerhöhung ein, und die Geldentwertung dauerte im 4. Jahrhundert an.

Der Preis für ein Scheffel Korn, vermutlich eine Drachme, als man Geld zur Grundlage für die Zensusgrenzen genommen hatte, stieg gegen Ende von Perikles' Regierung auf 3–4, und im folgenden Jahrhundert auf 5–6 Drachmen. Der Tagesverdienst eines Arbeiters erhöhte sich im letztgenannten Zeitabschnitt von 1 Drachme auf 2–2½. Neben den wachsenden Bareinnahmen der Bürger bedeutete der wirtschaftliche Aufschwung, zumal im zweiten und dritten Viertel des 5. Jahrhunderts, eine faktische Hebung des Wohlstandes breiter Volksschichten. Da die in Geld festgelegten Zensusgrenzen anscheinend auf ihrem ursprünglichen Stand blieben, konnte sich im Rahmen der Schätzungsskala gleichsam automatisch ein ständiger, wenn auch nicht sehr schneller Aufstieg immer größerer Kreise zu der Einkommensgrenze vollziehen, die den Übergang in die nächsthöhere Schätzungsklasse ermöglichte.

Zum zahlenmäßigen Rückgang der ärmsten Zensusgruppe oder wenigstens zum Stoppen weiteren Anwachsens der Theten-Klasse trug auch die Verteilung von Anbauparzellen, *Kléroi,* an unbemittelte Bürger in den von Athen hier und dort auf fremdem Gebiet, sogar auf bündnerischem Grund und Boden, gegründeten Kolonien bei. Dank diesem Kleruchien-System verwandelten sich unter Perikles schätzungsweise mindestens 8000 arme Athener, meist Theten, in wohlhabende Zeugiten. Rechte und Pflichten ihrer ursprünglichen Polisbürgerschaft behielten die Kleruchen an ihren neuen Wohnsitzen bei. Da sie jedoch schon wegen der Entfernungen selten zur Ausübung ihrer politischen Rechte nach Athen kamen, blieb ihr Aufstieg in der Telos-Skala ohne große unmittelbare Bedeutung für die Struktur der Bürgerschaft ihrer alten Heimatpolis. Für die athenische Wehrmacht hingegen war der wirtschaftliche Aufstieg der Kleruchen ein wertvoller Faktor. Sie und ihre volljährigen Söhne dienten nämlich im Kriegsfall – im Gegensatz zu den Bürgern athenischer Herkunft in den zu selbständigen Staaten entwickelten Kolonien – im athenischen Heer und nicht in den Einheiten der Bündner.[152]

Der Wandel in der Vermögenslage der Bürger beeinflußte anscheinend zeitweilig die Stärke der verschiedenen Volksschichten erheblich.

So wuchs in dem halben Jahrhundert zwischen den 480er Jahren und dem Ausbruch des Peloponnesischen Krieges die Zahl jener

Bürger, aus denen sich die ihre militärische Ausrüstung selbst bestreitenden Hopliten und Reiter rekrutierten, offenbar beträchtlich: nach verschiedenen Schätzungen von 15000 auf 25000 oder sogar von 10000 auf 20000 respektive 22000. Ob sich zugleich der proportionelle Anteil der Theten verminderte, ist umstritten. Nach einer Hypothese hielt sich ihre Anzahl auf annähernd 20000 oder ging auf 18000 zurück; nach einer anderen stieg sie damals trotz allem an.[153]

In der Ära des Perikles verlor die Zensuseinteilung sichtlich an Bedeutung als Grundlage der Amtsqualifikation. Die einzige Verbesserung in ihrem Wirkungskreis, von der alte Quellen genau zu berichten wissen, war die Qualifizierung der Zeugiten für das Archontat (Athenaion Politeia, 26, 2). Auch diesen wichtigen Schritt soll Perikles unternommen haben, um sich der Unterstützung der großen Menge zu versichern. Das war vermutlich 457/456. Von da an ging die Entwicklungstendenz dahin, daß sich immer mehr Ämter – in der Praxis, wenn auch nicht kraft von Gesetzen – allen Bürgern, unabhängig von ihrem Vermögen, öffneten. In welchem Tempo die aus der Zensusklassifizierung erwachsenden Hindernisse dem Zugang zu öffentlichen Ämtern wichen, ist unsicher. Die Einhaltung der Telos-Grenzen bei der Beamtenwahl durchs Los war ja, wenigstens in der zweiten Hälfte des 4. Jahrhunderts, eigentlich nur noch Formsache. Die Forschung meint jedoch, diesen tiefgreifenden, aber gleichsam im stillen und unter Umgehung des Gesetzes geschehenen Umschwung vorwiegend in die Ära des Perikles verlegen zu können. Zusammen mit dem Ausbau des Turnusprinzips und des Losverfahrens garantierte er allen Bürgerkreisen die Möglichkeit der Zulassung zu den Staatsgeschäften.

Turnusprinzip und Losverfahren

Die Abwechslung in ihrer vollständigen Form, das heißt als turnusmäßiger Wechsel im Amt *(rotation in office)* bedeutete zunächst, daß nach Ablauf einer bestimmten, meist einjährigen Amtszeit das Amt frei wurde und ein neuer Inhaber gewählt werden mußte.

Dazu kam die Regel, daß dieselbe Person für dasselbe Amt erst dann neugewählt werden konnte, wenn alle anderen dafür qualifizierten reihum ihre Frist abgedient hatten. Gab es für ein Amt genügend kompetente Anwärter, durfte jeder es nur einmal bekleiden. In Athen galt dieses Prinzip im 4. Jahrhundert für alle durchs Los besetzten regulären Ämter und Stellungen außer für die Mitgliedschaft im Rat der Fünfhundert. In der Bule konnte ja ein Bürger zweimal, wenn auch vermutlich nicht zwei Jahre nacheinander, gewählt werden.

Das Turnusprinzip, ein altes Erbe aus der aristokratischen Staatsordnung, war in vielen der unter dem Namen Oligarchie gehenden Systeme ebenso bekannt wie in denen, die man erst begonnen hatte Demokratien zu nennen.[154] Das Prinzip der vollständigen Abwechslung findet sich zum Beispiel in gewissen Verfassungsentwürfen attischer Anhänger der Oligarchie aus dem Ende des 5. Jahrhunderts. Auch der die Ära der «Vorväter» idealisierende Aristoteles erklärt, wie naturgemäß man den turnusmäßigen Wechsel fand, als jeder Bürger sich verpflichtet fühlte, zum allgemeinen Nutzen beizutragen (Politik, 1279 a). In verschiedenen Zusammenhängen, wobei er offenbar allgemeine Auffassungen früherer Generationen wie seiner eigenen Umgebung wiederholt, motiviert er das Turnusverfahren vom Standpunkt der Ethik sowie der Zweckmäßigkeit. Er sieht darin ein Mittel, um Ehrenposten und Ämter, dem «Sittlich-Schönen und Gerechten» entsprechend, zu gleichen Teilen unter Gleichen verteilen zu können (Politik, 1287 a, 1325 b, 1332 b). Außer daß das Turnusverfahren also die Forderungen der «Natur» wie der «Idee der Gleichheit» verwirklicht, hat es auch große praktische Vorteile. Schnelle Abwechslung in den Amtsstellen empfiehlt sich in Oligarchien und Aristokratien, weil sie Machtgelüste von Familienklüngeln unterbindet, in Demokratien, weil sie Verführungen zur Tyrannis, wozu langes Verbleiben auf demselben Posten verlocken kann, erschwert. Und als allgemeine Maxime äußert Aristoteles: «Wenn man nur kurze Zeit im Amt ist, kann man weniger leicht Unheil anrichten als in langer Zeit» (Politik, 1308 a).

Der Turnuswechsel spiegelt also zu Aristoteles' Zeit und zweifellos schon von Anfang an jenes Mißtrauen, das lange Amtszeit eines Einzelnen auslöste, und zielte auf eine Schwächung der mit dem Posten verbundenen Autorität. Demselben Zweck diente das Lossystem, das etwa Mitte des 5. Jahrhunderts bei den Bestallungen immer üblicher wurde. Zusammen mit dem Turnus bot es eine Gewähr, daß die Bedeutung der betreffenden Ämter nicht überhandnahm. Die Kombination beider ermöglichte außerdem jedem Bürger, der die formellen Eignungsbedingungen erfüllte, die Teilnahme an den mit einem öffentlichen Amt verbundenen Freuden und Sorgen.

Wann und in welcher Form das Losverfahren schon früher bei der Beamtenwahl in Athen angewendet wurde, ist ungewiß. Kleisthenes führte es ja nicht als reine Losziehung ein, sondern verband es mit den Kandidatenwahlen für die Mitgliedschaft im Rat der Fünfhundert. Diese Klerosis ek prokriton fand vermutlich schon Anfang des 5. Jahrhunderts auch bei den Archontenwahlen statt. Auf einem Kompromiß fußend, war sie eine unbefriedigende Mischform. Man suchte natürlich mit ihr dasselbe Ergebnis wie mit einfacher Auslosung zu erzielen und zugleich eine gewisse Gewähr auch für die Kompetenz des zukünftigen Amtsinhabers zu behalten. Sobald jedoch das Amt an wirklicher Bedeutung zweitrangig wurde, indem von dem Betreffenden keine besonderen Fähigkeiten und Routine verlangt wurden, erübrigte sich faktisch die Wahl von Kandidaten. Man konnte sie auf der ersten Stufe durchs Los ersetzen oder diese Phase weglassen und zur einfachen Erlosung übergehen.

Ob nun das betreffende Amt unwichtig wurde oder, wie man auch gemeint hat, Mißbräuche bei der Wahl die Ursache waren – jedenfalls führte man bald darauf, als das Archontat auch der dritten Schätzungsklasse, den Zeugiten, zugänglich wurde, bei der Bestallung das doppelte Losverfahren ein. Mittels des Bohnenloses wurden erst die Kandidaten gewählt – was der bisherigen Prokrisis entsprach – und aus ihnen durchs Los die neun Archonten und der Sekretär der Thesmotheten. Vermutlich erfolgte der erste Losakt ursprünglich demenweise, indem aus der einen Urne der Name des Kandidaten und aus der anderen zugleich eine Bohne genommen wurde: eine weiße Bohne bedeutete Glück, eine schwarze Pech. Aus den vom Los begünstigten Kandidaten wurden dann, wieder durch den Bohnenmodus, die Archonten im Theseion erlost. Mindestens seit 403/402 dürfte der erste Losakt phylenweise erfolgt sein. Dabei wurden insgesamt hundert Kandidaten für die zweite, endgültige Auslosung aufgestellt.

Die Fünfhundert wurden auch noch im 4. Jahrhundert in zwei Folgen, wie vermutlich schon von Anfang an, gewählt. Jeder Demos stellte eine bestimmte Anzahl Kandidaten, *Prókritoi,* auf, aus denen die Buleuten, fünfzig je Phyle, erlost wurden (Athenaion Politeia, 43, 2 und 62, 1). Allerdings herrscht einige Ungewißheit darüber, wie dieses Verfahren in Wirklichkeit war. Die alten Überlieferungen werden meist so gedeutet, daß die Demen ihre Kandidaten durch Wahl bestimmten, also bei der Wahl der Ratsmitglieder wohl weiterhin dieselbe Klerosis ek prokriton wie vielleicht seit Gründung der Bule befolgt wurde. Nach einer anderen Hypothese loste man in jedem Demos eine der Quote entsprechende Menge Kandidaten und ebenso viele Ersatzmänner direkt aus. Offensichtlich fiel dabei die zweite Auslosung als überflüssig weg, so daß die Wahl faktisch eine einfache Klerosis gewesen wäre.[155] Doch schließen sich nicht alle Forscher dieser Deutung an.

Die üblichen Formen bei der Besetzung individueller Ämter waren ab Ende des 5. Jahrhunderts einfaches Los und Wahl, *Haíresis,* wozu bei untergeordneten Posten der Bestallungsweg kam. Die Erlosung aus den Kandidaten fand phylen- oder demenweise, die Wahl wiederum in der Volksversammlung statt. Von diesen beiden wichtigsten Methoden wurde die erste, das Los, viel gebräuchlicher als die zweite, nachdem man bei der Archontenwahl zur Klerosis ek prokriton übergegangen war. Nur Stellungen, die Fachkenntnis und Routine erforderten, wie die von Heerführern, Baumeistern, Mitgliedern gewisser Sonderkommissionen zur Überwachung der Finanzverwaltung und öffentlicher Arbeiten usw., wurden durch Wahl besetzt. In andere individuelle Ämter gelangte ein Bürger auf Grund einer einzigen Auslosung; für das Archontenamt war doppelte Klerosis nötig.

Im Gegensatz zu früher neigt man jetzt zu der Auffassung, der Glaube an den göttlichen Ursprung der Losentscheidung und der religiöse Charakter des Verfahrens sei faktisch kaum sehr wesentlich für die Entwicklung der politischen Praxis im Athen des 5. und 4. Jahrhunderts gewesen. Anderseits findet sich schwer eine plausible Erklärung für die Verallgemeinerung der Methode, und eine eindeutige Lösung anzubieten erscheint ohne Vergewaltigung der Tatsachen nicht möglich. Aristoteles' Bemerkung, die Auslosung der Amtsstellen scheine demokratisch, die durch Wahl geschehende oligarchisch zu sein (Politik, 1294b), gibt gleich vielen anderen Äußerungen aus antiken Quellen über das Los als Realisierung «demokratischer» Gleichheit dem Gedankengang eine bestimmte Richtung. Demnach hätte man mittels der Klerosis bewußt einen als ideal geltenden Zustand, dessen Name «Demokratie» war, angestrebt. Dagegen streitet freilich eine Behauptung wie die des Isokrates in seiner Areopagitikos-Rede der 350er Jahre (22 und 23), die Wahl sei wenigstens im Sinne der «Vorväter» eine demokratischere Form als das Los. Das Losglück konnte ja einseitig Anhänger der Oligarchie treffen, während bei der Wahl das Volk überwachen konnte, wer in öffentliche Ämter kam. Isokrates' erstes Argument ist offensichtlich ein politisches Abschreckungsmanöver; aber das zweite erscheint, auch theoretisch gesehen, gemeingültig.

Der Widerspruch zwischen Aristoteles' Deutung und Isokrates' Gedankengang zeigt, wie schroff sich die Meinungen über den demokratischen Charakter des Loses scheiden konnten und auch schieden. Das zugrunde liegende Problem ist zeitlos wie die «Theorie von der Demokratie» als Ganzes. Ein moderner Staatswissenschaftler formulierte es so: das Losverfahren könne man entweder als konsequente Verwirklichung der Demokratie oder als ihre *reductio ad absurdum* betrachten.[156] Der Kern dieser Aussage wie jener Divergenz zwischen den Auffassungen im 4. vorchristlichen Jahrhundert ist faktisch der gleiche. Ob man das Losverfahren als «demokratisch» betrachtet, hängt ganz davon ab, ob man meint, die demokratische Idee fordere eine Gleichheit der Bürger, wie sie durch Auslieferung an die blinde Ziehung erreicht wird, oder die Ausdehnung des Bestimmungsrechts des Volkes auch auf die Wahl von Beamten. Vom Standpunkt der quantitativen und von der Qualität unabhängigen Gleichheit – um die bei Aristoteles wie auch bei Isokrates beliebten Kategorien anzuwenden – war das Losverfahren befriedigender als das Wahlsystem. Es war schlechthin vollkommen, da es allen Bürgern, ungeachtet ihrer sozialen und individuellen Unterschiede, unbedingt gleiche Chancen gab. So gesehen, versteht man auch zum Beispiel den Ausspruch eines Philosophen unserer Zeit, das Losverfahren, zusammen mit der Kürze der Amtszeit, verleihe der athenischen Volksherrschaft «demokratischere» Züge, als sie irgendwo heute zu finden seien.[157] Aber mit der Manifestation des «Volkswillens» hatte dieses System nichts zu tun. Da es jeden Einfluß menschlichen Willens auf das Zustandekommen der Entscheidung ausschaltete, leugnete es natürlich das Bestimmungsrecht des Volkes. Es beraubte den athenischen Demos der Möglichkeit, sich eine Meinung über die Kandidaten zu bilden und ihm erwünschte Beamte zu wählen wie auch die Wahl ihm mißliebiger Personen zu verhindern.

Insofern solche Erwägungen zur Zeit der Ausbreitung des Losverfahrens von praktischer Bedeutung waren, spielte die Gleichheitstendenz dabei die größte Rolle. In einer etwas späteren Periode beurteilt freilich Platon selbst die Gleichstellung des Unfähigen und Untüchtigen mit dem Wackeren und Verdienstvollen scharf als naturwidrig. Trotzdem gibt er zu, daß man, um Unzufriedenheit der Menge zu vermeiden, zu den mit dem Losverfahren verknüpften verlogenen Parolen greifen müsse; fügt aber bei, man müsse zugleich auch «die Gottheit und den guten Zufall anrufen, damit diese in der gerechtesten Weise das Los leiten» (Nomoi, 757 d–e). Seine Feststellung, die Einführung des Loses könne von einer politischen Notwendigkeit diktiert gewesen sein, erhält ein düsteres Kolorit durch die Tatsache, daß diese Frage eine Rolle bei der Entscheidung über das Schicksal seines Lehrers spielte. Ein Punkt der Anklagen, auf die hin Sokrates zum Tode verurteilt wurde, war ja gerade die Kritik an der Losmethode bei der Beamtenwahl. Da der Prozeß gegen ihn jedoch erst 399, einige Jahre nach der sogenannten zweiten Restauration der Demokratie, stattfand, wurde wohl der Streit um die Bedeutung des Loses mit etwas anderen Argumenten als ein oder zwei Menschenalter vorher geführt.

Man glaubt auch, daß die Verallgemeinerung der Losmethode leichtfaßlichere und weniger auf theoretischen Diskussionen beruhende Ursachen hatte als das Streben nach Gleichheit oder sogar Demokratie. Schon daß die Athener das Klerosis-Verfahren nicht konsequent durchführten, ließ sich lediglich als Beweis ihrer praktischen Vernunft erklären. Der übertriebene Dogmatismus hatte eben den unbestreitbar wichtigen Gesichtspunkten weichen müssen, die für die kompetente Ausübung wenigstens einiger Ämter solche Garantien forderten, wie sie nur die Wahl zu geben vermochte.

Gewisse wesentliche, mit dem täglichen politischen Leben, sogar mit dessen reibungslosem technischem Ablauf engverknüpfte Motive mag die Einführung des Losmodus gehabt haben. So hat man auf die Möglichkeit verwiesen, daß man in Athen – wie Aristoteles es von Heräa berichtet (Politik, 1303 a) – durch die Annahme des neuen Wahlmodus die Parteistreitigkeiten und Cliquenintrigen, die sich bei den Wahlen breitgemacht und bei der Beschlußfassung unliebsam ausgewirkt hatten, auszuschalten wünschte. Doch reicht dies allein kaum zur Interpretation der Reform aus, wenigstens nicht in ihrem ganzen Umfang. Abgesehen davon, daß die Besetzung der wichtigsten Regierungsposten, vor allem des Strategenamtes, von Wahlen abhängig, also einer Polemik ausgesetzt war, ist zu bedenken, daß selbst das Los, von den Athenern angewendet, keinen Schutz gegen Mißbrauch bot.[158] Ferner hat man aus der Tatsache, daß gerade in den meisten durchs Los besetzten Ämtern das Turnusprinzip galt, gefolgert, man habe durch das Los auch den turnusmäßigen Wechsel reibungslos gestalten wollen.[159] Aber anscheinend wurde dessen elastisches Funktionieren eher durch die infolge der neuen Aufgaben des Seebundes stark angewachsene Zahl der Amtsstellen als durch den Wahlmodus selbst beeinträchtigt. Daher ist, nach noch einer modernen Auslegung, die Erklärung eher in der Qualität als in der Menge der ausgelosten Ämter zu finden.

Solche Untersuchung würde ergeben, daß auch das Losverfahren sich zu jenen Maßnahmen gesellte, durch die man das Gewicht mancher Ämter relativ zu mindern suchte. Dieser Versuch, den Gedankengang der alten Athener zu rekonstruieren, basiert vorwiegend auf Tatsachen aus dem 4. Jahrhundert, aus dem genügend Nachrichten über die politischen Einrichtungen Athens erhalten sind, um daraus ein leidlich vollständiges Gesamtbild zu formen. Die durchs Los besetzten Ämter, häufig Mitgliedschaften in Zehn-Mann-Komitees, verlangten damals hauptsächlich nur Routine. Sie bedeuteten mitunter eine beträchtliche Arbeitslast, doch mußten ihre Inhaber selten besonders wichtige Entscheidungen treffen. Da es zahlreiche vielköpfige Behörden gab, blieb jeder nur ein relativ schmaler Verwaltungssektor, und die Beschlußfassung erfolgte gewöhnlich nach dem Kollegialsystem. So war der durchs Los bestallte Beamte im allgemeinen komplizierter und folgenschwerer Geschäfte enthoben, und für persönliche Initiative war nicht viel Raum. Auch waren für solch ein Amt weder überdurchschnittliche Intelligenz noch moralische Qualitäten nötig.

Alle diese Einblicke beantworten indes noch nicht die Frage, ob das Losverfahren Ursache oder vielmehr Folge der verminderten Beamtenautorität war. Man könnte annehmen, die Athener hätten jene Ämter so belanglos gefunden, daß schon wegen ihrer großen Zahl die Besetzung durch Ekklesia-Wahlen umständlich gewesen wäre. Doch ließe sich aus den vielen bekannten Faktoren auch folgern, daß man mit der Verallgemeinerung der Klerosis-Methode bewußt jene tatsächlich zu beobachtende Schwächung der Beamtenschaft und des Rats erstrebte. Wahrscheinlich wollte man das Ansehen und die Machtbefugnisse namentlich solcher Einrichtungen beschneiden, die bei Gelegenheit als Rivalen des Demos auftreten konnten – soweit das ohne Beeinträchtigung der wichtigsten öffentlichen Geschäfte ging. Die Klerosis ek prokriton der Archonten hatte gezeigt, wie die Auslosung, ohne religiöse Weihe zu verleihen, die mit dem Amt verbundene Würde reduzierte. Bald wurde das so erprobte Mittel bei der Wahl von Bürgern auch in anderen Amts- und Ehrenstellen der Polis weitgehend angewendet.[160]

Staatsbürgerschaftsgesetz

Perikles' Regierungsjahre bedeuteten für Athen eine große Umbruchs- und Blütezeit. Überall im sozialen Leben der Polis spürt man eine unerhörte Aktivität, ein Suchen nach Neuem, einen von alten Formeln und Glaubensvorstellungen befreiten Geist. Die eröffneten Aussichten immer breiterer Volksschichten auf wichtige Stellungen in der Gesellschaft hätten an sich kaum die kraftvollen und tiefgehenden Impulse auslösen können, an denen das damalige Athen plötzlich so überraschend reich war. Dazu bedurfte es schon eines Ansporns von außen, lebhafter Kontakte mit fremden Ländern und des Einflusses der ausländischen Sophisten. Namentlich dank dem Handel «treffen sich hier in Athen Ost und West, und drängen einander aus ihren gewohnten Bahnen», schreibt ein Kulturhistoriker.[161] «Die alten Mythen verlieren ihre Macht über die menschliche Seele... Athen wird zur intensivst lebenden Stadt seiner Epoche.»

Die meisten politischen Reformen im zweiten und dritten Viertel des 5. Jahrhunderts bestanden im Niederreißen traditioneller und konventioneller Schranken. Eine dieser Neuerungen, die «Erfindung» und Einführung des Misthos-Systems, zeugt von wahrhafter, zeitgemäßer Vorurteilslosigkeit bei Neuschöpfungen. Kein Wunder, daß man, ob motiviert oder rein gefühlsmäßig, diese Reform auf den unathenischen Kreis in Perikles' nächster Umgebung zurückgeführt hat. Man schritt indes damals auch zu einer bedeutsamen politischen Neuerung, die an sich der allgemein herrschenden Tendenz ganz fremd war: der Reform des Staatsbürgerschaftsgesetzes.

Gleich allen hellenischen Völkerschaften betrachteten sich ja die Athener als eine auf Bluts- und Stammesverwandtschaft basierende Gruppe. Deshalb hing die Polisbürgerschaft stets von der Herkunft ab. Die Frage, welche Forderungen hierbei an die Reinheit der Abstammung zu stellen seien, beschäftigte die Griechen offenbar sehr und wurde verschieden beantwortet. Streng konservativ war zum Beispiel die von Aristoteles erwähnte Gesetzesvorschrift (Politik, 1275 b), wonach der Bürger seine Abstammung väterlicher- und mütterlicherseits von Polisbürgern im zweiten oder dritten Glied oder noch weiter zurück nachweisen mußte. Andernorts, zum Beispiel in dem doch schon in der Antike als konservativ berühmten Sparta, war es für das Erwerben der Staatsbürgerschaft überhaupt belanglos, ob die Mutter des Jünglings Spartanerin oder Ausländerin war. Nur die Könige, die eine wichtige Funktion im religiösen Kult der Polis hatten, mußten eine gebürtige Spartanerin ehelichen.[162] In Athen genügte es bis Mitte des 5. Jahrhunderts, wenn der Vater des Bewerbers Polisbürger war, während die Mutter freie Fremde sein konnte. Bis dahin war es eben in den «hochgeborenen» Geschlechtern ganz allgemein, dem Sohn die Ehefrau aus einer entsprechenden Familie einer anderen Polis zu suchen. So hatten viele verdienstvolle Bürger des damaligen Athen eine auswärtige Mutter. Über die Häufigkeit der Ehen mit Metökenfrauen oder Frauen aus fremden Stadtstaaten in den niederen Schichten weiß man nichts, nimmt jedoch an, daß auch sie sehr oft vorkamen.

Eine Änderung trat ein, als laut einem unter Perikles 451/450 erlassenen Gesetz der Bewerber nur Bürger werden konnte, wenn auch die Mutter Athenerin war. Erfüllte er diese Bedingung nicht, blieb er ein «Bastard» ohne Rechte eines Vollbürgers. Nach manchen Forschern war das eine ungünstigere Stellung als die eines unehelichen Sohns athenischer Eltern, dem vielleicht eine Chance, Bürger zu werden, offenstand.[163]

Das auf Perikles' Initiative erlassene Gesetz bedeutete, verglichen mit den in anderen griechischen Stadtstaaten geltenden Verordnungen, keine sonderlich schroffe Stellungnahme. Zu Aristoteles' Zeit, also freilich über ein Jahrhundert später, war das darin vertretene Prinzip offenbar am weitesten verbreitet. Aber in den athenischen Verhältnissen durchbrach es Mitte des 5. Jahrhunderts plötzlich die bisherige, liberalere Tradition. Es bog die Einstellung zur Frage der Erwerbung des Bürgerrechts ins «Reaktionäre» um –

wie man es mitunter ausgedrückt hat, obschon man nicht sicher weiß, ob es überhaupt in der Vergangenheit ein Vorbild gab, zu dem man zurückzukehren wünschte. Die unmittelbare Wirkung des Gesetzes war offenkundig. Alte, vielleicht übertriebene Quellenangaben sprechen von annähernd 5000 Personen, meist Armen, die aus der Bürgerliste gestrichen wurden. Plutarch behauptet sogar, man habe sie in die Sklaverei verkauft (Perikles, 37). Aber auch fernerhin, während der ganzen demokratischen Epoche, bestimmte das Gesetz die Zusammensetzung des Demos.

Man hat die athenische Demokratie des öfteren als eine Art geschlossene Gesellschaft hingestellt, deren Mitglieder, auf Kosten von Sklavenarbeit lebende Bürger, ihren Wohlstand durch Verteilung gelegentlicher Gewinne und laufender Dividenden untereinander noch zu steigern suchten. Von diesem Gesichtspunkt aus wäre es wichtig, zu ermitteln, ob man etwa die Grenzen der Polites-Masse jetzt so zu ziehen plante, daß sie am besten jene Vorteile garantierten.

Welche besonderen Gründe 451/450 zur Beschränkung der Einbürgerung in Athen zwangen, ist indes noch höchst hypothetisch. Eine befriedigende Klärung der Frage ist um so schwerer, als man weiß, daß Perikles selbst später um Zubilligung einer Ausnahme von diesen Gesetzbestimmungen zugunsten seines eigenen Sohnes bitten mußte, den er mit einer fremdstämmigen Frau, der Milesierin Aspasia, hatte. Hypothetische Erklärungen gibt es allerdings viele. Die Worte einer antiken Quelle, Anlaß zu dem Gesetz sei «die große Menge der Bürger» gewesen (Athenaion Politeia, 26, 4), ließen manche Forscher in dem Gesetz eine Folge des bei den Griechen bekannten «Malthusianismus», der Angst vor der Bevölkerungsvermehrung, sehen. Da es aber weder sicher noch auch wahrscheinlich ist, daß das Gesetz rückwirkende Kraft erhielt und es auch nicht die Ehen im allgemeinen erschwerte, hat man damit kaum den Bevölkerungszuwachs bremsen können. Unmittelbaren Vorteil davon hatten vermutlich die ledigen Athenerinnen, deren Chancen auf dem Heiratsmarkt stiegen. Gemäß einer anderen Deutung wünschten die konservativen und ihnen verbundenen gemäßigten Elemente die Rassenreinheit der Bürgerschaft zu wahren und verhinderten deshalb das dauernde Eindringen von «Mischlingen» in die Bürgerkreise. Auch hat man gefolgert, Perikles, dessen Gesetz vor allem die Zahl der Unbemittelten beschränkte, habe die Wiederherstellung eines quantitativen Gleichgewichts zwischen den armen und reichen Volksschichten der Polis angestrebt. Ein anderes Argument führt die Vorteile ins Feld, welche die Polis ihren «Mitgliedern» durch Verteilung von Lebensmitteln und Geld bot. Doch sind die Angaben, die derlei Hypothesen stützen könnten, recht spärlich. Vielleicht half die Polis schon damals in Krisenzeiten den Kriegsgeschädigten und beschaffte billiges Brotgetreide. Als das Gesetz in Kraft trat, war von den berühmten regelmäßigen Zahlungen an Bürger für Ableistung öffentlicher Arbeiten wohl nur erst das Honorar für Mitarbeit in den Dikasterien üblich. Fraglich ist jedoch, ob die Sorge um die Austeilung solcher Vergütungen genügt hätte, um eine so radikale Neuerung wie dies Gesetz zu erzwingen.[164]

Die praktische Handhabung des Gesetzes erwies sich als schwierig. Von den strengen Bestimmungen wich man ab oder umging sie oder verstieß auch mitunter dagegen, bis sie im Zusammenhang mit der sogenannten Restauration der Demokratie in den letzten Jahren des 5. Jahrhunderts neu in Kraft traten. So war es also ein enger Rahmen, den Perikles dem athenischen Volk gegeben hatte. Die politischen Rechte und daraus erwachsenden Vorteile verteilten sich nur auf die Mitglieder eines beschränkten Kreises. Bei der Auferlegung von Pflichten und Lasten, wie Kriegsdienst und Steuern, kannte man hingegen jene Grenzen nicht.

Das Wort «Demokratie» kommt auf

Seine Beobachtungen zweifellos aus der «radikalen Demokratie» Athens im 4. Jahrhundert schöpfend, erwähnt Aristoteles (Politik, 1317b) als Attribute der Volksherrschaft die ebengenannten Bestimmungen: keine oder nur möglichst niedrige Vermögensbedingungen für die Zulassung zu einem Amt; Wahl durch das Los in alle Ämter oder wenigstens solche, die keine praktische Erfahrung und Fachkenntnisse voraussetzen; keine zweimalige Bekleidung eines Amtes durch dieselbe Person, abgesehen von militärischen Ämtern und möglichst wenigen anderen Ausnahmen; kurze Amtszeit in allen Ämtern oder wenigstens in tunlichst vielen. Durch diese Satzungen werden zwei Grundsätze verwirklicht: das Volk soll die Beamten aus dem Volk wählen, und: alle herrschen über jeden und jeder im Turnus über alle.

Diese mit vielen Reservationen versehenen Normen könnten auf die schon in der zweiten Hälfte des 5. Jahrhunderts in Athen herrschenden Verhältnisse zurückgehen – so wenig weichen die zu Aristoteles' Lebzeiten das politische Leben regelnden Formen von den bei Ausbruch des Peloponnesischen Krieges geltenden ab. Aber für das politische System Athens war in der Zeit des Perikles ein neuer Name aufgekommen.

Von der Mitte des 5. Jahrhunderts an bürgerte sich das Wort «Demokratie» ein. Bei Herodot tritt es, wie gesagt, noch selten und alternierend mit dem unbestimmten Terminus «Isonomie» auf. Bald danach begegnet es uns jedoch in der Schrift des sogenannten Pseudo-Xenophon, in einigen Komödien des Aristophanes und in Thukydides' Geschichte des Peloponnesischen Krieges.[165] Von diesen Verfassern tadelt namentlich der erste das Verhältnis des demokratischen Athen zu seinen Bundesgenossen. Bei Aristophanes finden sich schon in den «Acharnern» (618) aus dem Jahr 425 und der rund zehn Jahre jüngeren Komödie «Die Vögel» (1570–1571) Bonmots über das «Demokratie» genannte System. Und in Thukydides' Werk, das – wenigstens in der Hauptsache – wohl im letzten Jahrhundertviertel entstand und zwei Jahrzehnte des 431 ausgebrochenen Krieges umfaßt, ist «Demokratie» eine gängige Bezeichnung. Seiner Darstellung nach waren die mit diesem Wort gemeinten Institutionen weithin bekannt und fanden in der hellenischen Welt vor Ausbruch und namentlich während des Peloponnesischen Krieges Verbreitung. Ihr Ausgestalter und ihre gleichsam vorbildliche Zentrale ist Athen. Der bewundernswert objektive Historiker läßt die feindlich gesinnten Korinther just am Vorabend des Krieges die Einrichtungen Athens als «modern» rühmen, im Vergleich zu den ganz veralteten ihrer eigenen Bundesgenossen, der Lakedämonier (I, 71).

Thukydides' Werk enthält auch eine Deutung des demokratischen Charakters der athenischen Staatsordnung, und zwar aus Perikles' Mund in der berühmten, im ersten Kriegsjahr gehaltenen Rede auf die Gefallenen, dem *Epitaphios.* Wie alle in das Buch eingeschalteten Reden – fast ein Viertel des Gesamtwerkes – ist wohl auch diese Leichenrede, der Form und vermutlich auch teilweise dem Inhalt nach, eine freie Schöpfung des Historikers; «mehr als irgendeine andere», nach Ansicht eines Forschers.[166] Wie weit man sie als zuverlässigen Beleg für Perikles' Gedanken werten kann, bleibt also Hypothese. Anderseits, obgleich die anderen Quellen aus jener Epoche das Geschehen nicht so detailliert schildern, dürfte kein Grund sein, Thukydides' Anwendung des Wortes «Demokratie» in dieser Rede als Stilfehler zu betrachten. Wahrscheinlich war der Ausdruck, der sogar in der Komödiendichtung Mitte der 420er Jahre auftaucht, schon in der politischen Diskussion Ende des vorhergehenden Jahrzehnts zum mindesten ziemlich gebräuchlich. Nach Thukydides' Gesamturteil über die perikleische Regierungsepoche herrschte damals in Athen «nominell» die Demokratie. Neben manch anderer Redewendung bestätigt dies die Auffassung, daß zu jener Zeit «Demokratie» tatsächlich die Staatsordnung bezeichnete. Als Erklärung für den nominellen Charakter der Volksregierung stellt Thukydides die von späteren Geschlechtern fast als Axiom übernommene Behauptung auf, die Polis sei unter die Herrschaft «des ersten Mannes» gekommen – oder vielleicht richtiger: war nahe daran gewesen.[167] Damit betont er nur seine Meinung, unter «Demokratie» müsse man etwas anderes verstehen, als was die Athener zu Perikles' Zeit so nannten.

Die Stelle in Perikles' Rede über die Benennung der athenischen Staatsordnung hat folgenden Inhalt (Thukydides, II, 37):

Die athenische Staatsordnung ahmt nicht die Einrichtungen fremder Stadtstaaten nach, sondern ist im Gegenteil Vorbild für andere. Sie wird Volksherrschaft *(demokratía)* genannt, weil die

Mehrzahl oder die meisten *(pleíones)* und nicht einige wenige *(olígoi)* das Entscheidungsrecht haben. Die Gesetze garantieren allen gleiche Rechte in privaten Streitfällen; aber in öffentlichen Angelegenheiten hängt das Ansehen eines jeden von seinen Verdiensten und nicht von Klassengesichtspunkten ab; auch Armut und niedrige Stellung hindern niemanden, nach seinen Fähigkeiten dem Staat zu dienen.

In der Trauerrede herrscht die Tendenz, gewisse Seiten des athenischen Gesellschaftslebens stark zu idealisieren, um zu veranschaulichen, wie die Athener ihre Umwelt geformt und sich selbst glücklicher entwickelt hatten, als ihre Feinde es vermocht. Der Ton des obigen Passus ist jedoch nach Ansicht mancher Forscher geradezu apologetisch. Laut einer Hypothese kam der Name «Demokratie» – jetzt sozusagen das offizielle Epitheton für die athenische Staatsordnung – vielleicht ursprünglich bei den Gegnern des Systems statt «isonomia» in Gebrauch, und erst von ihnen übernahmen ihn die Volksparteiler.[168] Der Gedanke an sich ist natürlich nicht abwegig. Die Geschichte kennt mehrere Beispiele, wie eine anfangs verächtlich oder spöttisch gemeinte Bezeichnung sich in eine allgemeine Losung verwandelt. Solche Hypothese muß sich jedoch in diesem Fall auf die Überzeugung stützen, daß Thukydides wenigstens in diesen Sätzen den Gedankengang des Redners getreu wiedergegeben hat. Eine Art zusätzliche, wenn auch in der Beweisführung unklare Erläuterung zu Thukydides' Darstellung bietet der später entstandene, öfters Platon zugeschriebene Menexenos-Dialog. Darin wiederholt Sokrates aus der Erinnerung die Leichenrede, die seine Rhetoriklehrerin Aspasia ihm angeblich am Tag vorher vordeklamiert hatte. Er glaubt sogar, die Rede enthalte außer improvisierten Elementen auch solche, die Aspasia früher bei der Ausarbeitung von Perikles' Epitaphios konzipiert habe (236b). Bei der Wiederholung des Gehörten sagt Sokrates unter anderem, einer könne die athenische Staatsordnung Demokratie nennen, ein anderer wiederum beliebig anders. In Wirklichkeit sei sie eine auf die Zustimmung der Volksmenge *(plêthos)* sich stützende Aristokratie (238 d–c).[169]

In Perikles' Leichenrede finden sich – deutlich oder verhüllt, als Behauptung oder Beobachtung – mehrere Aussprüche über die Sonderart der athenischen Verhältnisse. Soweit sie für die Vorstellungen von der antiken Demokratie wesentlich sind, werden sie noch in anderem Zusammenhang behandelt werden.

AUSBREITUNG DES DEMOKRATISCHEN SYSTEMS

Von dem politischen System, für das sich zu Perikles' Zeit in Athen der Name «Demokratie» eingebürgert hatte, existiert, soweit bekannt, kein einheitliches theoretisches Schema aus dem 5. Jahrhundert. Von den wichtigsten spezifischen Zügen dieser Neuerung hatte sich indes schon im letzten Viertel jenes Jahrhunderts in den aufgeklärten Kreisen eine ziemlich klare Auffassung gebildet. Trifft man doch in gewissen literarischen Erzeugnissen jener Zeit bereits fertig oder wenigstens im Keim fast das gesamte, später im 4. Jahrhundert zur Charakteristik der athenischen Volksherrschaft benutzte Material. Dies Wissen von den Kennzeichen der Demokratie blieb außerdem nicht Alleinbesitz der Athener. Perikles' Behauptung in seiner Leichenrede, die Verfassung seiner Heimatstadt sei keine Nachahmung der Gesetze benachbarter Staaten, sondern eher ein Vorbild für die anderen, ist keine leere Phrase.

Daß die in Athen entwickelte Staatsordnung schon als solche auf viele Auswärtige anziehend und nachahmenswert wirkte, ist begreiflich. Der Wohlstand und die Macht, die die Athener errungen hatten, steigerten diese Zugkraft sicher erheblich. Zu allen Zeiten herrscht die Neigung, geistige und wirtschaftliche Errungenschaften der Mitglieder einer Gemeinschaft in nahen Kausalzusammenhang mit dem von ihnen angenommenen politischen System zu bringen. Aber geradezu ausschlaggebend erscheint dieser Zug im Denken der alten Griechen. Darum drückt Perikles bei Thukydides (II, 36 und 41) sicher eine um 430 sehr allgemeine Meinung aus, wenn er in seiner Rede Athens Größe, Macht und Ruhm auf die inneren und äußeren Vorzüge der Athener zurückführt. Da die Sitten und Gesetze oder die «Staatsverfassung» – nach damaliger Auffassung – so sichtlich glänzende Ergebnisse gezeitigt, zum Gedeihen der Polis und Glück der Bürger geführt hatten, lockten sie auch andernorts zu Versuchen in derselben Richtung. Die Folge war, daß die von Athen gebotene «Lehre» tatsächlich in der hellenischen Welt Nachfolge fand.

Genaue Kunde, wie weit sich der Einfluß dieses Vorbildes erstreckte, besitzen wir nicht. Hingegen können wir in manchen Fällen zuverlässig rekonstruieren, wie sich das Verpflanzen von Institutionen nach athenischem Muster in neues Erdreich vollzog. Bei weitem nicht immer handelte es sich um freiwillige Nachahmung, sondern «die Schule für ganz Hellas» wandte bei der Verbreitung des demokratischen Systems auch Gewalt an. Die Erscheinung ist den heute, namentlich seit dem Zweiten Weltkrieg auftretenden Bestrebungen, manchen Ländern für demokratisch geltende Formen aufzuzwingen, vergleichbar.[170] Schauplatz jener Erscheinung war der von Athen geleitete Delische Bund.

Zu diesem Seebund gehörten Mitte des 5. Jahrhunderts etwa anderthalbhundert und auf seinem Höhepunkt zweihundertzwei Stadtstaaten auf den Inseln und an den Küsten der Ägäis sowie im Raum des Hellespont, Marmarameers, Bosporos und Schwarzen Meers. Anfangs hatten sich die Mitglieder noch ihre Unabhängigkeit bewahren können. Die Metropole hatte sich mit einem jährlichen Tribut an die gemeinsame Kasse seitens derer, die zur Unterhaltung der Kriegsflotte nicht beitragen konnten oder wollten, begnügt. Darin verfuhr Athen anders als sein mächtigster Rivale im Kampf um die Hegemonie, Sparta. Letzteres forderte nämlich, nach Thukydides, von seinen Verbündeten keine Abgaben, sondern vergewisserte sich ihrer Loyalität, indem es ihnen ein politisches System aufzwang, das ihm selbst am zweckdienlichsten war: die Oligarchie (I, 19).

Im Laufe der Jahre verwandelte sich jedoch der von Athen geleitete Bund immer offenkundiger in ein Imperium. Vor allem seit der Überführung der Bundeskasse von der Insel Delos in den Athenetempel auf der Akropolis von Athen (um 455) ging die Tendenz immer mehr auf feste Zentralisation. Die Einberufung des Bündnisrates unterblieb allmählich, und schließlich ging das Beschlußrecht in Bundesangelegenheiten, einschließlich der Kassenverwaltung, an die athenische Volksversammlung über. Die Athener ergriffen das Kommando über die gesamten Land- und Seestreitkräfte, banden durch Sonderverträge den Handel ihrer Bundesgenossen, beschränkten deren Münzrecht, gründeten auf bündnerischem Gebiet eigene Kleruchien und dehnten die Gerichtsbarkeit ihrer Dikasterien auf die Mitgliedstaaten des Imperiums aus. Charakteristisch für deren neue Stellung ist, daß sie nun nicht mehr den «Athenern und deren Verbündeten», sondern «Athens Demos» Treue und Gehorsam gelobten.

Am meisten von ihrem Selbstbestimmungsrecht verloren jene Mitgliederpoleis, die sich von dem Bund zu lösen drohten oder sonst Athen Anlaß zu Disziplinarmaßnahmen boten oder auch zu schwach waren, sich den Ansprüchen des Führerstaates zu widersetzen. Athen stellte ihnen strenge Bedingungen, die sie, gleich wie regelrechte Besitzungen, unter seine Vormundschaft zwangen. In ihre Gesetzgebung, ihr Regierungssystem und andere innere Angelegenheiten konnte es sich gegebenenfalls mit Gewalt einmischen. Einen solchen Umfang nahm dieser Imperialismus Athens an, daß schon vor 440 nur noch drei Mitglieder des ganzen Bundes autonom waren.[171]

In die anderen Bündnerbesitzungen entsandte Athen außer Militär auch Kontrollkommissare und andere Beamte, damit der Regierungsapparat genau so wie im Mutterstaat funktionierte. Schon Mitte der sechziger Jahre des 5. Jahrhunderts legte Athen für Erythräa ein politisches System fest, das den Hauptlinien von Kleisthenes' «Verfassung» folgte. Diese ionische Polis erhielt unter anderem eine jährliche durchs Los gewählte Bule, deren Mitglieder schwören mußten, das Volk *(pléthos)* im Interesse der Athener und ihrer Bundesgenossen zu regieren.[172] In anderen Staaten ausgebrochene, die Loyalitätsbande gefährdende Parteikämpfe boten der Metropole Gelegenheit zur Intervention. So zum Beispiel, als die Milet beherrschenden Aristokraten, vermutlich um die Mitte des 5. Jahrhunderts, dort ein Blutbad anrichteten und sich von dem Bündnis zu lösen begannen, verweigerte Athen ihnen den Beistand und fing an, die «volksfreundliche Partei» zu unterstützen. In der milesischen «Verfassung» wurden Änderungen, mutmaßlich nach athenischem Muster, vorgenommen, denen man seitens der Forschung «demokratischen» Charakter zugeschrieben hat.[173] Sogar einer der Bundesgenossen, die sich lange ihre Unabhängigkeit zu bewahren vermochten, Samos, wurde 440/439 mit Gewalt zum Gehorsam gezwungen und mußte seine politischen Verhältnisse nach dem Willen des Stärkeren gestalten. Eine bewaffnete Expedition der Athener unter Perikles setzte dort eine Volksregierung ein, wie Thukydides (I, 115–117) berichtet.[174]

Die athenische Interventionspolitik wurde um so systematischer, je mehr sich der Wettkampf mit Sparta um die Hegemonie zuspitzte. Das Streben nach politischer und wirtschaftlicher Macht nahm dabei auch den Charakter eines ideologischen Kampfes an. Eine wesentliche Rolle spielten dabei die Meinungen über Staatsordnungen, die, von beiden Polen angezogen, schroff auseinandergingen. Als dann die Spannung zwischen beiden Machtlagern sich in jener Reihe bewaffneter Auseinandersetzungen entlud, die fast drei Jahrzehnte dauerte und unter dem Namen Peloponnesischer Krieg bekannt ist, konnten offenbar weder Entfernungen noch Grenzsteine das Eindringen dieser Spaltung in immer mehr Poleis hindern. Thukydides schildert in kräftigen Farben (III, 82), wie die Parteifehden in den Städten während der ersten Kriegsjahre immer wilder tobten und die ganze hellenische Welt in Erschütterung geriet. Überall mühten sich die Führer der volksfreundlich Gesinnten, die Athener ins Land zu bekommen, während die oligarchischen Kreise dasselbe mit den Lakedämoniern versuchten.

Von der Methode der Athener beim Organisieren der Verhältnisse in anderen griechischen Staaten nach ihrem eigenen Schema gibt das Pamphlet des Pseudo-Xenophon eine klassenbewußte, bissig-scharfsinnige und anscheinend sehr wirklichkeitsgetreue Darstellung (I, 14 und 16; III, 10). Demnach förderten die Athener die «Gemeinen», das heißt die Armen in den Bundespoleis, weil diese als Volksfreunde ihnen gesinnungsverwandt seien; aber die

Reichen und Edlen verfolgten sie durch Entziehung der Ehrenrechte und ihres Vermögens oder durch Verbannung, wenn nicht gar Hinrichtung. Zugleich schützten sie in ihren Gerichtshöfen die Athen gewogenen Bürger der Bundesstaaten. Bei Parteistreitigkeiten traten die Athener für den Schutz der «Minderwertigen» ein. Das geschah ganz zielbewußt, denn falls sie die «Edlen» verteidigten, so wäre das einer Bevorzugung volksfremder Elemente gleichgekommen. Weil gleich und gleich sich gern gesellt – folgert der Autor –, paktierten die Athener mit Gleichgesinnten.

So ungefähr dürfte es meist zugegangen sein. Nirgends deuten die alten Quellen darauf hin, daß die Athener dem ihren ähnliche politische Systeme verbreitet hätten, um etwa ihre Bundesgenossen der Segnungen solcher Staatsordnung teilhaftig werden zu lassen. Thukydides stellt eben die Einmischung Athens in die Parteikämpfe der anderen Poleis unverhüllt, ja fast betont, in einem Licht dar, als ginge es vor allem um imperialistische Interessen. Der Zusammenschluß jener Staaten, in denen die demokratischen Formen durchgeführt waren, erklärt er, garantiere Athen seine Führerstellung.[175] Die Frage, wie weit diese aufgezwungenen Reformen Beifall fanden, scheint deswegen ganz sekundär geblieben zu sein. Offensichtlich empfand man die mittels äußeren Drucks erreichte Entscheidung vielfach als unerträglich. Dabei trug der Peloponnesische Krieg von Anfang an den Charakter eines Befreiungskrieges. Bei seinem Ausbruch, sagt Thukydides (II, 8), sei die allgemeine Sympathie viel mehr auf seiten der Lakedämonier gewesen, weil sie versprochen hatten, Hellas zu befreien. Jeder Einzelne und jeder Staat war bereit, mit Wort und Tat die Spartaner zu unterstützen. So sehr haßten die meisten die Athener: die einen in der Hoffnung, sich ihrer Herrschaft zu entziehen, die anderen aus Furcht, in ihre Gewalt zu geraten.

Als der Krieg mit dem Zerfall des athenischen Imperiums endete, gab es auch keine «demokratische» Machtsphäre mehr. Eine von Sparta geförderte Tendenz zur Oligarchie trat an Stelle der Volksherrschaft. Obgleich in Athen selbst das demokratische System restauriert wurde, schienen die Möglichkeiten der «Schule für ganz Hellas», ihre frühere Interventionspolitik fortzusetzen, vorläufig ausgeschaltet zu sein. Wie Xenophon in seiner «Hellenika» (II, 2, 20 und 4, 38)[176] erwähnt, gehörte zu den Bestimmungen des 404 geschlossenen und 403 bestätigten Friedens, die Athener sollten die gleichen Freunde und Feinde wie die Lakedämonier haben.

Aber binnen kurzem, schon von 390 an, begann die «Volkspartei» hier und da, teils mit eigenen Kräften, teils mit Hilfe der Athener, die Oligarchie zu stürzen.[177] Und als sich dann Athens Außenpolitik allmählich von der Bevormundung Spartas befreit hatte und neue Bündnisbildungen eingeleitet waren, wurde das alte Interventionsverfahren wieder aufgenommen, allerdings in merklich geringerem Ausmaß als am Ende des vorhergehenden Jahrhunderts.

Je ferner die Erinnerung an die einstige Machtstellung rückte, desto mehr erfuhr das Bild von der Ausdehnung der Demokratie geradezu eine Sublimierung. So charakterisierte der im allgemeinen zur Demokratie kritisch eingestellte Isokrates in seinem um 380 verfaßten «Panegyrikos» jenes verschwundene Imperium ganz anders als Pseudo-Xenophon und Thukydides. Die Athener, sagt er (104–106), hätten das einfache Volk unterstützt und despotische Bestrebungen bekämpft. Sie hätten es als grobe Anmaßung der «Wenigen» betrachtet, daß die «Vielen» von ihnen abhängig waren und den Armen die Beamtenposten verschlossen blieben. Einheitliche Gesetze hätten jedoch dann die Harmonie zwischen den Verbündeten aufrechterhalten. Während der sieben Jahrzehnte, in denen alle ein ähnliches politisches System wie Athen hatten, hätten die Mitglieder des Bundes keine Tyrannis erlebt. Frei seien sie von der Herrschaft der Barbaren gewesen, hätten innere Spaltung vermieden und in Ruhe mit der ganzen Welt gelebt. In einer späteren Rede, «Über den Frieden» (79), kann sich Isokrates freilich nicht versagen, der gewaltsamen Einmischung der Athener in den Parteihader anderer Poleis zu gedenken, die ihnen den Haß der Hellenen zuzog. Aber in der letzten großen Rede seines langen Lebens, an der er viele Jahre gearbeitet hatte, dem «Panathenaikos» (namentlich 54 und 68), kehrt er wieder zur Idealisierung des Imperialismus der Vorväter zurück. Daß die Athener ihre Verbündeten, die sie für sich selber nützlich fanden, zur Übernahme solcher Institutionen bewogen, sei nur ein Beweis des guten Willens und der Freundschaft gewesen. Die Bündner ihrerseits hätten ihren Anteil nur in die allgemeine Kasse gezahlt, um ihre demokratische Staatsordnung und ihre eigene Freiheit zu bewahren und von dem durch die Oligarchie verursachten Unglück verschont zu bleiben.

Dieselben Vorteile, die den Verbündeten aus dem athenischen Imperialismus erwuchsen, also auch die Segnungen der Demokratie, betonen andere, die Einfluß auf die öffentliche Meinung hatten oder sie interpretierten. So zum Beispiel der als Meister des hohen attischen Stils bekannte Logograph Lysias, ein Metöke und Altersgenosse des Aristophanes, sowie der fast zwei Generationen jüngere athenische Politiker Lykurg.[178]

Solche Gedankengänge haben natürlich die Vorstellung von der Zusammengehörigkeit der demokratisch regierten Poleis erzeugt. Besonders das im 5. Jahrhundert mit rücksichtsloser Härte begründete Imperium hat man mit einem Bund von Demokratien verglichen.[179] Sogar Thukydides, der die Athener im allgemeinen als berechnend und auf ihren eigenen Vorteil bedacht im Verhältnis zu anderen Staaten hinstellt, gesteht ihnen hier und da eine gewisse «Idealität» zu. So meint er, sie hätten auf ihrer sizilischen Expedition Mutlosigkeit, Enttäuschung und Reue empfunden, weil sie Stadtstaaten, die gleich dem ihren demokratisch waren, angegriffen hatten. Allerdings habe sie die Stimmung erst nach der vernichtenden Niederlage überkommen (VII, 55).

Doch auch im folgenden Jahrhundert, als Athen in bezug auf die Staatsordnung seiner Verbündeten verhältnismäßig liberal war, scheint die Solidarität der Demokratien ein wichtiger Faktor gewesen zu sein. Darauf bezieht sich zum Beispiel Demosthenes' Appell, 351/350, an seine Landsleute, sie sollten die «Volkspartei» von Rhodos beim Sturz der dort errichteten Oligarchie unterstützen. Mit demokratischen Ländern könnten die Athener wegen allerlei Streitigkeiten oder politischer Rivalität in kriegerische Auseinandersetzungen geraten, aber gegen Oligarchien führe man Krieg um der «Verfassung» und der «Freiheit» willen (Rede über die Freiheit der Rhodier, vor allem 17–21). In einer Rede über die öffentliche Finanzverwaltung – von einigen Forschern ebenfalls Demosthenes zugeschrieben – werden die Athener ermahnt, nicht die grundsätzliche Feindschaft zwischen den Oligarchien und ihnen zu vergessen.[180]

Nichts beweist uns, daß die politischen Institutionen in jenen Dutzenden von Poleis, die sich Demokratien nannten, tatsächlich übereinstimmten. Oft muß schon eine kurze Bemerkung in einer zeitgenössischen oder späteren Quelle über die Geltendmachung der «Demokratie» oder den Sieg der «volksfreundlichen» Partei oder den Aufstieg des «Volkes» in irgendeiner Polis genügen, um den Umfang des Umsturzes zu belegen.

Das sind wenig befriedigende Anhaltspunkte, wenn man ein leidlich wahrheitsgetreues Bild entwerfen will. Der Grund liegt besonders darin, daß sich gerade im letzten Drittel des 5. Jahrhunderts der Brauch durchsetzte, Worte, abweichend von ihrer herkömmlichen Bedeutung, zur Irreführung der Mitmenschen und zur Verschleierung politischer Zwecke zu gebrauchen. Dem tiefen Eindruck nach zu urteilen, den dieses Phänomen auf Thukydides machte, muß es sich erstaunlich rasch und weit ausgebreitet haben. Seine Schilderung der Wirren zu Anfang des Peloponnesischen Krieges enthält vortreffliche Beobachtungen über die Revolution auf dem Gebiet der moralischen Werte und der Wortbedeutung (III, 82–83). In dem durch die Parteikämpfe entstandenen Chaos, sagt er, nahmen nicht nur Schlauheit und Grausamkeit immer neue Formen an, sondern auch der Sinn der Worte wandelte sich oder wurde absichtlich entstellt. Vorsichtiges Zögern galt als Feigheit; Besonnenheit und Mäßigung nannte man Furchtsamkeit, Klugheit Mangel an Tatkraft; die Kunst der Intrige galt als Schlauheit. Wer sich nicht auf Ränkeschmieden einließ, war Verräter an der Partei. Wer mittels Betrug die Oberhand gewann, hieß ein erfinderischer Kopf, denn die Menschen wollen lieber für böse und klug als für rechtschaffen und einfältig gehalten werden. Parteiführer verschafften sich ihren Posten durch Ankündigung schöner Dinge: die einen durch Ausposaunen gleichberechtigter

Volksherrschaft, die anderen gemäßigter Adelsherrschaft. Sie redeten von der Förderung des Gemeinwohls, trachteten aber nur nach dem eigenen Vorteil und scheuten dabei weder Unrecht noch Gewalt. Der Götter Gebote glaubten beide Parteien entraten zu können. Jene aber, die unter der Tarnung werbender Worte etwas Verwerfliches zustande brachten, ernteten Lob und Ehren.

Natürlich ließ sich bei dieser Umwertung der Werte und des eigentlichen Wortsinns auch mit dem Wort Demokratie manche Organisation der politischen Macht verschleiern, die wesentlich von der abwich, die man in Athen so zu nennen gewohnt war. Der in irgendeiner alten Quelle erwähnte Aufstieg des «Demos» oder Sieg der «Volkspartei» konnte an und für sich mitunter bedeuten, daß ein Kampf zwischen der «Stadt der Armen» und der «Stadt der Reichen» mit Gewalt entschieden, wie Platon es darstellt, oder daß die «besten» Staatsbürger des Landes verwiesen und ihr Eigentum an die «Verderbtesten» verteilt worden war, wie Isokrates es ausdrückt (Rede über den Frieden, 79).

Bei der Nachahmung der staatlichen Institutionen Athens, ob sie nun freiwillig oder zwangsweise erfolgte, konnte es sich nur um die Übernahme gewisser für besonders charakteristisch geltender Züge handeln. Ein anderes Verfahren wäre schon deshalb unmöglich gewesen, weil die athenischen Gesetze anscheinend erst in den letzten Jahren des 5. Jahrhunderts zu einem geschlossenen Kodex vereinigt wurden, der auch die neuesten Gesetze aus der demokratischen Epoche enthielt. Aber welche Teile des Vorbildes in welche Winkel des Imperiums verpflanzt wurden und ob die Nachbildungen auch nur annähernd gleich vollständig waren, ist uns unbekannt. Doch dürfte den Zeitgenossen sicher nicht entgangen sein, wie stark manche Umweltfaktoren, historische, soziale und wirtschaftliche Verhältnisse, den Charakter einer «Verfassung» änderten, wenn auch die Institutionen an sich unverändert blieben. So weist Aristoteles in seiner «Politik» mehrfach darauf hin, wie entscheidend die soziale Zusammensetzung der Bürgerschaft, namentlich das Überwiegen der Bauern, niederen Handwerker und Tagelöhner, die «Qualität» der Demokratie beeinflußt. Außerdem kann man seiner Meinung nach (Politik, 1317a) Faktoren, die artgemäß zur Demokratie gehören und ihr eigentümlich zu sein scheinen, verschieden kombinieren. In der einen Demokratie kann es wenige solche wesentlichen Züge geben, in einer anderen viele, in einer dritten kann man allen begegnen. Etwas schulmeisterlich fügt er hinzu, die Staatengründer begingen einen Fehler, wenn sie in ihre eigene Planung das gesamte Material, das zur Idee einer Verfassung gehört, einzubeziehen suchten.

Die Frage, aus welchen Elementen sich ein Volksherrschaft genanntes System zusammensetzt und welche «Eigenschaften» es hat, fand in der zweiten Hälfte des 5. Jahrhunderts eine Menge variierender Antworten, als man begonnen hatte, eine immer größere Buntheit der Verhältnisse mit einem und demselben Wort zu bezeichnen. Nicht einmal mehr in «Griechenlands hoher Schule» war das Wort eindeutig. Bis dorthin wirkten sich die Wirren des Peloponnesischen Krieges revolutionierend aus, was sich in den Wandlungen des herkömmlichen Moralkodex und des Sprachgebrauchs kundtat. Dabei wurde die Demokratie sowohl als erprobte Wirklichkeit wie als Idee zu einem Hauptpunkt der politischen Auseinandersetzungen.

GRENZZIEHUNG ZWISCHEN DEMOKRATIE UND NICHTDEMOKRATIE

Über die Ursachen des Verfalls der Demokratie

In Aristoteles' Systematik der politischen Systeme haben militärische, wirtschaftliche, soziale und auch massenpsychologische Faktoren ihren Platz. Die Auswahl und Erläuterung derselben in seiner «Politik» vermittelt uns neben dem Bild seines subjektiven Standpunktes auch umfassenden Einblick in sein auf empirischem Weg gesammeltes Material. Doch ist es nicht immer leicht, beides voneinander zu trennen.

Untersucht man die Entwicklung der athenischen Verhältnisse in der zweiten Hälfte des 5. Jahrhunderts, kann man zunächst auf Aristoteles' allgemeine Theorie über die Parallelität der verschiedenen Waffengattungen und Staatsformen verweisen. Wo hauptsächlich Reiterei unterhalten wird – sagt er –, sei eine strenge Oligarchie, bei schwerbewaffnetem Fußvolk eine gemäßigte das Gegebene; leichtes Fußvolk und Marine wiederum seien ganz demokratische Waffengattungen (1321 a). Auch die politische Einstellung der Bevölkerung in den verschiedenen Polisteilen kann uneinheitlich sein. Er belegt dies mit verschiedenen Beispielen und betont etwa, die Bewohner des Hafens Piräus seien demokratischer als die der Stadt Athen (1303 b).

Ferner repräsentiert in seiner Wertskala der demokratischen Systeme der von Städtern, Handwerkern, Krämern und Tagelöhnern regierte Staat die verkommenste, unruhige und kein Gesetz respektierende extreme Form. Diese «radikalen» Volksherrschaften finden sich vorwiegend in volkreichen Stadtstaaten, wo man den Leuten nicht gut zumuten kann, ohne Präsenzgelder die Ekklesia zu besuchen (1320 a). Ihren Kern bilden die auf dem Markt und in der Stadt sich umhertreibenden Müßiggänger, Leute, die «leicht zu Volksversammlungen bereit» sind (1319 a).

Bei dem Übergang von der konservativsten zu immer radikaleren Stufen der Demokratie wirken viele verschiedene Faktoren mit. Aber den am schließlichen Verfall und möglichen Zusammenbruch der Volksherrschaft in erster Linie Schuldigen stellt Aristoteles besonders deutlich heraus. In den Demokratien wünscht das Volk als Souverän, genau wie ein Tyrann, aufzutreten. Und wie sich der Tyrann gern mit Schmeichlern umgibt, sind die Demokratien den Demagogen, diesen Höflingen der Volksherrschaft, gewogen (1313 b). Gerade die Demagogentypen unter den Führern treiben die Demokratie ihrer letzten und modernsten Form entgegen (1305 a). Das von ihnen geleitete Volk setzt sich souverän über das Gesetz hinweg (1292 a). Aber ihre Ehrlosigkeit treibt auch die ganze Demokratie ins Verderben und macht sie reif zum Umsturz (1304 b–1305 a).

Aristoteles' Beobachtungen und Gedanken spiegeln die wichtigsten jener Erscheinungen wider, die im Hinblick auf Fall und Restauration der athenischen Demokratie wesentlich sind.

In der Jahrhunderthälfte nach den Perserkriegen war ja die Bevölkerung Athens und zugleich die Zahl seiner Bürger merklich gewachsen. Infolge der allgemeinen Hebung des Wohlstandes und der Inflation zählten jedoch Ende der 430er Jahre die Theten, also die bei der leichten Infanterie und als Ruderer in der Flotte Dienenden, vielleicht nur annähernd soviel oder möglicherweise weniger als die gesamten Mitglieder der oberen Zensusklassen. Trotzdem hielt man die potentielle Stärke der Flotte auf einem den anderen Waffengattungen weit überlegenen Stand, wie man es schon seit fast fünfzig Jahren getan hatte. Nach Thukydides (II, 13) stärkte Perikles bei Beginn der Feindseligkeiten 431 durch seine Information über die Rüstungen die Zuversicht der Athener. Er rechnete ihnen vor, daß sie 1200 Reiter, einschließlich der berittenen Bogenschützen, insgesamt 29000 schwerbewaffnete Hopliten und Metöken sowie 1600 Bogenschützen zu Fuß hätten. An seefähigen Dreirudern aber seien dreihundert seeklar. Da jedes Fahrzeug dieses Typs, soweit man weiß, etwa 200 Mann Besatzung brauchte – von der sieben Achtel eigentliche Ruderer waren –, hätten nicht einmal alle männlichen Bürger Athens ausgereicht, um die Flotte mit einem Schlage voll gefechtstüchtig zu machen. Und obwohl diese Menge Dreiruder gar nicht gleichzeitig für kriegerische Aktionen eingesetzt wurde, mußte man sich noch mit Metöken und zuweilen mit Sklaven und fremden Söldnern behelfen. Dennoch blieb die Flotte im Kern athenisch.[181]

Im Peloponnesischen Krieg hing nicht nur Athens Machtstellung, sondern auch seine Staatsordnung ganz entscheidend von eben der Flotte ab. Die vernichtende Niederlage der Seestreitkräfte in den sizilischen Gewässern 413 – laut Thukydides das schwerste Unglück, das je die Athener betroffen (VII, 71) – zerstörte die in der hellenischen Welt verbreitete Legende von der Unbesiegbarkeit ihrer Flotte. Unter den Athenern selbst hingegen gab die Katastrophe der Auffassung recht, die der als Volksaufwiegler geltende Politiker Kleon schon mehrere Jahre vorher verkündet hatte: die Volksherrschaft sei unfähig, ein Imperium zu regieren (Thukydides, III, 37), und erschütterte überhaupt den Glauben an die Demokratie. Die Folge war, daß man an eine Verfassungsreform ging und der Weg zum oligarchischen Umsturz frei wurde. Eine vielfach ähnliche Erschütterung löste die Vernichtung der Flotte 405 bei Aigospotamoi aus. Aber wie kraft einer ironischen Konsequenz wirkte sich die Seeschlacht 413 auch auf die syrakusischen Sieger aus. Da sie ihren Erfolg vor allem ihren Ruderern verdankten, führten sie bald das demokratische System ein (Aristoteles, Politik, 1304a), sogar ziemlich strikt nach dem Vorbild ihrer geschlagenen Feinde, der Athener.[182]

Auch Aristoteles' anderer Gedanke – über die Bedeutung der zunehmenden Stadtbesiedlung – hat seine reale Entsprechung in den athenischen Verhältnissen. Innerhalb der attischen Bevölkerung hatte sich eine starke Urbanisierung vollzogen. Als Zentrale eines großen Bundes hatte die Stadt mit ihrem Hafen viel Volk angezogen. Wohnte doch schon bei Ausbruch des Peloponnesischen Krieges reichlich ein Drittel der Bürger in Athen, Piräus und Umgebung. Die gleiche Tendenz erkennen wir in der Galerie von Berühmtheiten und bekannten Persönlichkeiten des 5. Jahrhunderts. Die meisten Adelsfamilien, deren Mitglieder in jener Epoche zu hohen Ämtern aufstiegen, gehörten den Stadtdemen an, und relativ wenige nichtadlige Persönlichkeiten des öffentlichen Lebens stammten aus dem Binnenland oder von der Küste.[183]

Als sich die Lakedämonier 431 Attika näherten, zogen die auf dem flachen Lande wohnenden Athener auf Perikles' Geheiß in den Schutz der Stadt und der Langen Mauern. Die Maßnahme war nur vorübergehend, und trotz ihrer stark demoralisierenden Wirkung hinterließ sie kaum nachhaltige Spuren im politischen Leben, zumal Perikles damals von einer Einberufung der Ekklesia Abstand nahm (Thukydides, II, 13–14, 17, 22). Nachdem aber die spartanischen Truppen im Frühjahr 413 ein Dauerlager auf attischem Gebiet bezogen hatten und immer systematischer die Kulturen zerstörten, zogen sich die Bauern wieder scharenweise in die Stadt zurück, und dieses Mal für den ganzen Krieg.[184]

So barg Athen eine große Anzahl Bürger aus der Landwirtschaft, und das zu einem Zeitpunkt, da die meisten waffenfähigen Theten mit der Flotte auf See waren. Die Teilnahme der Agrarier an den politischen Geschäften gestaltete sich also zwangsläufig leicht. Es war keine Bestimmung nötig, wie Aristoteles sie später für eine «gute Demokratie» und auch «Politie» empfiehlt (Politik, 1319 a), daß ohne Anwesenheit der Bauern eine Volksversammlung ungültig sei. Aber dieser, in seinen Augen die gesündeste Demokratie vertretende Volksteil verfiel leicht einem auf gewaltsame Änderung der Staatsordnung zielenden Treiben. Und als die Oligarchen 411 einen blutigen Terror entfesselten, offenbarte sich, daß die Bevölkerungsdichte in Athen auch andere Erscheinungen als die «radikale» Demokratie zeitigen konnte. Das Volk war nicht imstande, ein Mittel zur Befreiung von der Schreckensherrschaft zu erfinden, berichtet Thukydides (VIII, 66), da bei der Größe der Stadt die Bürger untereinander nicht bekannt waren. Sie konnten – wagten es auch nicht – weder Vertrauen zueinander haben noch über gemeinsame Verteidigung beraten.

Als Wegbereiter der äußersten Volksherrschaft und endgültigen Verderber der Demokratie stellt Aristoteles also schließlich, nach Art anderer klassischer Autoren, eine relativ kleine Gruppe hin, deren Mitglieder er *Demagogoí*, Volksführer, nannte. In seiner «Politik» gibt er eine ziemlich eingehende Darstellung der Demagogen und ihrer Methoden. Er zählt zu ihnen die um die Gunst des Volkes Buhlenden, die sich als Fürsprecher seiner Ansprüche aufspielen und, auf das Vertrauen der Massen gestützt, eine Machtstellung erobern. Die Demagogen spalten das Volk stets durch Aufhetzung der Armen gegen die Reichen (1310a) und mehren die Macht des Volkes (1274a). Von den Einzelzügen ihrer Politik nennt Aristoteles unter anderem: die Aufnahme möglichst vieler in die Bürgerschaft (1319b), Schikanen gegen Wohlhabende und Konfiskation ihres Vermögens zugunsten allgemeiner Zwecke, manchmal durch gegenseitige Denunziation, übermäßige wirtschaftliche Belastung der Reichen und Verteilung der Überschüsse aus öffentlichen Geldern an Arme (1304b–1305a, 1320a).

Dies sind ja recht allgemeine Merkmale. An ihnen kann man den Demagogen nicht von anderen Politikern unterscheiden, ehe man eines jeden politische Motive und Tätigkeit untersucht und abgewogen hat. Aber Demagogen begegnet man nicht in allen Verhältnissen und zu allen Zeiten, sondern nur in Demokratien, und auch dort eindeutig erst auf einer bestimmten Stufe. In einer Demokratie, die sich an das Gesetz hält, ist nämlich kein Raum für Demagogen, sondern dort verwalten verantwortungsbewußte Männer alle staatlichen Angelegenheiten. Wo hingegen das Gesetz nicht souverän ist, sondern das Volk nach Alleinherrschaft trachtet, kommen die Schmeichler zu Ehren. Da überlassen die Demagogen alle Entscheidungen dem Volk und führen es der Despotie entgegen (1292a). Schon sehr früh ging die Entwicklung in dieser Richtung. In alten Zeiten konnte irgendein Mann zugleich Demagoge und Feldherr sein; dann verwandelte sich die Demokratie in Tyrannis. So ging es in Athen im Fall des Peisistratos. In späterer Zeit wurden geschickte Redner Demagogen; da sie aber kein Talent zum Feldherrn hatten, wagten sie meist keine Usurpation (1305a). Seit der Zeit, wo Ephialtes und Perikles den Areopag um seine Gewalt brachten und letzterer den Misthos dikastikos einführte, hat jeder Demagoge jeweilig dem Volk geschmeichelt (1274a). Überall, wo das Volk die Beamten wählt und diesen keine Vermögensqualifikation abverlangt wird, treten die Kandidaten als Demagogen auf (1305a). Alle diese Volksverhetzung konnte zur gewaltsamen Gründung einer Oligarchie führen, wie Aristoteles an vielen Beispielen zeigt (1304b bis 1305a).

Die hier geschilderte Auffassung des Demagogen ist großenteils willkürlich und entspricht wohl kaum einem allgemein akzeptierten Denkschema. Sie wirkt etwas oberflächlich durch das Reden über die Herrschaft des Gesetzes. Diese dunkle, bei Aristoteles beliebte Metapher wird später noch behandelt werden. Daß er aber die Existenz der Volksherrschaft und den Beginn ihres Verfalls so weit zurückverlegt, färbt seine Darstellung auch stark polemisch. Sie enthält jene Note, die in dem gerade Ende des 5. Jahrhunderts entwickelten antidemokratischen Denken tagespolitischen Wert hatte.

Da man den Anfang der Epoche der Demagogen meist erst unmittelbar nach Perikles datiert, bezieht man einen engeren, aber zugleich präziseren Standpunkt als Aristoteles in seiner Geschichtsdeutung. Der Tod des großen Staatsmannes 429 bedeutete evident einen Wendepunkt im politischen Leben Athens. Das ließe sich, wenn man so will, an gewissen politisch-moralischen Anzeichen nachweisen. Man beobachtet jedoch auch institutionelle und soziale Veränderungen, bei deren Feststellung die Gefahr subjektiven Urteilens ausscheidet. Thukydides stellt ja Perikles und seine Nachfolger in scharfen Gegensatz zueinander (II, 65). An Stelle des würdigen, genialen und unbestechlichen Staatsmannes, der sich nie dazu erniedrigte, dem Volk zu schmeicheln, steht nun eine ziemlich undifferenzierte Schar Schmeichler des Demos. Sie liefern die Staatslenkung dem Volk aus, führen militärische Unternehmen nachlässig und konzentrieren sich vor allem auf Wettkampf und Zank um die erste Stelle in der Polis. Die Forschung hat dieser Schilderung des Historikers noch Ergänzungen hinzugefügt.

Faktisch bildeten die Demagogen eine neue Klasse von Politikern. Sie unterschied sich in ihrem sozialen Hintergrund, ihrer Stellung und ihren Methoden von dem, was Athen traditionsmäßig gewohnt war. Die Demagogen gehörten nicht den alten, edlen Geschlechtern an wie die bisherigen politischen Führer, Themistokles ausgenommen.

Die ersten Vertreter dieses neuen Typs entstammten wahrscheinlich relativ reichen Kaufmanns- und Industriekreisen. Unter ihnen gab es Schaf- und Seilhändler, Gerber, Musikinstrumentenmacher und Lampenmacher. Bald gesellten sich ihnen auch arme Gewerbetreibende zu. Das Eindringen der Demagogen ins politische Leben zeugte von einer laufenden Schwächung der Landbesitzerpositionen und Stärkung der städtischen Elemente in der Polisleitung. In ihrer Denkweise, ihrem Auftreten, sogar in ihrer Sprache sollen sie mehr dem Geschmack des einfachen Volkes – das heißt in diesem Zusammenhang eher dem des städtischen Proletariats als der bäuerlichen Bevölkerung – als dem der höheren Kreise entsprochen haben. So waren sie der Inbegriff einer gewissen Volkstümlichkeit, eines Durchschnittsniveaus, das dem schlichten Bürgersmann vertraut war und zusagte.

Noch bedeutsamer aber als ihre Stellung innerhalb der sozialen Schichtung war – worauf auch Aristoteles hinweist –, daß sich ihr Einfluß nicht auf Wahlglück und Ämter zu gründen brauchte und es auch nicht tat. Ihre stärkste Waffe war ihre Redekunst und die Gabe, dadurch Meinung und Willen der Ekklesia, des Rates oder des Gerichtes zu formen. Manche von ihnen hatten zwar die Position eines anerkannten Parteiführers, andere jedoch nur eine feste oder wohl auch gelegentliche Gefolgschaft. Mitunter hütete sich ein Demagoge direkt vor einem öffentlichen Amt und fand es sicherer, die Handhabung der Staatsgeschäfte zu kritisieren und seine Forderungen als privater Bürgersmann, Fürsprecher des Demos, zu präsentieren. Schon Thukydides zeichnete für die Nachwelt den grotesken Fall auf, wie ein zungenfertiger Demagoge gegen seinen Willen schnöderweise auserwählt wird, eine ins Strategenfach fallende Aufgabe zu lösen, deren Mißlingen er seinem Gegner vorgeworfen hat (IV, 27–29). Da er sich einer Amtstätigkeit meist enthielt, konnte der Demagoge vielfach eine ähnliche Rolle spielen wie der Führer der Opposition im englischen Parlament – mit dem man ihn verglichen hat: er konnte mit seiner Rede «die Regierung stürzen», konnte Verabschiedung und gerichtliche Belangung von Feldherren und anderen Amtsträgern erzwingen. Aber sein Machtgebiet reichte noch viel weiter. Kraft seines Wortes vermochte er auch «Regierungen zu lenken». Dennoch behielt er die ganze Zeit die dem Führer der Opposition zustehende Immunität. Wenn sich auf seinen Vorschlag hin gebilligte Maßnahmen in der Praxis als ungünstig oder gar verhängnisvoll herausstellten, so traf die Verantwortung nicht ihn, sondern die vollziehenden Beamten.[185]

Beratung und Leitung des Volkes hatten freilich auch früher nichts mit der Amtsstellung des betreffenden Bürgers zu tun gehabt; aber solange die das Vertrauen des Demos genießenden Ratgeber zu Strategen gewählt wurden, hatte es keine Schwierigkeiten bereitet, sie sowohl wegen ihrer Initiative wie auch der Ausführung von ihnen angeregter Beschlüsse zu belangen. Jetzt, da die Demagogen in der Lenkung der Volksmeinung das Übergewicht hatten, trat die bisher verborgen gebliebene Kluft zwischen wirklicher politischer Macht und Verantwortung zutage. Man hat darin einen der verhängnisvollsten Mängel des damaligen politischen Systems und eine der wesentlichen Ursachen zum Niedergang Athens gesehen.[186] Scharfsinnigen Beobachtern unter den Zeitgenossen ist diese Erscheinung keineswegs entgangen. Doch hat sie das allgemeine Rechtsempfinden anscheinend nicht so tief verletzt, daß man ernstlich eine gründliche Reform ins Auge gefaßt hätte. Gewisse Vorbehalte hinsichtlich Freiheit der Antragstellung klammerten aus diesem Komplex der Nichtverantwortung nur schmale Sektoren aus. Eine natürliche Folge der Verlagerung des politischen Schwerpunkts war jedenfalls, daß sich der Charakter des Strategenamtes wandelte. Die Demagogen bewirkten Unstetigkeit in den höchsten Regierungsstellen. Binnen kurzem verloren die Strategen nicht nur ihre Position als Volksführer, sondern auch ihre Bedeutung als wichtige politische Faktoren. Von nun an waren bei der Besetzung ihrer Posten die Forderungen der militärischen Qualitäten ausschlaggebend.[187]

Man hat das Auftreten dieser Politikerklasse neuer Provenienz als Beweis für die Lebensuntauglichkeit des demokratischen Systems und Vorbote seines Untergangs in seiner Bedeutung vielfach stark übertrieben. Mag man den Einfluß der Demagogen für noch so negativ halten, er reichte an sich bei weitem nicht aus, um die Demokratie zu gefährden und eine ernste Reaktion heraufzubeschwören. Unleugbar trugen freilich die Persönlichkeiten und ihre Methoden zur Respektlosigkeit gegen das ganze politische System bei. Die unverhüllte Stimmenwerbung der «Höflinge des Demos», ihre Sucht, einen Sieg über persönliche Gegner in der Ekklesia oder im Gerichtshof als Erfolg der Polis zu stempeln, ihre Eitelkeit und Vulgarität sowie die ihnen nachgesagte Gewinnsucht boten bissiger wie auch scherzhafter Kritik reichlich Stoff. Der ausgesprochen antidemokratische Ton in der Literatur gerade des letzten Drittels des 5. Jahrhunderts ist sicher kein Zufall. Da er auch von der weithin beliebten Komödie übernommen wurde, griff die kritische Stimmung natürlich weit um sich.[188]

An sich war das keine neue Erfahrung. Auch der «Olympier» Perikles hatte Spott und Schmähung zu fühlen bekommen. Und obschon die Kritiker an Lautstärke wie wohl auch an Zahl und Publikum zugenommen hatten, blieb das politische System davon unerschüttert. Die Demagogen konnten das «Untergraben der Demokratie» ein Jahrhundert lang fortsetzen, bis die 322 von den Makedoniern diktierten Bedingungen der Demokratie ein Ende bereiteten. In diesem langen Zeitraum gab es nur zwei Unterbrechungen, beide am Ende des 5. Jahrhunderts, als das demokratische System durch Gewalt vorübergehend gestürzt wurde. Und im Gegensatz zu der schon von vielen antiken Schriftstellern angebotenen Deutung, waren diese beiden Ereignisse eher die Auswirkung äußerer Mißerfolge und Heimsuchungen als eines inneren Verfalls.

Erster oligarchischer Umsturz

Fünf Jahre eines unsicheren Friedens abgerechnet, hatten die Kriegswirren schon zwei Jahrzehnte gedauert, ehe 412/411 der erste Versuch zum Sturz der demokratischen Staatsordnung stattfand. Dazwischen hatten Kämpfe und Seuchen ihre Opfer gefordert, und oftmals war das Land verwüstet worden. Im Bund gärte bedenkliche Unzufriedenheit, und durch ihre Unterstützung einer Aufruhrbewegung in Kleinasien hatten sich die Athener einen neuen Feind geschaffen: Persien. In Athen selbst hatte sich ja infolge der Zwangsevakuierung der Landbevölkerung und der dauernden Abwesenheit der meisten waffenfähigen Theten mit der Flotte an der ionischen Küste gegen Ende dieser Periode das Gleichgewicht innerhalb des Gemeinwesens merklich verschoben. So war die Stimmung reif sowohl für die Beendigung des Krieges wie für die Änderung des politischen Systems. Der ersten Hoffnung bediente man sich mit Erfolg, um das letztere Ziel voranzutreiben – wie man dies auch zu unserer Zeit in manchen Ländern während der zwei Weltkriege praktiziert hat. Athens zielbewußteste antidemokratische Kreise weckten mittels Intrigen und Propaganda die Illusion, ein Wechsel der Staatsordnung sei dem Feind, Persien oder Sparta, erwünscht und führe leichter zum Frieden oder sei geradezu seine Vorbedingung.

Die Kriegsjahre hatten das Solidaritätsgefühl der Athener untergraben und die Spannung zwischen den Gesellschaftsklassen verschärft. Das spiegelte sich natürlich auch in der Einstellung zu der akut gewordenen Streitfrage der Staatsordnung. Plutarchs Schilderung des letzten Scherbengerichts 417 kann die Vorstellung wecken, in Athen habe es damals Parteien gegeben, in denen eine gewisse Disziplin herrschte. So war es nicht, sondern man kann höchstens von politischen Meinungsrichtungen sprechen. In der nun ausgebrochenen Verfassungskrise lassen sich drei solche, meist auf folgende, etwas schematische Art dargestellt, unterscheiden.

Die Demokraten oder «Radikalen» waren für Aufrechterhaltung des bestehenden Zustandes. Zu ihnen gehörten vor allem die kleinen Leute oder – wie es manchmal unsachgemäß heißt – das «Proletariat». Sie hatten zwar Führer, namentlich unter den Demagogen; aber zu Beginn der Terrorwelle 411 wurden die bedeutendsten unter ihnen ermordet und damit die ganze Aktivität dieses politischen Flügels lahmgelegt. Das Volk verhielt sich ruhig, erzählt Thukydides von dieser Phase (VIII, 66), denn es war so eingeschüchtert, daß es schon für einen Gewinn hielt, keine Gewalt zu leiden, wenn es auch schweigen mußte.

Die zweite Gruppe erstrebte eine «gemäßigte» Änderung der politischen Verhältnisse, insbesondere Beschneidung der Macht des einfachen Volkes und der Demagogen. Dazu gehörten in erster Linie die bäuerlichen Elemente der Hoplitenklasse. Sie waren diesem neuen Typ Volksführer nicht sehr loyal gesinnt. Je weiter hinaus die Friedensaussichten rückten und die Ländereien verheert wurden, desto deutlicher trat ihre Unzufriedenheit mit der herrschenden Ordnung zutage. Die «Gemäßigten» scheinen wenigstens anfangs keinen anerkannten Führer gehabt zu haben, und so gelang es den Vertretern der dritten Richtung, sie ans Gängelband zu bekommen.

Es waren dies die unversöhnlichsten Feinde der Demokratie, die Oligarchen, Anhänger der radikalen Herrschaft Weniger. Unter ihnen waren solche, die schon bei Beginn des Peloponnesischen Krieges die Spartaner heimlich eingeladen hatten, ins Land zu kommen, in der Hoffnung, mit ihrer Hilfe die Demokratie stürzen zu können (Thukydides, I, 107). Den Kern dieser Gruppe bildeten die Männer der reichen Hippeisklasse, deren Besitzungen, Industrieunternehmen, gepachtete Bergwerke, Handelsverkehr mit dem Ausland usw. durch den Krieg und seine Nebenerscheinungen, wie Wirtschaftskrisen, erschwerte Seefahrt, Massendesertion der Sklaven und ähnliches, gelitten hatten und denen schwere finanzielle Lasten aufgebürdet waren.[189] Sie hatten zielbewußte Führer und sogar politische Verbände. Ihre geheimen Eidgenossenschaften, *Synomosíai,* sollten eigentlich ihre Machtinteressen bei Rechtshändeln und Wahlen unterstützen, erwiesen sich aber zu jeder Art Konspiration, selbst Meuchelmord, fähig (Thukydides, VIII, 54, 65–66).[190]

Es fehlte den Oligarchen auch nicht an einem Programm; aber um den Gemäßigten die Umsturzbewegung nicht zu verleiden, deckten sie es erst im letzten Augenblick auf. Bis dahin begnügten sie sich damit, der Öffentlichkeit nur zahme Teilprojekte vorzulegen, die «der Sache in den Augen der Menge einen ehrbaren Schein geben sollten», wie Thukydides es ausdrückt (VIII, 66). Doch schon ehe in Athen selbst die Endentscheidung reifte, suchten die radikalen Oligarchen ihr Ziel zu erreichen, indem sie den Sturz der Demokratie in den Bündnerstaaten vorantrieben. Das schien leichter; doch wurde das Ergebnis etwas anders, als sie wohl berechnet hatten. Verschiedene Bundesmitglieder benutzten nämlich die Gelegenheit, nun ihre Sache ohne den freundwilligen Beistand der Athener zu führen und deren Bevormundung abzuschütteln. Der dadurch bewirkte Zerfall des Imperiums entsprach durchaus nicht den Hoffnungen der Gemäßigten (Thukydides, VIII, 48, 64–65).

Die Tarnung ihrer wirklichen Ziele hinter euphemistischen Wendungen betrieben beide antidemokratischen Richtungen. Weder die Gemäßigten noch die Oligarchen wagten es, ihre Endziele beim richtigen Namen zu nennen. Beide fanden es opportun, das Erstrebte als etwas keineswegs Neues, Fremdes, sondern Alterprobtes, Ehrwürdiges, von glückhafter Erinnerung Verklärtes hinzustellen. Diese Kritiker der Gegenwart entrollten also nicht etwa Bilder utopischer Zukunftsstaaten, sondern behaupteten, ihr Ideal sei die Rückkehr zu den Verhältnissen, die vor der jetzt wuchernden Korruption in Athen geherrscht hatten: die «Verfassung der Vorväter», Patrios Politeia, müsse wieder in Kraft treten. In einer wie fernen Vergangenheit man dieses Ideal suchen wollte, hing natürlich mehr oder weniger vom subjektiven Ermessen ab. Immerhin waren die zum Sturz der Areopaggewalt führenden Neuerungen, die sogenannte Revolution des Ephialtes, die naturgegebene nächste Grenzlinie, jenseits welcher die Oligarchen das Ideal sahen. Außerdem war es verlockend, der Planung den Namen eines großen, allgemein geachteten Mannes als Etikette umzuhängen. Dazu eignete sich vor allem Kleisthenes. Er hatte ja einen gewissen Ruf als Gründer der Demokratie. Aber im Lichte der Tradition hatte auch Solon Verdienste um die Grundlegung der Volksherrschaft. Ob man sich in dieser Phase auch schon auf die «Drakonische Verfassung» berief oder ob das ein späterer Zusatz ist, scheint umstritten zu sein.[191]

Welchen Inhalt man dann jeweils der «Verfassung der Vorväter» zuschrieb, war auch mehr oder weniger willkürlich. Über die Geschichte der Gesetzgebung in der eigenen Polis herrschten in allen Kreisen vage und wohl recht auseinandergehende Vorstellungen. Und namentlich mit der Geschichtskenntnis der Menge, die es mit «ehrbarem Schein» zu blenden galt, war es schwach bestellt. So ließ sich jenen berühmten Namen, angeblich als Tatsachenmaterial aus der Vergangenheit, viel von dem Gedankengut unterschieben, das erst den Umsturzplänen der 410er Jahre entstammte. Das angesammelte unauthentische Wissen von Athens politischem Werdegang fand später, in höchst verworrener Form, seinen Niederschlag in der wichtigsten antiken Quellenliteratur. Die Schwierigkeit für die Forscher, echtes und unechtes Material zu sondern, liegt auf der Hand. Die Wirrnis betrifft besonders die athenische Volksherrschaft. Während die radikalen Oligarchen sich offenbar vor dem Wort «Demokratie» als Parole scheuten, gaben sich die

Gemäßigten gerne nur als Gegner der «Demokratie der Demokraten» und behaupteten, in der Vergangenheit die gesunde Form der Volksherrschaft gefunden zu haben. Daher sind allerlei Schilderungen oder Schlagworte über die Demokratie eines Kleisthenes, eines Solon und überhaupt der Vorväter in anekdotische Überlieferungen, Pamphlete und anderes Schrifttum eingegangen. Hingegen war das Ende des 5. Jahrhunderts in Athen herrschende System angeblich keine echte Volksherrschaft, sondern eine «verderbte» oder zum mindesten «extreme» und «radikale».[192]

Der erste Schritt zur Reform der Staatsordnung zeigte, welche Richtung man einzuschlagen gedachte. Als im Herbst 413 die Kunde von dem traurigen Ende des sizilischen Unternehmens Athen erreichte, wurde eine Art Sondersicherheitskomitee aus zehn mindestens 40 Jahre alten Mitgliedern, Probuloi, unter ihnen der betagte Tragödiendichter Sophokles, eingesetzt. Es hatte, bei anscheinend unbegrenzter Mandatsperiode, unter Ausschaltung des Rats die Tätigkeit der Ekklesia zu leiten.[193]

Aristoteles hat eine sehr klare Vorstellung von dem oligarchischen Charakter eines solchen an sich kleinen, der Ekklesia übergeordneten Organs und daß dieses Probulen-Komitee, wo es neben der zum demokratischen Apparat gehörenden vielköpfigen Bule auftritt, automatisch die letztere unterdrückt (Politik, 1299 b). Wahrscheinlich konnte auch das Sicherheitskomitee dem Druck der Oligarchen nicht standhalten. Aber zu einem endgültigen Putschversuch kam es nicht, solange man das Ziel auf dem Verhandlungsweg zu erreichen hoffte. Erst als die von den Hauptintriganten genährte Fiktion von einem Handel, bei dem man durch Sturz der athenischen Demokratie Einvernehmen und Bündnis mit Persien erkaufen könnte, zerstoben war, schritt man zur raschen Verwirklichung der Pläne.

Nach rigoroser Unterdrückung der offenen Opposition in der Stadt gab die Ekklesia einem dreißigköpfigen Sonderorgan, zu dem wohl die zehn Probulen gehörten, Vollmacht zur Ausarbeitung der Gesetzesvorschläge, ohne Rücksicht auf den Rat. Die Richtlinien für das neue Komitee waren vage und ausgesprochen reaktionär. Es hatte Vorschläge für die «Rettung des Staates» und die bestmögliche Regierungsform der Polis auszuarbeiten. Vor allem sollte es jedoch «die alten Gesetze» prüfen, die Kleisthenes gegeben hatte, «als er die Demokratie einrichtete» (Athenaion Politeia, 29, 2–3; Thukydides, VIII, 67). Vorsichtshalber wurde die Ekklesia in dem nahe bei Athen auf dem Kolonos gelegenen Poseidontempel zusammenberufen, wohin vermutlich nur sehr wenige Theten folgten. Bei der Gelegenheit wurde ein Vorschlag des Komitees, die einer Verfassungsänderung im Wege stehenden Hindernisse, vor allem die Graphe-Paranomon-Bestimmung, zu beseitigen, gebilligt. Wer einen Antragsteller verklagte oder sonstwie zu schädigen suchte, sollte streng bestraft werden (Thukydides, VIII, 67). So bestand nun die Möglichkeit, über den Ersatz des demokratischen Systems durch die «Gesetze der Vorväter» zu diskutieren.[194]

Der Zusatz zu den allgemeinen Richtlinien, die kleisthenische Gesetzgebung müsse bei der Vorarbeit zur neuen «Verfassung» überprüft werden, ist verblüffend und widerspruchsvoll. Kleisthenes wird damit sozusagen offiziell als Gründer der Demokratie anerkannt. Aber seine Gesetze werden zugleich die «Vorväter-Gesetze» genannt und einer Revision unterzogen. Eine vernünftige Deutung dieser Instruktion hängt weitgehend davon ab, ob Kleisthenes' Gesetze als damals noch existent oder schon untergegangen gelten können und ob die ehrliche Absicht bestand, sie zu Ehren zu bringen oder im Gegenteil sie zu revidieren beziehungsweise ganz auszuschalten. Nach manchen Forschern betrachtete man im vorletzten Jahrzehnt des 5. Jahrhunderts das kleisthenische System im allgemeinen nicht als Demokratie. Auch die Oligarchen nahmen seinen «Demokratismus» wenig ernst. Und vor allem, nimmt man an, sei sein Name als Panier hauptsächlich zur Beruhigung der Gemäßigten einbezogen worden. Somit konnte die Durchführung jener Direktive bedeuten, daß man eine Art gemischte, «balancierte Politeia» einschlug, wie sie sich die Gemäßigten erträumten – aber genau so gut etwas anderes, da es wahrscheinlich nicht möglich war, sich über die Verhältnisse der Vergangenheit zu einigen.[195]

Über die Ausführung des Programms, über Reihenfolge, Methoden und Umfang der Maßnahmen herrscht in den wichtigsten Quellen Widerspruch. So gibt die Athenaion Politeia (zweite Hälfte des 4. Jahrhunderts verfaßt) zwei sehr verschiedene Darstellungen der Verfassungen (30, 2–6; 31). Die eine wird als «für die Zukunft vorgesehene Verfassung», die andere als «eine für den Augenblick» bezeichnet, und beide seien vom Volke, Plethos, angenommen worden. Sie schließen sich zweifellos an die 411 begonnene Umsturzserie an. Die erstere spiegelt offensichtlich die Gedanken der gemäßigten Richtung, letztere die der radikalen Gruppe. Aber der genaue Zeitpunkt dieser Entwürfe für eine schriftlich niedergelegte Verfassung – von denen die anderen Originalquellen nichts wissen –, wie sie in Wirklichkeit entstanden und welche Bedeutung ihnen zukommt, all das entzieht sich offenbar jeder präzisen Feststellung. Mit Hilfe immer virtuoserer Konjekturen haben die Forscher ein Gesamtbild vom Ablauf der Ereignisse konstruiert, ohne sich einig zu werden.[196]

Doch ist dies insofern für eine Betrachtung über die Volksherrschaft zweitrangig, als man es weder für nötig noch auch für möglich hielt, das Ergebnis des Umsturzes Demokratie zu nennen. Als die endgültigen, von den Oligarchen vorgeschlagenen Änderungen – ohne daß jemand zu opponieren wagte – gutgeheißen worden waren, war allen klar, daß man nun eine Oligarchie hatte. Jedenfalls war eine in ihrer Art erstmalige Grenzziehung zwischen Demokratie und Nichtdemokratie vollzogen. Und um sie zu erhellen, muß man sich vor Augen führen, was im Vorsommer 411 umgestürzt und was an seine Stelle getreten war.

Der Kreis der Vollbürger wurde streng reduziert. Zu ihm fand von jetzt an nur eine quantitativ und qualitativ begrenzte Elite Zutritt. Sie umfaßte fünftausend Mann, und zwar solche, «die persönlich und mit ihrem Vermögen am meisten imstande wären, dem Staate zu nützen» (Thukydides, VIII, 65). Die Zahl dürfte der Mindestforderung der gemäßigten Richtung und dem höchsten Zugeständnis der radikalen Oligarchen entsprochen haben. Manche Angaben lassen darauf schließen, daß sie nicht als unverrückbare

Grenze gedacht war – oder wenigstens es in der Praxis nicht geworden wäre –, sondern als eine nach oben hin elastische. Als solche hätte sie vielleicht nicht verhindert, daß notfalls fast allen anderen außer den Theten das Recht der Teilnahme an den Staatsgeschäften zugesprochen worden wäre – vorausgesetzt nämlich, daß Krieg, Seuchen und Verarmung tatsächlich die Schwerbewaffneten und die ihnen an Vermögen Überlegenen so stark dezimiert hätten. Wer sich zur Elite zählen konnte und wer außerhalb blieb, dies entschied sich indes noch nicht auf Grund wirtschaftlicher und physischer Voraussetzungen, sondern die Qualifizierten mußten eigens ernannt werden. Das oblag dem neuen Rat oder seiner Kernabteilung und sollte offenbar Gelegenheit zu einer politischen Säuberungsaktion bieten. Zweck der Oligarchen, wenn sie von den «Fünftausend» sprachen, war nämlich, wie Thukydides zu berichten weiß (VIII, 66), die Polisherrschaft nur denen anzuvertrauen, welche die Verfassungsreform billigten.

Eine derart gesiebte Volksmenge, deren Zahl an die Bürger des «bestmöglichen Staats» in Platons «Nomoi» erinnert, scheint vorläufig nur in der Theorie existiert zu haben. Den «Fünftausend» war zwar die Zusammenberufung versprochen, aber nur, wenn es dem Rat genehm dünkte (Thukydides, VIII, 67). Keiner der beiden Verfassungsentwürfe in der Athenaion Politeia enthält Bestimmungen über irgendeine Art von Ekklesia. Auch ist keine Zusammenberufung der Vollbürger, solange das neugeschaffene System in Kraft war, überliefert.[197]

Hingegen war der neue Rat nach dem Beschluß auf dem Kolonos in Aktion getreten. Laut Thukydides (VIII, 69) schritten seine Mitglieder – den Dolch im Gewande und von einer Schar besonders trainierter Jünglinge begleitet – dazu, den alten «Bohnenrat» aufzulösen und sich an seine Stelle zu setzen.

Die neue Bule bestand aus vierhundert Mann, glich also an Größe dem, was sie wahrscheinlich oder angeblich zur Zeit Solons gewesen und was man von nun an als seine Gründung oder als eine schon zur drakonischen Verfassung gehörige Institution hinzustellen suchte. Die Einsetzung der Ratsmitglieder vollzog sich vermutlich etwa so: Die Volksversammlung, das heißt die auf dem Kolonos versammelte Ekklesia oder vielleicht das erwähnte dreißigköpfige Sonderkomitee, wählte fünf sogenannte Vorsteher. Diese wählten insgesamt hundert Bürger, und zwar zehn Vertreter für jede der zehn Phylen. Von diesen hundert Mitgliedern der Kernabteilung des Rats kooptierte jedes wieder sich selber drei Mitarbeiter, vielleicht unter den von seiner Phyle aufgestellten Kandidaten. Anscheinend fand bei der ganzen Aktion keine Losung statt, und auch die eigentliche Wahl spielte dabei eine geringe Rolle. Von der Amtszeit der Bule-Mitglieder ist auch nichts überliefert, also dürfte für sie das Turnusprinzip aufgehoben worden sein. Die als Prytanen amtierenden Ratsmitglieder erhielten weiterhin Gehalt, obgleich die von Oligarchen und Gemäßigten gleicherweise abgelehnten Misthos-Zahlungen fast durchgängig eingestellt worden waren.[198]

Der Rat repräsentierte zweifellos das Ideal der radikalen Oligarchen von einer permanenten und unabhängigen Bule. Neben ihm gab es keine Ekklesia, anscheinend auch keine Heliaia, und sein Verhältnis zum Areopag war ungeklärt geblieben. Gleich den Misthos-Zahlungen waren auch alle früheren Ämter abgeschafft. Bei der Gründung neuer Ämter – offenbar meist unter Beibehaltung ihres bisherigen Namens – wählte und vereidigte der Rat die Beamten. Er erledigte die zur Außenpolitik, Militär- und Finanzverwaltung gehörenden Aufgaben. Ferner fungierte er als Gerichtshof und nach gewissen Hypothesen auch als Gesetzgeber.[199]

Die Regierungsperiode der «Vierhundert» dauerte nur etwa vier Monate. Ausschlaggebend für ihr schleuniges Ende war die Weigerung des in Samos liegenden Hauptteils der athenischen Flotte, diese Oligarchie anzuerkennen. Die Haltung der Flotte machte die Stellung der Bule untragbar, denn sie verhinderte einerseits einen befriedigenden Abschluß der Friedensverhandlungen mit Sparta, anderseits eine intensive Fortsetzung der kriegerischen Aktionen und gefährdete die Getreideeinfuhr von Übersee. In Athen selbst hatte sich die «Vierhundert»-Regierung wegen ihrer Strenge höchst verhaßt gemacht.

Unter diesen Verhältnissen mußte ein Modus, der durch die Zentralisierung aller politischen Macht auf eine gesinnungsmäßig homogene Gruppe an eine Art von «Einpartei-System» erinnert, allmählich versagen. Innerhalb des Rates selbst trat eine Spaltung ein, Neid und Mißtrauen wurden wach, in der Stadt und im Piräus brachen Unruhen aus, und schließlich versetzte die Niederlage einer eilig zusammengestellten Flotteneinheit die Athener in panische Angst. Die fanatischsten Oligarchen hatten offenbar ein Ränkespiel mit den Lakedämoniern angezettelt. Zugleich hatten andere Ratsmitglieder in der Erkenntnis, daß die Oligarchie nicht lange dauern würde, ihren Standpunkt gewechselt und wetteiferten nun um die Volksgunst. Sie verlangten die Abschaffung des «Jochs einer allzu mächtigen Oligarchie» und daß die «Fünftausend» faktisch und nicht nur dem Namen nach an der Polisregierung teilnähmen, damit «in die Verfassung mehr bürgerliche Gleichheit» komme (Thukydides, VIII, 89). Die Forderung nach Einlösung der die «Fünftausend» betreffenden Versprechungen fand, namentlich durch die Hoplitentruppen verbreitet, Echo unter den Athenern. Das Volk war dafür, da es nicht offen von der Wiederherstellung der Demokratie zu sprechen wagte. Die radikalen Oligarchen waren dagegen, da sie die Einsetzung so vieler Teilhaber an ihrer Regierung geradezu als eine Volksregierung betrachtet hätten (Thukydides, VIII, 92). Die im September 411 einberufene Ekklesia führte die Entscheidung in der so angebahnten Gegenrevolution herbei. Sie setzte die «Vierhundert» ab und übergab die Gewalt den «Fünftausend», die zum Dienst bei der schweren Waffe taugten. Zugleich beschloß sie von neuem, daß kein Beamter mehr besoldet werde (Thukydides, VIII, 97).

Über die Formen, unter denen die so gegründete gemäßigt-oligarchische «Fünftausend»-Regierung funktionierte, weiß man sehr wenig Genaues. Thukydides erwähnt allerdings, daß man «Gesetzgeber», *Nomothétai,* wählte und auch andere Polisangelegenheiten organisierte. Über das Ergebnis bemerkt er jedoch nur ganz allgemein, zwischen dem oligarchischen und dem demokratischen Element habe sich eine «gemäßigte Mischung» herausgebildet, die in ihrem Anfangsstadium – seiner Auffassung nach – das beste Regierungssystem war, das die Athener je gehabt hatten (VIII, 97). Offenbar war jetzt die «gemischte» Staatsordnung oder – wie später Aristoteles sagt (Politik, 1296a) – «die mittlere Verfassung», mese Politeia, geschaffen, wie sie die Gemäßigten von Anfang an angestrebt hatten. Zweifellos waren darin Züge aus der in der Athenaion Politeia sehr unvollständig erläuterten «Zukunftsverfassung» verwirklicht. Ob aber dieses Dokument als Ganzes den damaligen Verhältnissen faktisch entsprach, ist umstritten.[200]

Jedenfalls waren die «Fünftausend» jetzt eine Realität. Ihr fertiges Register enthielt dann freilich neuntausend Namen. Falls die «Zukunftsverfassung» der Athenaion Politeia schon bestand, war die Ekklesia offenbar auch jetzt noch nicht in Aktion. Anderseits aber spricht Thukydides von mehreren Volksversammlungen (VIII, 97). Demnach wäre also die Ekklesia doch wieder auferstanden gewesen, natürlich nur den registrierten Vollbürgern offenstehend. Im übrigen rekrutierten sich aus der Schar der «Fünftausend» die Ratsmitglieder und Beamten. Über den Charakter der Bule, die die «Vierhundert» ersetzte, ist man größtenteils aufs Raten angewiesen. Auch das Bild in der Athenaion Politeia ist in dieser Hinsicht ganz verworren, und einleuchtende Schlußfolgerungen dürften sich nur gewaltsam konstruieren lassen. Ziemlich sicher scheint zu sein, daß die Ratsmitglieder dreißig Jahre alt sein mußten. Aber über ihre Zahl und den Wahlmodus ist man sich nicht einig. Manche Forscher meinen, in Anbetracht der Aversion, die die eben gestürzte Regierung hinterlassen hatte, konnte die neue Bule kein «Vierhundert»-Rat sein. Sie konnte, wie die Athenaion Politeia behauptet, alle über Dreißigjährigen von den «Fünftausend» umfassen, also eine unbestimmte und jährlich etwas wechselnde Zahl, vielleicht aber jeweils in vier Abteilungen amtend. Auch könnten es, der Tradition entsprechend, fünfhundert Mitglieder gewesen sein. Falls die Bule-Mitgliedschaft nicht ohne weiteres jedem Qualifizierten zustand, hält man es für möglich, daß zum Unterschied von dem Verfahren in der demokratischen Zeit die Mitglieder nicht ausgelost, sondern gewählt wurden. Für diese Annahme spricht unter anderem das Prinzip der «Zukunftsverfassung», die höchsten Beamten durch Wahl, die niederen durchs Los zu bestallen.[201]

Soweit tatsächlich die in der Athenaion Politeia aufgezählten Vorschriften befolgt wurden, konnte eine eigenartige Einrichtung Brauch sein, daß nämlich die Ratsmitglieder im Falle des Nichterscheinens Strafe zahlen mußten. Soviel man weiß, wurde ein ähnliches Bußeverfahren in Athen nie sonst angewendet, obgleich es auch in einer Version der drakonischen Verfassung vorkommt. Aus vielen anderen griechischen Stadtstaaten ist es hingegen bekannt.[202] Aristoteles geht auf diesen Fragenkomplex besonders ein, indem er erörtert, wie die Oligarchie mit ausgesprochen gerecht wirkenden Mitteln aufrechtzuerhalten sei, auch in dem Fall, daß allen Bürgern die gleichen Rechte der Beteiligung an den Staatsgeschäften zugebilligt werden. So werden die Armen gerne Ämter vermeiden, wenn ihnen – nicht aber den Reichen – erlaubt ist, sie auszuschlagen; sie bleiben gern Volksversammlungen, Gerichtssitzungen oder Leibesübungen fern und verschaffen sich keine Waffen, wenn sie wegen solcher Versäumnisse gar nicht bestraft werden oder nur geringe Buße zahlen müssen, während den Reichen eine hohe Strafe zudiktiert wird (Politik, 1297a).

Die «Regierung der Fünftausend» entfremdete sich die radikalen Oligarchen, schuf aber zwischen Athen und der Flotte eine Verbindung, die eine erfolgreiche Fortsetzung des Krieges ermöglichte. Gerade dies wirkte sich jedoch auch für die gemäßigte Oligarchie verhängnisvoll aus. Als im folgenden Jahr infolge eines glänzenden Seesieges das Selbstgefühl der Marine erwachte, schlug wieder die Stunde der Revolution. Im Frühsommer 410 verschwanden die «Fünftausend» aus der politischen Arena, und an ihre Stelle trat abermals die demokratische Ordnung. Wie sich der Umschwung vollzog, weiß man nicht. Daß die lange im Hintergrund verbliebenen Demagogen von neuem auf den Plan traten, war charakteristisch. Hingegen fehlen Anzeichen, daß es zu Blutvergießen gekommen wäre.[203]

In Verbindung mit der Restauration der Demokratie wurden die früheren Gesetze kodifiziert und überprüft sowie neue erlassen.

Unter anderem präzisierte man das Verhältnis zwischen Rat und Ekklesia. Zugleich ergriff man Maßnahmen zur Verhinderung und Unterdrückung revolutionärer Umtriebe. Eine davon betrifft ein so kleines, aber offenbar für wichtig erachtetes Detail wie die Sitzordnung im Rat. Plutarchs Bericht (Perikles, 11) nach zu urteilen, hatte schon Thukydides, Sohn der Melesias, in der Mitte des 5. Jahrhunderts als Führer der Opposition in der Ekklesia es verstanden, Gleichgesinnte zu einer geschlossenen Gruppe um sich zu scharen. Die oligarchischen Verbände waren vermutlich entsprechend vorgegangen, als sie auf den Sturz der Demokratie hinarbeiteten. Jedenfalls wurde nun die Sitzordnung in der Bule so geregelt – wahrscheinlich durchs Los –, daß Fraktionsbildungen in den Versammlungen unmöglich waren.

Die bedeutungsvollste Neuerung war indes ein Gesetz, das allen Athenern vorschrieb, der Demokratie Treue zu schwören. Zugleich mußten sie sich verpflichten, jeden als Feind zu betrachten, der sich einem Unternehmen zum Sturz der Demokratie anschloß oder einer Regierung beitrat, die das demokratische System abgeschafft hatte. Das waren keine bloßen Phrasen, denn das Gesetz erklärte Feinde der Demokratie für vogelfrei. Bei einer feierlichen Veranstaltung schworen nämlich die Bürger, sie «durch Wort, Tat, Abstimmung, ja womöglich mit eigenen Händen zu vernichten». Jeder durfte einen Feind der Demokratie töten, ohne bestraft zu werden und ohne das Odium einer Bluttat auf sich zu laden. Tatsächlich entsprach eine solche Gesetzgebung gegen revolutionäre Anschläge einer alten, bis zu Solon oder noch weiter zurück reichenden Tradition. Jetzt war ihre Form modernisiert und ihr Inhalt speziell auf den Schutz der Demokratie zugeschnitten.[204]

Zweiter oligarchischer Umsturz

Trotz allen Sicherheitsmaßnahmen erwies sich die athenische Demokratie bald wieder als schutzlos und Angriffen ausgesetzt. Der Ursachen gab es viele, innere und äußere. Wer in die jüngsten oligarchischen Intermezzos verwickelt gewesen war, wurde in erbitterter Weise schikaniert und bestraft. Viele von ihnen sahen sich auf lange Zeit ganz oder teilweise ihrer Bürgerrechte beraubt. Die Hetzpropaganda der Demagogen und die Denunziationen der Sykophanten vergifteten die Atmosphäre. Ausschlaggebend waren jedoch die Zuspitzung der außenpolitischen Lage Athens und der Zusammenbruch seiner Flotte. Da Persien im Krieg Spartas Partei ergriffen hatte, befand sich Athen in einer schwierigen Lage. Im Herbst 405 zerstörte die peloponnesische Flotte, stärker denn je, den Hauptteil der gegnerischen Seestreitkräfte in der Schlacht bei Aigospotamoi. Die Bewohner Athens spürten sofort die ganze Schicksalsschwere dieses Ereignisses. Xenophon erzählt (Hellenika, II, 2, 3), in der Nacht, als die Kunde den Piräus erreichte und dann von Mund zu Mund die Langen Mauern entlang bis zur Stadt lief, habe keiner Schlaf gefunden. Die Mitgliedstaaten des Imperiums, außer Samos, gingen zu Sparta über. Die Lakedämonier kreisten Athen vom Lande und vom Meer her ein. In der Stadt brach Hungersnot aus. Der im April 404 geschlossene Friede kostete Athen seine außenpolitische Unabhängigkeit, die auswärtigen Besitzungen, die Verteidigungsmöglichkeiten und die Flotte, ausgenommen ein paar Schiffe, und brachte die landesverwiesenen Oligarchen zurück.[205]

Nach manchen Quellen, so der Athenaion Politeia (35, 3), sollte Athen laut den Friedensbedingungen die demokratische Verfassung abschaffen und statt dessen eine oligarchische Patrios Politeia einsetzen. Andere, wie Xenophons «Hellenika», die wichtigste Darstellung jener Zeitgeschehnisse, erwähnen nichts davon. Faktisch findet sich freilich diese Patrios-Politeia-Klausel oder etwas Entsprechendes in vielen internationalen Verträgen der Hellenen. Doch bedeutet sie da meist nicht die Verpflichtung, zu einer als Ideal aufgestellten oder der Vergangenheit angehörenden Staatsordnung überzugehen, sondern im Gegenteil das Recht – ohne Einmischung des Vertragspartners –, die eigenen internen Probleme an Hand überlieferter Normen und Formen zu lösen. Die Spartaner hatten in ihrer offiziellen Politik den Nichtinterventionsstandpunkt bezogen. Hingegen hatte sich gerade ihr großer Feldherr Lysander,

der nun Athen entmachtet hatte, erlaubt, diesem Prinzip entgegenzuhandeln, indem er in den Mitgliedstaaten des früheren Imperiums die ihm zusagende Oligarchie errichtete. Daher halten es nicht alle Forscher für ausgeschlossen, daß beim Entwerfen der Athen zudiktierten Bedingungen eine auf die Patrios Politeia deutende Wendung vorgekommen wäre. Aber eine Verpflichtung, zur Oligarchie zurückzukehren, enthielt der Friedensvertrag wahrscheinlich nicht. Der Bericht über Spartas diesbezügliche Forderungen dürfte erst nachträglich erfunden worden sein, als man den bald nach Kriegsende vollzogenen Putsch zu beschönigen wünschte.[206]

Die Umtriebe zum Sturz der Demokratie waren in Athen bereits in Gang, als die langwierigen Kapitulationsverhandlungen begonnen hatten. Die Anhänger der radikalen und der gemäßigten Oligarchie, unter ihnen einige der am Umsturz von 411 beteiligten Personen, hatten eine Verständigung zustande gebracht.[207] Für sie war nach Inkrafttreten des Friedensvertrages die Situation viel günstiger als sieben Jahre vorher. Die im Schutz des Siegers heimgekehrten Emigranten waren geschworene Feinde des demokratischen Systems und bereit, an seinem Sturz mitzuwirken. Spartas Sympathien waren offensichtlich auf seiten der oligarchisch Gesinnten.

Anderseits ist es mangels Nachrichten schwer, sich ein zuverlässiges Bild davon zu machen, wieviel Rückhalt die demokratische Staatsordnung damals besaß. Die allgemeine Verarmung hatte ein Absinken in der Schätzungsskala verursacht, und so hatten sich die durch Hunger und Seekämpfe entstandenen Lücken in den Reihen der Theten vermutlich aufgefüllt. Ob die Tausende landlos gewordener Kleruchen jetzt plötzlich nach Attika zurückfluteten und dessen unbemittelte Bürgerschicht vermehrten oder ob sie in die Kolonien oder als Söldner in fremde Länder gingen, ist eine umstrittene Frage.[208] Wie dem auch sei – sehr fraglich bleibt, ob dieses neue Proletariat mit einer Staatsordnung sympathisiert hätte, der man – nach allgemein menschlicher Gepflogenheit – die durch den unglücklichen Kriegsausgang verursachten Leiden zur Last legen konnte. Die politische Bedeutung der «Feste des Demokratismus», der Flotte, war jedenfalls dahin.

Trotz all dem traten die Verfechter der Beibehaltung des demokratischen Systems, sobald die Blockade Athens aufgehoben war, in rege Aktion, indem sie sich um die Feldherren scharten, die gegen die Kapitulation gestimmt hatten. Das oberste Exekutivorgan der Oligarchen, ein aus fünf sogenannten Ephoren gebildetes Kommissariat, wollte zwar schon die Demokraten wegen einer ihnen zugeschriebenen Verschwörung verklagen; aber die Fürsprecher des Umsturzes fanden doch Eile geboten. Die Ekklesia wurde wieder außerhalb der Stadt einberufen, diesmal im Piräus. Dort war eine spartanische Besatzung und der vermutlich eben eingetroffene Lysander. Bei dieser Gelegenheit, Sommer oder Frühherbst 404, wurde das demokratische Regime zum zweitenmal gestürzt.[209]

Infolge von Lysanders unverhüllten Drohungen beschloß die Ekklesia von Piräus, ein Dreißig-Mann-Komitee zur Revision der Gesetze nach «Vorväter»-Tradition einzusetzen. Laut einer Quelle wurde das Komitee so zusammengestellt, daß das oligarchische Ephorat zehn Mitglieder und der als Führer der gemäßigten Richtung geschilderte Theramenes ebenso viele ernannte und die übrigen unter den Anwesenden ausgewählt wurden. Ob die ursprüngliche Absicht war, den «Dreißig» nur die Ausarbeitung der «Vorvätergesetze», *Pátrioi Nómoi,* anzuvertrauen oder nicht – in Wirklichkeit schritten sie zur Ausübung einer rigorosen Diktatur. Sie ernannten einen neuen, ihnen genehmen Rat der Fünfhundert, den Archon und andere Beamte, und binnen kurzem setzte eine wahre Schreckensherrschaft ein. Die «Dreißig» verstärkten die Polizeimacht und riefen auch aus Sparta Militär zum Schutz herbei. Politische Gegner und von der demokratischen Ära her allgemein verhaßte Sykophanten, aber auch Bürger, die sich gar nicht politisch betätigt hatten, und an keinerlei Verbrechen beteiligte Reiche wurden in bedeutender Zahl zum Tode verurteilt oder ohne Prozeß ums Leben gebracht. Um die Besatzungskosten für die Lakedämonier in Athen aufzubringen, bevollmächtigten die «Dreißig» jedes ihrer Mitglieder, nach Gutdünken einen Metöken zu verhaften, der dann hingerichtet und dessen Vermögen beschlagnahmt wurde (Xenophon, Hellenika, II, 3, 21).[210]

Dieses ganze wüstfanatische Raubsystem hatte natürlich nichts mehr mit der Ehrfurcht vor den «Gesetzen der Vorväter» gemeinsam. Offenbar versuchte man auch nicht einmal, es als demokratisch zu tarnen. Gewisse antike Autoren begründen freilich das Verbleiben der gemäßigten Oligarchen in dem Terrorregime damit, daß ihr Patrios-Politeia-Ideal und die Ziele der Demokraten nahe verwandt oder direkt identisch seien. Offenbar veranlaßten gerade die Vorwürfe des Theramenes, es fehle der Regierung am nötigen Anhang, die «dreißig Tyrannen», eine Liste von dreitausend Mann aufzustellen, die volle Bürgerrechte haben sollten. Diese Privilegierten durften ihre Waffen behalten – die anderen Athener nicht –, und etwas später wurde anderen außer ihnen das Betreten des eigentlichen Stadtgebietes verboten. Aber auf die Haltung der Gemäßigten fällt, nach anderen Quellen, ein ziemlich groteskes Licht. So spricht in Xenophons «Hellenika» (II, 3, 16) der Führer der fanatischsten Oligarchen, Kritias, zynisch unumwunden zu Theramenes: «Wir sind unser dreißig und nicht ein Einzelner. Wenn du meinst, dieser Umstand würde uns hindern, unsere Amtsstellung tyrannisch auszunutzen, bist du wahrhaft naiv.» Die Kooperation der beiden oligarchischen Richtungen endete bald, und Theramenes wurde zum Tode verurteilt.[211]

Der Sturz der «Dreißig» erfolgte im Frühjahr 403, als eine aus Landflüchtigen zusammengesetzte Truppe im Piräus eindrang und die Spartaner sich abseits hielten. In seiner «Hellenika» (II, 4, 21) läßt Xenophon den Herold sagen, die Tyrannen hätten innerhalb von acht Monaten aus persönlichen Motiven beinahe mehr Athener umgebracht als die Peloponnesier in zehn Kriegsjahren. Aber das System selbst kam mit den Regierenden noch nicht zu Fall. An ihre Stelle setzten die «Dreitausend» ein Zehn-Mann-Komitee und beschlossen, den Krieg gegen die demokratisch gesinnten Emigrantentruppen fortzusetzen. Der Kampf zwischen «denen aus der Stadt» und «denen im Piräus» hätte lang und erbittert werden können, hätten nicht die Spartaner ihre Politik geändert. Sie entsandten neues Militär nach Attika, diesmal jedoch nicht, um die andere Partei zu stützen, sondern um die Athener zu einem Vergleich zu zwingen. Dank ihrem entschlossenen Vorgehen verpflichteten sich beide Teile feierlich, allgemeine Amnestie für alles Geschehene zu gewähren, und zwar allen außer den «Dreißig» und den «Zehn» sowie gewissen Polizei- und Überwachungsorganen derselben. Wer sein Eigentum auf gesetzwidrige Weise eingebüßt hatte, bekam es zurückerstattet. Eine große Zahl Oligarchen, die an der Tyrannispolitik beteiligt gewesen, waren nach Eleusis geflohen. Diese heilige Stadt wurde von Attika abgetrennt, und Reflektanten erhielten das Recht, binnen einer bestimmten Frist dorthin überzusiedeln. Einige Jahre später, als die einflußreichsten Emigranten in eine Falle gelockt und getötet worden waren, wurde Eleusis wieder an Attika angeschlossen und in die Amnestie einbezogen.[212]

Endgültige Rückkehr zur Demokratie

Sparta diktierte 403 keine Bedingungen, die Athens Verfassung angetastet hätten, sondern begnügte sich mit einem Bündnis zwischen beiden Stadtstaaten und zog sogar seine Besatzungstruppe aus Attika zurück. Nun konnte man in Athen, ohne sichtbaren Druck von außen, an die Stabilisierung der Verhältnisse gehen. In einigen Beziehungen suchten freilich die Oligarchen ihren Forderungen durch Berufung auf die ihnen angeblich von Sparta versprochene Unterstützung Nachdruck zu verleihen; aber das blieb seltsamerweise ohne Wirkung. Die Lage gestaltete sich auch entschieden anders, als die Lakedämonier tatsächlich erhofft hatten.

Die Athener wählten ein Zwanzig-Mann-Komitee als eine Art Interimsregierung. Vermutlich war seine Aufgabe, das der demokratischen Ordnung entsprechende Getriebe mit dem Rat der Fünfhundert und der Beamtenschaft in Gang zu bringen. Die Amtszeit des ersten jetzt gewählten Archons, Euklid, 403/402, rechnet man als Anbruch einer neuen Ära. Ein äußeres Zeichen dieses Wendepunkts ist der Übergang vom attischen Archaismus zur ionischen Schrift beim Abfassen offizieller Dokumente. Vor allem aber zielte die intensive Reformtätigkeit darauf, die Zusammensetzung der

Bürgerschaft zu bestimmen, die Gesetzgebung zu verdeutlichen und die Polisverwaltung wiederaufzubauen. Die zweite Restauration der Demokratie hatte begonnen.[213]

Das Vergessen des Gewesenen, *Amnestía,* wurde sehr gewissenhaft gehandhabt, und eine Vergeltungsaktion, wie sie nach dem Sturz der «Fünftausend» sich anbahnte, wurde streng unterbunden. Dadurch wurde erreicht, daß der bei den verflossenen Unruhen kompromittierte oder aus anderen Gründen dem demokratischen System abgeneigte Volksteil sich in die Verhältnisse schickte. Aber noch war unentschieden, wo nach all diesen Umwälzungen die Grenze des Vollbürgerkreises verlaufen sollte. Es zeigten sich da divergierende Tendenzen, solche aus sehr enger wie auch solche aus weiter Sicht.

Ein aus der Verbannung heimgekehrter Anhänger der Oligarchie, vielleicht von irgendwelchen Spartanern empfohlen, schlug vor, die Stellung eines Vollbürgers nur ländlichen Grundbesitzern, allenfalls auch Besitzern von städtischen Hausgrundstücken, zuzubilligen. Dadurch hätten 5000 Athener, die vor der Regierung der «Dreißig» Bürger gewesen waren, ihr Mitbestimmungsrecht an der Polisverwaltung verloren. Der Antrag wurde abgelehnt; zumal die im letzten Stadium der Oligarchie von ihren Höfen vertriebenen Kleinbauern stimmten dagegen.

Von anderer Seite tauchte der Plan auf, die durch Krieg und innere Fehden stark dezimierten Reihen der Bürgerschaft durch Zuziehung sogar auswärtiger Elemente aufzufüllen. In diesem Sinn schlug der Führer der demokratisch gesinnten «Partei» vor, das Vollbürgerrecht allen zu gewähren, die den Landesverwiesenen bei ihrem Kampf gegen die Oligarchie geholfen hatten, und zwar den Fremden und Metöken wie auch den Sklaven. Die Ekklesia billigte den Vorschlag; da aber die Bule ihn nicht vorbehandelt hatte, gelang es der Gegenpartei, den Beschluß als gesetzwidrig zustande gekommen hinzustellen. Ein wenig später bewilligte allerdings die Polis als Zeichen ihrer Dankbarkeit knapp 200 Metöken, die in den Reihen demokratisch Gesinnter gekämpft hatten, die Vollbürgerrechte und vielen anderen verdienten Metöken sonstige

Rechte und Auszeichnungen. Das geschah zur gleichen Zeit, als der Anschluß von Eleusis an Attika das oligarchische Element unter den Athenern verstärkte. Eigentlich war es ein recht karger Lohn für die geleisteten Dienste. Lysias zum Beispiel wurde nur die *Isotéleia* zugesprochen, das heißt, er wurde hinsichtlich Besteuerung und Kriegsdienst einem Bürger gleichgestellt. Dabei hatte er die kleine Emigrantengruppe bei ihrem Kampf im Piräus gegen die «Dreitausend» durch Geld und Söldner unterstützt, und die von ihm verfaßte Rede hatte die Ekklesia so beeindruckt, daß sie besagten Vorschlag über die Beschränkung der Staatsbürgerschaft verwarf.[214]

Nachdem die erste Begeisterung abgeklungen war, hielt es tatsächlich nicht schwer, bei allen Athenern, unabhängig von ihrem politischen Standpunkt, denselben Unwillen gegen die Gleichstellung Fremdstämmiger innerhalb der Bürgerschaft zu wecken, der schon früher ihre Haltung bestimmt hatte. Während des Peloponnesischen Krieges hatte man zwar aus politischen Gründen hin und wieder, ohne Befolgung allzu strenger Prinzipien, Fremde als Bürger anerkannt.[215] Jetzt aber wollte man dem Eindringen von «Außenseitern» einen Riegel vorschieben. Man beschloß, jene Vorschrift, auf der das von Perikles eingebrachte Gesetz von 451/450 basierte, daß nämlich ein Bürger von beiden Elternteilen her Athener sein müsse, anzunehmen. Doch hatte die Bestimmung keine rückwirkende Kraft, sondern galt vom Archontat des Eukleides an.[216]

Ein anderes, schnelle Lösung heischendes Problem war, nach welchen Gesetzen jetzt das Leben zu regeln sei. Die Tatsache, daß man der früheren, demokratischen Ordnung angehörende öffentliche Organe eingesetzt hatte, bedeutete nicht ohne weiteres einen Sprung zurück in die Verhältnisse vor den oligarchischen Intermezzos oder in der Zwischenzeit 410–404. Im Gemeinwesen hatten sich tiefgreifende Umwälzungen vollzogen, das Wirtschaftsleben war erschüttert, das Imperium verloren. Die bisherige Gesetzgebung erwies sich nicht nur als lückenhaft, sondern auch als großenteils unanwendbar. Ferner ist es unsicher, ob die Kodifizierung der

Gesetze nach der solonischen Ära überhaupt vollständig durchgeführt worden war. Zum mindesten war die nach dem Sturz der «Fünftausend» begonnene Arbeit Fragment geblieben. Darum beschloß die Ekklesia 403 eine allgemeine Gesetzesrevision. Vorläufig sollten die Athener die solonischen und drakonischen Gesetze befolgen.

Diese merkwürdige Formulierung ist überraschend. Sie zeigt zwar, daß man die unter den Oligarchien entstandene Gesetzgebung für aufgehoben hielt; aber anderseits erweckt sie den Eindruck, man habe die Normen vielleicht absichtlich in einer noch ferneren Vergangenheit suchen wollen als in der Ära des Kleisthenes, des «Gründers der Demokratie». Das widerspräche jedoch anderen, diese Reformphase beleuchtenden Angaben. Alles weist darauf hin, daß das Schlagwort Patrios Politeia durch das Regime der «Dreißig» entscheidend an Anziehungskraft eingebüßt hatte. Obschon die Gesetze der Vorväter und die alten Verhältnisse in manchen Kreisen noch immer idealisiert wurden, blieben die auf ihre Wiedererweckung zielenden Tendenzen in der politischen Praxis auf acht Jahrzehnte hinaus bedeutungslos.[217]

Mehrere Tatsachen bekräftigen die sehr einfache Erklärung des Ekklesia-Beschlusses von 403. Die Gesetzessammler nach Solon hatten seinen Namen als Urheber des Kodex beibehalten, sowohl für die archaischen, obgleich wohl mit der Zeit abgewandelten, wie auch für alle nach ihm entstandenen Gesetze. Mit der fortschreitenden Kodifizierung war also dem unter Solons Namen gehenden Kodex immer reichlicher frisches Material zugeflossen. Im 5. Jahrhundert herrschte, wie man beobachten kann, die Praxis, beim Hinweis auf irgendein Gesetz – einerlei, ob alt oder neu – im aktuellen Kodex von «Solons Gesetz» zu sprechen. Ebenso verfuhr man im 4. Jahrhundert. Damals nannte man die Gesetze in dem nun anläßlich der zweiten Restauration der Demokratie ausgeführten Kodex «die Solonischen Gesetze», obschon darunter nachweislich auch ganz neue waren. Man hat daher vermutet, mit «Solons und Drakons Gesetzen» sei das Ergebnis gemeint, das die 410 begonnene Kodifizierung schon gezeitigt hatte.[218]

Diese Schlußfolgerung bietet eine ziemlich einleuchtende Antwort auf die Frage, warum man sich jetzt auf Solon berief, aber noch keine hinreichende Erklärung für die Einbeziehung von Drakons Namen in jenen Beschluß. Hier sei indes auf eine Erscheinung im parteipolitischen Denken der Athener hingewiesen, die näheren Aufschluß geben kann. Erstens hält man es für möglich, daß in dem Maß, wie die Demokraten gerade von 403 an Solons große Verdienste als Begründer der Volksherrschaft betonten, die gemäßigten Oligarchen, wenigstens im 4. Jahrhundert, zeitlich noch einen Schritt weiter zurückgingen und eine Art von Mythos von einem «gemäßigten» Drakon konstruierten. Zweitens enthält die Beschreibung der «Drakonischen Verfassung» in der Athenaion Politeia mehrere wichtige Analoga zu jener «Zukunftsverfassung», von der man annimmt, sie habe dem Programm der Gemäßigten in der oligarchischen Periode entsprochen. Auf die meisten Punkte verzichtete man oder mußte auf sie in dieser Periode verzichten. So gelang es weder die Stellung des Vollbürgers vom Vermögen abhängig zu machen noch auch die Wiedereinführung der Misthophoria zu verhindern. In beiden Verfassungen fand sich aber das Turnusprinzip, das wiederum schon die demokratische Ordnung der Zeit des Perikles gekennzeichnet hatte. Und schließlich enthielt die «Drakonische Verfassung» gewisse Sonderzüge – unter anderm jene Forderung, daß die Eltern eines Bürgers beide athenischer Herkunft sein mußten –, deren Vorbild eben jene Institutionen aus den letzten Jahren des 5. Jahrhunderts sein konnten.[219]

Die allgemeine Revision betraf wahrscheinlich die schon früher dem Kodex angefügten wie auch die später entstandenen Gesetze. Sie vollzog sich auf derselben Basis wie die 410 begonnene Kodifizierung und konnte auch deren direkte Fortsetzung sein. Da also schon unter dem demokratischen System gültig gewesene Rechtsnormen revidiert wurden, handelte es sich überhaupt nicht um die praktische Verwirklichung irgendeiner neuen Konzeption. Die Revision bedeutete lediglich Sieben, Präzisieren, Vereinheitlichen und Konservieren der Gesetze. Sie vollzog sich so, daß der Rat und 500 demenweise gewählte Nomotheten gemeinsam jedes Gesetz erwogen. Jeder Bürger hatte das Recht, sich zu der jeweils vorliegenden Sache vor der Bule zu äußern. Natürlich konnte sich das tausendköpfige Kollegium nur oberflächlich mit diesen Problemen vertraut machen. Deshalb blieb die eigentliche Redaktionsarbeit, oft sogar die Entscheidung über die Authentizität und Gültigkeit des Gesetzes der vom Rat gewählten beschränkten Kommission Sachverständiger überlassen. Die Bule und die 500 Nomotheten konnten das Gesetz gutheißen oder ablehnen. Das angenommene Gesetz wurde den Behörden zur Kenntnis gebracht und sein Text, auf Stein geschrieben, in dem wahrscheinlich gerade damals gegründeten Staatsarchiv aufbewahrt.[220] Ende 401 oder 399 war das große Revisionswerk abgeschlossen.

Aus dieser Zeit oder den darauf folgenden Jahren stammen gewisse wichtige neue Gesetze von grundsätzlicher Tragweite.

Unter anderm wurden die Beamten angewiesen, kein ungeschriebenes Gesetz, *Agraphos Nómos,* in Anwendung zu bringen. Das Verbot bedeutete natürlich nicht, daß für jeden Fall ein geschriebenes Gesetz existierte oder existieren sollte. Im Gegenteil: in den Rechtsverhältnissen herrschte weiterhin ein sichtlicher Mangel an geschriebenen Gesetzen. Aber während ein Richter auch ein ungeschriebenes Gesetz berücksichtigen konnte, mußte ein Beamter von nun an damit rechnen, daß das geschriebene Gesetz seine Handlungsfreiheit begrenzte.[221]

Unter den Neuerungen zur Stabilisierung der Verhältnisse war ferner die Bestimmung, kein Bule- oder Ekklesia-Beschluß dürfe über dem Gesetz rangieren. Man unterschied also zwischen Beschluß oder – wie man es oft ausgedrückt sieht – Dekret oder Verfügung, *Pséphisma,* und Gesetz, *Nómos.* Offensichtlich kannte man diese Sonderung, wenigstens zu Perikles' Zeit, noch nicht. Psephisma und Nomos brauchte sich in materieller Beziehung gar nicht voneinander zu unterscheiden; denn schon im 5. Jahrhundert oder vielleicht auch früher wurden neue, allgemeine Normen, Gesetze, gerade in der Form von Resolutionen des Rates und der Ekklesia niedergelegt. Bei der zweiten Restauration der Demokratie trat jedoch ein Prinzip in Kraft, wonach nur eine solche Verordnung als

Nomos galt, die bei der nun abgeschlossenen Revision dem Gesetzkodex eingefügt worden war oder bei einer neuen Revision als Zusatz genehmigt wurde. Alle anderen Verfügungen der Bule und der Ekklesia waren ihrer Natur nach Psephismata. Im 4. Jahrhundert jedenfalls trennte man sie deutlich von den Gesetzen. Die neuen, den Kodex ergänzenden gesetzlichen Bestimmungen kannte man nämlich immer mehr unter dem Namen des betreffenden Initiators. Sie konnte man also nicht als «Solonische Gesetze» bezeichnen.[222] Auf diese Weise ließ sich die offenkundige Konfusion in Fragen der bestehenden Rechtssatzungen, die solch günstigen Boden für Umsturzbewegungen abgegeben hatte, beseitigen.

Auch der Rechtsschutz des einzelnen Bürgers hatte sich in den jüngsten Unruhen als recht brüchig erwiesen. Jetzt galt es, ihm einen dauerhaften Wall gegen politische Willkür und Intrigen zu schaffen. Man stellte also als Prinzip auf, ein eine Einzelperson, nicht alle Athener betreffendes Gesetz könne nur dann erlassen werden, wenn mindestens 6000 Bürger in geheimer Abstimmung darüber beschlössen. An sich ist diese Verfügung nichts Neues, sondern galt unter anderm schon beim Ostrakismos. Zu Euklids Zeit trat ferner das Verbot, einen schon entschiedenen Prozeß von neuem aufzurollen, in Kraft. Damit sollten Bürger vor fortgesetzter politischer Anfeindung geschützt werden. In Terrorzeiten war es auch eine wirksame Waffe der Gewalthaber gewesen, daß sie sich nicht nur persönlich an ihren Gegnern, sondern auch an deren Angehörigen rächen konnten. Das alte Prinzip der Sippenhaftung hatte zum Beispiel unter dem Regime der «Dreißig» die Verfolgung von Kindern Landesflüchtiger gestattet. Aber die nach dem Bürgerkrieg verkündete Amnestie erstreckte sich auch auf die Söhne der «Dreißig», und das Volk verging sich – trotz demagogischer Aufhetzung – nicht gegen diese Maßnahme. Von da an kann man das Prinzip der Kollektivverantwortung als endgültig aus dem attischen Strafrecht ausgeschaltet betrachten. Frühere, oligarchischen Zwecken dienende Gesetze wurden auch insofern geändert, als die Fälle, in denen Todesurteil und Konfiskation durch den Staat zusammenfielen, stark reduziert wurden.[223]

Überdies wurden im Rechtswesen gründliche Neuerungen vorgenommen. Die wichtigste Reform betraf die Heliaia. Um die Zahl der Geschworenen möglichst auf den Maximalstand, das heißt 6000, zu bringen, wurde jeder Bürger vom dreißigsten Lebensjahr an als Kandidat genehmigt. Versuche, durch Bestechung oder sonstwie die Richter von vornherein zu beeinflussen, fielen weg, da die Zusammensetzung des Dikasterions von der im letzten Augenblick stattfindenden Erlosung abhing.[224]

Im Zusammenhang mit der zweiten Restauration der Demokratie traf man wieder verschiedene Vorkehrungen zur Festigung der Gesetzestreue und der Unantastbarkeit der Verfassung. Zuerst übertrug man dem alten Rat des Areopags die Kontrolle über die Befolgung der Gesetze seitens der Beamten. Doch war das wohl nur eine vorübergehende Maßnahme; denn nichts deutet darauf hin, daß der Areopag von nun an eine irgendwie wichtigere Stellung im politischen Leben Athens innehatte als während der verflossenen sechs Jahrzehnte.[225] Diesmal wurden, soweit bekannt, die Bürger nicht wie bei der Restauration 410 gemeinsam auf Loyalität gegen das System vereidigt. Aber das Graphe-Paranomon-Verfahren, das den Umsturzplänen der Oligarchen im Wege gestanden und das sie deshalb abgeschafft hatten, kam neu zu Ehren. Die zweite von früher her bekannte Waffe zur Sicherung des Staates, die Eisangelia-Bestimmungen, wurde jetzt präzisiert: während man bisher im Rat oder der Ekklesia Eisangelia-Klage wegen polisfeindlicher Anschläge erheben konnte ohne Nachweis eines im Gesetz definierten Vergehens, wurde das Gebiet der Anklage ab 403 auf Staats- und Landesverrat und ähnliche schwere Verbrechen begrenzt.[226]

Nach Kriegsende war die finanzielle Lage Athens besonders schwer. Trotzdem kam die von den Oligarchen verschiedenen Grades gemeinsam als Ursache des Verderbens verfemte Lohnzahlung rasch wieder in Gebrauch. Zur Deckung des größten Ausgabepostens, des *Misthós dikastikós,* war man anfangs offenbar auf die Denunziationsmethoden der Sykophanten angewiesen. Aber schon um die Jahrhundertwende hatte sich die Finanzlage der Polis so weit gebessert, daß die Geschworenen regelmäßig ihre drei Obolen erhielten.[227] Wahrscheinlich brauchte auch die Ekklesia eine Aktivierung. Laut manchen Nachrichten waren die Athener auch früher nicht immer genügend eifrig im Besuch der Ekklesia gewesen, und so war es wohl auch jetzt (Athenaion Politeia, 41, 3). Ziemlich bald nach der Restauration, nach manchen Schätzungen jedoch kaum vor etwa 395, schlug ein Politiker namens Agyrrhios vor, für die Teilnahme an Ekklesia-Versammlungen Präsenzgelder, *Misthós ekklesiastikós,* zu zahlen. Anfangs betrug er einen Obolus, stieg aber rasch auf zwei und dann – wieder auf Anregung des Agyrrhios – drei Obolen. Es wurde dafür von vornherein eine Summe ausgesetzt, die sich auf jede reguläre Versammlung im Jahr verteilte. Waren nun viele anwesend, reichte der Misthos nur für die Zuerstgekommenen.[228] Früher, zu Perikles' Zeit, hatte man den Armen Schauspielgelder, Theorika, gezahlt. Auf Agyrrhios' Vorschlag wurde jetzt ein regelrechter Theorikon-Fonds gegründet, der im 4. Jahrhundert im politischen Leben Athens eine große Rolle spielen sollte.[229] Im Gegensatz zu Damon – der Überlieferung nach der Vater des Misthos dikastikos – erntete Agyrrhios nicht Groll, sondern Gunst und Liebe des Volkes. An der Theorikon-Zahlung hingen die Athener aber auch derartig, daß der witzige Politiker Demades sich bemüßigt fühlte, sie «Leim der Demokratie» zu nennen.[230]

Bestand der Demokratie

Die endgültige Rückkehr zur Demokratie ist in vieler Hinsicht eine recht paradoxe Erscheinung. Jedem Athener war es klar, daß die äußere Macht der Polis im Kriege zusammengebrochen und Athen in seiner ganzen Existenz faktisch dem Sieger auf Gnade und Ungnade ausgeliefert war. Hatte doch bei der Stimmung zu Beginn der Friedensverhandlungen – so berichtet Xenophon in den Hellenika (II, 2, 14 und 16) – die Befürchtung nahegelegen, Sparta könne beschlossen haben, über alle Athener die Sklaverei zu verhängen. Als dann die erste, im Prinzip konstituierende Ekklesia 403 den Rat des Führers der demokratischen Partei billigte, alle revolutionäre Agitation zu vermeiden und statt dessen die «alten Gesetze» einzuführen (Hellenika, II, 4, 42–43), sollte darin keine Auflehnung oder bewußte Gefährdung des Verhältnisses zu Sparta liegen. Auch trat weder in dieser Entscheidung noch in den nun folgenden Phasen der Wunsch, die oligarchisch Gesinnten zu demütigen, zutage. Die ganze Restauration verlief offenbar ziemlich ruhig und nüchtern, aber konsequent und rasch.

Man sucht vergeblich in den alten Quellen nach einer weiteren Erklärung – neben Spartas Passivität und Athens damaliger parteipolitischer Konstellation – für die Wiedereinführung der «korrupten», «extremen» Demokratie. Nichts weist darauf hin, daß jetzt, wie noch kurz vorher, eine ideologische Polemik eingesetzt hätte. Wahrscheinlich bestand auch gar kein Verlangen nach einer theoretischen Rechtfertigung der demokratischen Ordnung. Doch bleibt unbestritten, daß keineswegs alle Athener von den Segnungen der Demokratie überzeugt waren. Infolge der Amnestie und des Wiederanschlusses von Eleusis an Attika waren sogar viele und sichtlich einflußreiche unversöhnliche Oligarchen in der Bürgerschaft zurückgeblieben. Die Gegenwart dieses Elements verhinderte eine endgültige Ausschaltung der Verfassungsfrage. Andererseits hatten die, in deren Augen Demokratie und die Machtstellung Athens mit seinem Imperium, seiner Flotte, seinem Wohlstand identisch waren, den völligen Zusammenbruch der Grundpfeiler ihres Ideals erlebt. Es scheint wenig glaubhaft, daß sie von der demokratischen Ordnung erhofften, sie könne den Athenern Größe und Glück zurückbringen.

Wie es in Wirklichkeit war, bleibt dunkel. Die Quellen erwecken den Eindruck, daß die Athener nur zwei Alternativen vor sich sahen: eine Art Oligarchie und eine «Demokratie der Demokraten». Mit beiden hatte man seine Erfahrungen gemacht, mit der ersten frischere und bitterere als mit der zweiten. Die Demokratie mit all ihren Verfallserscheinungen war, verglichen mit der Oligarchie, das kleinere Übel. Als man sich für die Rückkehr zur Demokratie entschloß, war allen klar gewesen, was bevorstand. Die Entscheidung war konservativ oder – um es ganz pedantisch auszudrücken –

geradezu reaktionär gewesen. Das erwählte Vorbild entstammte der eigenen, wenn auch sehr nahen Vergangenheit. Seine Übertragung in die Gegenwart hatte keine eigentliche Neuerung verlangt, sondern hauptsächlich ein Sammeln, Auslesen und Aufpolieren des Vorhandenen. Das alles ließ sich ohne große prinzipielle Erwägungen, fast routinemäßig, erledigen. Daher erweist sich dieser große Wendepunkt in den Geschicken des Staates Athen als höchst unergiebig bei der Suche nach der damaligen Theorie von der Demokratie. Eine Folge davon, daß man die Demokratie nicht mit weiteren Motivierungen stützen wollte oder konnte, ist unter anderm die Verwirrung im politischen Denken des 4. Jahrhunderts. Die parteipolitischen Streitereien Ende des 5. Jahrhunderts über die «wirkliche» Demokratie hörten ja auch mit der zweiten Restauration nicht auf, sondern gingen, sogar zwischen namhaften Rhetoren und Philosophen, weiter.

Wie gesagt, waren die 410 begonnene Kodifikation und die ab 403 vielleicht als deren Fortsetzung durchgeführte allgemeine Gesetzesrevision die ersten derartigen Maßnahmen seit Solons Wirken, von denen wir sichere Kunde haben. Jedenfalls scheinen sie die einzige bekannte Gesamtüberschau über die das demokratische System bestimmenden Normen in Athen zu sein. «Das heroische Zeitalter» der Demokratie, in dem das ungeschriebene Gesetz, das Gewohnheitsrecht, noch eine stark bindende Macht war[231], hat in ihnen gleichsam seinen Endpunkt erreicht. Der demokratische Rahmen, die politischen Institutionen samt den sie betreffenden Satzungen, ging in seiner nun erlangten Form als Erbe an das 4. Jahrhundert weiter. Und dieses Ergebnis der Restauration blieb, mit unwesentlichen Änderungen, bis zum Ende der athenischen Unabhängigkeit in Kraft.

Kein Versuch zum Umsturz der demokratischen Ordnung erfolgte mehr in dieser Periode. Wie schon angedeutet, nicht etwa weil im politischen Leben Athens allgemeine Zufriedenheit geherrscht hätte. Im Gegenteil: die wirtschaftlichen, sozialen und politischen Mißstände gaben noch mehr Anlaß zur Kritik als im 5. Jahrhundert.[232] Aber zunächst wurde sie meist in getarnter Form laut. Ähnlich wie heutzutage in vielen Ländern stand die Demokratie gleichsam über aller Diskussion. Auch ihre Gegner fanden es opportun, sich in bezug auf sie als loyale, wennschon um ihre Reform besorgte Patrioten zu geben. Bezeichnend ist, wie vorsichtig zum Beispiel Isokrates beim Ausmalen einer von der Aristokratie geführten Oligarchie formuliert und von Demokratie redet. Ein noch freieres Feld für ein solches Vorgehen bot die Tatsache, daß Kleisthenes aus der politischen Diskussion verschwand und der ferne Solon als Gründer der Demokratie ans Tageslicht gezogen wurde.[233]

Allerdings vermochten politische Theoretiker im 4. Jahrhundert einen ganz neuen Weg aufzuzeigen, der aus dem ringsum sichtbaren Chaos zu Sicherheit und Glück führen würde. Er wirkte jedoch durch und durch unathenisch und deshalb für die Praxis untauglich. Sein Hauptziel war die Unterwerfung unter einen weisen, aufs Gemeinwohl bedachten Autokraten. Den Ausgangspunkt für derlei Hypothesen hatten einige fremde Potentaten, namentlich Dionysios I., Tyrann von Syrakus, geboten. Und den beiden bedeutendsten Verfechtern der Idee, Platon und Aristoteles, schwebte eine fast unwirkliche Utopie von einem «Gott unter den Menschen» vor. Der Durchschnittsathener, den der Gedanke an sich lockte, fand die Lösung zwar für andere Länder angebracht, hätte aber in seiner eigenen Polis nicht geduldet, daß sich einer so hoch über die anderen erhöbe.[234]

Schließlich wirkte es sich spürbar aus, daß das populärste Sprachrohr der politischen Kritik, die Komödie, ihre ätzende Schärfe eingebüßt hatte. Gegen Ende des 5. Jahrhunderts hatte sie eine bedeutsame Stellung innegehabt, vor allem durch ihre Verspottung der demokratischen Ordnung selbst sowie der unter ihr hochgekommenen Elemente und einzelner Bürger; aber ziemlich bald nach der Jahrhundertwende war sie auf das Niveau der unpolitischen Sittenkomödie gesunken.

Der Untergang der athenischen Demokratie war kein plötzliches Sterben, sondern zunächst ein Auf-und-nieder-Schwanken und dann ein allmähliches Hinsiechen.

Seitdem sich die makedonischen Hegemoniegelüste auf Griechenland ausdehnten, wurde die Frage der athenischen Staatsordnung immer mehr zu einem außenpolitischen Handelsobjekt. Ein bestimmender Faktor war einerseits, daß die nördliche Monarchie und ihre Nachfolger als Wortführer der Hellenen in den Kleinstaaten des eigentlichen Griechenlands eine Einmann- oder Kleinstgruppenregierung bevorzugten, weil sie leichter zu überwachen war. Anderseits gingen die politischen Meinungen der Athener vom Beginn dieser neuen Ära an genau so auseinander wie knapp ein Jahrhundert vorher, als Sparta ihre Unabhängigkeit bedrohte. Die Anhänger der Oligarchie vertraten zugleich Nachgiebigkeit gegenüber dem mächtigen Feind, die Demokraten Unnachgiebigkeit und Widerstandswillen, und neben diesen Hauptlinien zeichneten sich mittlere und radikale Richtungen ab.[235]

In dem Maß, wie die Beziehungen zu Makedonien die wichtigste Rolle im Leben der griechischen Stadtstaaten einnahmen, erhielt das Staatsordnungsproblem in Athen einen ganz neuen Aspekt: Demokratie bedeutete vor allem Unabhängigkeit oder – wie man es damals schon ausdrückte – Garantie und Beweis der Freiheit, fast ihr Synonym, und Oligarchie ihr Gegenteil auch in diesem Sinn. Die herkömmlichen Benennungen für Meinungsgruppen, «Parteien», kennzeichneten nicht mehr in erster Linie deren Standpunkt in der zeitgenössischen Polemik über das politische System, sondern eher die außenpolitische Einstellung.[236]

Makedoniens Verhalten gegenüber Athen war wiederum lediglich von Opportunitätsrücksichten diktiert. Je nachdem das Vertrauen auf die Loyalität der Athener eine liberale Behandlung gestattete oder eine solche geraten war, um sie gefügig zu machen, wurde ihnen das Recht auf Beibehaltung oder Wiederherstellung ihrer demokratischen Einrichtungen zugestanden, geschenkt. Sobald wiederum Athen sich aktiv von der Bevormundung der fremden Macht zu lösen trachtete oder das Wohlwollen des mächtigen Partners keinen Propagandawert hatte, endete die friedliche Koexistenz – um einen modernen Ausdruck zu gebrauchen –, und an Stelle der Demokratie trat zwangsläufig Oligarchie. Einige Züge in diesem wechselvollen Prozeß sind insofern aufschlußreich, als sie die schon Ende des 5. Jahrhunderts anerkannten Grenzen zwischen Demokratie und Nichtdemokratie als fortdauernd gültig bestätigen.

Den Stadtstaaten, die zu dem 338 unter Philippos' Führung gebildeten Staatenbund von Korinth gehörten, unter ihnen Athen, war die Unantastbarkeit ihrer Verfassung vertraglich zugesichert.[237] Noch Alexander der Große, der zwar den Hellenen der kleinasiatischen Küste und vieler Inseln als eifriger Verfechter der «Freiheit und Volksherrschaft» erschien, aber im griechischen Mutterland Tyrannen oder oligarchische Regierungen begünstigte, ließ Athens politische Einrichtungen unverändert.[238] Erst als Athen nach seinem Tod den mißlungenen Versuch leitete, die Makedonen mit Waffengewalt aus Griechenland zu vertreiben, wendete sich die Lage. Zu den 322 Athen diktierten Friedensbedingungen gehörte unter anderm neben der Stationierung makedonischer Besatzung in Attika und der Auslieferung gewisser kriegshetzerischer Redner auch die Abschaffung der bisherigen Staatsordnung.

Während die Oligarchen in maßgebender Position waren, wurde das neue System wahrscheinlich 321 eingeführt. Ihm zufolge durften Bürger mit mindestens 2000 Drachmen, das heißt 20 Minen Vermögen, ihre politischen Rechte beibehalten. Eine antike Quelle spricht von 22000 aus den Registern gestrichenen Bürgern, eine andere von 12000, was glaubhafter erscheint. In der Stellung des Vollbürgers dürften 9000 verblieben sein. Da die Gesamtzahl der athenischen Bürger nach den oligarchischen Putschen wohl kaum erheblich gestiegen war, entspricht diese Zahl also auch proportional den 411/410 als endgültig registrierten «Fünftausend».[239] Aber während die Auslese der «Fünftausend» offenbar ursprünglich so gedacht war, daß sie eine politisch relativ einheitliche Gruppe darstellte, entsprechend etwa einer Partei, wie sie in manchen modernen Staaten als einzige zugelassen ist, hing die Erwerbung politischer Rechte jetzt offenbar nur vom Zensus ab. Daher zählten zu den Vollbürgern auch Gegner der neuen Richtung. Der Einfluß der Opposition ließ sich jedoch mittels anderer Änderungen ausschalten. So wurden die Dikasterien nicht wiederbesetzt und zahlreiche Ämter abgeschafft. Bei der Beamtenwahl ging man wahrscheinlich von der Erlosung und in der Verwaltung öffentlicher Ämter vom Turnusprinzip ab. Auch die Misthos-Zahlungen hörten auf.[240]

Die Maßnahmen ähnelten also in vieler Hinsicht den bei den Revolutionen am Ende des 5. Jahrhunderts erlebten. Es wurde ihnen auch das alte ideelle Mäntelchen umgehängt. Plutarch erzählt, Phokion – Führer der oligarchischen Richtung und als Stratege beim Volk einzigartiges Vertrauen genießend – habe bemerkt, daß die Feldherren und öffentlichen Redner sich der ganzen Verwaltung des Staates bemächtigt und sie untereinander aufgeteilt hatten, wie man ein Areal parzelliert. Und in ihm sei der Wunsch erwacht, die Verhältnisse so zu ordnen, wie sie zu Perikles', Aristeides' und Solons Zeiten gewesen, als die Staatsmänner, allgemeingebildet und vielseitig, zugleich Freunde des Kriegsgottes wie der Musen waren (Phokion, 7). Der auf Befehl der Makedonen und unter Führung der Oligarchen vollzogene Umsturz wurde also als Rückkehr zum alten Regime gestempelt. Als die Neuordnung in Kraft getreten war, bot sich dem idealgesinnten Phokion Gelegenheit, für die Besetzung von Ämtern mit ehrenwerten, gebildeten Männern zu sorgen. Und den Demagogen riet er, die Kunst des Daheimbleibens zu lernen und sich damit zu begnügen, ihren Acker zu bebauen (Phokion, 27–28). Dies ist das letzte bekannte Beispiel dafür, daß man bei parteipolitischen Zwisten an die Verfassung der Vorväter der Ära Solons appellierte.[241]

Mit diesen Wechselfällen endete Athens eigentliche demokratische Periode. Als die Nachfolger Alexanders des Großen später die demokratische Ordnung wieder für einige Zeitabschnitte herstellten, waren diese Nachspiele nur eine Wiederholung des Alten, nun jedoch von fremden Herrschern zur Förderung eigner politischer Ziele gelenkt. Die bei den Restaurationen am Ende des 5. Jahrhunderts zwischen Demokratie und Nichtdemokratie abgesteckten Grenzen waren zwar in der Praxis ziemlich deutlich gewesen und hatten sich, loyal respektiert, in den acht Jahrzehnten fest stabilisiert. Aber, wie gesagt, über ihre endgültige Festlegung gab es, soviel man weiß, keine allseitig anerkannte Doktrin oder allgemeine Darstellung. Deshalb konnte man immer noch bis zu einem gewissen Grad über die theoretische Gültigkeit dieser Grenzen, sogar mit reinen Zweckmäßigkeitsargumenten, streiten.

Die politische Bedeutung dieser Sachlage trat in der hellenistischen Epoche zutage. Das Wort «Demokratie» hatte seinen positiven Klang und dadurch einen erheblichen psychologischen Wert bewahrt. Seine Anwendung hingegen konnte allmählich über ihr traditionelles Gebiet hinaus ausgedehnt werden. Anfangs ließen sich geringe Änderungen, die noch unlängst für oligarchisch gegolten hätten, als «verbesserte Demokratie» bezeichnen. Bald hieß jede republikanische Selbstverwaltung im Schutze der großen Monarchien «Demokratie». Das gilt für die politischen Systeme, wo die Gewalt in den Händen der Reichen lag, sogar für dauernde Konföderationen wie den sogenannten Achaischen Bund. In der Theorie war die Demokratie allgemein akzeptiert. So konnte der noch zu Beginn unserer Zeitrechnung lebende Geschichtsschreiber Strabo sagen, die Athener verwalteten ihren Staat weiterhin auf «demokratische» Weise, bis die Römer kamen und ihre «Freiheit» sanktionierten. Praktisch aber hatte man die Demokratie in der aus der eigenen Vergangenheit bekannten Form fast einhellig abgeschrieben.[242]

DAS DEMOKRATISCHE SYSTEM IN FUNKTION

BÜRGERSCHAFT

Der Kreis jener «Vielen», die in einer demokratischen Staatsordnung das Recht hatten, an der Diskussion und Entscheidung über die Polisangelegenheiten teilzunehmen, war bei der zweiten Restauration entsprechend dem Gesetz von 451/450 festgelegt worden. Demnach wurden die Söhne athenischer Eltern mit 18 Jahren in die Bürgerliste des betreffenden Demos eingetragen. Die Klärung der Herkunft erstreckte sich nur auf die Feststellung, daß beide Eltern des Anwärters Athener waren. Aber ob die Legalität der elterlichen Ehe Bedingung für die Bürgerschaft des Sohnes war, ist strittig. Es war einerlei, ob der Jüngling eine lange Stammtafel vorlegen konnte oder nicht und ob seine Eltern zu den Edlen oder zu den niedrigen Ständen zählten. Ein äußeres Anzeichen hierfür sieht man in der Tatsache, daß es Brauch wurde, dem Personennamen statt des Vaters Namen den des Demos anzufügen.

Seitdem die Demen-Mitgliedschaft ausschlaggebend für die Einbürgerung war, spielte auch das Vermögen des Anwärters und seiner Eltern keine Rolle. Es wurde kein Minimum an unbeweglicher oder beweglicher Habe, auch kein Mindesteinkommen gefordert, noch wurde verfügt, daß der Bürger Steuer zahle oder keine staatliche Unterstützung erhalte. Jedoch konnte Verschuldung dem Staat gegenüber zur Atimia, das heißt Aberkennung der bürgerlichen Rechte und des Stimmrechts, führen. Erst nach dem Ende der eigentlich demokratischen Periode meinte man argumentieren zu können, die Einführung der Zensusbestimmungen sei keine zur Oligarchie tendierende Maßregel. So erklärte der Statthalter von Athen, Demetrios aus Phaleron, Schüler des Aristoteles, als von 317 bis 307 die Vorschrift bestand, das Vermögen eines Bürgers müsse mindestens 10 Minen entsprechen, dies bedeute keinen Verstoß gegen die Demokratie, sondern eine Verbesserung derselben.[243]

Die Erwerbung der Staatsbürgerschaft war auch nicht an Beruf oder Kenntnisse gebunden. In Athen war es für die Zuerkennung des Bürgerrechts oder bei dessen Ausübung – abgesehen von der Zulassung zu gewissen Ämtern – belanglos, ob der Betreffende verheiratet war oder nicht – im Gegensatz zu Sparta, wo Junggesellen gewisse Rechte aberkannt wurden. Ferner war es vom Gesetz her gleichgültig, ob der Bürger in der Stadt oder auf dem Lande wohnte.

Der Eintritt des Jünglings in den Polites-Kreis war in der Praxis anscheinend ziemlich unabhängig von seinen religiösen Anschauungen. Angesichts der zentralen Rolle, die der religiöse Kult von alters her in den Stadtstaaten spielte, und der heftigen Reaktion auf Sakrilege ist jedoch die Forderung verständlich, daß sich auch der zukünftige Staatsbürger in dieser Beziehung loyal verhalte. Da es aber weder religiöse Dogmen noch einen eigentlichen geistlichen Stand gab, herrschte in Glaubensdingen erhebliche Toleranz. Die Zeremonie bei der Einführung in die Phratrie war reine Formalität.

Wieweit der politische Standpunkt eines gebürtigen jungen Atheners oder – noch nach Abschaffung der Kollektivstrafen – seines Vaters eine Rolle spielte, ist nicht klar. Die einzige für die staatsbürgerliche Erziehung und die Entwicklung der politischen Loyalität wichtige öffentliche Einrichtung war der Wehrdienst. Bekanntlich waren die Bürger vom 18. bis 60. Lebensjahr, wenigstens im 5. und 4. Jahrhundert, verpflichtet, ihren Heimatstaat im Krieg zu verteidigen. Aber über etwaige obligatorische und regelmäßige Übungen und Schulungen im Frieden wissen wir aus der Zeit vor 336/335 nichts Sicheres. Damals wurde die sogenannte *ephebía* gegründet oder wieder ins Leben gerufen oder wenigstens neu organisiert; über den Vorgang sind die Forscher verschiedener Meinung. Es war dies der zweijährige Militärdienst des athenischen Jünglings nach vollendetem 18. Jahr. Außer im Waffengebrauch wurde er in allgemeinbildenden Fächern unterwiesen, vor allem in die Pflichten eines Bürgers und die Gesetzgebung der Polis eingeführt. Erst nach Abschluß dieser Ausbildung, also nicht – wie es bis dahin vermutlich die Regel gewesen – schon zwei Jahre vorher bei der Eintragung in die Demenliste, trat er in die Schar der Bürger. Hierbei schwor er unter anderm Treue gegen die Polisgesetze und Ehrfurcht vor seiner Väter Glauben.[244]

Hin und wieder, jedoch nur ausnahmsweise, wurden auch Fremde als Bürger anerkannt. Anfangs genügte dazu wahrscheinlich der übliche Mehrheitsbeschluß der Ekklesia, aber in der ersten Hälfte des 4. Jahrhunderts wurde das Verfahren erschwert: der schon gefaßte Beschluß über die Einbürgerung mußte dem Ekklesia-Plenum noch zur Bestätigung in geheimer Abstimmung unterbreitet werden. Da hierbei mindestens 6000 Athener anwesend sein mußten, gestaltete sich der Akt feierlich, aber auch beschwerlich.[245] Bei der Einbürgerung von Fremden, Metöken oder Sklaven konnte der politische Standpunkt des Bewerbers von entscheidender Bedeutung sein, zumal wenn die Naturalisierung den Abschluß eines Kampfes um die Staatsform darstellte. Masseneinbürgerungen waren in Athen sensationelle Ereignisse. Man versteht daher, daß antike Schriftsteller ihnen besondere Beachtung schenkten und ihre Tragweite mitunter übertrieben. Vom Standpunkt der gesamten Bürgerschaft waren jedoch die Naturalisierungen – außer in einigen Krisenzeiten – praktisch ziemlich irrelevant.

Neben dem legitimen Zuwachs der Staatsbürgermenge gab es auch einen illegitimen. Für einen reichen Metöken soll es nicht schwer gewesen sein, einen Platz in der Bürgerliste zu erkaufen. Zwar standen auf derlei illegaler Erschleichung des Bürgerrechts erschreckend strenge Strafen – nicht unter Verkauf des Schuldigen in die Sklaverei und Einziehung der Güter –, aber die Verlockung war offenbar zu groß. Man weiß von Fällen, wo die Ekklesia eine allgemeine Prüfung der Bürgerlisten, Diapsephismos, anordnete. Trotz den Sicherheitsmaßnahmen versuchte man es auf Umwegen, wenn auch nur in vereinzelten Fällen. Zum athenischen «Volk» gehörten daher wohl fast regelmäßig einige «falsche Bürger», *paréngraptoi.*[246]

Die Zahl der Bürger dürfte, wie gesagt, Anfang der 430er Jahre auf über 40000 angewachsen, jedoch im letzten Jahrhundertdrittel infolge von Krieg und Seuchen auf etwa 22000 gesunken sein, stieg aber dann im folgenden Jahrhundert vielleicht wieder etwas. Wie sich die Bürger dem Wohnsitz nach über Attika verteilten, weiß man nicht genau. Doch deutet vieles darauf hin, daß die im 5. Jahrhundert einsetzende Landflucht auch später so stark blieb, daß schätzungsweise um 330 fast drei Viertel der Bevölkerung Attikas und etwa die Hälfte aller Bürger auf städtischem Gebiet, in Athen, Piräus und Umgebung, lebten.

Doch auch außerhalb Attikas wohnten Bürger. Durch den Frieden von 404 hatte Athen freilich seine Überseebesitzungen verloren. Und bei der Gründung des sogenannten Zweiten Attischen Seebunds 377 verpflichtete es sich, seinen Bürgern nicht Immobilien oder Land auf dem Gebiet der anderen Mitgliedstaaten zu verschaffen und ihnen auch keine eigenmächtige Anschaffung zu gestatten.[247] Das hinderte indes nicht die Fortführung der bisherigen Ansiedlungspolitik außerhalb des Bundes. So wurden schon Anfang der 380er Jahre vielerorts athenische Kleruchien gegründet, namentlich an den für die Sicherung der Getreideeinfuhr wichtigsten Punkten der vom Schwarzen Meer ausgehenden Seewege.[248] Die Zahl der auf diese Weise zu Landbesitz Gekommenen wuchs im 4. Jahrhundert vermutlich nicht so stark wie im 5., ging aber schätzungsweise immerhin in die Tausende.[249]

Man nimmt allgemein an, daß die Kleruchen tatsächlich in ihre neuen Wohnsitze übersiedelten. Allerdings hat man, im Gegensatz zu antiken Quellen, die gewöhnlich vom «Verschicken» der Kleruchen sprechen, auch behauptet, in Wirklichkeit hätten sie gar nicht von Attika wegzuziehen brauchen und seien auch, zum mindesten im 5. Jahrhundert, normalerweise zu Hause geblieben und hätten ihre auf fremdem Grund und Boden gelegenen Kulturen und Häuser verpachtet. Wenn das stimmt, würde sich das Gesamtbild von der athenischen Bürgerschaft wesentlich ändern. Die Theorie fußt aber vorwiegend auf dem negativen Argument, es sei nicht klar erwiesen, daß auch nur ein einziger athenischer Kleruche in den fünfzig Jahren vor dem Peloponnesischen Krieg oder während des Krieges auf seinem überseeischen Anwesen gewohnt habe.[250] Viele Überlieferungen deuten jedoch darauf hin, daß sich jedenfalls im 4. Jahrhundert Athener wirklich in den Kleruchien ansiedelten. Dieses Staatsbürgerelement konnte also das Zustandekommen politischer Entscheidungen in Athen nur in langen und unregelmäßigen Abständen unmittelbar beeinflussen.[251]

Betrachtet man, wie Aristoteles und viele andere antike Autoren, die Verstädterung der Bürgerschaft als eine Art Maßstab des «Charakters» der Demokratie, so sollte man meinen, die athenische Staatsordnung sei im 4. Jahrhundert bedeutend radikaler und korrupter als in der Ära des Perikles gewesen. Aber in der sozialen Zusammensetzung des Demos gab es doch wohl Züge, welche die Wirklichkeit weniger schroff markiert erscheinen lassen, als es die bloße Kartierung der Wohnsitze tut.

Ungefähr die Hälfte oder vier Siebentel der Bürger zählten im 4. Jahrhundert zur untersten Zensusklasse, den Theten. Seitdem man die Grenzen der Schätzungsklassen in Geld ausdrückte, rechneten anfangs vermutlich zu den Theten alle Bürger mit einem Jahreseinkommen unter 200 Drachmen. Das ließ sich offenbar auch so ausdrücken, daß der Wert ihres Vermögens weniger als 2000 Drachmen oder 20 Minen betrug. Vielleicht hatte man im Zusammenhang mit der zweiten Restauration – etwa wegen der allgemeinen Verarmung – die Einkommensgrenze auf 150 Drachmen senken können.[252] Aber 322 erscheint wieder der alte Vermögenswert, 20 Minen, und bezeichnet, so glaubt man, die Trennungslinie zwischen den Schwerbewaffneten, den Hopliten, und den Theten.[253]

Drückte man diese in vieler Beziehung wichtige Grenze in einem die Jahreseinnahme oder das Vermögen anzeigenden Geldbetrag aus, so war sie natürlich willkürlich. Immerhin kann man sich auf Grund derselben eine Vorstellung von dem Lebensniveau der Theten machen.

Die unterste Schicht bildeten die Bürger, die praktisch weder Vermögen noch festes Einkommen hatten. Der ziemlich verbreitete

Glaube, ein armer Athener könne das ganze Jahr von den Misthos- und Theorikon-Zahlungen und anderen öffentlichen Zuwendungen existieren, entspricht nicht der Wirklichkeit. Hatte er keine andere Einnahme, mußte er sich wenigstens Gelegenheitsarbeit suchen, die, soweit man weiß, in der zweiten Hälfte des 4. Jahrhunderts einen Tagesverdienst von anderthalb Drachmen oder 9 Obolen einbrachte. Theten konnten auch solche sein, die sich Sklaven hielten. Angenommen, das 20-Minen-Vermögen war die obere Grenze, so konnte diese Klasse allerlei Handel-, Handwerk- und sogar Hausindustrietreibende umfassen, die eine Werkstatt im Haus und fünf fachlich geschulte Sklaven hatten.[254] So allgemein und reichlich, wie es nach einigen übertreibenden Quellen den Anschein hat, dürfte jedoch die Sklavenhaltung in athenischen Haushaltungen nicht gewesen sein.

Hingegen spricht nichts unbedingt gegen die Annahme, daß auch zahlreiche Theten etwas Land besaßen. Die 322 erfolgte Schätzung soll, wie gesagt, mindestens 12000 Bürger ohne politische Rechte gelassen haben; anderseits aber soll der Vorschlag von 403, laut dem Nichtgrundbesitzer aus der Bürgerliste zu streichen waren – vielleicht aus Propagandagründen etwas niedrig schätzend –, nur 5000 Leute betroffen haben. Man hat in diesen Zahlen einen Beweis dafür sehen wollen, daß etwa die Hälfte jener 12000, offenbar gerade Theten, ein Stück Land besaßen und nur etwa 5000 athenische Bürger wirklich ganz ohne Grundbesitz waren. Da schon ein Areal von zwei oder zweieinhalb Hektaren im 4. Jahrhundert 20 Minen wert war, müssen die Parzellen der Theten kleiner gewesen sein. Das alte Gesetz, laut dem Söhne zu gleichen Teilen erben, hatte auch zur Zersplitterung des Grundbesitzes beigetragen. Vermutlich gingen viele Kleinbauern auf Saisonarbeit in die Stadt.[255]

Die Theorie, die Theten seien immer noch in so großem Ausmaß Landbesitzer geblieben, beruht natürlich auf der Hypothese, in den drei ersten Vierteln des 4. Jahrhunderts seien in der Vermögensteilung keine radikalen Änderungen erfolgt. Nach anderen Forschern machte im Gegenteil die Aufspaltung der Anwesen in winzige Parzellen die Lage der kleinen Landwirte so unerträglich, daß sie ihr Stückchen Land an reiche Grundbesitzer verkaufen und in die Stadt übersiedeln mußten. Die Konzentration des Landbesitzes war jedoch nicht sehr beträchtlich, denn Attika behauptete sich nach wie vor als Land der kleinen und mittelgroßen Betriebe.[256]

Die Vermögensgrenze zwischen den Theten und den anderen Bürgergruppen wird in der Literatur oft Hoplitenzensus genannt. Die Klassen oberhalb dieser Grenze haben auch untereinander ihre in Geld ausgedrückten Grenzen, wovon bereits die Rede war. Aber keine der Trennungslinien blieb auf die Dauer so scharf wie ursprünglich. Selbst unter den die Hoplitenbedingungen erfüllenden Bürgern waren viele faktisch außerstande, im Kriege ihren Pflichten ganz auf eigene Kosten zu genügen. Die Ruderer in der Flotte waren ja nicht die einzigen Lohnempfänger geblieben, sondern auch das Fußvolk und sogar die Reiterei mußten aus öffentlichen Mitteln unterstützt werden. In Kriegssituationen hatte man mehrfach von der rigorosen, zensusbedingten Scheidung der Waffengattungen abgehen müssen: hatte im Notfall Schiffsbesatzungen aus allen Bevölkerungsschichten rekrutiert, Zeugiten in die Reiterei eingereiht, Theten in Hoplitenrüstungen gesteckt und ähnliches.[257]

Das Heer war also im 4. Jahrhundert nicht mehr ein getreues Spiegelbild des Kräfteverhältnisses zwischen den verschiedenen Vermögensgruppen. Das lag vor allem an der sichtlich wachsenden Abneigung der Hopliten gegen die Beschwerden und Opfer der Feldzüge und an der Notwendigkeit, fremde Söldner anzuwerben. Dieser Widerwille gegen den Militärdienst beruhte wohl teilweise wenigstens darauf, daß der Staat nicht mehr so hohe Löhnung zahlen konnte. Während im Peloponnesischen Krieg der Infanterist pro Tag für Sold und Verpflegung zusammen eine Drachme und der Reiter für Verpflegung eine Drachme bekam, wurde im 4. Jahrhundert, nach einigen Schwankungen, die Gesamtlöhnung auf vier Obolen festgesetzt.[258] Als Demosthenes die Gründung einer kleinen stehenden Bürgerwehr vorschlug, wagte er nur eine so geringe Löhnung zu nennen, daß sie für den Infanteristen zwei Obolen, für den Reiter allerdings eine Drachme bedeutet hätte.[259] Als Vergleichspunkt möge dienen, daß der Staat den Sklaven damals für

Schreiberdienste drei Obolen, das heißt eine halbe Drachme täglich, nebst freier Wohnung und Kleidung, zahlte.[260] Die reduzierte Entlohnung für den Kriegsdienst, der unter Umständen zu langer Trennung von Haus und Familie zwang, wirkte sich besonders spürbar unter den Hopliten in wirtschaftlich schwächerer Lage aus. Ihr Kontingent wies ein bedenkliches Defizit auf, wie aus der scharfen Kritik der Redner zu entnehmen ist.[261]

Die Reiterei, traditionsgemäß die Waffe der adeligen und reichen Jugend, hielt sich ziemlich gleichmäßig auf einer Stärke von annähernd tausend Mann, ergänzt durch ein paar hundert besoldete berittene Bogenschützen. Sie stand aber auch unter besonderer Aufsicht des Rates der Fünfhundert; hohe Summen wurden für sie ausgeworfen und die Anwärterlisten geprüft, als handle es sich um die Qualifizierung von Beamten.[262] Die Erfahrung, daß die Reiterei selten wirklich in Gefahr kam, lockte Anfang des 4. Jahrhunderts Hopliten, ohne Prüfung bei ihr einzutreten.[263]

Ausrüstung und Unterhalt der Flotte, *trierarchía,* gehörten eigentlich, ebenso wie der Reiterdienst, zu den *leiturgíai,* den geldlichen und persönlichen Leistungen, die der Stadtstaat von alters her den Reichsten auferlegte, wobei eine Art Turnus befolgt wurde. Dazu gehörte die auf ein Jahr bemessene Pflicht, eine Triere gefechtstüchtig zu machen, die Besatzung zu schulen und das Kommando zu übernehmen. In der Theorie war diese Aufgabe der reichsten Klasse, den Pentakosiomedimnen, vorbehalten; praktisch aber diktierte der Flottenbedarf jeweilig die Zahl der Trierarchen und die Gesamthöhe der Kosten.[264] So entwickelte sich dieser ursprünglich nur einem exklusiven Stand zugedachte Ehrendienst zu einer empfindlichen Belastung an Geld, Zeit und Kraft für die Reichen im allgemeinen.

Die Steuern und Leiturgien erhellen zusätzlich das Bild von der wirtschaftlichen Lage der Bürger oberhalb der Hoplitenzensusgrenze, das im Lichte der Nachrichten über den Waffendienst sehr unvollständig bleibt.

Die Sondersteuer, *eisphorá,* ist schon aus dem letzten Drittel des 5. Jahrhunderts bekannt. Sie wurde im Bedarfsfall den reichsten

Athenern auferlegt, und zwar fünf Sechstel der Gesamtsumme den Bürgern, ein Sechstel den Metöken. 378/377 wurde sie auf eine neue Basis gestellt. In ganz Attika fand eine Schätzung der steuerpflichtigen Vermögen statt. Nach mehreren Zeitgenossen, unter andern Demosthenes, ergab sie eine Summe von rund 6000 Talenten; aber der später, im 2. Jahrhundert lebende Polybios nennt schon eine so genaue Zahl wie 5750 Talente. Bei den Forschern herrscht die Ansicht vor, für die Eisphora seien alle den Hoplitenzensus erfüllenden Bürger aufgekommen, und die Steuerskala sei progressiv gewesen. Nach einem anderen Standpunkt betrug das niedrigste steuerpflichtige Kapital 25 Minen, also 5 Minen mehr als der angenommene Hoplitenzensus, und es gab keine Progression. Je nach Auslegung der Eisphora-Bestimmungen wird die Kriegssteuer auf etwa 1 bis 2 oder nur etwa 0,2 bis 0,25 Prozent des besteuerbaren Kapitals pro Jahr geschätzt. Um die Steuererhebung zu erleichtern, wurden die Steuerpflichtigen in hundert Solidarhaftungsgruppen, *symmoríai,* geteilt, von denen jede einer ebenso großen Quote, sowohl im Kapital wie im Steuerbetrag, entsprach. Einige Jahre später wurden dreihundert der Reichsten beauftragt, die Steuer vorher an den Staat zu entrichten und sie dann von den Symmorien zu erheben.[265]

Wie viele Bürger die Eisphora zahlten, weiß man nicht, hat aber gemeint, aus dem Trierarchiesystem in dieser Hinsicht Schlüsse ziehen zu können. Die Trierarchiepflichtigen wurden nämlich 357 nach denselben Grundsätzen eingeteilt wie die Eisphora-Zahler. Aus ihnen wurden 20 Trierarchie-Symmorien gebildet mit je 60 Bürgern, also insgesamt 1200. Etwas später ging die Haftung für die Ausführung auf jene Allerreichsten, die 300 Vorauszahler der Eisphora, über, deren in jeder Trierarchie-Symmorie 15 sein mußten.[266] Angenommen, jede Eisphora-Symmorie habe gleichfalls 60 Mitglieder gehabt – obschon die Quellen nichts davon erwähnen –, ergäben sich insgesamt 6000 Eisphora-Zahler.[267]

Falls diese Hypothese stimmt, wären unter den schätzungsweise 9000 Bürgern oberhalb der Hoplitenzensusgrenze also etwa 3000 gewesen, deren Vermögen mindestens 20 und höchstens 25 Minen entsprach. Ganz offensichtlich waren unter den Zeugiten sehr viele minderbemittelte Kleinbauern. Ihre wirtschaftliche Lage war praktisch etwa dieselbe wie die der wohlhabenden Theten, also der Besitzer von zwei Hektaren Land. Daher waren, wenn Athen Kleruchien begründete, gewöhnlich auch Hopliten an der Beute beteiligt.

Das auf etwa 6000 Talente geschätzte Gesamtkapital, von dem die Eisphora bestritten wurde, war ungleichmäßig unter die Steuerpflichtigen verteilt. Da es teilweise Sache der Gewohnheit ist, ob eine Steuer als drückend oder erträglich empfunden wird, läßt sich aus zeitgenössischen Äußerungen schwer entnehmen, welche Belastung die Eisphora faktisch für die ärmsten Elemente darstellte. Xenophon, der die Lage der Athener in den 370er Jahren schildert, gebrauchte den harten Ausdruck, die Eisphora habe die Athener bis auf die Knochen abgenagt (Hellenika, VI, 2, 1). Zweifellos meinte er damit nicht alle Athener, sondern vor allem solche Landwirte, die, nach Demosthenes[268], wegen Auslagen für Kinder, Haushalt usw. mit der Steuer im Rückstand geblieben waren. Die Zahl der Bürger, die die Eisphora entrichteten, ohne jedoch trierarchiepflichtig zu sein, war indes sehr groß, insgesamt 4800, wenn man alles in allem 6000 Steuerpflichtige annimmt. Der Wert ihres Vermögens schwankte gleichfalls, lag aber wohl durchschnittlich unter 1 Talent, das heißt 60 Minen.[269]

Die eigentliche Klasse der Reichen waren die 1200 Trierarchiepflichtigen. Diese Bürger – Metöken waren nicht zugelassen – mußten also ihr Geld und ihre Kraft zur Unterhaltung von Athens wichtigstem Machtmittel, der Kriegsflotte, einsetzen. Doch wurde ihnen, teilweise gemeinsam mit den reichsten Metöken, auch die Finanzierung anderer Leiturgien aufgebürdet. Dazu gehörten gemeinsame Kultfeiern, Theater-, Musik- und Sportvorführungen, auch vielerlei Veranstaltungen in den Phylen und Demen sowie die Entsendung von Repräsentanten zu einem gesamthellenischen Fest oder Heiligtum.

Niemand war gezwungen, zwei Leiturgien im Laufe eines Jahres oder zwei Jahre hintereinander zu leisten. Anderseits hing aber eine

Leiturgie-Aufgabe weder von der Erfüllung einer bestimmten Vermögensbedingung noch von der Einwilligung des Betreffenden selbst ab. So basierte die von den Strategen aufgestellte Liste der Trierarchiepflichtigen auf den jeweiligen Ekklesia-Beschlüssen über den Umfang der Flotte. Allerdings konnte jemand versuchen, eine Trierarchie- oder andere Leiturgie-Aufgabe mit dem Hinweis abzuschütteln, ein Reicherer als er habe sich darum gedrückt. Wenn der andere sich nicht gutwillig bereit erklärte, die Rolle des Leiturgen zu übernehmen, konnte die Sache vor Gericht kommen. War der Entscheid für den Beklagten ungünstig, konnte er noch einen Vermögenstausch mit dem Kläger beantragen.[270] Eben diesen sogenannten *Antídosis*-Prozessen verdankt die Nachwelt vereinzelte Nachrichten über den Vermögensstand der reichsten Athener.

Die Trierarchie, als teuerste aller Leiturgien, bedeutete einen jährlichen Ausgabeposten bis zu etwa 50 oder sogar 60 Minen (= 1 Talent). Aber auf Grund der Solidaritätshaftung ließen sich die Kosten verteilen. Deshalb kamen in die Liste der Zwölfhundert auch solche, die allein nicht für die Kosten hätten aufkommen können. Der Wert der registrierten Vermögen wurde vermutlich von etwa anderthalb Talenten aufwärts gerechnet. Für die Bürger am untersten Ende der Skala konnte es geradezu katastrophal sein, Trierarch zu werden, solange die Kostenbeiträge ohne Rücksicht auf die Mittel des Einzelnen für alle gleich – wohl wenigstens ein Sechzehntel der Gesamtkosten – waren. Erst als die hauptsächliche Haftung jenen dreihundert Reichsten auferlegt wurde, stellte sich eine Art Gleichgewicht zwischen Belastung und Vermögen her. Von nun an mußte ein Einzelner eventuell auch zwei Schiffe im gleichen Jahr ausrüsten, und die Last der bis dahin überbeanspruchten Neunhundert wurde entsprechend erleichtert.

Den «Dreihundert» wurde auch kein besonderer Vermögenszensus abverlangt. Sie waren nur einfach das reichste Viertel der zwölfhundert reichsten Bürger Athens und fungierten zugleich als Vorsteher der hundert Eisphora-Symmorien und als deren «zweite» und «dritte Männer». Es werden unter ihnen solche mit 15 Talenten Vermögen erwähnt. Doch gab es mitunter offenbar noch reichere.

In der Antike war sogar die Rede von Hundert-Talente- und noch gewaltigeren Vermögen in Athen. Das größte sicher bezeugte Privatvermögen in Attika betrug jedoch nur etwa 75 bis 80 Talente. Es gehörte dem Direktor der bekanntesten Bank der damaligen hellenischen Welt, einem ehemaligen Sklaven namens Pasion.[271]

Die zwölfhundert Registrierten umfaßten also auch die Schicht, aus der sich die einheimische Reiterei und eine Anzahl der reichsten Hopliten rekrutierten.[272] Das Vermögen dieser Bürger bestand vorwiegend in Grund und Boden. Der mittelreiche Athener, dessen steuerpflichtiges Vermögen zwischen knapp zwei und reichlich fünf Talenten schwankte, besaß anscheinend regelmäßig ein Landgut oder zwei kleine Gehöfte, außerdem eventuell noch ein Stadtgrundstück und mitunter noch eine kleine, in einem Unternehmen investierte Summe. Zweifellos gab es auch solche – obschon wohl relativ wenige –, deren Kapital vorwiegend in Anleihen oder Sklaven bestand. Das Vermögen der Dreihundert hatte natürlich viele, verschiedenartigere Quellen. Da gab es Leiter von Industrieunternehmen, Silberbergwerkkonzessionäre, Sklavenvermieter, sogar solche, die sich in den Söldnertruppen von Barbarenherrschern als Befehlshaber Reichtümer erworben hatten. Aber auch das Vermögen dieser dreihundert Familien war anscheinend, wenigstens großenteils, in Landbesitz festgelegt. Es ist bezeugt, daß reiche Emporkömmlinge, spätestens ihre Erben, ein Stück Land zu erwerben suchten. Aber, wie gesagt, viele große Landbesitzungen entstanden nicht in Attika. Dreißig Hektaren große waren schon selten.[273]

Die athenische Vollbürgerschaft war also sozial pyramidenförmig gestaffelt. Zwischen Fuß und Spitze gab es viele, zahlenmäßig relativ stark vertretene Zwischenstufen. So fehlte es Athen keineswegs an einer «Mittelklasse», die auch Aristoteles so wesentlich für die Stabilität der Polis findet. Aber wie man auch die Grenzsteine setzte, der Demos bestand überwiegend aus «Armen». Das hier vorgelegte, in manchen Punkten hypothetische Schema bietet folgendes Bild: Von den 15000 keine Eisphora zahlenden Bürgern bleiben vier Fünftel unter dem Hoplitenzensus, und ein Drittel ist ganz ohne Landbesitz. Anderseits erreichen von den 6000 Eisphora-

Zahlern nur 1200 die Stufe der Leiturgiepflichtigen. Von diesen vermag ein Viertel, also vielleicht ein Siebzigstel der gesamten Bürgerschaft, den schwersten wirtschaftlichen Anforderungen zu genügen.

Hätten die «Stadt der Armen» und die «Stadt der Reichen» einander tatsächlich befehdet, so hätte erstere zweifellos schon dank ihrer Überzahl letztere leicht bezwungen. Daß dies während der ganzen demokratischen Ära nicht geschah – nicht einmal zu geschehen drohte –, ist verschieden ausgelegt worden. Man hat unter anderm betont, wie weitblickend bei der zweiten Restauration der Demokratie dafür gesorgt wurde, daß viele landflüchtige oder fluchtbereit gewesene konservative Elemente in die Bürgerschaft zurückgeführt und eingereiht wurden.[274] Einen anderen wichtigen Faktor sieht man in dem Streben nach – wenn auch noch so kleinem – Landbesitz, sogar unter Bürgern an der Mangelgrenze, und in der darin sich manifestierenden «Bürgerlichkeit».[275] Auch ist ein kluges Maßhalten bei den Athenern unverkennbar. Obschon die Reichen ausgebeutet und mitunter aus reinem Neid höchst ungerecht behandelt wurden, wollte man doch ihren Reichtum nicht endgültig zerstören.[276] Schließlich hat man natürlich auch die Tatsache berücksichtigt, die ja eigentlich eine Folge der hier geschilderten allgemeinen Einstellung ist, daß Ideen, die auf gleichmäßige Verteilung des Eigentums oder Kommunismus zielten, in Athen nicht viel Echo fanden. Alle diese Momente haben sicher erheblich zu der Stabilität der sozialen Verhältnisse Athens im 4. Jahrhundert beigetragen.

Doch bleibt noch festzustellen, daß zwischen dem reichen und dem armen Athener nicht der Gegensatz «Ausbeuter» und «Ausgebeuteter» herrschte. Freilich hatten sich ansehnliche wirtschaftliche Werte im Besitz einer kleinen Gruppe angesammelt; doch verlieh ihr das kein so großes Bestimmungsrecht über andere Bürger, daß der Hauptteil des Volkes oder wenigstens die ganz Armen in ihrer Existenz von der geringen Minderheit abhängig geworden wären. Nur in seltenen Fällen stand auch der reiche Athener im Arbeitgeberverhältnis zu anderen als Sklaven und in gewissem Ausmaß zu Metöken. Theten, deren eigene Parzelle die Familie nicht ernährte und die keine Aussicht auf eine Kleruchie hatten, konnten Pächter, Tagelöhner oder Hirten bei wohlhabenden Gutsbesitzern werden oder sogar in die Silbergruben gehen. Die reichen Trierarchen wiederum konnten aus dem Schiffsvolk im Hafen gute Ruderer und erfahrene Unterführer dingen und die anderen Leiturgen unter den Minderbemittelten auf dem Lande und in der Stadt Mitwirkende für Feste und Wettspiele werben. Solche Arbeitsverhältnisse waren jedoch meist gelegentlich und kurzfristig. Selbst der mangelleidende Athener mied es nach Möglichkeit, einem anderen dienstbar zu werden[277], und verpflichtete sich notfalls lieber einem unpersönlichen Arbeitgeber, dem Staat. Öffentliche Arbeiten gab es außer in schlimmsten Krisenzeiten immer.

Das Streben der Athener nach größtmöglicher Unabhängigkeit des Einzelnen von der Befehlsgewalt eines anderen ging durch alle Vermögensklassen. Trotz dieser gleichartigen Grundeinstellung bestimmte natürlich der Unterschied zwischen arm und reich und die Diskrepanz der Interessen auch den politischen Standpunkt. Im 4. Jahrhundert zeigt sich das, außer bei vielen akzidentellen Fragen, auch in dem Verhalten zum herrschenden System und – am klarsten vielleicht – in der Außenpolitik.

Dennoch wäre es verkehrt, die Trennungslinie der Meinungen auch nur in großen Zügen mit den Grenzen der Schätzungsklassen zu identifizieren. Zwar hatte die Demokratie fernerhin ihren stärksten Rückhalt bei den unbemittelten Bürgern, denen das System auch materiell wertvolle Vorteile bot; aber es fehlte ihr nicht an Anhängern auch unter den mäßig Bemittelten und Reichen. Es war offenbar keine Ausnahme, daß ein Trierarch oder anderer Leiturg mit Enthusiasmus sein Soll erfüllte, sogar übererfüllte, weil der durch Geld erwerbbare Kapitänsrang in der Kriegsflotte oder die bei Wettspielen errungene Volksgunst dem politisch Ehrgeizigen den Weg zu führenden Stellen in der Demokratie öffnete. Unzufriedene Elemente und Verächter der Volksherrschaft gab es natürlich stets; immerhin herrschte eine Art allgemeine Loyalität, bis Makedoniens Anziehungskraft zu wirken begann.

In der Außenpolitik hingegen war die Trennung zwischen arm und reich in der Einstellung des Atheners schon vom Beginn des 4. Jahrhunderts an evident. Die Minderbemittelten sahen in der Rückkehr der athenischen Macht ihren eigenen Vorteil. Das Anwachsen der Flotte und die Gründung des neuen Bundes bedeuteten für sie zunehmende Verdienstmöglichkeiten, eine reichere Stadt mit öffentlichen Bauvorhaben, Landparzellen in den Kleruchien usw. Darum waren sie Anhänger des Imperialismus und kriegswillig, ob es um Ausdehnung des athenischen Machtbereichs oder später um dessen Verteidigung ging. Die wohlhabenden Klassen hatten wiederum ihre Gründe gegen diese Politik. Sie wollten der Eisphora, die Landwirte unter ihnen dem beschwerlichen und gefährlichen Hoplitendienst und der Gefährdung ihres Eigentums durch Feindangriffe entgehen, während die Allerreichsten allzu gesteigerte Trierarchieverpflichtungen fürchteten. Die wohlhabenden Bürger waren meist ausgesprochen kriegsunlustig. Obwohl es natürlich Ausnahmen gab und sie sich sogar, zum Beispiel bei der Ausrüstung der Flotte, in kritischen Lagen unter Umständen hervortaten, traten sie doch ziemlich konsequent für Erhaltung des Friedens ein. Die verschiedene Haltung der Reichen und der Armen hing zum Teil auch davon ab, daß – ob nun der Feind Sparta oder Makedonien war – nicht nur Athens äußere Stellung, sondern auch die politische Ordnung der Polis bedroht war.[278]

Die altathenischen «Parteien» entwickelten sich auch im 4. Jahrhundert höchstens zu kleinen Verbänden oder lockeren Gruppen um irgendwelche Politiker. Die verschiedenen politischen Richtungen waren in keiner festen Organisation zusammengefaßt. Daher beschränkt sich unser Wissen von der öffentlichen Tätigkeit der Parteien eigentlich auf Ekklesia und Rat. Doch schon innerhalb ihrer örtlichen Verwaltungen hatten die Bürger Gelegenheit zur Formung und Bekundung ihres politischen Standpunktes. Zwar hatten die Demen viel von ihrer ursprünglichen Bedeutung für die Konstituierung der Zentralorgane in der Polis verloren; doch vollzog sich in ihnen immer noch die Wahl der Kandidaten, aus denen die Mitglieder des Rates der Fünfhundert erlost wurden. Die Volksversammlungen der Demen selber, *agoraí,* waren hervorragende Schulen in der Kunst der Verwaltung und Politik. Auch die zehn Phylen hatten ihre eigenen Agora-Versammlungen, obgleich wohl seltener als die Demen. Sie hatten engen Kontakt mit den Polisorganen und Anteil an deren Verwaltung. Über sie gingen vielerlei amtliche Mitteilungen an die Bürger und umgekehrt Beschwerden der Bürger über die Tätigkeit der Beamten. Die phylenweise stattfindenden Auslosungen, zum Beispiel bei der Bestallung eben der Ratsmitglieder und vieler Zehn-Mann-Behörden, dürften ziemlich mechanische Akte gewesen sein. Aber gewisse Wahlen und zum mindesten die Diskussion, wenn nicht Einigung, über die bei der Strategenwahl als Phylen-Vertreter in Frage Kommenden steigerten sicher das politische Interesse. Über die Auswirkung des Konflikts zwischen arm und reich in diesen lokalen Verwaltungsstellen weiß man nichts Genaues. Die Vorführungen bei den Leiturgie-Wettbewerben ließen oft starke lokalpatriotische Solidarität in allen Bevölkerungsschichten erkennen.[279]

VOLKSVERSAMMLUNG

Zusammensetzung

Die einzige Einrichtung, an deren Tätigkeit jeder Bürger, unbehindert durch zusätzliche Bedingungen oder Einschränkungen – sofern nicht Atimie-Strafe über ihn verhängt gewesen war –, das Recht hatte teilzunehmen, war die Volksversammlung, die Ekklesia. Theoretisch war sie also identisch mit dem Demos als organisierte Versammlung.

Praktisch war dabei während der demokratischen Ära nie mehr als ein Teil des Volkes gleichzeitig anwesend. In bezug auf die Größe dieses Teils ist man freilich aufs Raten angewiesen. Die Leute vom Lande besuchten anscheinend ziemlich selten die Ekklesia. Überdies war fast regelmäßig eine Anzahl Athener auf dem Meer oder in Übersee. Gewisse Entscheidungen, unter anderem über Ostrakisierung und Naturalisierung, forderten die Gutheißung durch das «Volk in seiner Gesamtheit», also die Anwesenheit von mindestens 6000 Bürgern; für andere Beschlußfassungen war kein Quorum vorgeschrieben. Die Quellen schweigen darüber, ob diese manchmal obligatorische Sechstausendgrenze einmal unerreicht blieb. Aber die Einführung der Diätzahlungen deutet darauf hin, daß im allgemeinen das Bedürfnis herrschte, das Erscheinen verlockend zu machen. Die Forscher schätzen die Teilnehmerzahl bei Normalversammlungen, wo keine besonders interessanten Fragen zur Debatte standen, auf zwei-, drei- bis reichlich fünftausend. Es fungierte also höchstens etwa ein Fünftel oder ein Viertel der Bürger gleichzeitig als beschlußfassender Demos.

Auch welche Art Leute die Volksversammlung besuchte, wissen wir nur aus bruchstückhaften Angaben. Die Zusammensetzung der Ekklesia war keine konstante, sondern wandelte sich von Mal zu Mal etwas. In normalen Zeiten konnte die Schwankung jedoch nicht ganz zufällig sein. Zeitgenossen berichten von relativ langen Perioden, wo irgendeine Richtung, eine «Partei», dauernd ausschlaggebend war. Ein gewisser Stamm erschien offenbar ziemlich regelmäßig, doch ihn genau zu definieren ist unmöglich.

Um dem vor dem Auftreten ängstlichen Charmides Mut zur Ansprache an das Volk zu machen, sagt der Sokrates des Xenophon, in der Ekklesia säßen Walker, Schuster, Zimmerleute, Schmiede, Bauern, Kaufleute und Händler (Memorabilien, III, 7, 6). Diese Liste will natürlich nicht die soziale Zusammensetzung des Demos erschöpfend analysieren. Ein Vergleich mit Aristoteles' Klassifizierung der Polisbevölkerung im allgemeinen zeigt, daß einerseits die durch Reichtum, Abstammung, öffentliche Verdienste, Bildung usw. geadelte «Aristokratie», anderseits alles zu den Seeleuten zählende Volk und die ungelernten Arbeiter fehlen (Politik, 1291 b). Dennoch gibt Xenophons Schilderung wohl einen im großen und ganzen richtigen Durchschnitt. Faktisch blieben nämlich offenbar manche Bürgerkreise nicht nur wegen der weiten Entfernungen ziemlich regelmäßig der Ekklesia fern, und gerade die höchste Geld-, Geburts- und Geistesaristokratie sowie die allerärmsten Elemente waren am schwächsten vertreten. Manche Reiche oder Intellektuelle mieden die Ekklesia wegen ihres plebejischen Charakters;

natürlich gab es auch an Staatsgeschäften Uninteressierte, und viele kleine Leute konnten nicht ihre tägliche Arbeit wegen der Aussicht auf den geringen Misthos im Stich lassen.[280]

Man hat sozusagen eine Art Peilungsverfahren zu Hilfe genommen, das heißt die erhaltenen Redetexte analysiert, um zu ermitteln, auf welche Sorte Publikum irgendein bekannter Redner in der Volksversammlung seine Gedanken und Formulierungen einstellte. Aus dem Ergebnis meint man schließen zu können, daß im 4. Jahrhundert die Besucher der gewöhnlichen Ekklesia-Versammlungen oft vorwiegend recht gut situierte Leute waren. Im Lichte einiger Reden des Demosthenes sieht es direkt so aus, als hätten die Eisphora-Zahler vielfach einen beträchtlichen, wenn nicht den größten Teil der Anwesenden gebildet. Wenn das stimmt, wäre es begreiflich, warum keine strengere Eisphora diktiert wurde. Reden bei gewissen außerordentlichen Versammlungen der Ekklesia deuten wiederum darauf hin, daß die unbemittelten Teilnehmer dabei am zahlreichsten vertreten waren.[281] Erst bei solchen Gelegenheiten, wenn eine Krise, meist ein außenpolitischer Konflikt, drohte, erschienen die zur Verteidigung und Festigung der athenischen Machtstellung entschlossenen Stadt- und Hafentheten in Scharen. Eben dieses «eigentliche Volk» meint wohl auch Platons Sokrates, wenn er sagt (Politeia, 565 a), diese Gattung sei «also das Volk, alle, die mit eigenen Händen arbeiten und sich der Staatsgeschäfte enthalten und deren Besitz gar wenig bedeutet. Diese ist die zahlreichste in der Demokratie und die am meisten den Ausschlag gibt, wenn sie zusammengebracht ist.»

Arbeitsmethoden

Obgleich die Ekklesia die zentrale Institution der demokratischen Staatsordnung war, bestimmte sie ihre Tätigkeit nicht ganz selbständig. Sie hatte keine eigene Geschäftsführung, weder Präsidium noch Kanzlei. Ihre Arbeit regelte der Rat, also ein Organ, an dessen Einsetzung sie selbst unbeteiligt war. Der Rat bestimmte die Geschäftsordnung, legte die Tagesordnung fest, bereitete die Vorlagen vor und veröffentlichte die Beschlüsse. Anfangs oblag diese Arbeit dem Fünfzig-Mann-Gremium, das eine Prytaneia lang, das heißt ein Zehnteljahr, die Aufgaben des Rats erledigte. Die Prytanen beriefen die Ekklesia ein und bestätigten ihre Tagesordnung, und ihr Vorsitzender funktionierte zugleich als Präsident der Ekklesia. Aber in den 370er Jahren ging die Geschäftsführung der Ekklesia auf neun Bulenmitglieder über, die aus anderen Phylensektoren des Rats als aus dem als Prytaneia amtierenden erlost wurden. Sie hießen *Próedroi.* Von da an war ihr Vorsitzender Geschäftsführer in der Ekklesia.[282]

Ein wesentlicher Teil der Ekklesia-Arbeit war indes gesetzlich festgelegt und forderte deshalb vom Rat hauptsächlich nur routinierte Wachsamkeit. Die Ekklesia hatte im 4. Jahrhundert vierzig satzungsmäßige Versammlungen pro Jahr, vier im Laufe jeder Prytaneia. Die erste war die Hauptversammlung, *kyría ekklesía;* die drei anderen hießen *nómimoi ekklesíai,* gesetzmäßige Versammlungen. Die Teilnahme an der ersten wurde wesentlich besser bezahlt als die an den übrigen – natürlich für jede Versammlung nur bis zu einer vorher angezeigten Grenze. Ende des Jahrhunderts betrug der Misthos anderthalb respektive eine Drachme.

Diese Benennungen und Diäten standen im Verhältnis zum Umfang und zur Schwierigkeit des jeweiligen Sitzungsprogramms. Jede der vier regelmäßigen Versammlungen der Prytaneia-Periode hatte eine teilweise gesetzlich vorgeschriebene Tagesordnung. Die Hauptversammlung war früher die einzige satzungsmäßige gewesen und ihr festes Programm daher sehr überladen und bunt. Der entsprechende Teil in der Tagesordnung der drei übrigen Versammlungen war klar gegliedert. Die satzungsmäßigen Versammlungen konnten außer den zum festen, gesetzlich fixierten Teil der Tagesordnung gehörenden Fragen auch andere behandeln.

Ferner konnte notfalls für die Erörterung einer aktuellen Frage eine außerordentliche Versammlung einberufen werden. Solche Einberufung war nach der Reform von 462 offenbar nur Sache des Rats, obgleich die Initiative natürlich auch von anderer Seite, zum Beispiel einem wichtigen Beamten, ausgehen konnte. Der Bericht von Perikles' Weigerung, bei den ersten Unruhen des Peloponnesischen Krieges die Ekklesia einzuberufen, ist wohl so zu verstehen, daß seine Autorität als Stratege für den Rat bestimmend war.[283]

Alle von der Ekklesia zu entscheidenden Fragen mußten erst dem Rat zur Prüfung vorgelegt werden. Er verfaßte darüber ein Referat oder eine Vorlage, das sogenannte Probuleuma, für die Ekklesia. Der Vorsitzende durfte der Ekklesia keine vom Rat nicht vorbehandelte Frage zur Debatte oder Entscheidung unterbreiten. Sehr selten wich man von dieser Vorschrift ab. Sie gestattete dem Rat, die Sache so beschlußreif zu machen, wie er wünschte, und sie in der ihm zweckmäßig dünkenden Formulierung vorzulegen. Doch war dies nicht mit dem Recht verbunden, die Kompetenz der Ekklesia einzuschränken oder ihr die Wahl des zu behandelnden Gegenstandes vorzuschreiben. Die Ekklesia konnte nämlich vom Rat ein Probuleuma über jede beliebige Frage fordern, und eine Weigerung seinerseits war ausgeschlossen.

Das Probuleuma konnte sehr verschieden abgefaßt sein. Es konnte zum Beispiel den ganz detaillierten Entwurf einer Resolution darstellen. Manchmal wiederum enthielt es neben solchen fertigen Vorschlägen offene Punkte ohne Stellungnahme, oder in der ganzen Vorlage war nur die Sache, ohne auch nur teilweise Befürwortung, erwähnt. War schließlich eine Frage auf Antrag der Ekklesia in die Tagesordnung aufgenommen, konnte der Rat seinen eventuell negativen Standpunkt in die Worte kleiden, was dem Demos gefalle, werde schon das Beste sein. In Fällen ohne große politische Tragweite entwarf der Rat meist einen ziemlich vollständigen Resolutionsvorschlag, ohne sich jedoch in den schwierigsten Punkten festzulegen. Bei wichtigen und mitunter auch bei belanglosen Dingen begnügte er sich indes mit einem Vermerk in der Tagesordnung.[284]

In welcher Form auch das Probuleuma abgefaßt war – die endgültige Beschlußfassung lag immer bei der Volksversammlung. Hatte der Rat zu einer Frage keine Stellung genommen, konnte jeder Bürger in der Ekklesia einen Resolutionsvorschlag machen.

Lag hingegen ein positiver Vorschlag des Rats vor, konnte jeder Bürger Änderungen darin beantragen, respektive einen eigenen Resolutionsvorschlag abfassen oder einfach Ablehnung des Probuleuma fordern.

Auch Zusätze zur Tagesordnung konnte ein einzelner Bürger veranlassen. Dazu gab es zwei Wege. Der eine war ein schriftliches Gesuch des Bürgers an den Rat um Aufnahme der gewünschten Frage in die Tagesordnung. Willigte der Rat ein und kam die Sache also vor die Ekklesia, konnte der Antragsteller seinen Resolutionsvorschlag anbringen. Doch brauchte ihn der Rat keineswegs zu billigen. Ein beliebteres Mittel war anscheinend, der Ekklesia vorzuschlagen, sie solle den Rat zu einem Probuleuma über diese oder jene Sache veranlassen. Stellte sich die Ekklesia auf den Standpunkt des Initiators, blieb dem Rat keine Wahl, als auf den Vorschlag einzugehen. Ging die Sache dann in Form eines Probuleuma wieder an die Ekklesia, war der Beschluß meist reine Formsache.[285]

Demnach dürfte der Einfluß des Rats auf die Arbeit der Ekklesia kaum sehr entscheidend gewesen sein. Als ein Gremium reifer Bürger konnte der Rat zweifellos unvernünftige Pläne verwerfen; ausdrücklich verpflichtet war er zur Ablehnung gesetzwidriger Vorschläge. Bei politischen Fragen erwies sich die Bule jedoch als ziemlich vorsichtig in der Erledigung ihrer probuleutischen Aufgabe. Eigentlich nur bei Einberufung der Ekklesia zu einer außerordentlichen Sitzung – die bei den Bürgern wohl oft Aufregung und Unruhe auslöste – stellte die Bule durch ihren unabhängigen Entschluß die Ekklesia vor schwerwiegende Probleme. Im übrigen ermöglichte das einzigartig weitgespannte individuelle Initiativrecht des athenischen Bürgers ein Umgehen der Hindernisse, die das Alleinbestimmungsrecht der Bule über die Tagesordnung der Ekklesia hätte verursachen können.

Sonst aber zeigte sich nur ganz ausnahmsweise schroffe Rivalität zwischen Bule und Ekklesia. Nichts hinderte offene Kontaktnahme zwischen einer politischen Gruppe innerhalb der Ekklesia und ihren Gesinnungsfreunden in der Bule. So konnte eine in der

Ekklesia zur Mehrheit aufgerückte Gesellschaftsklasse oder «Partei», unbehindert durch den Rat, ihren Machtbereich so weit ausdehnen, wie die Kompetenz der Ekklesia reichte.

Machtbereich

Der Machtbereich der Ekklesia war außerordentlich groß. Ihn begrenzten nur die Gesetzesbestimmungen, auf denen die demokratische Ordnung beruhte. Kein Prinzip der Machtverteilung und strenger Scheidung der Aufgaben des Staates setzte der Ekklesia doktrinäre Schranken. Wenn jemandem, dann war vor allem den Bürgern in der Ekklesia jene Aktivität beschieden, die bei den Griechen *ekklesiázein* hieß: an den Staatsgeschäften teilnehmen. Aber ebenso ermächtigt waren sie zu den beiden anderen Formen politischer Betätigung des mündigen Bürgers: zu *árchein* oder Ausübung der vollziehenden und Regierungsgewalt sowie *dikázein* oder Rechtsprechung.[286] Also eigentlich war die Ekklesia nicht – nicht einmal in erster Linie – ein rein gesetzgebendes Organ, wie bisweilen behauptet wird. Ihre Aufgaben waren mannigfaltig, und die ihr anvertraute Gewalt entsprechend allgemein, alle Gebiete umfassend. Dieses Hauptorgan der Polis, identisch mit dem «Volk», galt auch für «souverän». Kein anderes Organ konnte es an der gesetzlich zulässigen Fassung von Beschlüssen hindern oder seine Willensäußerungen annullieren.

So war es in der Theorie. In Wirklichkeit lagen die Dinge vielfach anders.

Die Frage nach der wichtigsten Kompetenz der Ekklesia, ihrer gesetzgebenden Gewalt, ist zwiespältig. Natürlich konnte sie nach dem üblichen Modus in irgendeiner Angelegenheit einen Beschluß fassen, der allgemeine Normen enthielt, wie das Gesetz überhaupt. Gab es jedoch schon von früher her im Kodex ein Gesetz über dieselbe Sache, so entstand eine scheinbar ausweglose Situation. Der Ekklesia-Beschluß, das Psephisma, durfte nicht in Widerspruch zum Gesetz, Nomos, stehen, konnte auch auf keine Weise das im letzteren bestätigte Recht verdrängen. Folge eines

Verstoßes gegen diese Regel war eine Graphe-paranomon-Klage mit etwaiger Strafe und Ungültigkeitserklärung des Psephisma.

Das hätte binnen kurzem zu unerträglicher Stagnation geführt. Darum mußten trotz allem neue Gesetze geschaffen werden. Aber der hierbei befolgte Modus war sehr auf Vorsicht angelegt und daher kompliziert. Vermutlich kam er bald nach der zweiten Restauration der Demokratie in Anwendung, wennschon Einzelheiten erst aus etwas späterer Zeit, Mitte des 4. Jahrhunderts, bekannt sind. Demnach vollzog sich die Gesetzgebung wie folgt:

Bei der ersten Sitzung jedes Jahres wurden die bestehenden Gesetze sachgruppenweise der Ekklesia vorgelegt. Sie stimmte darüber ab, ob sie unverändert in Kraft bleiben sollten oder nicht. Fiel die Abstimmung über ein Gesetz negativ aus, war es deshalb noch nicht annulliert. Jeder Bürger hatte aber nun Gelegenheit, schriftlich und öffentlich einen eigenen Vorschlag zur Aufhebung oder Änderung des Gesetzes zu machen. Nach Ablauf der vorgeschriebenen Frist wählte die Ekklesia Gesetzesrevisoren, Nomothetai, aber nicht beliebig aus der ganzen Bürgerschaft, sondern nur aus dem Kreis der Geschworenen, der Heliasten. Ihre Zahl schwankte wohl je nach der Wichtigkeit der Sache. In den wenigen Fällen, über die Nachrichten erhalten sind, waren es 500 oder 501 und 1001. Zugleich präzisierte die Ekklesia die Aufgabe der Nomotheten, indem sie feststellte, welche Gesetzesbestimmungen eventuell zu ändern oder zu ergänzen seien, und gab ihnen Instruktionen. Auch wählte sie vier oder fünf Bürger zu Verteidigern des zu prüfenden Gesetzes.

Damit endete auch die Mitwirkung der Ekklesia, und die Sache ging ganz in die Hände der Nomotheten über. Sie hörten die offiziellen Verteidiger des Gesetzes wie auch den Bürger, der dessen Abschaffung oder Änderung vorgeschlagen hatte, und entschieden dann durch Abstimmung. Der Standpunkt ihrer Mehrheit gab den Ausschlag. Der Bestätigung durch ein anderes Organ bedurfte es nicht. Falls dieses «Rechtsverfahren» nicht einfach mit der Streichung des alten Gesetzes aus dem Kodex endete, sondern mit Anerkennung respektive Änderung, so gehörte das akzeptierte Gesetz von da an zu den Nomoi.[287]

Das Nomothesie-Verfahren ist in vieler Hinsicht merkwürdig. Es scheint die Ekklesia ihrer gesetzgeberischen Gewalt beraubt zu haben. So haben es auch manche Forscher verstanden. Da es kein dem «souveränen Volk» von außen her aufgezwungener Modus, sondern von diesem selbst freiwillig angenommen war, hat man darin einen Mangel an Selbstvertrauen der Ekklesia sehen können und zugleich eine Neigung, die Verantwortung für Verletzung der Heiligkeit und Unantastbarkeit des Gesetzes auf die Geschworenen abzuwälzen, die ja reif an Jahren und vereidigt waren. Erstaunlich ist jedoch, daß die Athenaion Politeia die Nomothesie überhaupt nicht erwähnt und der mit Verfassungsfragen so vertraute Aristoteles – der allgemein auch als Verfasser der Athenaion Politeia gilt – in seiner «Politik» von der Gewohnheit der Ekklesia, die Gesetzgebung «souverän» in Form von Abstimmungsbeschlüssen, Psephismata, auszuüben, spricht. Anderseits ist so wenig von der Handhabung dieser Methode überliefert, daß es schwer ist, sich ein genaues Bild von ihrer tatsächlichen Bedeutung zu machen.

Jedenfalls war die Gesetzgebungskompetenz der Ekklesia ziemlich eng begrenzt. Es war, wie gesagt, offenbar statthaft, in Form eines Psephisma allgemeine Normen aufzustellen, die nicht das von den Gesetzen, Nomoi, bestimmte Gebiet betrafen. Dies Gebiet war zwar groß, aber politisch wenig bedeutungsvoll. Ferner vermochte das Probuleuma-System nicht zu hindern, daß eine «Partei», die die absolute Mehrheit erlangt hatte, in der Ekklesia auch als gesetzwidrig konstatierte Beschlüsse durchdrücken konnte. Nach manchen Quellen war das Zustandekommen eines solchen, ein geltendes Gesetz verletzenden Beschlusses, eines *Pséphisma paranómon,* wenn auch dem Standpunkt des Rates konträr, gar nicht so selten.[288] Das eventuell angestrengte Graphe-paranomon-Rechtsverfahren entzog die Frage des Schicksals eines solchen Psephisma der Ekklesia und unterwarf sie der Entscheidung der Geschworenen. Wenn unter ihnen dieselbe «Partei» oder Richtung vorherrschte wie in der Ekklesia und sie das Psephisma nicht für gesetzwidrig erklärten, blieb es in Kraft.

Aber es wurde nicht Gesetz. Falls es stimmt, daß – außer den bei der allgemeinen Revision am Ende des 5. Jahrhunderts kodifizierten Satzungen – als Gesetze, Nomoi, bloß die bei der alljährlichen Nomothesie aufgenommenen galten[289], so konnte auch aus dem Psephisma ein Nomos nur auf diesem Weg zustande kommen. Dazu bedurfte es also noch privater Initiative oder möglicherweise sachgemäßer Anweisungen der Ekklesia an die Nomotheten. Und endgültiger «Souverän» war nicht der Demos der Volksversammlung, sondern eine Anzahl Geschworener. Auch wenn Beamte die Beseitigung von Widersprüchen in geltenden Gesetzen forderten, war das Verfahren im wesentlichen das gleiche. Die Ekklesia begnügte sich mit der Wahl der Nomotheten, denen dann die Entscheidung überlassen blieb.[290]

Die Stellung der Ekklesia als Schöpferin anderer Organe war auch nur auf relativ engem Gebiet von Bedeutung. Immerhin bestimmte sie den Umfang der Bürgerschaft. Sie war es, die das Bürgerrecht an Gruppen oder Einzelne verlieh. Um unbedachten Schritten vorzubeugen, war, wie erwähnt, die Anwesenheit von mindestens 6000 Bürgern bei der Abstimmung Bedingung. Masseneinbürgerungen waren ja von wirklicher politischer Tragweite nur in seltenen Krisenzeiten, und dann konnte sich aus solcher Aktion eine Fehde zwischen den «Parteien» entwickeln. Die individuelle Einbürgerung hingegen wurde im 4. Jahrhundert großzügiger gehandhabt als vorher, weckte aber bei ihren Gegnern eher Spott als Entrüstung.[291] Auch die genannten Nomotheten-Behörden setzte die Ekklesia ein, während der Rat der Fünfhundert und die Dikasterien unabhängig von ihr entstanden und funktionierten. Auch die meisten individuellen Ämter wurden durchs Los besetzt, nur die wichtigsten oder besondere Fähigkeiten erfordernden durch Wahl in der Ekklesia.

Trotzdem hatte diese Mittel, auf den mannigfachsten Gebieten direkt oder indirekt in die Polisregierung einzugreifen. Überdies vermochte sie die Verwaltung wirksam zu überwachen und mit den ihr zu Gebote stehenden Waffen die Verhältnisse der ganzen Polis wie auch ihrer einzelnen Mitglieder zu beeinflussen. Hierbei wandte sie alle Formen und Grade ihrer umfassenden Gewalt an.

Eine besonders zentrale Stellung hatte die Ekklesia beim Regeln der ausländischen Beziehungen Athens. Fragen der Außenpolitik wurden in ganz anderem Ausmaß als in modernen Demokratien vom Volk selbst diskutiert und entschieden. Wie populär Gespräche oder Debatten über außenpolitische Probleme waren, bezeugen schon die der Nachwelt erhaltenen zahlreichen, sorgfältig stilisierten Reden über dieses Gebiet. Es gab keinen Beamten, keine Institution mit der Bevollmächtigung, über die Beziehungen zu anderen Staaten zu entscheiden. Daher brauchte die Bürgerschaft sich nicht passiv in Dosen, die irgendein Beamter angemessen fand, über diese Dinge informieren zu lassen oder vorbereitete und womöglich schon ausgeführte Maßnahmen nachträglich gutzuheißen, es sei denn, sie war selbst von vornherein dazu entschlossen. Im Gegenteil: die Bürger behielten das Recht, die Linien der Außenpolitik zu entwerfen und festzulegen sowie sie im einzelnen zu realisieren. Die primäre Stellung der Ekklesia in diesen Dingen war im 5. Jahrhundert so selbstverständlich, daß die damaligen Geschichtsschreiber in diesem Zusammenhang den Rat überhaupt kaum erwähnen.[292] Im folgenden Jahrhundert gingen indes, wie wir sehen werden, auch andere Institutionen dazu über, sich in gewissem Umfang mit der Außenpolitik zu befassen.

Die folgenschwersten Entscheidungen, Kriegseröffnung und Friedensschluß, lagen von alters her ausschließlich bei der Ekklesia. Gerade hierbei kollidierten die Interessen und Ansichten der Armen und der Reichen augenfällig. Eine unleugbare Inkonsequenz liegt darin, daß derselbe Demos, der vor einer offenen Gesetzänderung zurückscheute, eigenmächtig über Krieg und Frieden entscheidet, je nachdem, welche Tendenz die meisten Anhänger in der Versammlung hat. Allerdings gibt es Hinweise, daß die Abstimmung über Krieg und Frieden nicht etwa in einfachster Form stattfinden durfte, sondern mindestens 6000 Bürger anwesend sein mußten.[293]

Abschluß und Lösung eines Bündnisses oblagen gleichfalls der Ekklesia. Die Umwandlung des Attischen Bundes in ein Imperium gab ihr auch Gelegenheit, sich in die inneren Angelegenheiten der Mitgliedpoleis zu mischen. Sie empfing die Vertreter fremder

Mächte zum Vortrag, wählte nicht nur die eigenen Gesandten, sondern bestimmte deren Aufgaben, manchmal in Form detaillierter Instruktionen, prüfte ihre Rapporte und verhängte Strafen, wenn Betrug oder Versäumnis Anlaß gaben. Sogar das Recht der Ekklesia, die Staatsbürgerschaft zu verleihen, mußte außenpolitischen Zwecken dienen. Zumal im 4. Jahrhundert wurde es Brauch, angesehene Ausländer, vor allem Staatsmänner, durch Verleihung der athenischen Staatsangehörigkeit zu ehren, was freilich selten praktischen Wert hatte. So konnte als Demosmitglied *honoris causa* ein halbbarbarischer Fürst und bald danach sein Mörder auftreten.[294]

Auch das Heerwesen unterstand der Oberaufsicht und Bestimmungsgewalt der Ekklesia. Sie sorgte für die Bedürfnisse des Landheeres wie der Flotte, wählte die Strategen und andere Oberbefehlshaber und hielt sie unter strenger Kontrolle. Im Kriegsfall bestimmte sie, wie viele Bürger, Metöken und Sklaven zu mobilisieren und wie viele Söldnertruppen aufzustellen waren. Sie bestimmte die Größe der eingesetzten Waffengattungen, instruierte die Befehlshaber und kontrollierte den planmäßigen Vollzug. Gegebenenfalls erhielten die Strategen mehr oder weniger weitgehende Vollmachten, selbständig zu handeln. Wiederum konnte ein Befehlshaber, der die Anweisungen des Demos nicht befolgte, hart bestraft werden, selbst wenn er siegreich war.[295]

Der Staatshaushalt war in Athen wie auch in anderen Staaten der Antike vorwiegend ein Von-der-Hand-in-den-Mund-Leben. Aber auch der kleine Sektor, der wenigstens auf etwas Kalkulation und Planung basierte, war für den Bürger von Belang. Die eigentliche Finanzverwaltung war in Athen tatsächlich sehr kompliziert und unterstand der Kontrolle des Rats. Gewisse fundamentale Aufgaben oblagen indes der Ekklesia. Sie bestimmte die Münzprägung, die Zölle, Steuern und die Verwendung der staatlichen Naturreichtümer. Sie regelte die für das Funktionieren der demokratischen Institutionen so wichtigen Misthos- und Theorikon-Zahlungen. Auch die für die armen Schichten unentbehrlichen öffentlichen Arbeiten und in gewissen Fällen geleistete Beihilfen waren ihrem Gutdünken anheimgegeben. Und wenn das Sammeln oder Verteilen öffentlicher Gelder eine Abweichung vom üblichen Schema bedingte, so mußte die Ekklesia entscheiden.[296]

Unabhängig davon, ob die individuellen Amtsstellen durch Wahl oder Los besetzt wurden, waren die Beamten der Ekklesia auf Gnade oder Ungnade ausgeliefert. Sie mußten ihr über ihre Amtstätigkeit Rechenschaft ablegen und konnten gegebenenfalls von ihr entlassen und verklagt werden. Überdies verfügte sie über gewisse Waffen allgemeiner Natur, die sie Privaten wie Beamten gegenüber anwenden konnte. Der Ostrakismos wurde freilich nach 417 nicht mehr praktiziert, obschon das betreffende Gesetz noch lange in Kraft blieb. Immer noch wurde die Ekklesia einmal jährlich befragt, ob sie ein Scherbengericht wünsche, und immer war die Antwort verneinend. Aber spätestens in den 340er Jahren verschwanden die Ostrakismos-Bestimmungen auch aus den Gesetzen.[297] Jedoch bot die Rechtsprechungskompetenz der Ekklesia andere Möglichkeiten.

Ihre Gerichtshoheit stand im Prinzip tatsächlich auf einem höheren Niveau als die anderer Poliseinrichtungen. Schon im 5. Jahrhundert bestand eine Regel, daß ein Todesurteil vom Demos in der Ekklesia beschlossen sein mußte, und obgleich in den oligarchischen Epochen sowie nach der zweiten Restauration dagegen verstoßen wurde, kam sie doch vor 368 wieder dauernd zu Ehren.[298] Die Stellung der Ekklesia erhellt auch daraus, daß sie, obschon man im allgemeinen wegen eines Dikasterienurteils bei keiner Instanz Berufung einlegen konnte, das Recht der Amnestie hatte.[299] In der Praxis wurde jedoch der größte Teil der Rechtspflege den Gerichten anvertraut, und die Richtergewalt der Ekklesia beschränkte sich vor allem auf Staatsverbrechen. Die Auslegung derartiger Fälle «ernster Volksschädigung» hing natürlich vielfach von politischen Standpunkten ab. Eine sehr wichtige Rolle erhielten im 4. Jahrhundert die Eisangelia-Satzungen. Sie bedeuteten ein Rechtsverfahren wegen Gefährdung der Staatssicherheit, das die Ekklesia den Dikasterien übertragen oder sich selber vorbehalten konnte. Da das Gesetz nichts Genaues über die Strafen bei solchen Prozessen verfügte, war die Ekklesia in ihrer Urteilsverkündung unabhängig. Sie konnte sehr rigoros verfahren oder aus der Rechtsprechung geradezu eine Farce machen.[300]

Wohl am wenigsten umstritten war jedoch das oberste Bestimmungsrecht der Ekklesia in Sachen der Staatsreligion. Sie beaufsichtigte nicht nur die Organisation des offiziellen Kults und sorgte für dessen Finanzierung, sondern entschied auch über die Eingliederung fremder Gottheiten in athenische Kulte.[301] Sie war es ja auch, die Alexander von Makedonien 324 unter die Bewohner des Olymps erhob.[302] Die angeführten Maßregeln betrafen nur die Kultformen. Freilich gab es auch Möglichkeiten der Einmischung in religiöse Meinungsäußerungen der Bürger, und im 5., aber nicht mehr im 4. Jahrhundert hatten sie noch praktische Bedeutung. Darüber in anderem Zusammenhang.

Das Erwerbsleben der Bürger war ziemlich frei von Regulierung. Die Ekklesia beschränkte sich hauptsächlich auf die Sorge um Getreide- und Holzeinfuhr, namentlich um die Sicherung von Getreidebeschaffung, -transport und -handel. Die einschlägigen Fragen standen im 4. Jahrhundert jährlich zehnmal auf der Tagesordnung. Zu ihrer Lösung dienten militärische und diplomatische Aktionen, Gesetzgebung und detaillierte Vorschriften.[303]

Beschlußfassung und politische Führung

Die Bürger behandelten eine Angelegenheit in der Ekklesia in mündlicher Debatte und durch Abstimmung. Wenn es sich aber um Initiativen oder Änderungsvorschläge eines Einzelnen handelte, war ein schriftlicher Antrag obligatorisch. In den Versammlungen hatte jeder Bürger, ausgenommen der mit Atimie bestrafte, Rede- und Stimmrecht.

Die Ekklesia setzte keinen Ausschuß aus ihrer Mitte ein. Der Rat konnte bei Ausarbeitung seiner Vorlagen reichlich Fachleute hinzuziehen; ebenso legte die Ekklesia offenbar großes Gewicht auf technisches Wissen und Erfahrung. Sie befragte, wenn nötig, hohe Beamte, wie Strategen, Finanzbeamte, Gesandte usw. In Platons

Protagoras (319b–c) sagt Sokrates: «Ich halte nämlich, wie auch wohl alle Hellenen tun, die Athener für weise, und nun sehe ich, wenn wir in der Gemeinde versammelt sind und es soll im Bauwesen der Stadt etwas geschehen, so holen sie die Baumeister zur Beratung über die Gebäude; wenn im Schiffswesen, dann die Schiffbauer, und in allen anderen Dingen ebenso, welche sie für lehrbar und lernbar halten.»

Die Behandlung der Angelegenheiten in den vielköpfigen Versammlungen vollzog sich, umgekehrt als man erwarten sollte, relativ schnell. Sie schloß gewöhnlich mit der Sitzung, in der das Probuleuma verlesen wurde. Auf die Weise gelangte ein individueller Initiative entsprungener Vorschlag, den die Ekklesia vorbereitend gebilligt hatte, erst dann zur Endbehandlung, wenn er in der Form des Probuleuma abermals vor die Ekklesia kam. Mitunter freilich zog sich die Debatte so lange hin oder – was bei der Wahl von Beamten eher ins Gewicht fiel – die Konstellation der Gestirne war so ungünstig, daß die Entscheidung aufgeschoben werden mußte.

Zur Abstimmung war kein Quorum nötig, ausgenommen solche Fälle, wo die den Demos plethyon repräsentierenden sechstausend Bürger zugegen sein mußten. Aristoteles findet es der Demokratie angemessen, daß der Demos die Aufgaben der Ekklesia der Reihe nach in Sektionen erledigt (Politik, 1298a). Aber in Athen pflegte man den seiner Meinung nach für die «äußerste» Demokratie charakteristischen Modus. Dort stimmten alle Vollbürger geschlossen ab, so wie sie auch gemeinsam an der Ekklesia-Debatte teilnahmen oder ihr folgten. Ebenso war es in der Wahlversammlung, obgleich die Zusammensetzung einiger Behörden auf Phylen-Einteilung basierte. In der athenischen Ekklesia kannte man nicht dieses Abstimmungssystem nach Gruppen oder Stämmen, wie es zum Beispiel die römischen *comitia tributa* befolgten. Bei der Abstimmung wurden die Stimmen der anwesenden Bürger, nicht der Phylen-Vertreter, gezählt.[304]

Für alle Beschlüsse genügte einfache Stimmenmehrheit – manche Forscher meinen indes, jenes Sechstausend-Quorum könne eine qualifizierte Mehrheitsbedingung dargestellt haben. Die Abstimmung erfolgte gewöhnlich öffentlich durch Handaufheben. Im Zweifelsfall wurde sie wiederholt, bis das Ergebnis eindeutig war. Handelte es sich indes um eine ernste Entscheidung über einen einzelnen Bürger, wie im 5. Jahrhundert bei einer Versammlung des vollzähligen Volks um Ostrakismos und im 4. Jahrhundert in einer gewöhnlichen Sitzung um ein Urteil wegen Landes- und Hochverrats, so war die Abstimmung geheim. Mit der Abstimmung endete die Behandlung der Angelegenheit in der Ekklesia; die Niederschrift und Verwahrung des Psephisma war Sache des Prytaneia-Sekretärs. Man weiß aber von einigen wenigen Ausnahmen, wo eine neue Debatte und zweite Abstimmung stattfand.[305]

Die ziemlich ungeordnete und von Mal zu Mal etwas wechselnde Bürgermenge hätte ohne politische Führung nicht wirksam fungieren können. Der Rat konnte ja solchen Rückhalt nur in relativ beschränktem Maß bieten. Er war ein nicht vom Volk gewähltes, sondern durch Losglück gebildetes Organ. Hingegen gab es im 5. Jahrhundert Zeiten, da von der Ekklesia gewählte Strategen deren Vertrauen hatten. Sie waren von Amts wegen vermutlich Mitglieder des Rats, hatten also auch Einfluß auf ihn, dem wiederum die Überwachung der Ekklesia-Arbeit oblag. Einer jener Strategen, in dem sich die Tugenden des Feldherrn und des Staatsmannes glücklich vereinten, hatte lange Zeit die Sympathien der Ekklesia-Mehrheit genießen und sich als wahrer Vorsteher des Volkes, *Prostátes tu dému,* erweisen können. In der zweiten Hälfte des nächsten Jahrhunderts erwarb eine andere Kategorie staatlicher Funktionäre eine ungefähr entsprechende zentrale Vertrauensstellung: gewisse Staatsfinanzexperten. Sie waren gleichfalls von der Ekklesia gewählt und hatten wohl dank ihrem Amt auch engen Kontakt zum Rat. Jahrelang scheint sich die Ekklesia auch in anderen als Finanzfragen ihrer Leitung anvertraut zu haben.

Aber auch in der Ekklesia selbst erfolgte Führerauslese. Hierbei gaben weder im Amt erworbene Verdienste noch große Sachkenntnisse, sondern Routine im *policy making* den Ausschlag. Sokrates behauptet zwar im Protagoras (319c–d), die Athener hätten in der Volksversammlung lachend und lärmend jeden Nichtfachmann, mochte er noch so schön, reich und vornehm sein, gehindert, sich zu Fragen zu äußern, die Wissen und Können erforderten, hätten aber trotzdem bei der Debatte über die Polisverwaltung im allgemeinen jeden angehört, der ihnen einen Rat erteilen wollte: Zimmermann, Schmied, Schuster, Krämer, Schiffsherr, Reiche, Arme, Vornehme, Geringe. Keiner brauchte in solchem Fall sein Wissen und Können zu beweisen, und niemand beanstandete das. Sokrates – oder Platon – schildert die Versammlung sozusagen vom Publikum her, im Rampenlicht gesehen, und offensichtlich ein wenig literarisch gefärbt. Für den Durchschnittsathener war das Beratschlagen in der Ekklesia durchaus keine einfache Sache. Dem Recht eines jeden zur Meinungsäußerung, Initiative oder zu Änderungsvorschlägen waren durchaus nicht alle gewachsen. Die meisten blieben passive Zuhörer und Zuschauer und überließen die Verarbeitung der Meinung den wenigen aktiven Elementen.

Schon frühzeitig bildete sich in Athen eine Art halb berufsmäßiger Politikerschicht. Anfangs gehörten dazu reiche Mitglieder der oberen Klassen, mit der Zeit aber auch arme Bürger, die geborene Redner waren oder Rhetorik studiert hatten. Sie bildeten in der Ekklesia wie in anderen Poliseinrichtungen ein dynamisches Element, waren initiativreich und aktiv bei Wahlen. Die Politiker, *politeuómenoi,* werden in vielen Reden des 4. Jahrhunderts als eine eigene, von den gewöhnlichen Bürgern gesonderte Klasse erwähnt. Die anderen Athener hegten ihnen gegenüber wohl Mißtrauen, vor allem weil sie sich dort, wo Vorteile zu ergattern waren, wie eben bei den Wahlen, vordrängten.[306]

Aus ihrer Mitte stammten jene nach Perikles' Tod in Erscheinung getretenen Demagogen und ihre Nachfolger, die Redner nach der zweiten Restauration, die in der Ekklesia eine führende Rolle spielten. Während die Demagogen Ende des 5. Jahrhunderts noch nach Feldherrenruhm trachten konnten, war im 4. Jahrhundert das *policy making* zu einem richtigen Spezialberuf geworden. Dazu bedurfte es freilich weit mehr als nur der Redegabe. Ein

Politiker brauchte viele Kenntnisse von Dingen des Staatswesens, solche, über die Sokrates den jungen Glaukon, der Staatsmann werden will, examiniert (Xenophon, Memorabilia III, 6). Er mußte, wenigstens oberflächlich, über die aktuellen Fragen auf dem Gebiet der Finanzen, Getreideeinfuhr, Schiffahrt, Außenpolitik usw. orientiert sein. Ferner hatte er den Ekklesia-Versammlungen regelmäßig beizuwohnen, zu wissen, was im Rat vor sich ging, und auch sonst über die Stimmung in der Bürgerschaft im Bilde zu sein. Solche Betriebsamkeit beanspruchte die Zeit eines Mannes gänzlich. Man nimmt jedoch an, daß auch ein armer Redner, wenn er erst einmal berühmt geworden war, sich ohne zusätzliche Arbeit ernähren konnte. Es stand ihm zum Beispiel frei, gegen Honorar irgendeine Sache in der Ekklesia oder gegebenenfalls vor Gericht zu vertreten.[307]

Unter diesen emporgekommenen Politikmachern fanden die in der Bürgerschaft herrschenden Richtungen oder «Parteien» ihre Führer. Die meisten unter ihnen – wie immer und überall im entsprechenden Fall – ließen sich lieber vom Strom tragen und suchten den Weg des geringsten Widerstandes, als daß sie wirklich die Ekklesia leiteten. Sehr selten gelang ihnen, sei es auch nur vorübergehend, der Sieg über die sonstigen den Standpunkt des Bürgers bestimmenden Kräfte. Die Schwäche der neuen Demosführung trat unverkennbar bald nach Perikles' Tod zutage. In jene Zeit fällt ein erstaunliches Beispiel plötzlichen Stimmungsumschwungs in der Ekklesia. Auf Kleons Vorschlag beschlossen 428/427 die Athener, in Mytilene, das gegen ihre Herrschaft revoltiert, dann aber kapituliert hatte, alle erwachsenen Männer zu töten und ihre Frauen und Kinder zu versklaven. Am nächsten Tag bereuten sie ihre Grausamkeit – die übrigens von den damaligen Kriegsregeln keineswegs abwich. In der eilig zusammenberufenen Ekklesia errang Diodotos, Sohn des Eukrates, mit seinem Antrag auf Widerrufung des Beschlusses einen knappen Erfolg (Thukydides, III, 36–49).

In Zeiten weniger erregter Stimmung trat die Schwäche der politischen Führung in der Ekklesia nicht so eklatant hervor. Vor allem konnten namhafte Redner – wenn auch ohne offizielle Stellung – durch ihre Anhänger ihre Initiativen sogar in dem das Probuleuma besorgenden Rat vorbringen.[308] Reichte das Wort nicht aus, um die Majorität der Ekklesia für den Standpunkt des Politikers und seiner Gruppe in einer Sache zu gewinnen, so blieben noch die aus den Parlamenten moderner Demokratien bekannten Mittel: Feilschen und Drohung. Ein Beispiel davon gibt die Ekklesia-Debatte 346 über den sogenannten Frieden des Philokrates. Auf friedensfeindliche Kreise übte man damals einen Druck aus, indem man die Überführung der Theorikon-Gelder in den Kriegsfonds androhte. Die Maßnahme hätte natürlich die arme Mehrheit der Bürger empfindlicher getroffen als die reiche Minderheit.[309]

Aber auch den einflußreichsten Politikern konnte die Ekklesia dauernde oder vorübergehende Hindernisse in den Weg legen, die sie nicht zu durchbrechen vermochten. Das spiegelt sich unter anderem in dem Standpunktwechsel dieser Leute. Einmal scheint sich sogar in der Ekklesia eine Gruppe gebildet zu haben, die eine wirklich mächtige Interessenorganisation vertrat, als nämlich die Hauptverantwortung für ökonomische Leistungen auf die dreihundert reichsten Bürger konzentriert war. Sie errangen eine so überragende Schlüsselstellung, daß sie Demosthenes Anlaß zu der Behauptung gab, die gesamte politische Bestimmungsgewalt der Ekklesia drohe in ihre und ihrer Anhänger Hände zu gleiten.

Die Erfolge der Politiker als Ekklesiaführer waren zeitweise beträchtlich, aber im ganzen doch nicht so entscheidend, wie man aus einigen zeitgenössischen Schilderungen schließen könnte. Zum Beispiel ist die Beschuldigung des Redners Aischines, Demosthenes habe sich geradezu diktatorisch gebärdet und geprahlt, er könne als Gesandter beliebig wohin gehen, wenn auch ohne Mandat der Ekklesia, sicher übertrieben.[310] Daß die Macht der Ekklesiaführer begrenzt war, sieht man daran, daß eine einzelne «Partei» offenbar kaum je alle durch Wahl zu besetzenden Ämter auf einmal zu erobern vermochte.

VOLKSGERICHTSHÖFE

Zusammensetzung

Die Bürger mit Anspruch auf Plätze in den Volksgerichtshöfen, im Rat der Fünfhundert und in den Behörden waren bedeutend weniger zahlreich als der Demos der Ekklesia. Für Geschworene und Ratsmitglieder wie auch – ex analogia zu schließen[311] – für alle Beamten war dreißig Jahre das vorgeschriebene Mindestalter. Todesfälle und Abwanderung lichteten naturgemäß die Reihen der Athener zwischen achtzehn und dreißig Jahren beträchtlich. Aber wie sich das faktisch auswirkte, bleibt dem Raten überlassen.[312] Ziemlich sicher dürfte hingegen sein, daß die Auswanderung in den minderbemittelten Schichten lebhafter war als in den wohlhabenden. Somit könnte man annehmen, daß der altersmäßig reife Demos als Ganzes wenigstens zeitweise durchschnittlich etwas begüterter war als die zur Ekklesia zugelassenen Bürger.

Um die Mitgliedschaft in den Dikasterien konnte sich jeder Athener, der die bürgerlichen Ehrenrechte und das vorgeschriebene Alter hatte, unabhängig vom Vermögen bewerben. Keinerlei Prüfung oder auch nur Nachweis einer gewissen Rechtskundigkeit wurde verlangt. Von den Reflektanten wurden jährlich insgesamt sechstausend, aus jeder Phyle sechshundert, erlost. Ob die Kandidaten die Demen proportional zu deren Einwohnerzahl vertraten, ist ungewiß.[313] Das strenge Prinzip der Phylen-Vertretung mußte man anscheinend zu Beginn des 4. Jahrhunderts auch aufgeben. Die Sechstausend legten den Heliasteneid ab. Aus ihnen bildeten sich, wieder durchs Los, zehn Abteilungen, die Dikasterien. Diese Formierung fand anfangs im voraus für das ganze Jahr statt. Weil jedoch das frühzeitige Bekanntwerden der Namen der Richter zu Mißbrauch führen konnte, schob man später die Erlosung der Dikasten bis zum Tag des Prozeßbeginns auf.

Zu jeder Abteilung gehörten sechshundert Dikasten, von denen aber wohl hundert Ersatzmänner waren. Die Dikasten tagten als vollzählige Fünfhundert-Mann-Ausschüsse oder, wenn es sich um Rechtshändel zwischen Privaten handelte, als kleinere, zum Beispiel

Zweihundert-Mann-Komissionen, oder es traten, wenn etwa ein großer politischer Prozeß lief, mehrere, bis zu fünf, Abteilungen zusammen. Sehr selten waren alle Sechstausend bei demselben Prozeß versammelt; man weiß nur von einem solchen Fall. Nach der zweiten Restauration der Demokratie traten einige Jahrzehnte hindurch Dikasterien mit ungeraden Mitgliederzahlen, zum Beispiel 501, 401 oder 201, auf; doch kehrte man später aus unbekannten Gründen zu den runden Zahlen zurück. Wie groß die Dikasterien auch sein mochten, in ihren Funktionen und Beschlüssen waren sie selbständig.[314]

Ihr erhebliches Arbeitspensum beanspruchte rund zwei-, dreihundert Sitzungstage im Jahr. Daher bedeutete die Mitgliedschaft für den Reflektanten Aussicht auf eine relativ regelmäßige Einnahme, obgleich anderseits nichts den Geschworenen zwang, sich täglich zur Auslosung anzubieten. Das Entgelt, die älteste Form des Misthos, stieg von den anfänglichen zwei Obolen auf drei, aber höher nicht. Es betrug also im 4. Jahrhundert die Hälfte der Diät für die Teilnahme an einer gewöhnlichen, satzungsgemäßen Ekklesia-Sitzung und ein Drittel des Solds für eine Kyria-Ekklesia-Sitzung. Da das nur für die Tagesverpflegung reichte und ein Arbeiter das Dreifache verdiente, war es weder für Wohlhabende noch für arbeitsfähige Arme verlockend. Weil für die Landbevölkerung die Teilnahme an der Dikasterienarbeit erschwert war, werden die Dikasten wohl vorwiegend Städter gewesen sein.

Laut den Quellen beteiligten sich im 5. Jahrhundert an den Sitzungen namentlich alte Männer gerne, weil sie Anstrengungen scheuten und den Misthos als eine Art Pension betrachteten. Während der attischen Wirtschaftskrise am Anfang des folgenden Jahrhunderts suchten die Arbeitslosen in Stadt und Hafen wahrscheinlich leichten Gelegenheitsverdienst als Geschworene. Nach der auf viele zeitgenössische Schilderungen sich stützenden Überlieferung bildeten die Unbemittelten der «Mittelklasse» und die allerärmsten Bürgerelemente die Mehrheit in den Dikasterien.[315]

Daneben haben wir ziemlich sichere Beweise, daß das Geschworenenamt nie sehr begehrt war. Im Gegenteil: zeitweise herrschte offenbar geradezu Mangel an Anwärtern; seltsamerweise auch in Krisenzeiten wie um die Wende des 5. und 4. Jahrhunderts.[316] Die Vermutung, daß die Reichen ungern ihre Zeit für Dikasteriensitzungen opferten, scheint also nur konsequent. Die Gleichgültigkeit der Wohlhabenden erwähnt ja auch Aristoteles (Politik, 1320a). Aber eine nach Inhalt, Diktion und Kolorit vorgenommene Analyse der Reden gewisser Politiker des 4. Jahrhunderts vor dem Volksgericht hat zu etwas anderen Auffassungen geführt. Ebenso wie in der Ekklesia umfaßte auch jetzt die Zuhörerschaft offenbar nicht überwiegend Proletarier, sondern, sofern diese Methode nicht trügt, oft viele, manchmal vielleicht in der Mehrzahl Bürger der «Mittelklasse» mit leidlich gutem Auskommen. Es gibt sogar Reden, die unbegreiflich oder lächerlich wirken müßten, nähme man nicht an, daß unter den Geschworenen solche aus dem Kreis der dreihundert Reichsten saßen.[317]

Vorsitzender des Dikasterions war ein Beamter, oft ein Archon. Ihm oblagen die Vorverhöre neben anderen Vorbereitungen und dann die Leitung der Gerichtssitzung selbst. Die Rolle der Dikasten war ungefähr dieselbe wie die der heutigen Geschworenen in vielen Ländern. Das eigentliche Rechtsverfahren mußte regelmäßig an einem Tag zum Abschluß gebracht werden und vollzog sich einfach und schnell. Nach Verlesung der Anklage und des Verteidigergutachtens konnten Kläger und Beklagter sich kurz zum Wort melden. Gleich darauf, ohne Besprechung und Beratung, schritten die Dikasten zur Abstimmung, ob der Beklagte schuldig oder nicht schuldig sei. Die Abstimmung war geheim: man warf eine kleine Muschelschale, einen Stein oder, von den 390er Jahren an, eine Bronzemarke in die Urne. Einfache Stimmenmehrheit entschied; das Urteil wurde sofort verkündet. Es sind so viele Einzelheiten überliefert, daß sich die Dauer eines athenischen Dikasterienprozesses genau berechnen läßt: durchschnittlich zwei Stunden zwanzig Minuten.[318]

In einigen Fällen war hiermit der Prozeß erledigt, in anderen eine zusätzliche Behandlung nötig. In Athen gab es nämlich zwei verschiedene Gerichtsverfahren. Bei dem einen waren Art und Umfang der Strafe von vornherein klar, weil im Gesetz oder im Psephisma der Ekklesia festgelegt oder weil sich die Parteien vor Beginn des Prozesses über diese Fragen geeinigt hatten. In solchem Fall erhielt der durch Abstimmung schuldig Gesprochene eben jene von vornherein feststehende Strafe. Bei dem zweiten Verfahren war die Strafe weder vorgeschrieben noch vereinbart. Hatten die Geschworenen jemanden schuldig gesprochen, war also ein neuer Vorgang zur Strafbestimmung nötig. Hierbei schlugen Kläger und Beklagter von sich aus Art und Höhe der Strafe vor. Diese Vorschläge mochten noch so inkommensurabel sein – den Geschworenen stand keine Ermessensentscheidung, sondern nur Abstimmung über die zwei Alternativen frei. Wie erwähnt, wandte man dieses Verfahren unter anderem bei Graphe-paranomon-Klagen an. Ebenso verfuhr man in dem Prozeß gegen Sokrates: die Dikasten hatten die Alternative zwischen dem vom Kläger geforderten Todesurteil und der vom Beklagten vorgeschlagenen symbolischen Buße von 30 Minen.[319]

Die Dikasterien galten ihrer Zusammensetzung nach für ein Charakteristikum des demokratischen Systems innerhalb des bunten attischen Rechtswesens. Die Teilnahme an den Sitzungen beschränkte sich für die Geschworenen auf stummes Anhören des ihnen Vorgetragenen und geheime Stellungnahme ohne jegliche Verantwortung. Weder Kenntnisse noch Geschicklichkeit waren nötig, ja nicht einmal Erfahrung, so daß also jeder beliebige Bürger als Geschworener fungieren konnte. Daß auch gänzlich Ungelehrte Recht sprechen konnten, kam daher, daß ein Richter nicht gesetzeskundig zu sein brauchte. Bei dem Prozeß war es Sache der Parteien, sich auf das Gesetz zu berufen, falls sie es überhaupt wünschten. Der Richter seinerseits berücksichtigte nur diese vom Kläger, beziehungsweise Beklagten zitierten Rechtspunkte. Seine Aufgabe war eher, eine Streitfrage nach Recht und Billigkeit zu entscheiden, als eine vom Gesetzgeber festgesetzte Norm anzuwenden.[320] Aus dieser athenischen Eigentümlichkeit, daß es dort überhaupt keine Juristen gab, erklärt sich die Möglichkeit, daß die Heliasten in Streitfällen, die eigentlich besonderes juristisches

Fachwissen voraussetzten, entscheiden durften. Aus ihnen wurden ja die Nomotheten gewählt, die über Annullierung oder Änderung von Gesetzen wie über etwaige Widersprüche in der Gesetzgebung zu entscheiden hatten. Als Mitglieder der Dikasterien wiederum hatten sie in Graphe-paranomon-Prozessen zu beurteilen, ob ein Antrag oder ein daraus entstandenes Psephisma formal oder inhaltlich gesetzwidrig war. Dabei fungierten sie als Hüter der Gesetzlichkeit und gleichsam als Verfassungsgericht.

Machtbereich

Die richterliche Kompetenz der Dikasterien war fast auf allen Gebieten der Rechtsprechung gültig. Nur ein Sektor war von der Gerichtsherrschaft des Volkes gesondert geblieben. Er umfaßte Verbrechen, deren Ruchlosigkeit sowohl Menschen wie Götter schändete: Mord, Totschlag, Brandstiftung, Giftmord und dergleichen. Sie forderten ein sehr archaisches Rechtsverfahren in dem an die religiösen Traditionen gebundenen Rat des Areopags oder den ihm unterstellten Blutgerichten.[321]

Die Kompetenzen der anderen eigentlichen Gerichte wie auch der Beamten waren begrenzt. Waren diese Instanzen für ein anhängiges Verfahren nicht zuständig, mußte es an das Dikasterion überwiesen werden. So durften Demenrichter nur Fälle entscheiden, wo es um weniger als 10 Drachmen ging. Größere Fälle kamen zuerst vor die Schiedsrichter, aber, wenn deren Beschluß die Partner nicht befriedigte, auch vor das Dikasterion.[322] Das Recht gewisser Beamter, Geldbuße zu verhängen, ging ebenfalls nur bis zu einer bestimmten Grenze, zu deren Überschreitung ein Dikasterionbeschluß nötig war. Im 4. Jahrhundert war ferner wegen einer von Beamten verhängten Buße anscheinend auch Beschwerde beim Dikasterion möglich.[323]

Mit der wachsenden wirtschaftlichen und politischen Aktivität Athens häuften sich auch die Rechtsfälle bei den Dikasterien, zumal als es Zentrum des ganzen Seebundes war. Damals entschieden die athenischen Volksgerichte in den mannigfachen Rechtsstreitigkeiten, die aus den Beziehungen der Bündnerstaaten untereinander und ihren inneren Verhältnissen erwuchsen. Schließlich war die Richtergewalt des «Recht sprechenden Volkes» nur durch das «deliberierende Volk» in der Ekklesia beschränkt, das sich die Behandlung einiger politischer Strafanträge vorbehielt.

Der Einfluß der Volksgerichte auf das politische Leben Athens erklärt sich daraus, daß bei Klageerhebung und der Suche nach Anlässen dazu politische Motive mitsprechen konnten. In Athen gab es ja keinen dem öffentlichen Kläger vergleichbaren Beamten, sondern die Klageerhebung war eine Privatangelegenheit dessen, der sich gekränkt glaubte, oder, wenn es um Wahrung allgemeiner Interessen ging, eines beliebigen Bürgers. Die Folge war unter anderem, daß bei Streitigkeiten zwischen Parteien oder Politikern, sobald sich ein passender Vorwand bot, schleunigst ein Prozeß angestrengt wurde. Ganz willkürlich konnte man freilich nicht verfahren, denn auf einem mißlungenen Versuch stand eine empfindliche Geldstrafe. Hatte ein Bürger im Namen des öffentlichen Interesses einen Prozeß angefangen, mußte er mindestens ein Fünftel der Geschworenenstimmen für seine Sache gewinnen, um von der Buße verschont zu bleiben.

Vor den Dikasterien wurden auch gewisse routinemäßige Fälle behandelt, die leicht ins Politische übergriffen. So zum Beispiel gegen Beamte am Ende ihrer Dienstzeit erhobene Klagen wegen Veruntreuung öffentlicher Gelder, passiver Bestechung oder anderer Vergehen. Ferner gab es verschiedene gegen jeden beliebigen Bürger anwendbare Anklageformen. Klage wegen gesetzwidrigen Antrags in der Ekklesia, also Graphe paranomon, mußte binnen eines Jahres erhoben werden, damit sie sich gegen die betreffende Person und nicht nur gegen das Psephisma richtete. Ein Bürger konnte auch verklagt werden, weil er in einer Ekklesia-Rede das Volk belogen, irregeführt oder in seinem Resolutionsvorschlag unwahre Behauptungen aufgestellt hatte usw.[324] Auch viele andere Gründe und Formen der Klage bekamen einen politischen Anstrich.

Bei solchen Prozessen konnte die Gerichtsverhandlung selbst zu einem politischen Kräftemessen werden. Waren der Beklagte oder

Kläger wie Beklagter Zentralgestalten im politischen Leben, Strategen oder berühmte «Parteihäuptlinge» und Rhetoren, entwickelten sich vor den Dikasten Debatten von hohem Niveau. Ihrem Eid gemäß – man kennt die Formel aus dem 4. Jahrhundert[325] – hörten sich die Geschworenen beide Teile unparteiisch an. Doch hatten sie sich nicht zu völliger politischer Neutralität verpflichtet, sondern eidlich gelobt, unter anderem keinen Oligarchen zu unterstützen und keine Bedrohung der athenischen Volksgewalt in Worten oder bei einer Abstimmung gutzuheißen.

Nach einer Hypothese hätten die Politiker vielleicht ein Mittel gehabt, trotz dem komplizierten Losverfahren die Zusammensetzung der Ekklesia wenigstens bis zu einem gewissen Grad zu beeinflussen. Sie hätten sich etwa beizeiten Anhänger unter den Heliasten sichern können, die sich, wenn sie wußten, daß ein interessanter Prozeß bevorstand, zur Dikasterion-Erlosung gemeldet hätten.[326] Doch konnten sie wohl keineswegs immer so vorgehen. Die Opposition gegen irgendeinen Staatsmann konnte in der Ekklesia schwach, aber im Dikasterion so stark sein, daß sie im letzteren siegte. So waren wohl die Kraftverhältnisse zum Beispiel 430, als Perikles, obgleich im Dikasterion zu hoher Geldbuße verurteilt, in der Ekklesia noch so großen Anhang behielt, daß er im folgenden Frühjahr wieder Stratege war.[327] Genau hundert Jahre später spielte sich vor dem Dikasterion ein Kampf zwischen zwei wirklichen Demagogen-Politikern, Aischines und Demosthenes, ab, der berühmte Prozeß um den goldenen Kranz. Aus einem unbekannt gebliebenen Grund kam die Angelegenheit erst nach sechsjähriger Verzögerung vor die Heliasten. Soweit Aischines versucht hatte, in der Zwischenzeit seine Anhänger als Geschworene unterzubringen, war sein Erfolg kläglich: er bekam nicht einmal ein Fünftel der Stimmen für seine Sache, wurde deshalb zu Geldbuße verurteilt und ging ins Exil.[328]

In den großen politischen Prozessen lag nicht nur die Entscheidung über Erfolg oder Sturz eines Politikers bei den Dikasten. Indem sie die Stellung des jeweilig in der Ekklesia dominierenden Mannes stärkten oder dem Gegner zum Sieg verhalfen, bestimmten sie – wenn diese Personen maßgebend waren – die gesamte athenische Politik. Jener Prozeß um den goldenen Kranz war in Wirklichkeit ein Kampf zwischen Aischines' Friedenstendenz und Demosthenes' makedonenfeindlicher Richtung. Das mittelbare Ergebnis war ein Abflauen der Fehde beider «Parteien» und der Auftakt zu einer relativ friedlichen Ära.[329]

Mit diesen ihren Entscheidungen machten sich die Dikasterien zu Souveränen über den übrigen Demos. Indem sie ein Psephisma für gesetzwidrig erklärten, hoben sie eine Willensäußerung der Ekklesia und des Rates der Fünfhundert auf. Wie schroff das «Recht sprechende Volk» den Willen des «deliberierenden Volks» durchkreuzen konnte, zeigt das Schicksal des Beschlusses von 348 über den Theorikon-Fonds. Rat und Ekklesia hatten den Vorschlag der patriotischen «Partei», Überschüsse aus öffentlichen Mitteln fortan nicht für Festvorstellungen zu verwenden, sondern an den Kriegsfonds abzuführen, gebilligt. Obgleich die Ekklesia den Beschluß ohne jede Opposition gefaßt hatte, annullierte die Heliaia ihn durch einen daraufhin angestrengten Graphe-paranomon-Prozeß.[330]

Seit der Antike haftet den Volksgerichten der Ruf an, sie verfolgten und schröpften die Reichen. Angefangen von Pseudo-Xenophon, behandeln verschiedene Schriftsteller und Redner, wie Isokrates, Platon und Aristoteles, diese Frage. Die Reichen, heißt es, wurden schon auf Grund fingierter Anklagen vor Gericht gezogen und zu unerhört schweren Geldstrafen oder Konfiskation ihres Vermögens verurteilt. Da derlei Behauptungen vorwiegend Quellen entstammen, deren Urheber gemeinhin zu den Verhältnissen im Athen der demokratischen Ära kritisch eingestellt waren, hat man sie sehr sorgfältig auf ihren Wahrheitsgehalt hin geprüft. Sie erwiesen sich als weitgehend stichhaltig, obschon die Dikasterien wohl nicht so systematisch verfuhren, wie man folgern könnte. Es stimmt, daß den allgemein verachteten, berufsmäßigen Denunzianten, den Sykophanten, gestattet war, sehr Reiche wegen irgendeines Vergehens zu verklagen, und daß auch die Demagogen, um sich beim Volk einzuschmeicheln, die Dikasterien zu strenger

Verurteilung der Reichen anstachelten. Ebenso unleugbar suchten die Geschworenen, zumal in wirtschaftlich kritischen Zeiten, durch Geldstrafen und Gütereinziehung dem Staat Mittel zuzuschanzen, von denen dann ihre Diäten bezahlt wurden. Dieser einfache Gedankengang kam ganz offen auch bei Gerichtssitzungen zur Sprache. Und trotz vielen Zeugnissen einer gegenteiligen, gerechten und humanen Haltung bleibt die Tatsache, daß die Dikasten Athen zeitweise zu einer für die Reichen fatalen Dikaiopolis, einer «Prozessierstadt», machten.[331] Doch war dies keineswegs ein Charakteristikum der demokratischen Ordnung. Die Oligarchen hatten genau so die Gerichte benutzt, um Gelder aus den Beuteln der Reichen in die leere Staatskasse zu bugsieren; auch anderswo in der antiken Welt waren derlei Manipulationen mit Denunziation und Konfiskation nichts Unbekanntes.[332]

RAT

Zusammensetzung

Das demokratische System Athens gilt ganz allgemein als die reine Form der sogenannten unmittelbaren Volksherrschaft. Die gemeinsamen politischen Willensäußerungen, so folgert man, konnten nur dadurch entstehen, daß «alle» volljährigen Bürger das Recht hatten, bei ihrem Zustandekommen persönlich anwesend zu sein. Dieser Auffassung entsprechend wäre schon der Gedanke, der Demos wähle ein zahlenmäßig begrenztes Versammlungsorgan, um gemeinsame Fragen zu erwägen und im Namen aller Bürger zu entscheiden, den Athenern völlig fremd erschienen. Das Repräsentationsprinzip hätten sie als eine Knebelung des jedem Bürger gleicherweise zustehenden Rechts der freien Meinungsäußerung betrachtet. In der Struktur des politischen Systems Athens hätten sich demnach die äußersten Konsequenzen aus gewissen Grundvoraussetzungen verwirklicht, die sich nach einer späteren Anschauung als das theoretische Gerüst der unmittelbaren Demokratie darstellten. Rousseau zum Beispiel kleidet das in seinem Werk «Vom Gesellschaftsvertrag» (III, 15) in die Form, daß der Wille sich nicht repräsentieren lasse und das Volk, sobald es sich Vertreter wähle, aufhöre, frei zu sein.

Das stimmt indessen nur zum Teil. In Athen kannte man nämlich sehr wohl das Repräsentationsprinzip. Möglicherweise befolgte man es beim Bestimmen der Zusammensetzung der Heliaia, obgleich man nicht genau weiß wie. Aber der Rat der Fünfhundert war seiner Struktur nach ausgesprochen ein Repräsentationsorgan. Daß er nicht so weittragende Aufgaben oder so große «Gewalt» hatte, wie sie normalerweise die modernen Volksvertretungsinstitutionen haben, macht diese Tatsache nicht hinfällig.

Um die Mitgliedschaft im Rat konnte sich, gleich wie um das Dikastenmandat, jeder Bürger nach Vollendung des 30. Lebensjahres, unabhängig von Wohnort, Vermögen und Bildungsgrad, bewerben. Aber, wie gesagt, die Mitgliederplätze im Rat waren so verteilt, daß jede der zehn attischen Phylen zahlenmäßig die gleiche Vertretung hatte. Die Wahl fand im 4. Jahrhundert so statt, daß die Phylen-Vertreter und ihre Ersatzmänner unter den von den Demen aufgestellten Kandidaten erlost wurden. Die Phylen waren wohl ursprünglich ihrer Bevölkerungszahl nach ungefähr gleich groß gedacht, haben aber sicher nicht diesen Status beibehalten können. Zahl und Größe der dazugehörigen Demen wechselten. Nach zuverlässigen Angaben hing der Anteil der Demen an den fünfzig Mandaten der Phyle von deren Bevölkerungszahl ab; aber zweifellos nicht genau, sondern recht summarisch. Manche Demen stellten nur einen, andere mehrere Vertreter, und in einer Periode hatte der größte attische Demos anscheinend das Recht auf 22 Plätze. Ein Bürger behielt ja auch beim Wohnortswechsel die Mitgliedschaft im Demos seines Vaters. Trotzdem wandelte sich naturgemäß mit der Zeit die Mitgliederzahl der Demen, was eine gelegentliche Neuordnung der Demen-Anteile im Rahmen der Phyle bedingte.[333]

Die Tätigkeit eines Bulenmitgliedes wich insofern von anderen erlosten öffentlichen Ämtern ab, als sie zweimal während der Lebenszeit ausgeübt werden durfte. Ob nun diese Satzung seit der Gründung des Rates der Fünfhundert galt oder erst später aufkam – im 4. Jahrhundert war sie offensichtlich unumgänglich. Auf Grund moderner Bevölkerungsstatistiken glaubt man schätzen zu können, daß um das Jahr 400 jährlich nur etwa 560–680 athenische Bürger das 30. Lebensjahr erreichten; doch können es, in Anbetracht der großen Sterblichkeit, auch weniger gewesen sein.[334] Die Zahl der Bürger, also damit vermutlich auch die der über Dreißigjährigen, kann ja später etwas gestiegen sein. Dennoch wäre es schwer, wenn nicht gar unmöglich gewesen, alljährlich fünfhundert neue bereitwillige Kandidaten für das Buleutenamt zu finden. Es liegen indes auch optimistischere Berechnungen vor.

Das bloße Losglück genügte nicht, um aus dem Kandidaten ein Ratsmitglied zu machen. Er mußte noch die Eignungsprüfung, die Dokimasie, bestehen, und zwar vor dem satzungsgemäß ausscheidenden Rat. Anfangs hatte das endgültige Urteil bei der Dokimasie dem Rat zugestanden, aber im 4. Jahrhundert konnte der Kandidat beim Dikasterion Berufung einlegen. Wie bei der Besetzung individueller Ämter, betraf auch hier die Dokimasie vornehmlich die formelle Qualifikation des Kandidaten, das heißt seine attische Abstammung, sein Alter, ferner daß er keine Schulden an den Staat hatte und nicht mit Atimie bestraft war. Man informierte sich also dabei nicht direkt über seinen politischen Standpunkt, wohl aber über seinen Lebenswandel. War daran etwas auszusetzen – was ja zumal in unruhigen Zeiten in nicht wenigen Kreisen der Fall sein konnte –, so bot die Dokimasie tatsächlich Gegnern des Kandidaten eine recht wirksame politische Waffe.[335]

Wie die Heliasten wurden auch die Ratsmitglieder vereidigt. Sie gelobten, ihre Aufgaben gesetzmäßig und im Interesse des Volkes zu erfüllen, Staatsgeheimnisse zu wahren usw. Sie erhielten Diäten und genossen während ihres Amtsjahres gewisse Vorrechte, zum Beispiel Befreiung vom Wehrdienst, Ehrenplätze im Theater. Disziplinarrechtlich unterstanden sie nur der Bule selbst. Aber im Gegensatz zum Dikastenamt war mit der Bulenmitgliedschaft auch das Haftungsmoment verbunden. Nach Schluß der Amtszeit wurde der Rat als Ganzes der Kritik der Ekklesia unterzogen. Deren Urteil war freilich nur moralischer Art. Fand sie, der Rat habe seine Aufgabe mit Ehren bestanden, sprach sie ihm den goldenen Kranz zu – der im Heiligtum aufbewahrt wurde –, andernfalls verweigerte sie ihm diese Anerkennung. Doch konnte in der aus der Kranzverleihung sich ergebenden Diskussion das Verhalten eines einzelnen Ratsmitglieds aufs Tapet gebracht und gegebenenfalls eine Klage angestrengt werden.[336]

Wahrscheinlich fielen für viele Bürger die strenge Dokimasie, die komplizierten Aufgaben und die verantwortliche Stellung mehr ins Gewicht als der kärgliche Misthos und die wenigen Vorrechte. Ein eigentlicher Wettstreit um die Buleutenplätze ist nicht erkennbar. Wer in einem ihm selbst günstigen Jahr Ratsmitglied werden wollte, hatte, nach manchen Anzeichen, durchaus gute Aussichten.[337] Aber lag es nun an der durch die Erfahrung genährten Lustlosigkeit – jedenfalls wurde, nach den erhaltenen Namenlisten zu urteilen, nur relativ selten dieselbe Person zweimal Ratsherr.[338]

Sicherlich stellte die Bule insofern einen absoluten Querschnitt durch den athenischen Demos – *mikrá pólis,* Miniaturstaat, wie es in einem Quellentext heißt – dar, als alle Bürgerschichten darin repräsentiert waren. Doch entsprach diese Vertretung nicht den realen zahlenmäßigen Verhältnissen der Bürgerklassen. Das vorhandene Originalquellenmaterial zeigt, daß die Reichen und die Mittelklasse im Rat, zum mindesten im 4. Jahrhundert, ziemlich stark vertreten waren, reichlicher, als es die proportionale Stärke dieser Elemente innerhalb der ganzen Bürgerschaft, nach Kopfzahl berechnet, erfordert hätte. Einen wie großen Sektor die Reichen in der Bule beherrschten, ist nicht sicher feststellbar.[339] Man hat versucht, eine Bevölkerungsstatistik über das Attika jener Epoche aufzustellen an Hand der Angaben, die über Karthago und die römisch-afrikanische Provinz aus dem ersten Vierteljahrtausend unserer Zeitrechnung vorliegen. Das führte zu folgender, von der allgemeinen Auffassung abweichenden Hypothese: Noch in der zweiten Hälfte des 4. Jahrhunderts erreichten jährlich so viele Athener der Hoplitenklasse das 30. Jahr, daß – falls ein Teil von ihnen zweimal als Buleuten geamtet hätte – die gesamte Bule sich permanent aus ihnen hätte rekrutieren können.[340]

In Wirklichkeit war dem nicht so, denn wie man weiß, gab es im Rat auch relativ Unbemittelte. Doch hält man es für durchaus glaubhaft, daß Athener aus ärmlichen Verhältnissen sich gerne um das schwere Amt drückten, dessen Entlohnung nur etwa der Hälfte eines Arbeiterlohns entsprach. Es gibt sogar eine Hypothese, wonach die Führer des armen Demos bisweilen bewerkstelligen konnten, daß ein freigebiger reicher Bürger als Kandidat aufgestellt wurde. Ob aber trotz allem die unbemittelte Schicht die Mehrheit im Rat darstellte, ist umstritten.[341] Die meisten Buleuten mußten wohl in der Lage sein, in der Stadt oder wenigstens nahebei zu wohnen. Die eigentlichen Landbewohner mieden wahrscheinlich die Mitgliedschaft im Rat. Da jedoch die Zugehörigkeit zum Demos nicht vom Wohnsitz, sondern von der väterlichen Familie abhing, konnte auch ein Städter den Provinz-Demos repräsentieren.[342]

Organisation und Arbeitsweise

In dem Arbeitssystem der Bule herrschte weitgehend das Turnusprinzip. Es tagten nicht ununterbrochen alle fünfhundert Mitglieder. Sie waren ja phylenweise in Sektoren eingeteilt, von denen jeder, in durchs Los bestimmter Ordnung, abwechselnd die laufenden Ratsgeschäfte ein Zehnteljahr lang – die sogenannte Prytaneia-Periode – erledigte. Fast bis Ende des 4. Jahrhunderts blieb die Zahl der Phylen zehn; somit betrug die Prytaneia-Periode damals in gewöhnlichen Jahren 35 oder 36, in Schaltjahren 38 oder 39 Tage. Die Sektorenmitglieder, die Prytanen, also Vertreter der Phyle, waren während dieser Periode jederzeit in Bereitschaft; sie speisten gemeinsam und erhielten deshalb eine Obole mehr Diäten als die anderen Ratsherren. Aus der Mitte der Prytanen wurde füt je einen Tag der Vorsitzende, Epistates, erlost. Als solcher durfte niemand zweimal fungieren. Vierundzwanzig Stunden lang war er Präsident der Fünf-Mann-Kanzlei, der fünfzig Prytanen und auch des Rats, sofern dieser tagte. Solange die Leitung der Ekklesia bei der Prytaneia lag, fungierte der Epistates der letzteren auch als Vorsitzender der Ekklesia.[343]

Das Prytaneiasektoren-System sollte nicht etwa den Vertretern irgendwelcher Gruppeninteressen gleichmäßig Gelegenheit geben, abwechselnd die laufenden Ratsgeschäfte zu bestimmen. Noch wird freilich von jenen – vermutlich in der Ära des Kleisthenes gebildeten – Phylen oft als Synonym das Wort Stamm gebraucht. Es waren jedoch künstliche Schöpfungen ohne gegenseitige, durch Verwandtschaft, geographische oder berufsmäßige Bande bedingte Loyalität der Mitglieder. Es ist daher zweifelhaft, ob die Vertreter derselben Phyle sich im Rat untereinander solidarischer fühlten als gegenüber anderen vom Los begünstigten Buleuten. Jedenfalls hinderten die vielen verwickelten Regelungen, daß sich auf die Dauer irgendwelche Sonderinteressen im Rat durchsetzten. Die Bule stellte aus ihrer Mitte durch Wahl oder Los der Prytaneia eine Menge Ausschüsse zur Seite. Einige von ihnen vertraten alle Phylen, während in der Zusammensetzung der anderen die Phyleneinteilung keine Rolle spielte. Die Amtsdauer konnte von der Erledigung der Aufgabe abhängen oder auf eine Prytaneia-Periode respektive ein ganzes Jahr festgelegt sein. Auch der Sekretär-Archivar des Rats wurde anfangs für jede Prytaneia unter den Buleuten gewählt, die keine Prytanen waren. Sein Mandat verwandelte sich jedoch in den 360er Jahren in ein Jahresamt, dessen Inhaber die Ekklesia aus sämtlichen Bürgern erloste.

Aus nicht ganz geklärten Gründen verloren die Prytanen 378/377 ihre Funktion als Arbeitsleiter der Ekklesia. Rechte und Pflichten des Ekklesia-Vorstandes gingen ja damals an die neun aus den Buleuten erlosten Proedroi über. Diese vertraten eben alle anderen Phylen außer der, welche die jeweiligen Prytanen stellte. Von da an fungierte der Epistates der Proedroi an Stelle des Epistates der Prytanen als Vorsitzender der Ekklesia.[344]

Die Gründung der Proedros-Ämter bezweckte also die Trennung der sogenannten probuleutischen Aufgaben von den Pflichten des im Prytaneia-Turnus befindlichen Sektors und ihre Übertragung auf das neue, aus dem Kreis des Rats gebildete Organ. Auch die Leitung der Ratsversammlungen war, einer Auffassung nach, den Proedroi anvertraut.[345] Praktisch war es wohl ziemlich belanglos, ob bei den Bule-Sitzungen – wie auch bei denen der Ekklesia – der Epistates der Prytanen oder der Proedroi den Vorsitz führte. Beide waren nämlich gleich unvorbereitet für diese Aufgabe, und beide konnten dabei gleich kurze Erfahrung erwerben, denn die Erlosung der Proedroi handhabte ja vor jeder Versammlung der selbst täglich wechselnde Prytanen-Vorsitzende.

Wie immer es um die Leitung der Ratssitzungen bestellt war – die Prytanen blieben weiter diensttuender Arbeitsausschuß. Sie pflegten im Namen der Bule den Kontakt mit Beamten und privaten Bürgern, mit Gesandten und Boten fremder Länder oder dem gemeinsamen Rat des Attischen Bundes. An sie wandten sich gewöhnlich die, welche das Gemeinwohl betreffende Schreiben oder Mitteilungen vorzulegen hatten. Die dem Rat obliegende Aufrechterhaltung der Ordnung und das Festnahmerecht lag in ihren Händen.[346]

Das Arbeitsprogramm des Rates war bedeutend anspruchsvoller als das der meisten Repräsentationsorgane moderner Staaten. In normalen Zeiten tagte er täglich, außer an Feier- und Ruhetagen, die zusammen etwa zwei Monate im Jahr ausmachten.[347] Dadurch garantierte er in der Polisregierung eine ständige Präsenz, die dank dem Turnusdienst der Prytanen das ganze Jahr ununterbrochen blieb. Aus manchen Nachrichten ersieht man, daß dieses scharfe Tempo, wenigstens im 4. Jahrhundert, zu einer flaueren Teilnahme an den Sitzungen führte. Wie immer in solchen Fällen, beherrschte eine politisch aktive Minderheit die Versammlungen.[348]

Gewöhnlich waren die Ratssitzungen öffentlich, notfalls aber geheim. Beamte oder private Bürger konnten mit Genehmigung der Prytanen ihre Anliegen der Bule vortragen. Für erstere war der Zugang zu den Versammlungen wohl ziemlich einfach; das Gesuch letzterer hingegen konnte abgewiesen werden. Doch kam es vor, daß auf spezielle Befürwortung der Ekklesia eine Person im Rat angehört wurde. Obgleich somit auch Nichtmitgliedern das Recht, sich im Rat zu äußern, gewährt werden konnte, durften wohl grundsätzlich nur Mitglieder eigentliche Resolutionsanträge stellen. Alte Quellen berichten freilich von Fällen, wo der Rat auch Vorschläge von Strategen behandelte. Als einleuchtendste Erklärung hierfür gilt die Hypothese, die Strategen seien von Amts wegen Mitglieder der Bule gewesen.[349]

Auch Rednern ohne offizielle Stellung gelang es im 4. Jahrhundert, ihre Vorschläge als Probuleuma-Punkte durch andere Mittel als in Form eines schriftlichen Gesuchs, wie es allen Bürgern zustand, zu unterbreiten. Aber ob sie mehr als außenstehende Bürger im allgemeinen zur Initiative im Rat befugt waren, ist nicht sicher bezeugt. Ihren politischen Einfluß dürfte das kaum gemindert haben, denn Volksführer hatten es offenbar nicht schwer, ihre Anhänger im Rat ihren Wünschen gefügig zu machen.[350]

Die Sitzordnung im Rat war, wie gesagt, seit Ende des 5. Jahrhunderts so festgelegt, daß Fraktionenbildung ausgeschlossen war. Zur Tagesordnung gehörten meist viele verschiedene, relativ belanglose und rein routinemäßig lösbare Punkte. Bei wichtigen Fragen ähnelte eine Ratssitzung vermutlich insofern einer Dikasterionversammlung, als ein befürwortendes und ein opponierendes Gutachten gehört wurden – eventuell auch seitens außenstehender Experten oder Politiker. Aber im Gegensatz zur Gerichtssitzung hatten die Mitglieder im Rat vor der Beschlußfassung Gelegenheit zu Diskussion und Beratung.[351] Trotz ihrer Einteilung nach Phylen stimmten die Buleuten geschlossen ab.

Aufgaben und Bedeutung

Die Aufgaben des Rats der Fünfhundert waren ebenso allgemeiner Natur wie die der Ekklesia, aber von viel geringerer Tragweite. Er fungierte als deliberierendes und beschlußfassendes Organ, wie das Verbum *buleúein* andeutet, und galt zugleich als oberste Regierungsbehörde, *Arché*.[352] Seine anfangs wohl sehr weitgehende Beschlußgewalt war relativ eingeschrumpft. In der demokratischen Ära hatte er in den wichtigsten Fällen nur zu referieren und vorzubereiten, während die eigentliche Beschlußfassung der Ekklesia oblag. Neben dieser probuleutischen Aufgabe hatte er indes noch ein selbständiges Arbeitsfeld. Er konnte Richtlinien und Vorschriften für die Vollziehung der Ekklesia-Beschlüsse geben, stand ferner dauernd in engem Arbeitskontakt mit den anderen Behörden auf verschiedenen Gebieten der Verwaltung. Und schließlich war er in gewissen Fällen Gerichtsbehörde und Hüter der öffentlichen Ordnung.

Als Repräsentant aller Schichten und Kreise der athenischen Bürgerschaft unterschied er sich strukturmäßig gar nicht ausgesprochen von dem «souveränen Volk». In der Hauptsache wirkten natürlich in ihm dieselben meinungspaltenden Faktoren wie in der Ekklesia. Also konnte er an sich kein Gegengewicht zur Ekklesia bilden. Das Los- und das konsequent durchgeführte Turnusverfahren verlegten ihm den Weg zu jener Autorität, die ihn zu einem Senat weiser und erfahrener Männer gemacht hätte. So war es ihm auch nicht geglückt, in seiner probuleutischen Arbeit eine nennenswerte politische Selbständigkeit zu bewahren. Bei dieser Aufgabe fehlte ihm ja auch das Vetorecht.

Sogar die eidliche Verpflichtung der Ratsmitglieder, gesetzwidrige Beschlußfassung zu hindern, war bisweilen schwer erfüllbar. Der Überlieferung nach gab es Zeiten, da die dem Rat anvertraute «Überwachung der Verfassungsmäßigkeit» auf eine harte Probe gestellt war. Ein bekanntes, für Zeitgenossen wie Geschichtsforscher erschütterndes Ereignis spielte sich 406 nach der Seeschlacht bei den Arginusen ab. Bei Behandlung der gegen die Strategen angestrengten Klage in der Ekklesia wurde vom Rat ein eklatant und in vielen Punkten gesetzwidriges Probuleuma verlangt. Da er sich dem nicht gleich beugte, schrie das Volk, es sei empörend, es an dem zu hindern, was es wünsche (Xenophon, Hellenika, I, 7, 12). Unter den Prytanen wagte ein einziger, Sokrates, dem erregten Volk die Stirn zu bieten (Hellenika, I, 7, 15; Platon, Apologie, 32a–c).

Infolge der Ungeschicklichkeit und Ignoranz der Ratsmitglieder und -vorsitzenden waren die Garantien für ein gewissenhaftes Streben nach Gesetzlichkeit und zugleich Zweckdienlichkeit gleich unzulänglich. Die routinierten Berufspolitiker hatten es wohl relativ leicht, sie zu verblüffen und zu unbedachtem Handeln anzustiften. Aber nicht sie, sondern die Buleuten traf die Verantwortung für Duldung einer Gesetzwidrigkeit. Das war einer der Gründe, warum die Mitgliedschaft im Rat nicht gerade begehrt war.[353]

Seine Vorschriften und Direktiven für die Gesetzesausübung und den Vollzug der Ekklesia-Beschlüsse erließ der Rat selbständig, ohne der Bestätigung durch ein anderes Organ zu bedürfen. Aber seine Erlasse mußten sich in einem vorgeschriebenen Rahmen halten, sofern er nicht ausnahmsweise in einer bestimmten Angelegenheit unbeschränkte Vollmacht erhielt.[354] Diese Vorschriften und Direktiven konnten Beamten wie einzelnen Bürgern gelten. Dank seiner zentralen Stellung in der Polisverwaltung erstreckte sich die Autorität des Rates auf die ganze Beamtenschaft. Er selbst setzte jedoch keine Beamten ein – wählte nur manchmal im Auftrag der Ekklesia Bürger für diplomatische Missionen aus[355] und hielt, außer den Kompetenzprüfungen der nächstjährigen Buleuten, nur die Archontendokimasie ab. Aber er hatte die Kontrolle über die Beamten, nahm ihre Rapporte entgegen und erteilte ihnen Instruktionen.

Sein besonderes Augenmerk galt den Auslandsbeziehungen, militärischen Fragen und der Finanzverwaltung. Er empfing fremde Gesandte, ehe sie vor der Ekklesia auftraten, und faßte das Ergebnis der Besprechungen in einem Probuleuma zusammen. Mußte ein Friedensvertrag oder Bündnis im Namen der Polis eidlich bekräftigt werden, so tat es der Rat. Seine diplomatische Betätigung war natürlich, als Athen an der Spitze des Seebundes stand, noch wichtiger als sonst, weil dazu die Aufrechterhaltung des Kontakts zwischen der Ekklesia und dem Zentralorgan des Bundes gehörte.[356] Für die Wehrmacht war der Rat weitgehend verantwortlich. Er kontrollierte die Register der Reiterei und überwachte Stärke und Kondition dieser Waffengattung. Vor allem aber war die Flotte Gegenstand seiner ständigen Fürsorge. Seiner unmittelbaren oder mittelbaren Kontrolle unterstanden die Materialbeschaffung für Bau und Ausrüstung der Schiffe, die Docks und Depots, das Anmustern der Besatzung, die Tätigkeit der Trierarchen usw. Für diese Aufgaben setzte er aus seiner Mitte sogar zwei verschiedene

Ausschüsse ein. Auch für die Abrechnung über die staatlichen Einnahmen und Ausgaben hatte er zu sorgen und stellte dafür Ausschüsse auf. Viel Raum für selbständige Beschlußgewalt blieb ihm dabei nicht. Doch oblag ihm zum Beispiel die Wahl der Grubenpächter. Auch überwachte er die Ausführung öffentlicher Arbeiten, den offiziellen Kult der Polis und die Teilnahme an bestimmten religiösen Feiern.[357]

Die ursprünglich weitreichende Richtergewalt des Rats war erheblich vermindert. Zeitweilig hatte er noch Todesurteile verkünden können, dann aber endgültig dieses Recht verloren. Höhere Geldbuße als 500 Drachmen durfte er nicht verhängen. Doch gingen Beschwerden über Mißstände in der Beamtenschaft weiterhin an ihn; auch das Recht auf Bestrafung gewisser Verbrechen behielt er. Zur Aufrechterhaltung der öffentlichen Ordnung war er auf seine Polizeigewalt angewiesen. Eisangelia-Klagen wegen Bedrohung der Staatssicherheit konnten sowohl im Rat wie in der Ekklesia angestrengt werden. Erschien die richterliche Gewalt des Rats nicht ausreichend, so ging der Prozeß zur weiteren Behandlung an die Ekklesia oder Heliaia. Aber trotz dieser Einbeziehung der Ekklesia als Gerichtsinstanz mußte sich natürlich der Rat an der Behandlung des Falls wenigstens durch Abfassung des Probuleumas beteiligen. Auf die Art wurde er unter anderem in den Prozeß gegen die Arginusen-Sieger verwickelt.[358]

Faktisch war er gleichsam das Nervenzentrum der Polis. Hier liefen die Fäden von der Ekklesia wie auch aus dem Beamtenapparat und dem Heerwesen zusammen, und nur die Heliaia stand ziemlich außerhalb dieser Kooperation. Dank der Vielseitigkeit seiner Funktionen bot der Rat den Bürgern von allen Institutionen die beste Gelegenheit, sich in der Praxis über die Polisverwaltung zu informieren. Das Turnusverfahren ermöglichte dies ja jedem ernsthaft Interessierten.

Aber das Forum der wichtigsten politischen Entscheidungen war der Rat nicht. Die «Souveränität» verteilte sich auf das Volk in der Ekklesia und das Volk im Dikasterion. Der Rat konnte ersteres an allzu übereilten Schritten hindern, aber bei weitem nicht beherrschen; letzterem gegenüber war er ganz machtlos. Hingegen konnten er selbst und auf diesem Weg andere Behörden von der Ekklesia her dirigiert werden. Deshalb legten die eigentlichen Politikmacher offenbar keinen allzu großen Wert darauf, Mitglieder des Bohnenrates zu werden.[359] Sie hatten ja auch die besagten anderen Mittel, um in der Bule ihren Standpunkt darzulegen und ihm Anhänger zu gewinnen.

Im 4. Jahrhundert bestand der Rat hauptsächlich als eine probuleutische, die Ekklesia-Arbeit leitende und überdies die Verwaltung koordinierende Einrichtung. Seine politische Zweitrangigkeit erkannten auch andere Zeitgenossen als die bedeutendsten Politiker. Aristoteles deckt die Ursache dieser Schwäche auf: wo den Bürgern kein Misthos für den Besuch der Ekklesia gezahlt werde, behalte der Rat seine führende Stellung, wo aber diese Taggelder gezahlt würden, verliere er seine Machtbefugnisse. Denn wenn das Volk den Misthos erhalte, ziehe es alle Entscheidungen an sich (Politik, 1317b). Diese Erklärung ist sicher nicht stichhaltig; denn, wie bereits dargelegt, war die Selbständigkeit des Rats der Fünfhundert auch vor der Einrichtung des Misthos ekklesiastikos nicht besonders groß. Vermutlich dachte der Philosoph an irgendwelche oligarchischen Intermezzos, während deren die Diätenzahlung abgeschafft war und der Rat den wichtigsten Platz in der Polis einnahm.

BEAMTENSCHAFT

Zulassung zu Ämtern und Besoldung

Die Dienststellen boten den Bürgern Athens reichlich Gelegenheit, öffentliche Aufgaben zu erfüllen und die so erworbene Stellung und Machtbefugnis zu genießen. Wenn auch die Zahl der Ämter vielleicht nicht volle siebenhundert betrug, war sie im Verhältnis zur Menge der Bürger schon recht groß. Sie standen ungefähr denselben Bürgern Athens, die das dreißigste Jahr vollendet hatten, offen wie die Heliaia und der Rat. Allerdings war die Vorschrift aus der Ära Solons, die Ämter seien den drei obersten Zensusklassen vorzubehalten, anscheinend nicht aufgehoben. Aber seitdem man bei der Zensuseinteilung zum Geldmaß übergegangen war, standen die meisten Ämter allen Bürgern offen, und infolge der raschen Entwertung der Drachme war die solonische Klassifizierung praktisch bedeutungslos.[360] Dennoch waren die aus den Zensusforderungen entstandenen Hindernisse nicht ganz verschwunden. In manchen Fällen gestattete man offenbar geflissentlich, gleichsam in stillschweigender Übereinkunft, die Ausschaltung oder Umgehung der alten Bestimmungen. So heißt es in der Athenaion Politeia (7, 4), wenn die Anwärter auf die höchsten Polisämter, die der Archonten, in der zweiten Hälfte des 4. Jahrhunderts nach ihrer Zensusklasse gefragt wurden, wollte keiner sich als Thete bezeichnen. Doch war in einem Gemeinwesen, wo «alle einander kannten», so etwas wohl kaum allgemein. Außer dem vorgeschriebenen Vermögen wurden auch für einige Ämter körperliche oder geistige Fähigkeiten verlangt, die nicht alle besaßen. Auch dadurch wurden die Bürger ihrer Stellung nach ungleichwertig, und der Kreis der Tauglichen blieb begrenzt.

Der Bestallungsmodus ließ ebenfalls ein gemeingültiges Prinzip vermissen. Die weitverbreitete Losmethode bot allen Bewerbern einen gleich günstigen Ausgangspunkt. Die Wahl – ob sie nun als einzige Stufe oder als Durchsiebung der Kandidaten zur Endlosung gedacht war – bedeutete einen Akt, bei dem außer der Erfüllung der formalen Eignungsbedingungen die Beistimmung der Abstimmenden nötig war. Da nicht jeder beliebige Bürger die letztere Forderung erfüllen konnte, schieden von vornherein zahlreiche Bürger für diesen Wettbewerb aus. Man kannte ja in Athen auch, wie erwähnt, das Ernennungsverfahren, wobei statt Losglück und Volksgunst die Gewogenheit der obersten Behörde den Ausschlag gab. Dieser Modus war auf einen relativ kleinen Sektor beschränkt. In Athen gab es weder ein Staatsoberhaupt – der sogenannte Archon Eponymos, nach dem das Jahr benannt wurde, und der täglich wechselnde Epistates wurden in der Rangskala als die höchsten Staatsbeamten angesehen[361] – noch ein Ministerium, die das Recht zur Ernennung gehabt hätten. Ein Aufstieg im Amt war noch seltener, doch konnte als ein solcher der konkurrenzlose Übergang der Archonten nach beendeter Dienstzeit in den Areopag gelten.

Gewisse Verordnungen oder relativ allgemeine Normen trugen dazu bei, daß ein recht großer Teil der Bürger tatsächlich Gelegenheit bekam, als Beamte zu fungieren. In die meisten Ämter wurde der Betreffende ja nur auf ein Jahr gewählt, doch gab es auch Ämter auf kürzere oder längere Zeit, sogar auf vier Jahre, und die Mitgliedschaft im Areopag war lebenslänglich. Grundsätzlich konnte ein Bürger dasselbe Amt nur einmal bekleiden. Doch galten, namentlich bei besonders wichtigen Ämtern, Ausnahmen. Im allgemeinen durfte er nicht mehr als ein Amt gleichzeitig versehen. Aber auch dieses Verbot war nicht kategorisch. Es gab zahlreiche Kollektivbehörden, deren Zusammensetzung sich nach der Repräsentation der administrativen Einheiten der Bürgerschaft richtete. Viele waren, der Anzahl Phylen entsprechend, Zehn-Mann-Kollegien; andere erreichten diese Zahl durch Einbeziehung eines Sekretärs oder eines respektive zweier Schatzmeister. Behörden von dreißig, andere wiederum von nur fünf Mann, wobei eine Person zwei Phylen vertrat, gab es auch. Die Zehnteilung verpflichtete jedoch offenbar nicht unbedingt zur gleichmäßigen Beteiligung der Phylen an der Zusammensetzung der Behörde, sondern im 4. Jahrhundert wurde die Regel oft übertreten.[362]

Die Frage, welche Ämter besoldet waren und wie hoch, ist teilweise ungeklärt. Anscheinend begann schon vor Perikles' Tod die Besoldung aller durchs Los besetzten Ämter. Die Archonten erhielten im 4. Jahrhundert pro Tag nur vier Obolen, mußten aber sowohl ihre Herolde wie die Flötenbläser verpflegen.[363] Mit manchen Wahlämtern waren von jeher recht kostspielige, halb kultische Repräsentationspflichten verbunden. Andere wurden mit der Zeit aus öffentlichen Mitteln unterstützt und im 4. Jahrhundert in Losämter umgewandelt; aber einige blieben weiterhin den reichsten Bürgern vorbehalten.[364] Über die Besoldung der politisch wichtigen Wahlämter herrschen verschiedene Ansichten. Laut einer waren Ämter, deren Inhabern wichtigste Staatsgeschäfte und militärische Kommandos oblagen, überhaupt nicht besoldet.[365] Nach anderen Forschern hätten auch die obersten Heerführer zwar Anspruch auf Sold gehabt, ihn aber, da sie meistens reich waren, selten erhoben.[366] Nach einer dritten Schlußfolgerung wurden die Wahlbeamten – zum Beispiel gerade die Strategen – im allgemeinen höher besoldet als die Erlosten, so daß Armut kein Hindernis für die Kandidatur bildete.[367] Die von Los und Wahl unabhängige Mitgliedschaft im Areopag scheint unhonoriert gewesen zu sein.[368]

Wahlverfahren

In antiken Quellen ist viel die Rede von Mißbräuchen bei der Auslosung. Manches mag Übertreibung und unbegründete Nachrede sein, aber daß es die Athener beunruhigte, ist klar. Darum änderten sie von Zeit zu Zeit die Methoden, indem sie hier und da – wie beim Einsetzen der Dikasterien – sie besonders kompliziert gestalteten. Auch die Archontenwahl wurde im 5. Jahrhundert aus der Erlosung unter den gewählten Kandidaten, Klerosis ek prokriton, zur Erlosung in zwei Stufen. Nach der zweiten Restauration der Demokratie wurden die Archontenkandidaten phylenweise und aus ihnen die endgültigen Amtsinhaber erlost.[369] Die zu den Archonten zählenden Thesmotheten überwachten ihrerseits die Wahlaktion der übrigen durchs Los zu erwählenden Beamten.[370] Mittels dieser Methode wurden die meisten Ämter in den anderen Verwaltungssektoren, mit Ausnahme des militärischen, besetzt. Die Justizbehörde bestand seit Anfang des 4. Jahrhunderts durchwegs aus erlosten Beamten.[371] Die Finanzverwaltung lag ungefähr bis Mitte des 4. Jahrhunderts vorwiegend in den Händen mehrerer durchs Los eingesetzter, vielköpfiger Kollegien, die dem Rat der Fünfhundert unterstanden. Auch an der Kontrolle des Handels, dem Organisieren kultischer Feiern usw. fiel den durchs Los gewählten Behörden ein wichtiger Anteil zu.[372]

Die Wahl bot natürlich Gelegenheit zu noch offenkundigerer Intrige als das Losverfahren. An einem Tag im Jahr vollzog die Ekklesia die Wahl der Beamten, wobei sich, wie gesagt, mitunter besondere Verbände bildeten, um zugunsten irgendeiner Richtung oder Interessengruppe den Ablauf der Wahlen überwachen zu können. Bisweilen verfügten sie auch über Wahlfonds. Doch gibt es Beweise, daß die Wahlen durchaus nicht immer großes Interesse weckten, wohl weil sie – worauf vieles hindeutet – kein besonderes Feld für parteipolitischen Zwist und Wettkampf darstellten.[373] Sogar eine außer der Zeit angesetzte separate Personenwahl konnte sich trotz ihrer Wichtigkeit fast unbemerkt abspielen. So behauptet Demosthenes, die Wahl seines Gegners Aischines für eine gelegentliche diplomatische Mission sei durch Handerheben von drei oder vier seiner Parteigänger bei Nennung seines Namens als Kandidat zustande gekommen.[374]

Trotz alldem hielt man während der ganzen demokratischen Ära auch am Wahlmodus fest. Die zehn Strategen und die anderen hohen Militärs wurden alljährlich nach dieser Methode eingesetzt; nur die Unterbefehlshaber wurden ernannt. Das attische Heerwesen und sein Oberkommando waren auf der Phylen-Einteilung aufgebaut, aber bei der Strategenwahl wich man mitunter von diesem Prinzip ab.[375] Als um die Mitte des 4. Jahrhunderts die Sonderfonds, wie der Theorikon- und der Kriegsfonds, neu organisiert wurden, gingen sie in die Verwaltung von der Ekklesia gewählter vielköpfiger Behörden oder individueller Beamten über. Auch in die Leitung vieler technischer Ressorts, zum Beispiel der für Wasserleitung, Schiffbau und andres verantwortlichen, wählte man Fachleute. An der Organisation religiöser Zeremonien und Feste waren neben der erlosten Behörde auch zahlreiche von der Ekklesia gewählte beteiligt. Sehr gebräuchlich war das Wahlverfahren bei der Einsetzung gelegentlicher Kommissionen, deren Tätigkeit weniger oder auch viel mehr als ein Jahr beanspruchen konnte.[376]

Eignungsprüfung

Bei den Wahlämtern bestanden andere Möglichkeiten als bei den Losämtern, die Vermögens- oder sonstigen Bedingungen einzuhalten und vor allem die persönlichen Eigenschaften der Kandidaten zu berücksichtigen. Einschränkende Sonderforderungen waren jedoch auch nicht bei all den Ämtern abgeschafft, deren Inhaber erlost oder von einem höheren Beamten ernannt wurden. Es war Brauch gewesen, vor der Erlosung die Schätzungsklasse der Kandidaten festzustellen. Diese Vorprüfung wurde im 4. Jahrhundert bei der Archontenwahl fast zur Formalität, dürfte jedoch sonst, wenn ein zensusbedingtes Amt zu besetzen war, stattgefunden haben.[377] Anderseits hielt man die bestehenden Wahlmethoden oder Vorprüfungen nicht für eine ausreichende Garantie, daß der Kandidat wirklich die allgemeinen, das heißt seine athenische Abstammung und seine bürgerlichen Ehrenrechte betreffenden, sowie die Sonderbedingungen erfüllte. Deshalb mußten sich alle zu Bestallenden – ob erlost oder erwählt, und in manchen Fällen auch die Ernannten – vor der Eidablegung und dem Amtsantritt der Eignungsprüfung, der Dokimasie, unterziehen.

Sie fand gewöhnlich vor Gericht, bei manchen Kandidaten vor dem Rat der Fünfhundert statt. Falls der Rat negativ entschied, konnte der Anwärter an das Dikasterion appellieren, so daß also die endgültige Entscheidung bei den Geschworenen lag. Vom Rat geprüft wurden im 4. Jahrhundert die neun eigentlichen Archonten, während der Sekretär der Thesmotheten – der zehnte Archon sozusagen – vor Gericht erscheinen mußte, um sich prüfen zu lassen. Erstere mußten, wie bereits erwähnt – aus einigen Überlieferungen zu schließen –, Mitte des 4. Jahrhunderts und danach regelmäßig eine zweifache Dokimasie, erst vor dem Rat und dann vor den Dikasten, ablegen.

In der Eignungsprüfung wurde der Amtsanwärter über seine Eltern, seine Teilnahme an Kultübungen, die Erfüllung seiner militärischen und finanziellen Pflichten und andere bürgerliche Belange verhört. Außerdem wurde festgestellt, ob er die eventuell erforderlichen speziellen Voraussetzungen erfüllte. So mußte der Archontenkandidat die attische Abstammung auch beider Großväter nachweisen können. Demzufolge blieb das Archontenamt einem naturalisierten Bürger und auch seinem Sohn verschlossen.[378] Archonten durften keine körperlichen Gebrechen haben, die Ehefrau des Archon Basileus mußte am Leben und dieses ihre erste Ehe sein.[379]

Die Hüter des Athena-Schatzes und der heiligen Güter der anderen Götter mußten Pentakosiomedimnen sein, also der höchsten Zensusklasse angehören. In der zweiten Hälfte des 4. Jahrhunderts hatte diese Klausel infolge der Geldentwertung wesentlich an Bedeutung verloren. Die Strategen wiederum mußten Landbesitz in Attika und eheliche Nachkommenschaft nachweisen. Solcherlei Bedingungen garantierten neben einem angemessenen finanziellen und moralischen Niveau auch eine gewisse Sicherheit vor Mißbrauch und Unloyalität.[380] Die Dokimasie konnte noch andere Fragen als nach der formalen Eignung des Anwärters enthalten. Namentlich seine Vergangenheit wurde manchmal genau durchforscht. Ebenso wie bei einem Prozeß konnten Zeugen geladen und Kläger und Beklagter angehört werden. Über den Beschluß wurde abgestimmt, im Rat durch Handaufheben, im Dikasterion geheim.[381]

Es wird ganz allgemein angenommen, daß ein wichtiger Zweck der Dokimasie die Ausmerzung jener minderwertigen Elemente war, die unter Ausnutzung des blinden Losverfahrens in die Ämter einzudringen trachteten. Die Eignungsprüfung wirkte selbstverständlich auch präventiv und sichtend. Sie hielt Bürger, die unehrenhafte Handlungen auf dem Kerbholz hatten, davon ab, als Kandidaten aufzutreten, und enthüllte vermutlich recht effektiv etwaige Mängel in der formalen Tauglichkeit des Bewerbers. Eine andere Frage ist, ob die Prüfer wirklich gesonnen waren, diesen letzten Faktor genügend ernst zu nehmen. Die obenerwähnte Abneigung mancher Archonkandidaten, die Frage nach ihrer Zensusklasse bei der Vorprüfung ehrlich zu beantworten, legt die Vermutung nahe, daß man in der zweiten Hälfte des 4. Jahrhunderts auch bei der Dokimasie in dieser Hinsicht ein Auge zudrückte.[382]

Wie dem auch sei, die Eignungsprüfung konnte nicht lediglich eine durch das Ausmaß des Losverfahrens bedingte Sicherheitsmaßnahme sein. Die Wahlamtsanwärter mußten sie ja gleicherweise ablegen, und auch die Gehilfen der Archonten, von diesen selbst ernannt, waren nicht davon befreit.[383] Ferner ist nicht belegt, daß bei der Prüfung das Wissen und Können des Kandidaten oder seine technische Befähigung für das Amt festgestellt worden wäre. Hingegen kam es vor, daß Gegner eines Anwärters die Dokimasie-Gelegenheit benutzten, um ihn als politisch verdächtig oder unzuverlässig anzuprangern – was ihnen auch bisweilen gelang. Regel war jedoch wahrscheinlich, daß der Kandidat nicht auf Grund seiner Gesinnung, sondern wegen seiner gesetzwidrigen Handlungen scheiterte.[384] Ungeklärt ist auch, ob die durchs Los zuerkannte Amtskandidatur überhaupt leichter zu annullieren war als die auf Wahl basierende. Soviel weiß man jedenfalls, daß es für das Dikasterion keineswegs unmöglich war, eine von der Ekklesia durchgeführte Strategenwahl für null und nichtig zu erklären.[385]

Kontrolle und Verantwortung

Viele Athener, namentlich wohl jene, die ihrer Fähigkeiten nicht sicher waren, scheuten Ämter wegen der strengen Kontrolle und der Verantwortungsvorschriften, denen die Beamtenschaft unterworfen war. War sie doch der ständigen Aufsicht jedes Bürgers sowie der Ekklesia und des Rats ausgesetzt. Jeder beliebige Bürger Athens konnte das Tun und Lassen jedes beliebigen Beamten überwachen und hatte das Recht, ihn unter Eisangelia-Klage zu stellen. Die Ekklesia ihrerseits entschied volle neunmal im Jahr, ob die Beamten ihr Vertrauen hatten oder nicht. Die Tagesordnung jeder Prytaneia-Hauptsitzung enthielt nämlich die Frage nach der Kritik ihrer Amtstätigkeit. Die Versammlungsteilnehmer stimmten durch Handerheben darüber ab – das Verfahren spiegelt sich in seinem Namen, *Epicheirotonía* –, ob ein oder mehrere Beamte ihres Postens zu entheben und unter Anklage zu stellen seien. Der etwaige Prozeß fand im 4. Jahrhundert meistens in den Dikasterien statt. Lautete das Urteil auf Freispruch, kehrte der Betreffende wieder in sein Amt zurück. Die Absetzung von Strategen wegen ungenügender Dienstleistung oder Verdacht des Verrats konnte auch zu anderer Zeit als in Verbindung mit der Epicheirotonia erfolgen. Nach der Überlieferung waren diese Satzungen nicht toter Buchstabe.[386]

Der größte Teil der Beamten unterstand der Strafgerichtsbarkeit des Rats der Fünfhundert; aber gegen seine Urteile konnte der Beklagte beim Dikasterion Berufung einlegen. Im allgemeinen funktionierte der Verwaltungsapparat unter der direkten Kontrolle des Rates oder der von ihm eingesetzten Sonderorgane. Unablässig überwacht wurden vor allem Beamte, die mit öffentlichen Mitteln der Polis zu tun hatten. Sie mußten einmal in der Prytaneia-Periode vor einem vom Rat aus seiner Mitte erlosten Ausschuß Rechenschaft über die Verwendung der Gelder ablegen.[387]

Beamte, die nicht vor Ablauf ihres Mandats aus irgendeinem gravierenden – und fast regelmäßig politischen – Grund abgesetzt worden waren, erwartete am Ende ihrer Dienstzeit eine strenge Schlußuntersuchung. Jeder Beamte galt als verantwortlich für alle während seiner Dienstzeit beobachteten Vergehen, Mißbräuche und Fehler. Handelte es sich um eine vielköpfige Behörde, so traf die Verantwortung alle Mitglieder kollektiv und jeden Einzelnen persönlich. Ein Beamter haftete mit seiner Person und seinem Vermögen für Delikte. Vor Ende des Ermittlungsverfahrens über seine Amtsführung durfte er weder außer Landes gehen noch frei über sein Vermögen verfügen oder sich von einer fremden Familie adoptieren lassen.

Diese Schlußprüfung, Euthyna, bestand aus zwei Phasen. Die eine galt Beamten, die öffentliche Gelder zu verwalten hatten, die andere der gesamten Beamtenschaft. Erstere waren zu eingehender Rechnungslegung vor den durchs Los gewählten Revisoren, Logistai, verpflichtet. Wenn ein Amtsdelikt vorlag, ging die Sache an das Dikasterion, wo die Logisten den Prozeß leiteten. Auch wenn diese nichts zu beanstanden hatten, mußte das Dikasterion die endgültige Entlastung aussprechen. Nach dieser sogenannten Logos-Regelung begann die eigentliche, die ganze Beamtenschaft umfassende Euthyna. Die aus Ratsmitgliedern erlosten Euthynai nahmen drei Tage lang schriftliche Beschwerden privater Bürger über Amtsausübung entgegen und leiteten, wenn die Klage begründet schien, privatrechtliche Strafsachen an die Demenrichter, öffentlich-rechtliche an die Thesmotheten weiter. Wurde auch in diesem

Stadium die Klage als begründet angesehen, ging der Fall an das Dikasterion zur Entscheidung, die, wie auch in Prozessen über Handhabung von Geldern, endgültig war.[388]

Athens politische Geschichte bietet zahlreiche Beweise für die schwere Belastung der Beamten – von den höchsten bis zu den niedrigsten – durch die Verantwortungsvorschriften. Das Rechtsverfahren auf Grund von Denunziationen, manchmal auch von reiner politischer Streitsucht, konnte äußerst streng sein, und Todesstrafe war nicht selten. Der Philosoph Demokritos aus Abdera – schwerlich ein prinzipieller Gegner der Demokratie – sagt: «Nach der jetzt bestehenden Verfassung gibt es keine Möglichkeit, zu verhindern, daß diese den Beamten unrecht tut, selbst wenn sie ausgezeichnet sind...»[389]

Anziehungskraft und politische Bedeutung der Beamtenposten

Im Vergleich zu der großen Verantwortung waren die mit den meisten Ämtern verbundenen Vorteile ziemlich gering. Außer dem – eventuellen – Misthos genoß der Beamte eine gewisse zeitweilige Immunität und hatte bei Zeremonien und Theatervorstellungen einen reservierten Platz.[390] Sonst aber ragte er nicht sonderlich aus der breiten Masse hervor. Schwer war es auch für die jährlich wechselnden und namentlich die erlosten Beamten, auf Grund ihrer Stellung im politischen Leben nennenswerten Einfluß zu gewinnen. Im Gegenteil: der selbständige Wirkungskreis sämtlicher Beamten war im 4. Jahrhundert sehr zusammengeschrumpft. Ihre richterliche Gewalt beschränkte sich anscheinend auf das Recht, in vorgeschriebenem Rahmen Geldstrafen zu diktieren, während alle wichtigeren Sachen der Ekklesia oder dem Dikasterion vorbehalten blieben. Zwar war der Beamte verpflichtet, Beschwerdeschriften entgegenzunehmen, Vorverhöre und andere Präliminarien zu erledigen sowie bei Gerichtssitzungen zu präsidieren; aber seine Aufgabe war mehr Sache der Routine und hatte auf die Endentscheidung keinen Einfluß. Auch in der Verwaltung waren die Beamten viel weniger unabhängig als früher. Ihren Mut zur Initiative hatte die Kontrolle seitens des häufig zusammentretenden Rats gelähmt. Für jede auch nur einigermaßen wichtige Maßnahme mußten sie ja die Genehmigung der Bule einholen. Obendrein hatte die Gründung neuer Dienststellen, namentlich vielköpfiger Behörden, zu einer Teilung der Aufgaben in enge und genau umrissene Sektoren geführt. All diese Faktoren förderten jenen Zustand, der Anlaß gab, von der Schwäche der «Exekutivgewalt» in Athen zu sprechen.[391]

Die Verunselbständigung der Amtsführung und Einengung jedes Ressorts erleichterten es dem ungeschulten Bürger, den dienstlichen Ansprüchen gerecht zu werden. Das war vor allem bei den Losämtern der Fall. Zwar ist nicht genau überliefert, für welche Dienststellen sich freiwillige Bewerber fanden und für welche zwangsweise Kandidaten beschafft werden mußten; doch waren vermutlich die ersteren in der Überzahl.[392] Jedenfalls bildeten in anderen Losämtern als im Archontat die armen Durchschnittsathener offenbar das vorherrschende Element.[393] Die Wahlämter und das Archontat waren in einer etwas anderen Lage. Erstere hatte man ja nur begrenzten Bürgerkreisen offenhalten können, wenn auch durchaus nicht immer gesetzlich, so doch faktisch. Der zu den Zensusbedingungen der Strategen gehörige Grundbesitz brauchte keineswegs Wohlstand zu bedeuten; doch entstammten die meisten von ihnen reichen Athener Familien.[394] Ebenso wurden die wichtigsten Posten in der Finanzverwaltung durchweg reichen Personen anvertraut – vielleicht, weil man annahm, sie seien weniger als Arme versucht, öffentliche Gelder zu unterschlagen. Das Archontenamt seinerseits forderte so hohe Repräsentationskosten, daß nur Vermögende es gebührend ausfüllen konnten und Unbemittelte sich lieber gar nicht darum bewarben.[395]

Die Stellung der Strategen und mancher höchster Finanzbeamter wie auch der Archonten wich vielfach von der sonstiger Beamten ab. Die Strategen wurden zwar auf je ein Jahr gewählt, doch konnte die Wahl wiederholt werden. Da diese Wiederwahl ohne Unterbrechung der Amtsfunktion – wenn etwa der Betreffende in einer militärischen Mission außer Landes war – erfolgte, ist es nicht klar, wie sich ihre Euthyna vollzog. Möglicherweise war die jährliche Schlußprüfung der Strategen reine Formsache oder wurden Rechnungslegung und Ermittlungsverfahren erst nach beendetem Mandat verlangt.[396] So ließ sich hin und wieder eine Kontinuität in der Bekleidung des Feldherrnamts durchführen. Einen Dauerrekord erreichte Phokion, der im 4. Jahrhundert fünfundvierzigmal zum Strategen gewählt wurde (Plutarch, Phokion, 8).

Die wirtschaftliche Notlage zwang Athen von den 350er Jahren an zu Reformen, um auch in der Finanzverwaltung die Kontinuität zu sichern. Die Dienstzeit für gewisse besonders wichtige Wahlämter auf diesem Gebiet wurde auf vier Jahre verlängert. Dasselbe weiß man von einigen anderen, Spezialwissen und -können erfordernden Ressorts, wie zum Beispiel der Leitung des Wasserhaushalts.[397] Ebenso erfüllte der Schatzmeister des Theorikon-Fonds seine Aufgabe während der vier Jahre zwischen zwei Panathenaien, und seine Wiederwahl wurde offenbar gestattet.[398] Etwas später wurde auch das Amt des Schatzmeisters des Fonds für allgemeine Verwaltung vierjährig; ob aber dieselbe Person es mehrmals bekleiden durfte, ist umstritten.[399] Nach einer weiteren Hypothese wurde auch die Amtszeit des Kriegsfondsverwalters auf vier Jahre festgesetzt.[400]

Die Stellung der Archonten bildete insofern eine Ausnahme, als sie nach Abschluß ihrer Dienstzeit und Ablegung einer Eignungsprüfung vor dem Areopag für den Rest ihres Lebens Mitglieder dieses ehrwürdigen Rats wurden. Das seiner personellen Zusammensetzung nach die größte Kontinuität repräsentierende Organ in der Polis war also aus ehemaligen Archonten gebildet, Männern, die ihre Laufbahn keiner Volksgunst zu verdanken hatten.

Sowohl die Strategen und vielleicht die höchsten Finanzbeamten wie auch die ehemaligen Archonten durften ihre Tätigkeit im athenischen Verwaltungsapparat über die eigenen Amtspflichten hinaus ausdehnen. Sie waren nämlich nicht an das sonst ziemlich allgemeine Verbot, gleichzeitig mehr als ein Amt zu versehen, gebunden, anscheinend jedoch unter der Bedingung, daß nur eines der Ämter besoldet war. Viele besondere Wahlämter, wie das des

Aufsehers über öffentliche Arbeiten, des Architekten oder Gesandten, waren offenbar mit dem des Strategen kombinierbar.[401] Außerdem hatten diese ja im Rat der Fünfhundert das Recht der Meinungsäußerung, vielleicht auch Mitgliedschaft. Der Vorsitzende und das Kuratorium des Theorikon-Fonds sollen auch noch über manche andere administrative Ressorts verfügt haben. Man hat freilich vermutet, daß es sich dabei nicht um das Konzentrieren dieser Ämter auf wenige Personen handelte, sondern in Wirklichkeit um ein die Kompetenzgrenzen überschreitendes Bestimmungsrecht, wie etwa bei dem Schatzmeister des Fonds für allgemeine Verwaltung.[402] Die früheren Archonten wiederum konnten trotz ihrer Mitgliedschaft im Areopag sehr wohl auch aktiv am politischen Leben teilnehmen, sogar das Vertrauen des Demos gewinnen. Man kennt Beispiele, daß aus ihrer Mitte Strategen erwählt wurden.[403]

Gerade die Strategen und höchsten Finanzbeamten widerlegten zeitweise das allgemeine Urteil über die Schwäche des athenischen Verwaltungsapparats, und auch der Areopag erlebte in der zweiten Hälfte des 4. Jahrhunderts eine Art Hebung seines Prestiges.

Während ihrer Machtperiode hatten sich die Strategen tatsächlich als Volksführer erwiesen und die Politik ihrer Polis fast auf allen Gebieten bestimmt. Seit Perikles' Tod ging die politische Autorität immer augenfälliger auf die Demagogen über, und die Strategen des 4. Jahrhunderts waren vorwiegend Berufssoldaten. Trotzdem leisteten sie weiterhin außerhalb ihres militärischen Ressorts, zumal in der Diplomatie, hervorragende Dienste.[404] Die Inhaber mancher Finanzverwaltungsämter erhielten jetzt größeren und allgemeineren Einfluß als sie. Dank dem berühmten Politiker Eubulos errang das Theorikon-Kuratorium in den 350er Jahren eine solche Position, daß es, wie ein Zeitgenosse sich vielleicht etwas übertrieben ausdrückte, «die gesamte Polisverwaltung in Händen hielt». Dieser Zustand dauerte etwa anderthalb Jahrzehnte. Dann ging das Bestimmungsrecht auf Lykurg über, der vier Jahre als Schatzmeister des Fonds für allgemeine Verwaltung fungierte, aber eine faktisch führende Position in der Finanzverwaltung zwölf Jahre innehatte.[405]

Die vielleicht merkwürdigste, obgleich zum großen Teil ungeklärte Erscheinung ist die Rückkehr des Areopags auf den Schauplatz der Politik. Nach der Zwischenphase, die dem Sturz der «Dreißig» gefolgt war, spielte dieser Rat ehemaliger Archonten lange Zeit anscheinend keine große Rolle im politischen Leben Athens. Aber der Wunsch nach Steigerung seines Ansehens war wohl in verschiedenen Kreisen rege. Sozusagen an dem einen Ende der Meinungsskala verfaßte Isokrates, der Bewunderer der «Vorväter-Gesetze», Reden zur Verteidigung des Areopags. Demosthenes, überzeugter Anhänger der herrschenden Staatsordnung, trachtete seinerseits aus praktisch-politischen Gründen, die Isolierung des Areopags zu durchbrechen. Wie sich dessen Lage weiter gestaltete, weiß man nur aus wenigen, verstreuten Angaben. Um 345 überließ ihm die Ekklesia die Endentscheidung über eine schon von ihr ausgeführte Wahl. Es handelte sich um die Entsendung eines Vertreters in diplomatischer Mission, und der Areopag ernannte tatsächlich einen anderen Gesandten.[406] Nach Philipp von Makedoniens Sieg 338 bei Chaironeia erhielten Athens frühere Archonten das Recht, jeden, der sich aus Attika zu entfernen suchte, zum Tode zu verurteilen, und sie übten es auch aus.[407] Im folgenden Jahrzehnt fiel dem Areopag auf Demosthenes' Anregung hin eine wichtige politische Rolle zu: eine Untersuchung über die Anwendung der Gelder, die der makedonische Intrigant Harpalos nach Athen verbracht hatte.[408]

Die von den genannten Finanzbeamten errungene Vertrauensstellung konnte offenbar in erheblichem Grad jenen Mangel an einer politisch richtunggebenden «Regierung», der das Athen des 4. Jahrhunderts kennzeichnete, kompensieren. Die zehn Strategen bildeten keine politisch einheitliche Gruppe. Sehr bemerkenswert ist, daß die Athener oft auf die Posten der Oberbefehlshaber gleichzeitig Männer wählten, die untereinander als Rivalen oder strikte Gegner bekannt waren. Persönlich wiederum hat, außer Phokion, kein Stratege dieser Ära besonderen politischen Ehrgeiz bewiesen.[409] Was der Areopag letztlich erstrebte, als sich ihm wieder Gelegenheit bot, ins politische Leben einzugreifen, ist Sache des Ratens. Vielleicht standen seine Mitglieder im Verdacht, sich mit Umsturzgedanken zu tragen. Aus der Inschrift einer unlängst ans Tageslicht gekommenen Stele geht nämlich hervor, daß ein Gesetz von 337/336 zum Schutz der Demokratie besondere Strafbestimmungen für Areopagiten wegen Umsturzversuchen enthielt.[410] Im Gegensatz zu den vorwiegend auf ihr Spezialgebiet begrenzten Strategen und den beargwöhnten früheren Archonten gelang es Eubulos und Lykurg, persönlich eine sehr große und feste Anhängerschaft zu erwerben. Dank ihr dehnten sie ihren Einfluß fast auf die «gesamte Polisverwaltung» aus und behielten ihn anscheinend auch nach Abschluß ihrer langen Amtszeit. Ihre auf das Volk gestützte Position ist derjenigen der Strategen im vorhergehenden Jahrhundert zu vergleichen.[411]

So war die Verwaltung Athens ohne andere ständige Leitung als die vom Demos unmittelbar oder über den Rat der Fünfhundert ausgeübte. Nur beim Militär und im 4. Jahrhundert wohl auch in der Finanzverwaltung herrschte eine deutliche hierarchische Staffelung. Die anderen Ämter waren meistens, unabhängig voneinander, direkt der Kontrolle des Rats unterstellt.[412] Da die Ressorts der Beamten eng begrenzt waren, arbeitete der Apparat reibungslos. Überdies hinderte der rasche Turnus nicht nur eine gesicherte Kontinuität, sondern auch das Sammeln von Erfahrungen. Die Sekretäre der Behörden wechselten gleichfalls; nur die Schar ihrer Gehilfen arbeitete permanent, ohne Unterbrechung. Jene Vizesekretäre und Kanzlisten durften jedoch auch nur ein Jahr lang denselben Posten bekleiden. Daher durchliefen sie eine Behörde nach der anderen, wobei sie ausgedehnte Sachkenntnisse erwarben.[413] Die einzigen wirklich «Festangestellten» in den Ämtern waren gewisse Polissklaven, die das Ratsarchiv verwalteten und Lieferungen an Waffendepots besorgten, über bestimmte Fonds abrechneten usw. Ihre Mitarbeit hat man als besonders wichtig gewertet und sogar behauptet, ohne sie sei das athenische Verwaltungssystem gar nicht funktionsfähig gewesen.[414]

DIE WICHTIGSTEN KENNZEICHEN DER DEMOKRATIE IN DER IDEE UND IN DER WIRKLICHKEIT BEI DEN GRIECHEN

HERRSCHAFT DER «MEISTEN»

In der Isonomie, wie sie der persische Adlige Otanes bei Herodot schildert, «herrscht das Volk». Es «herrscht auf Grund des Loses, es hat eine verantwortliche Regierung, und es stellt alle Sachen der allgemeinen Entscheidung anheim». Diese Charakteristik der athenischen Staatsordnung war keine eigene Konzeption des Historikers. Zweifellos ist sie die Quintessenz dessen, was die gebildeten Athener jener Zeit für die politische Physiognomie ihrer Heimatpolis hielten. Als das System unter dem Namen «Demokratie» etwas später seine ersten, um eine gewisse Vollständigkeit bemühten Darstellungen fand, wiederholte sich darin die gleiche Auffassung von seinen Kennzeichen, nur mit einigen Zusätzen. Seit den frühesten bekannten Versuchen, die Demokratie zu skizzieren – Perikles' Leichenrede auf die Gefallenen im Jahre 431 und die ungefähr gleichzeitige Pseudo-Xenophontische Schilderung der athenischen Staatsordnung –, kann man die Wanderung jener Gedanken von Generation zu Generation verfolgen. Sie finden sich dann auch in den theoretischen Schemata des folgenden Jahrhunderts.

Thukydides legt in seinem Geschichtswerk die Motivierung des neuen Namens für die athenische Staatsordnung Perikles in den Mund. Leider hat man gerade dieser äußerst wichtigen Stelle in dem Epitaphios (II, 37) zwei ganz verschiedene Deutungen gegeben. Manche Philologen schließen aus dem Wortlaut, die Benennung «Demokratie» gründe sich auf das Bestimmungsrecht der «Volksmehrheit» oder der «Meisten».[415] Nach anderen wiederum besagt der Name, die Polisregierung begünstige die «Vielen» oder den Vorteil der «Vielen» und nicht die «Wenigen» und deren Interessen.[416]

Die beiden Erklärungen widerstreiten einander nicht, aber es ist natürlich ein Unterschied, ob man davon spricht, in wessen Händen die politische Gewalt liegt oder zu wessen Gunsten sie angewendet wird. Man kann ohne Risiko eines Irrtums annehmen, daß schon vor der Ära des Perikles viele Gewalthaber und Machthungrige, ganz unabhängig von dem politischen System, das sie vertraten, versicherten, sie hätten nur das Wohl der «Vielen» im Auge – genau so wie es ihre Nachfolger auf diesem Gebiet noch heute tun. Falls Thukydides' Perikles tatsächlich etwas zur Verfechtung der Neuerung und ihres Namens vorbringen wollte, hätte er sich wohl kaum mit so abgenutzten und vielleicht auch von Tyrannen angewandten Phrasen begnügt. Auch rein sprachwissenschaftliche Einwände entziehen dieser Deutung von Thukydides' lapidaren Äußerungen den Boden. Daß solche Auslegung dennoch möglich war, entsprach wohl dem Wunsch, dem befürchteten Widerspruch zwischen dieser Stelle des Werkes und der Bemerkung über Perikles' persönliche Autorität in einer «nominellen Volksregierung» auszuweichen. Der Versuch, die – oft nur scheinbaren – Inkonsequenzen zu beseitigen, die man bei Thukydides und in späteren Quellen glaubte beobachtet zu haben, führte zu verwickelten Deutungen. Nach der einen habe Perikles zwar bewußt und «programmäßig» in Athen die «vollendete Demokratie» verwirklicht, wo das «Volk» ungehindert Zugang zur politischen Machtausübung hatte, jedoch selbst diese Maschinerie als «gelenkte Volksherrschaft», als Ein-Mann-Regierung, zeitweise sogar als «ausgesprochene Diktatur» dirigiert.[417]

Die Gewalt der «Meisten» oder der «Volksmehrheit» bedeutete natürlich nicht nur, daß die Mehrheit eine bestimmende Stellung innehatte. Die Regel, daß in kollektiven Organen der Standpunkt der Mitgliedermajorität entschied, ist keineswegs eine Ausnahme in der hellenischen Welt, also auch nicht etwas spezifisch Athenisches. Aristoteles sagt (Politik, 1293 a), das Prinzip des Majoritätsbeschlusses habe man genau so in den Staaten aristokratischen und oligarchischen wie demokratischen Typs befolgt. In ihnen allen galt der Mehrheitsbeschluß jener Personen, die an der Ausübung politischer Rechte teilhaben, für endgültig und souverän, kyrion. Nach der einfachsten Auslegung, die uns die moderne Forschung zu bieten hat, betrachtete man die Abstimmung, mittels deren die Meinung der Mehrheit festgestellt wurde, als Ausdrucksmittel des «öffentlichen Interesses». Sie war an Stelle von Religion und Tradition richtunggebender Faktor im politischen Leben des Stadtstaates geworden, in Athen zum mindesten seit der Ära Solons.[418]

Spezifisch für das politische System von Perikles' Vaterstadt waren Umfang und Zusammensetzung dieser Masse der «Meisten». Aus dem Epitaphios geht hervor, daß man unter der Gewalt der «Meisten» das prinzipiell gleiche Mitrecht aller Bürger an jeder Art Staatsgeschäft verstand. Das bürgerliche Ansehen konnte natürlich verschieden sein, je nach des Betreffenden Verdiensten um den Staat. Keine Grenzen für den Kreis der «Meisten» bildeten indessen Faktoren wie Ungleichwertigkeit infolge von Herkunft und Vermögen (II, 37). Der Redner lenkt die Gedanken darauf, daß auch die Armen und Niedriggeborenen immerhin zur Schar der politisch Berechtigten zählen.

Offenbar sah man gerade hierin eine der wichtigsten Neuerungen der Demokratie. Die Emanzipation der Armen war ja das Ergebnis – wenn auch wohl nicht immer der Zweck – jener Reformen gewesen, aus denen die Isonomie und jetzt die Demokratie entstanden war. Die Frage des Anteils dieser Armen an der Zusammensetzung der Polisbürgerschaft wird aus naheliegenden Gründen in der Grabrede übergangen. Zur Zeit, da Perikles sie hielt, herrschte ja in Athen bedenkliche Enge, da sich die Landbevölkerung in die Stadt geflüchtet hatte, die armen Elemente also sicher mehr in Erscheinung traten als sonst. Aber ganz unabhängig von dieser Koinzidenz, ist die Gedankenfolge in Perikles' Rede sehr bezeichnend. Die unleugbare Tatsache, daß die meisten Bürger Arme waren, verführte leicht zur Gleichsetzung von Herrschaft der Majorität mit Herrschaft der Armen. Von da war nur ein kleiner Schritt bis zu dem Punkt, wo die Kette der Identifizierungen zwischen Volksherrschaft und Herrschaft der Armen entstand. Eine derartige Dialektik scheint besonders bei den Gegnern der Demokratie Echo gefunden zu haben. Schon in der Schrift des Pseudo-Xenophon wird ja die Demokratie als ein System egoistischer Machtausübung seitens der unbegüterten Schichten hingestellt. Fast ein Jahrhundert später betont Aristoteles als Charakteristikum der Demokratie, daß die Inhaber des höchsten Bestimmungsrechts den «armen» Teil der Polis bilden.

Anzeichen dafür, daß man überhaupt die Frage aufwarf, warum die Regierung der «Meisten» für berechtigter gelten könne als eine andere, begegnen uns erst relativ spät. Die frühesten Andeutungen eines solchen Prinzips, daß der Entscheidung des zahlenmäßig gewichtigeren Teils, der «Vielen», der Vorrang über das Urteil des kleineren, wenn auch vielleicht qualitativ fähigeren Teils, der «Wenigen», gebühre, finden sich in Aischylos' Tragödie «Die Schutzflehenden», deren Entstehung in die 470er Jahre oder etwas früher datiert wird. Der Gedanke bietet sich eher als eine Art Glaubenssatz denn als eine auf Vernunftgründen basierende Schlußfolgerung dar. Man sieht ihn den Platz einer Norm erobern, die als Maßstab selbst auf dem Gebiet der Musik und Literatur Gültigkeit beansprucht. Ebenso wurde er zur Regel bei Resolutionen auf dem politischen Sektor. Zur Zeit der zweiten Restauration der Demokratie hatte er sich als weitestverbreitete Norm im politischen Denken stabilisiert.[419]

Aber das Problem, warum auf die Anzahl der politischen Machthaber mehr Gewicht als auf ihre Qualität zu legen sei, mit anderen Worten, welche Forderungen der Ethik, Logik oder Zweckmäßigkeit die Herrschaft der «Meisten» erfülle, wird nur dürftig erhellt. Es fand trotz seiner erstrangigen Bedeutung im klassischen Hellas anscheinend weniger Beachtung, als man hätte voraussetzen sollen.

Wir haben Belege für den Glauben an die Vortrefflichkeit der Herrschaft der «Meisten», aber auch für ernsthafte Skepsis. Zu ersteren gehört eine Rede, die Thukydides dem syrakusanischen Parteiführer Athenagoras (im Jahre 415) in den Mund legt. Sie enthält Gedanken, die offenbar in Athen populär waren. Athenagoras behauptet, die Reichen könnten wohl beste Finanzverwalter sein und die Verständigen den besten Rat geben, aber das Volk, wenn es sich diesen angehört habe, vermöge am besten Entschlüsse zu fassen. So werde in der Demokratie jedem auf gleiche Weise, im Einzelnen wie im Ganzen, das Seinige zuteil (VI, 39). Die Streitschrift des Pseudo-Xenophon vertritt wiederum die entgegengesetzte Auffassung: gerade die Bewertung nach der Zahl verursache die Schwäche der «Guten» und «Rechtschaffenen» und die Machtstellung der «Schlechten». Letztere folgten gleichsam einem Naturgesetz, wenn sie ihre Macht nach Art der unwissenden, zuchtlosen und unredlichen Masse ausübten. Denn – bemerkt der zynische Verfasser (I, 4–5) – die Armut verleite die Menschen viel eher zur Schlechtigkeit als der Mangel an Erziehung und Bildung.

Ein Kompromiß zwischen diesen beiden konträren Standpunkten scheint nur möglich, indem man entweder die Wichtigkeit und Schwierigkeit der Staatsgeschäfte leugnet oder an die hinreichend wertvollen Eigenschaften der Mehrheit der Bürger glaubt. Die erste Alternative war den in ihrem Denken auf die Polis konzentrierten Griechen fremd, die zweite jedoch erschien akzeptabel. So betrifft ja Thukydides' Argument in Perikles' Leichenrede oder was man in dieser als Verteidigung der Gewaltanwendung der «Meisten» ansprechen kann, gerade das Vertrauen zu den intellektuellen und moralischen Fähigkeiten jedes athenischen Bürgers. Seiner Feststellung, daß dieselben Männer ihre privaten wie auch öffentliche Geschäfte erledigen, fügt Perikles die etwas apologetisch klingende Bemerkung hinzu, die Ackerbau- und Gewerbetreibenden hätten doch «keine dürftige Kenntnis von öffentlichen Angelegenheiten» (II, 40).

Das ist ja wirklich kein übermäßig bewunderndes Zeugnis für den Durchschnittsathener, zumal im Rahmen einer hochgestimmten Festrede. Der gewisse Vorbehalt in der Äußerung ist vielleicht dem Historiker zuzuschreiben. Aber auch eine rückhaltlosere Anerkennung hätte sicherlich nicht annähernd der Überzeugung aller Zeitgenossen, kaum Perikles' eigener, entsprochen. Eben vor Ausbruch des Peloponnesischen Krieges hatte er ja als Staatsmann persönlich bittere Erfahrungen mit der Urteilsfähigkeit seiner Landsleute gemacht. Damals hatte man ihm von radikal «volksfreundlicher» wie auch von «aristokratischer» Seite durch Strafantrag gegen ihm nahestehende Personen politische Schikanen bereitet. Und in demselben Jahr, als er dann seine Gedächtnisrede hielt, hatte er das Volk nicht mehr zur Versammlung gerufen, weil er nach Plutarchs Schilderung (Perikles, 33) fürchtete, es könnte ihn gegen seinen Willen zur Schlacht zwingen.

Die «Herrschaft der Meisten» – im Epitaphios sozusagen zum Dogma der offiziellen athenischen Staatsphilosophie erhoben – war also Gegenstand rein intellektuellen Interesses geworden. Aber es ist fraglich, ob lange Zeit hindurch überhaupt Theorien zu seiner Rechtfertigung aufgestellt wurden, außer einer auf der Gleichwertigkeitshypothese basierenden Scheinerklärung. Entweder «glaubte» man an die «Herrschaft der Meisten», wie Perikles bei Thukydides, oder man verdammte sie wie Pseudo-Xenophon. Vielleicht fand sich auch dieser und jener aufgeklärte Athener mit ihr ab, weil er die Diskussion über die Demokratie fruchtlos fand und gleich dem selbstbewußten Alkibiades meinte, «über so anerkannte Mängel könne man nichts Neues vorbringen» (Thukydides, VI, 89). Erst nachdem sich das demokratische System einige Generationen hindurch stabilisiert hatte, begegnet man in der Literatur einer gründlichen Auseinandersetzung über die Berechtigung der «Herrschaft der Meisten». Der Verfasser ist Aristoteles. Es gibt eine Hypothese, wonach die Gedankenkonstruktion nicht seine eigne sei, sondern einer früheren Periode entstamme.[420] Sie ähnelt tatsächlich der des Athenagoras von Syrakus.

Aristoteles bestreitet gar nicht die empirisch feststellbare Tatsache, daß die «Wenigen» intellektuell und moralisch entwickelter als die «Vielen» sind. Aber er erkennt den letzteren doch eine solche Fülle wertvoller Eigenschaften zu, daß diese mehr ins Gewicht fallen als die entsprechenden Tugenden der «Wenigen». Er sagt (Politik, 1281 a–b), wenn auch jeder Einzelne der «Vielen» kein tüchtiger Mann sei, könne die Menge als Gesamtheit trotzdem kollektiv das Niveau der wenigen Besten erreichen, ja es sogar überflügeln.

Das bedeutet nicht einfach, daß tausend Dumme in einer gemeinsamen Versammlung die Dinge urteilsfähiger zu entscheiden vermöchten als ein Dummer allein, sondern daß in einer großen Menge verschiedenartige Vorzüge, allerlei «Eigenschaften des Charakters und des Intellekts», vorhanden sein können, die das Ergebnis beeinflussen. Deshalb können die «Vielen» kompetenter im Beurteilen von Musik und Dichtung sein als die «Wenigen»: die einen verstehen diese Seite, andere jene und alle zusammen das Ganze. Auch beim Beraten staatlicher Angelegenheiten zeigt die Volksmenge, wenn alle zusammenkommen, genügend Einsicht, und vermischt mit den «Besseren» ist sie ein nützlicher Bestandteil der Polis, gleich wie unreine Speise, wenn sie der reinen beigemischt ist, nahrhafter als das kleine Quantum reinen Nährstoffs ist. Der Philosoph gibt von sich aus zu, es wäre sinnlos, den Glauben an eine solche kollektive Klugheit auf jede beliebige Volksversammlung auszudehnen, aber nichts hindert, seiner Meinung nach, daß dieser Glaube sich gelegentlich auch bewähren könne. Aristoteles stellt fest, daß Solon und einige andere Gesetzgeber dem Volk die Wahl der Beamten und die Rechenschaftsabnahme nach beendeter Dienstzeit übertrugen, nicht aber die Verwaltung von Einzelämtern, das heißt solchen, denen nur einer vorsteht. Gegen die Berechtigung dieser Maßregel kann man Einwände erheben (1282a), aber die Entscheidung liegt auch in diesen Fällen nicht bei einzelnen Bürgern, sondern bei der ganzen Institution, Ekklesia, Dikasterion oder Bule. Obgleich einesteils der hohe Vermögenszensus den Zugang zu den obersten Ämtern hindere und sie also den «Besseren» vorbehalten blieben, verstoße das System vielleicht doch nicht so gegen das Prinzip, wie es im ersten Moment aussehe, da das Volk über wichtigere Dinge Herr sein solle als die Aristoi, die Besten.

Bei seiner Erörterung der Lehre von der kollektiven Weisheit – einer Lehre, die Sokrates und Platon nicht guthießen, vor allem nicht als anwendbar bei der Prüfung ethischer und ästhetischer Fragen[421] – sieht sich Aristoteles einem viel diskutierten, aber unentschieden gebliebenen Problem gegenüber. Er sucht zu beweisen, daß – ebenso wie in bezug auf die Weisheit – bei den «Vielen» kollektiv in weit größeren Mengen als bei den «Wenigen» auch andere jener Qualitäten feststellbar sind, auf die letztere ihre Machtansprüche stützen. Nämlich beim Abwägen der verschiedenartigen Faktoren, die nach damaliger Auffassung als Maßstab politischer Verdienste und folglich als Verteilungsprinzip für Ehren und Ämter in Frage kommen konnten, sagt er (Politik, 1283 a), die «Vielen» könnten behaupten, kollektiv auch an Stärke, Reichtum und Arete die «Wenigen» zu übertreffen.

Dieser Gedanke, an dem Aristoteles nichts zu beanstanden hat (1283 b), war wohl auch kaum von ihm selbst entwickelt, sondern gehörte, wie man zum Beispiel aus gewissen Stellen in dem Gespräch zwischen Sokrates und Kallikles in Platons Dialog «Gorgias» (u.a. 488c–489b) schließen kann, zu dem Bestand von alters her gängiger Thesen. Wie dem auch sei, Aristoteles scheint ihm nicht soviel Beachtung geschenkt zu haben wie der seltsamen Auffassung vom Massenintellekt.

Ob aber der Glaube an eine kollektive Urteilsfähigkeit in eben der Form, wie er sie darstellt, einen entscheidenden Platz in der Entwicklung der politischen Einrichtungen Athens hatte – darüber sagt Aristoteles nichts. Er selber fühlt sich veranlaßt, auf ein Motiv zu verweisen, das einer ganz anderen Ebene, nämlich den politischen Opportunitätsgründen, angehört. Die Idee, den Bürgern auch nicht den kleinsten Anteil am Genuß des Mitregierens zu gewähren, berge eine ernste Gefahr – meint er behaupten zu können (1281b). Denn eine Polis mit vielen armen Bürgern ohne politische Rechte ist voll von Feinden – ein Faktum, das schon Solon erfaßt hatte.

IDEE DER FREIHEIT

Verknüpfung der Freiheitsidee mit der Demokratie

In der Schilderung der neuen Staatsordnung, die bei Thukydides Perikles in seiner Leichenrede gibt, nimmt der Begriff «Freiheit», *eleuthería,* einen wichtigen Raum ein. Viele Stellen darin wirken geradezu wie eine sublime Verkündigung der Freiheit. Da ist es verständlich, daß man in der Rede, wie ein Forscher es leicht übertrieben ausdrückt, eine der klarsten Darstellungen hat sehen können, die je von der Idee der Freiheit, lebendig verwirklicht in einer Gemeinschaft von Menschen, gegeben worden ist.[422] Dem modernen Leser bietet sie eine Fülle von Aspekten jener Freiheit, die in dem idealisierend geschilderten Athen geherrscht hat. Aber Perikles' rhetorisch glänzende Leistung gibt dennoch keine klare Antwort auf die Frage, ob «Freiheit» überhaupt, und namentlich welche Art von «Freiheit», eine Wesenseigentümlichkeit des neuen, «Demokratie» benannten Systems war.

Aus der Rede empfängt man – freilich mehr dank ihrer Gliederung und Stilisierung als in klar ausgedrückten Gedanken – den Eindruck, daß «Volksherrschaft» und «Freiheit» zusammengehören, ja vielleicht untrennbar sind. So sagt Perikles (II, 37), daß die Athener den Staat mit freiem Sinn *(eleuthérōs)* verwalten, und fügt hinzu, sie gehorchten den Gesetzen und der Obrigkeit. Dieser Ausspruch braucht jedoch nicht unbedingt eine Kennzeichnung speziell des neuen politischen Systems zu bedeuten, sondern kann ebensogut das eingewurzelte universalgriechische Ideal der gesetzmäßigen Freiheit betonen wollen. Da in der Rede eher die Verhältnisse und der Charakter der Athener einerseits und ihrer Gegner anderseits als die verschiedenartigen Staatsordnungen konfrontiert werden, könnte man jenen summarischen Ausspruch so verstehen, daß man in Athen immer noch diese alten, überall unter Hellenen verehrten Ideale heilighielt und daß es, wie das Leitmotiv zu besagen scheint, auf dem Wege zu ihrer Verwirklichung am weitesten in den Rang eines beneidenswerten Vorbildes gelangt war. Ähnlich ist es mit den anderen Stellen der Leichenrede über die Freiheit; auf die wichtigsten wird noch zurückzugreifen sein. Es wäre natürlich verkehrt, das idealisierende Bild eines sein Goldnes Zeitalter durchlebenden Athen als solches mit der Demokratie zu identifizieren.

Diese Stadt, die ein politisches System neuer Prägung und neuen Namens angenommen hatte, war allerdings Ende der 430er Jahre in einer Lage, in der das Betonen der von ihr repräsentierten «Freiheit» politisch hochaktuell sein konnte. Die allgemeine Meinung in Griechenland hatte ja schon in den Vorbereitungsphasen des Peloponnesischen Krieges eben Athen als Bedroher der Freiheit der

Hellenen – also in diesem Zusammenhang ihrer politischen Unabhängigkeit – gebrandmarkt, Sparta hingegen als Hüter der gleichen Freiheit empfunden. Aber obschon diese Sachlage vielleicht Inhalt und Ton des Epitaphios beeinflußt hat – es sei denn, daß dieser vom erfahrenen Staatsmann oder vom überragenden Historiker verfaßt war –, konnten doch die Äußerungen über die Freiheit in der Polis als etwas Einzigartiges nicht nur propagandistische Apologie sein. Im Gegenteil: verschiedene antike Quellen bestätigen, und zwar mit klaren Worten, den durch den Epitaphios entstandenen Eindruck, daß nach damaliger Auffassung Freiheit sowohl quantitativ als qualitativ auf eine besondere Weise zur Demokratie gehöre. Pseudo-Xenophon (I, 6–8) schildert zum Beispiel die Demokratie als ein politisches System, mittels dessen das Volk seine von ihm als Ideal aufgestellte eigene Herrschaft und Freiheit zu verwirklichen strebt. In Platons Politeia sagt Sokrates, gleichsam als gebe er Proben aus dem Arsenal in Athen allgemein bekannter politischer Schlagworte, unter anderm (562 b–c): «Von der Freiheit wirst du immer in einer demokratischen Stadt hören, daß sie das vortrefflichste sei und daß deshalb auch nur in einer solchen leben dürfe, wer von Natur frei sei.» Und verschiedene politische Reden des Demosthenes, etwa die 351/350 für die Freiheit der Rhodier gehaltene (vor allem 17–21), zeugen dafür, daß sich damals, genau wie heute, einerseits Unterstützung der Demokratie und Verteidigung der Freiheit oder anderseits Sturz der Demokratie und Vernichtung der Freiheit identifizieren ließen.

Man sieht also: die Vorstellung von der einzigartig engen Beziehung, ja Untrennbarkeit der Begriffe «Demokratie» und «Freiheit» hat sich zäh erhalten, und die damit ausgedrückten Thesen waren schon im Lauf von wenigstens zwei, drei Generationen abgenutzt, bevor Aristoteles sie systematisch zusammenfaßte. Er konnte komprimiert ausdrücken (Politik, 1310a), die Demokratie scheine durch zwei Dinge charakterisiert zu sein: die Herrschaft der Mehrheit und die Freiheit aller. Dies letztere betont er noch besonders (1317a–b), wenn er die Freiheit als Voraussetzung und Begriffsbestimmung der demokratischen Staatsordnung bezeichnet. Und er fügt hinzu – es klingt fast wie von Sokrates entlehnt –, man pflege nämlich zu behaupten, daß die Menschen nur in dieser Staatsordnung an der Freiheit teilhätten und daß eben die Freiheit das Ziel jeder Demokratie sei.

Interpretationen des Freiheitsideals der Demokraten

Da sich die «Freiheit» so früh und so fest in den Darstellungen der Demokratie angesiedelt und untrennbar mit allem Theoretisieren über die Demokratie verknüpft hatte, wäre es erstaunlich gewesen, wenn die Griechen mit ihrem regen Intellekt sich nicht um eine Analyse ihres Wesens und ihrer Ausdehnung bemüht hätten. Die erhaltene Literatur bietet auch mancherlei Anhalt dafür, was man sich im 5. und 4. Jahrhundert unter diesen Dingen vorstellte, wie man sie beurteilte oder darlegen wollte, und – bis zu einem gewissen Grad – sogar, als was man sie in Wirklichkeit kannte. Aber dieses Material ist großenteils so verstreut, ungleichwertig und auch voller Widersprüche, daß die Formung eines einheitlichen Bildes fast unmöglich ist, sofern man vermeiden will, die Eleutheria gewaltsam – hier durch Ausrecken, dort durch Abhacken – in ein von vornherein festgelegtes Prokrustesbett zu zwängen. Und will man sich ein gewisses Maß an Objektivität bewahren, muß man sich vielfach mit einer fragmentarischen Antwort begnügen oder wenigstens Lücken mit generellen Wendungen verdecken, mit anderen Worten: zu einer Methode greifen, die in diesem Fall auch den Griechen selbst offenbar nicht fremd war.

Einen aufschlußreichen Ausgangspunkt bietet die in ihrer beschwingten Großzügigkeit fesselnde Schilderung von der Entwicklung der Freiheit in Attika, die der Athener in Platons Nomoi (698a–701d) gibt. Ihr *sens moral,* daß nämlich die vollständige, von allen Obrigkeiten entbundene Freiheit wertloser und schädlicher sei als die «maßhaltende», von Autoritäten gezügelte Freiheit, ist an sich auch aus anderen Schriften des Philosophen bekannt. Das Besondere ist hier seine Darstellung der Freiheit gleichsam als Weg, der sowohl einen Ausgangs- wie einen Endpunkt hat.

Ersterer liegt, auf Attika bezogen, in ferner Vergangenheit, letzterer offensichtlich in relativ naher Zukunft.

Einst – so führt der Athener aus – war das Volk seinen ererbten Gesetzen über die verschiedenen Formen der Musik unterworfen und war über nichts Herr, sondern gewissermaßen freiwillig Sklave dieser Gesetze. Die Entwicklung der Freiheit begann damit, daß einige Dichter, von Natur begabt, aber unkundig des Richtigen und Gesetzmäßigen in der musischen Kunst, sich statt von diesen von «der Lust des dadurch Erfreuten» leiten ließen. Sie zerbrachen und vermengten uralte Formen und riefen den Eindruck hervor, jedweder, ob ein Besserer oder Schlechterer, vermöge Ton- und Dichtkunst nach dem durch sie ausgelösten Genuß zu beurteilen. Das Volk, das bislang in stummer Ehrfurcht den Darbietungen gefolgt war, pflegte nunmehr laut seine Meinung zu äußern, als verstände es, was in der Kunst schön sei und was nicht. So trat an Stelle einer Musik-Elite eine jämmerliche *Theatrokratía,* eine Publikumsherrschaft. Diese Demokratie auf musischem Gebiet, wie Platon sie nennt, wurde gefährlich. Sie erzeugte einen allgemeinen Wissensdünkel und infolgedessen Nichtachtung der Gesetze. Ein Geist der Hemmungslosigkeit ergriff die Menschen, alle verloren jede Scheu, wie es die Neunmalklugen so an sich haben. Die Folge war, daß sie die Meinung der Besseren hochmütig mißachteten – also schlimmste, aus zügelloser Freiheit geborene Schamlosigkeit. Diese Freiheit tut sich in der Ablehnung obrigkeitlicher und elterlicher Autorität kund. Gehen die Menschen darin bis zur äußersten Grenze, so wollen sie keinem Gesetz mehr untertan sein. Und wo dieser Weg schließlich endet – so lautet die düstere Prophezeiung des Atheners –, dort gelten weder Schwüre noch Versprechungen noch Götter, dort kehrt man zu einem Zustand zurück, so schwer und so voll von nie endendem Ungemach wie das Leben einstiger Titanen.

Die Schilderung des Atheners ist natürlich in erster Linie allegorisch aufzufassen – geschichtliche Tatsachen spielen ja in Platons Gedankenwelt nur eine sekundäre Rolle. Aber seine Vorstellung von der ursächlichen Korrelation zwischen künstlerischer Formlosigkeit und politischer Anarchie ist kein zusammenhangloser Einfall. Sein Raisonnement schließt sich ungesucht der allgemeinen, schon vor seiner Zeit begonnenen und nach ihm fortgesetzten ernsthaften Erörterung über den Einfluß der Künste, namentlich der Musik, auf die menschliche Natur und das ganze Leben der Polis an. Für Platon war höchste Autorität auf dem Gebiet der Musik kein Geringerer als Damon, Perikles' Berater. Sokrates zitiert dessen Ausspruch, «man könne nirgends die Gattungen der musischen Kunst umändern, ohne zugleich die wichtigsten bürgerlichen Ordnungen zu erschüttern», und fügt von sich aus hinzu, er glaube das gerne (Politeia, 424c).

Als Ganzes zeigt dieser Ideengang Platons, unter welch weitgespanntem Winkel und mit welcherlei Maß das «Freiheitsideal der Demokraten» untersucht und gemessen werden konnte. Beobachtung, Erwägung und Kritik beschränkten sich nicht nur auf die unmittelbar durch die politische Emanzipation des «einfachen Mannes» hervorgerufenen Erscheinungen, sondern erstreckten sich auf jegliches Loslösen von Bindungen der Tradition und Gewohnheit. Dazu gehörten vor allem jene Änderungen in Gesetzen und konventionellen Regeln – also nach herkömmlicher Auffassung im «Geist» oder «Charakter» der Polis selbst –, die Zwang, Lasten und Hindernisse erleichtert oder beseitigt hatten.

Anderseits konnte jedoch – wie der Athener in seiner Schilderung zu beweisen sucht – die Gestaltung des Neuen der Betrachtungsweise und dem Betätigungsdrang der Bürger entspringen und so zum Übergreifen der «Demokratie» vom Gebiet der musischen Kunst und der Philosophie auf das politische Leben führen. Die Abweichung von hergebrachten Normen und Gedankenbahnen verursachte auch in dieser Hinsicht eine geradezu chaotisch wirkende Umwälzung der eingebürgerten Wertskala. Mit Hilfe einer eigentümlichen, aber sehr anschaulichen Parallele stempelt Platon auch die politische Volksherrschaft zu einem Sammelsurium verschiedener einander widersprechender Prinzipien. In seiner Politeia vergleicht Sokrates die Demokratie mit einem bunten, schönen Gewand, weil ihr alle Gemüts- und Lebensarten eingewebt seien (557c). Es handelt sich eigentlich nicht um ein ausgesprochenes System, sondern um eine «Trödelbude von Staatsverfassungen», in der alle Sorten Verfassungen erhältlich sind und jeder nach Gefallen wählen kann (557d).

Die Schilderung wirkt nicht nur wirklichkeitsfremd, sondern auch unnötig übertrieben, wenn man sie nicht in Zusammenhang mit dem bringt, was der Philosoph durch die Demokratie realisiert sieht. In einem demokratischen Staat, wo die Untergebenen den Obrigkeiten und die Obrigkeiten ihrerseits den Untergebenen gleich sein wollen, «erstreckt sich nämlich die Freiheit notwendig überallhin» (562 d–e). Ein solcher Staat ist – und Sokrates' Gesprächspartner Adeimantos bestätigt, daß man so sagt – «voll von Freiheit und Zuversichtlichkeit». Und jeder hat darin «Erlaubnis, zu tun, was er will», so daß er sein Leben so einrichten kann, wie es ihm gefällt (557b). Die Demokratie ist also – und wieder gibt Adeimantos zu, die Beschreibung sei sehr kenntlich – «eine regierungslose und buntscheckige Verfassung, welche gleichmäßig Gleichen wie Ungleichen eine gewisse Gleichheit austeilt» (558c).

In einem Milieu, wo «alles voll Freiheit» ist, ändern sich nicht nur die Verhältnisse zwischen ungleichwertigen Menschen und sogar zwischen Menschen und Haustieren (562e–563d). Es entwikkelt sich da auch ein ganz eigener Menschentyp, jenes köstliche Produkt von Platons literarischer Gestaltungskraft, der sich zwischen seinen Lüsten und Begierden tummelnde demokratische, demokratikos, und nach Gleichheit strebende, isonomikos, Mann (561c–d): «... bald ist er im Rausch und übermütig, dann wieder trinkt er Wasser und hält magere Kost, bald emsig in Leibesübungen, manchmal auch träge und sich um nichts kümmernd, bald wieder, als vertiefe er sich ganz in die Wissenschaft. Oft auch treibt er die öffentlichen Angelegenheiten, und wenn er aufspringt, redet und handelt er, wie es sich gerade trifft. Wird er einmal eifersüchtig auf Kriegsmänner, so wendet er sich dorthin, und wenn auf Geldmänner, dann auf diese Seite. So daß irgendeine Ordnung oder Notwendigkeit gar nicht über sein Leben schaltet; sondern ein solches Leben nennt er anmutig und frei und selig und hält sich überall daran.»

Offenbar hat Platon bei diesem karikierenden Konterfei eines demokratischen Typs das Bedürfnis nach einem Anhaltspunkt in der Wirklichkeit gehabt und dabei die Verhältnisse seiner eigenen Vaterstadt ins Auge gefaßt. Es ergibt sich, daß man, seiner Meinung nach, in Athen den Weg der Freiheit schon bis dicht an jenen Endpunkt zurückgelegt hatte, von dem er später in seinen Nomoi spricht. Jetzt behauptet nämlich Sokrates, die Summe von diesem allem sei, daß die Bürger, nicht gewillt, den leisesten Zwang zu dulden, «sich auch um die Gesetze gar nicht kümmern, mögen es nun geschriebene sein oder ungeschriebene, damit auf keine Weise irgend jemand ihr Herr sei». Auch hierzu bemerkt Adeimantos, «er wisse das, sogar recht gut» (Politeia, 563 e).

Platons Darstellung erweckt den Eindruck, als habe der Beobachter das demokratische System – sei es als etwas Reales oder Fiktives – nicht als Ganzes, sondern in Fragmenten vor Augen und als sei der Zweck, eine Vision von dem Zustand heraufzubeschwören, den die Verwirklichung gewisser anscheinend allgemein gängiger Thesen erzeugen würde. Diese Auslese von Erscheinungsformen der Freiheit dürfte überhaupt besser unter die Rubrik «Anarchie» als in eine Analyse der Demokratie passen – und das war auch sicher der eigentliche Zweck des Verfassers. Dennoch ist seine Darstellung der Freiheit in der Demokratie nicht durchweg willkürlich oder satirisch. Wenn es auch unklar bleibt, wo die Elemente der «demokratischen Freiheit» in dieser Form skizziert worden waren, wie sie Sokrates und Adeimantos gemeinsam feststellen, so hatten sich doch gewisse Vorstellungen davon schon wirklich zu einer Art feststehender Redewendungen verdichtet. Als solche blieben sie bestehen und gingen auch in die geistige Rüstkammer von Platons begabtestem Schüler, Aristoteles, über. Er schuf daraus ein festes Gedankengebäude, und seine Analysen haben auch spätere Deutungen der demokratischen Freiheit in der Antike wesentlich beeinflußt.

Das Wertvolle an der Auslegung in Aristoteles' «Politik» ist das Wissen gerade von dem Freiheitsbegriff der «Demokraten» oder wenigstens von dem, was er als solchen hinstellt. Demnach bestehe die Gerechtigkeit zunächst (1310a) in der Gleichheit, und die Gleichheit liege darin, daß der Wille der Menge entscheide; schließlich verstehe man unter Freiheit und Gleichheit, daß «jeder tut, was er will». Folglich lebe in solcher Demokratie jeder, wie es ihm gefalle und, wie Euripides es ausdrückt, «nach Herzensbegehr».

In anderem Zusammenhang (1317b) kommt Aristoteles auf das Thema zurück und erläutert die Sache systematischer und eingehender. Er gibt dabei zwei lexikographische, also den üblichen Gebrauch anzeigende Erklärungen des Begriffs «Freiheit». Beide, sagt er, entstammen «demokratischen» Kreisen. Die eine «Form» der Freiheit ist, daß «man abwechselnd regiert und regiert wird». Der Grundgedanke ist hierbei, daß alle untereinander gleich sind. Die Erfüllungsnorm ist das Postulat des demokratischen Gerechtigkeitsbegriffs, die Gleichheit nach der Zahl und nicht nach dem Verdienst zu bemessen. Auf Grund dieses Arguments ist es konsequent, daß die höchste Gewalt dem Volk zukommt und der Wille der Mehrheit endgültig entscheidet. Die Folge ist, daß in den Demokratien die Armen, als Mehrheit, mächtiger sind als die Reichen. Die andere Seite der demokratischen Freiheit wiederum bedeutet das Recht, «so zu leben, wie man will». Die Begründung lautet, das entspreche der Stellung des Freien, während es den Sklaven charakterisiere, daß er anders lebt, als er will. Das Ziel ist also, sich überhaupt nicht regieren zu lassen, oder wenn das unerreichbar ist, nur abwechslungsweise. So entsteht das System der auf Gleichheit gegründeten Freiheit.

IDEE DER GLEICHHEIT

Das Kernstück in Aristoteles' Abhandlung über die demokratische Freiheit stellt also der Gleichheitsbegriff dar. Es ergab sich, daß er in mehr als einer Bedeutung anwendbar ist. Nach Aristoteles laufen die allgemeine Auffassung und die philosophischen Erwägungen der Ethik parallel bis zu der Feststellung, daß im Namen der Gerechtigkeit Gleiche Gleiches erhalten müssen. Wolle man aber Gleichheit und Ungleichheit begriffsmäßig analysieren, so böten sich Schwierigkeiten, die eine staatsphilosophische Untersuchung erfordern (Politik, 1282b).

Soweit man sich über den Begriff Gleichheit einig war, war diese Einmütigkeit also nur verbaler Natur.

Der Einwand, daß jene erste, egalitäre Seite der Freiheit nach Aristoteles' Analyse nicht die einzige als gerecht anzuerkennende Gleichheit verwirklicht, sondern – wie Sokrates es ausdrückt – «Gleichen wie Ungleichen eine gewisse Gleichheit austeilt» und daß es auch eine andersartige Gleichheit gibt, gehört zu den von Kritikern der Demokratie entwickelten Gegenargumenten. Die Lehre von den zwei einander grundsätzlich konträren Arten Gleichheit begegnet uns unter anderm bei Platon und Isokrates. Ersterer erklärt in seinen Nomoi (757 b–c) als wahrhafteste und beste Gleichheit eine solche, wo den durch Tugend Ausgezeichneten höhere Ehren zuteil werden als denen ohne Verdienste. Isokrates bezeichnet in seinem Areopagitikos (21–23) das Befolgen gerade einer derartigen Form als einen der gesündesten und glücklichsten Züge der Demokratie zur Zeit der Vorväter. Beide verurteilen sie eine nach Maß, Gewicht und Zahl bestimmte Gleichheit, die den Unbedeutenden oder Unfähigen die gleichen Anteile zumißt wie den Würdigen oder Rechtlichen. Nach Platon führt solche Gleichstellung Ungleichwertiger zu einer Ungleichheit, wenn das richtige Maß fehlt.

Aristoteles seinerseits räumt der Erläuterung dieser beiden – und wie Isokrates behauptet – anerkannten Kategorien der Gleichheit relativ viel Platz ein (Politik, 1280a und 1301a–b). Er beleuchtet den Gedanken durch ein Beispiel aus der Mathematik: Zahlenmäßig ist die Drei soviel größer als die Zwei wie die Zwei größer als die Eins, aber proportional ist die Vier um ebensoviel größer als die Zwei, wie diese größer ist als die Eins, nämlich zweimal so groß. Die arithmetische oder, genauer gesagt, quantitative Gleichheit herrscht da, wo die an alle verteilten Anteile zahlen- oder mengenmäßig gleich groß, das heißt identisch sind. Hingegen verlangt die wertgemäße oder proportionale Gleichheit, daß jeder den seinem Verdienst entsprechenden Anteil an dem zu Verteilenden erhält.

Die Auffassung der Verfechter der Demokratie von der Gleichheit fußt, nach Aristoteles, auf der Überzeugung, daß die in einer Beziehung – zum Beispiel als Freigeborene – Gleichen unbedingt und auch in allen anderen Beziehungen gleich sind, also auch im Beteiligtsein an der gemeinsamen Polisverwaltung. Das bedeutet zwar, gibt Aristoteles zu, Gleichheit für die, welche gleich sind, aber nicht für alle – und entsprechend wird die ungleichmäßige Verteilung dieser Anteile, wie sie in den Oligarchien erfolgt, nur denen gerecht, die ungleich sind, nicht allen (vgl. auch Nikomachische Ethik, 1131a–b).

Offensichtlich übertreibt Aristoteles jene Eindeutigkeit der Gleichheit, die er zu den Forderungen der «Demokraten» zählt. Das erhellt schon aus den wichtigen Vorbehalten, die er selbst bei seiner Schilderung der Zustände in einer Demokratie notwendig findet. Er zählt eine Reihe Institutionen als Folgen der Gleichheitsseite der Freiheit auf (Politik, 1317b): alle Bürger wählen oder erlosen aus ihrer Mitte die Beamten; in den Ämtern wird kurzfristig und möglichst konsequent abgewechselt; für kein Amt wird ein Vermögenszensus gefordert, und wenn, dann ein sehr niedriger; die Volksgerichte setzen sich aus allen Bürgern oder einer Reihe aus der ganzen Bürgerschaft Gewählter zusammen, und sie richten in allen Prozessen oder wenigstens in den größten und wichtigsten; die oberste Gewalt in der Polis aber kommt der Ekklesia zu, da auf Grund des arithmetischen Gerechtigkeitsbegriffs das Volk als Ganzes souverän sein muß.

Diese Attribute der Demokratie waren in Athen ja schon in der zweiten Hälfte des 5. Jahrhunderts bekannt gewesen. Sie enthielten gerade solche Abweichungen von der allgemeinen Regel, wie Aristoteles sie erwähnt. Das Turnusverfahren wurde, wie schon gesagt, nicht konsequent durchgeführt, sondern fiel vor allem in den wichtigsten Ämtern weg; auch der Vermögenszensus war nicht ganz abgeschafft. Sogar ein Organ wie der Rat des Areopags, der gar keinen Platz in dem Schema des Philosophen hat und den er in diesem Zusammenhang überhaupt nicht erwähnt, blieb während der demokratischen Ära bestehen. Also behauptete sich unleugbar auch jene Gattung der Gleichheit, die man relativ nannte. Und sie verlor nicht einmal unter den Anhängern des Systems ihren Platz, sondern hielt sich weiter am Leben neben der arithmetischen Interpretation der Gleichheit. So geht etwa Thukydides' Perikles in seiner Leichenrede nicht so weit wie Aristoteles' «Demokraten», daß er die Bedeutung der individuellen Verdienste der Bürger leugnete, von denen ja eines jeden Ansehen im öffentlichen Leben abhängt, sondern im Gegenteil: er betont sie. Er begnügt sich damit, ganz allgemein zu bestätigen, was man, der Terminologie der Französischen Revolution gemäß, das Prinzip der Gleichheit der Chancen nennen könnte.

Der Widerspruch zwischen dem bei Thukydides von Perikles vertretenen und dem von Aristoteles dargelegten Standpunkt ließe sich natürlich am einfachsten damit erklären, daß während der annähernd hundert Jahre, die den berühmten Staatsmann und den großen Gelehrten voneinander trennen, in der zwecks Untermauerung der Demokratie entwickelten Ideologie eine Radikalisierung hat stattfinden können. Doch würde das kaum der Wirklichkeit entsprechen. Nachdem das demokratische System Ende des 5. Jahrhunderts zwei Krisen und zwei Restaurationen durchgemacht hatte, blieb es, solange Aristoteles lebte, stabil. Keine Nachricht zeugt davon, daß von irgendeiner Seite Reformen auf Grund der arithmetischen Gleichheit gefordert worden wären.

Außerdem scheinen die Anschauungsweisen der beiden in dieser Beziehung einander nicht so schroff widersprochen zu haben, wie man aus Aristoteles' zugespitzter Schilderung schließen könnte. Ein Licht auf diese Frage werfen die Auffassungen von der Stellung des Losverfahrens in dem demokratischen Gleichheitssystem. Platon sagt in seinen Nomoi (757 b), die relative Gleichheit, jene Gutes bewirkende, von den Göttern ausgeübte Rechtsverteilung stehe den Menschen nur in sehr geringem Maß zu Gebote; hingegen könne jeder beliebige Staat und jeder beliebige Gesetzgeber die arithmetische Gleichheit praktizieren, indem er das Los leiten lasse. Obgleich Aristoteles dann auch sagt, zu seiner Zeit habe das Los bei Besetzung der Ämter als eine demokratische Institution gegolten, behauptet er doch nicht, man habe es konsequent auf alle öffentlichen Ämter ausdehnen wollen.

Auch spricht keine Überlieferung davon, daß im alten Athen etwa das Ersetzen der Strategenwahl durchs Los gefordert worden sei.[423] Aristoteles nimmt auch selbst keinen radikalen Standpunkt ein, sondern meint, beim Besetzen von Ämtern, die praktische Erfahrung und Fachkenntnisse fordern, sei das dem demokratischen Ideal gemäße Losverfahren nicht am Platz (Politik, 1317b). In seiner eigenen Klassifizierung zählt er zu ein und derselben Kategorie demokratischer Methoden sowohl die Wahl, die alle Bürger aus ihrer aller Mitte ausüben, wie das Los, an dem alle beteiligt sind (1300a). Möglicherweise macht er freilich zwischen diesen Modi insofern einen Gradunterschied, als er die Wahl als charakteristisch für die gemäßigte Demokratie der Vorväter, *pátrios demokratía,* und das Los für die moderne Demokratie, *neotáte demokratía,* hinstellt. Es scheint jedoch unsicher, ob er so zu verstehen ist.[424]

GLEICHHEIT – UNGLEICHHEIT BEI GEMEINSAMEN BESCHLÜSSEN

Von einschneidender Bedeutung war jene Gleichheit, die für die Athener in der gemeinsamen Beschlußfassung in ihrer Polis lag. Sie bestimmte faktisch das Funktionieren der politischen «Theatrokratie» überhaupt.

Gleich wie Otanes bei Herodot, richtet Perikles bei Thukydides das Augenmerk auf solche gemeinsame Regelung der Fragen. Er aber sieht das speziell Athenische darin, daß sie gemeinsam überlegt und diskutiert werden. Wie um dem Einwand vorzubeugen, solches Verfahren hindere eine gedeihliche Abwicklung der Geschäfte, legt er eine Rechtfertigung desselben vor. Die Athener – so sagt er (II, 40) – fänden die Aussprache nicht nachteilig für die Tat, sondern meinten im Gegenteil, es bringe Schaden, wenn man sich über Geplantes nicht unterhalte und es nicht berate. Während bei anderen Verwegenheit aus Unkenntnis entstehe und Überlegung zu

Unentschlossenheit führen könne, scheuten die Athener keine Mühsal und überlegten ihr Handeln gründlich.

In Perikles' Rede wird also die politische Diskussion und die Meinungsbildung in den Vordergrund gestellt. Beides spielt ja bekanntlich in der athenischen Staatsordnung eine zentrale Rolle. Rein technisch gesehen war die damalige Demokratie weit mehr ein *government by discussion*, als die modernen Demokratien es sind. Mit der Betonung dieser Methode und ihrer Ergebnisse in dem Epitaphios soll die Vortrefflichkeit der athenischen Verhältnisse namentlich gegenüber den spartanischen dargetan werden. In Sparta war ja die gemeinsame Diskussion der Bürger beim Zustandekommen der Beschlüsse etwas Sekundäres, oft rein Formelles. Dort hatte die Versammlung der Bürger, die Apella, kein Initiativrecht; sie genehmigte oder verwarf nur die ihr gemachten Vorschläge. Ihre Abstimmungsmethode – ungeregelter Zuruf – erregte den Spott des unparteiischen Thukydides (I, 87). Sogar Aristoteles nennt die Art und Weise, wie zu seiner Zeit in Sparta die fünf Ephoren, die «Hüter der Staatsordnung», und die Mitglieder der Gerusie, des «Rats der Alten», gewählt wurden, kindisch (Politik, 1270b und 1271a). Über die Form dieser Wahlen weiß man nichts Sicheres, doch nimmt man an, daß sie aus einer Art Akklamation bestand.[425] Im Vergleich zu so primitiven Systemen vertrat der attische Verwaltungsapparat in seinem Ablauf einen bisher unerhörten Grad von Raffinement. Für Thukydides ist die Bedeutung der Diskussion als Vorstufe zur politischen Aktivität eines seiner Lieblingsthemata. Er greift unter anderm in einer literarisch glänzenden Schilderung des Gedankenaustausches in einer athenischen Volksversammlung darauf zurück (III, 37–48).

Bei der Abstimmung des «souveränen Volks» über die Polisangelegenheiten war jeder Bürger eine Einheit wert, arithmetisch also jedem anderen gleichwertig. Grundsätzlich ebenso war es bei der Vorbereitung zur Beschlußfassung. Jeder Bürger, unabhängig von Herkunft, Vermögen, sozialer Stellung und Bildungsgrad, galt als gleichberechtigt zur Teilnahme an Debatte und Meinungsaustausch in der Volksversammlung. Euripides, der – in heute vielleicht etwas banal wirkender Weise – in seine Tragödien auch Analysen politischer Begriffe einstreut, läßt in seinem während des Peloponnesischen Krieges entstandenen Drama «Die Hiketiden» den als Vertreter demokratischer Denkweise geschilderten Theseus, Attikas legendären Volkshelden, auch das Recht der Meinungsäußerung kommentieren. Er sagt – den allen Athenern vertrauten Aufruf des Herolds bei Eröffnung der Ekklesia, wer das Wort zu ergreifen wünsche, leicht verbrämend – (438–441): «Freiheit ist in diesen Worten: ‹Wer will und wer vermag seiner Polis weisen Rat zu geben?› Worauf ein jeder nach Belieben glänzen oder schweigen kann. Läßt sich eine schönere Gleichheit denken?»[426] Diese Art Gleichheit wurde oft mit dem speziellen Namen Isegoria bezeichnet. Es ist dasselbe Wort, das schon Herodot gleichsam als Synonym für Isonomia bei seiner Skizzierung all dessen, was die Athener durch ihre Befreiung von der Tyrannis errungen hatten, gebraucht.

Unter Isegoria verstand man hauptsächlich Gleichheit in einer öffentlichen Versammlung und Diskussion oder gleiche Meinungsfreiheit respektive ausgesprochene Redefreiheit in der Ekklesia. Letzteres bedeutete nicht nur das jedem Bürger gleichmäßig zustehende Recht, sich über gemeinsam zu behandelnde Fragen zu äußern, sondern auch das Recht, Änderungen in Anträgen des Rats vorzuschlagen und eigene Initiativen zu unterbreiten.[427] Während des Sprechens in der Ekklesia war der Bürger in einer Sonderstellung, im Schutze einer gewissen Heiligkeit und Unverletzlichkeit – als äußeres Zeichen dafür setzte er sich beim Betreten der Rednertribüne einen Myrtenkranz aufs Haupt. Nach Aristoteles' Schilderung gab es freilich auch Formen der Demokratie, bei denen nicht die gesamte Bürgerschaft gleichzeitig zur Beratung und Beschlußfassung über gemeinsame Fragen zugelassen wurde, sondern, in Sektoren geteilt, abwechselnd die Ekklesia-Geschäfte erledigte. Aber in Athen, dieser Hochburg der «äußersten Demokratie», hatten sämtliche mündigen Bürger freien Zutritt zu jeder Ekklesia-Versammlung und außerdem Gelegenheit, auch sonstwie im Turnus zu amtieren. Deshalb wäre es praktisch schwieriger als unter späteren repräsentativen Systemen, wenn nicht direkt unmöglich gewesen, besondere Normen für ihr öffentliches und privates Rederecht aufzustellen. Es gibt auch eine Auffassung, wonach Methoden, die einem Teil der Bürger die Vertretung der übrigen durch Rede und Abstimmung gestatten sollten, in Athen faktisch als Einschränkung der Isegoria in oligarchischem Sinn gegolten hätten.[428] Im Hinblick auf Struktur und Stellung des Rats kann man sich dieser Ansicht jedoch nur mit Vorbehalt anschließen.

Jedenfalls konnte der Wunsch aller Bürger, an der Erörterung gemeinsamer Fragen teilzunehmen, weder in der Ekklesia und im Rat noch im Dikasterion, wo die Geschworenen lediglich Zuhörer waren, befriedigt werden. Meinungsaustausch fand auch weitgehend außerhalb dieser Organe statt. Besonders wichtig für die Übung in freier Rede beim Diskutieren gemeinsamer Fragen war jene lokale *grass-roots-democracy,* wie sie in den Demen, zumal bei deren Agora-Versammlungen, im Schwange war. Freistätten der Debatte und des Gesprächs waren ferner die öffentlichen Gymnasien. In Athen gab es außerdem private Vereinigungen, wo Personen mit gemeinsamen Interessen und Ideen auch politische Fragen ventilierten. Da waren zum Beispiel die religiös-sozialen Hilfswerke, *Thíasoi,* und die vom politischen Standpunkt viel bemerkenswerteren Klubs, *Hetaireíai.* Manche der letzteren spielten zeitweise eine wesentliche Rolle bei politischen Entscheidungen.

Angesichts der zahlreichen Diskussionsmöglichkeiten und Gesprächspartner ist es verständlich, daß man die Isegoria vielfach als Redefreiheit bei allen bürgerlichen Veranstaltungen, ob öffentlichen oder privaten, auffaßte. Übrigens konnte man auch nicht – wollte es vielleicht auch gar nicht – Polisbewohner, die keinen Anteil an den Staatsgeschäften hatten, am Genuß dieses Privilegs, wennschon natürlich nur als Privatpersonen, hindern. Schon die Tatsache, daß die Bühne unterschiedslos Männern und Frauen aller Stände bald so, bald so gefärbte Begriffe von den staatlichen Gegebenheiten bot, regte auch außerhalb des engen Kreises mündiger Bürger zur Beschäftigung mit politischen Fragen an. Die ersten Lehrer der Athener in der Kunst des suggestiven Worts und der politischen Lenkung, die Sophisten, waren fast durchweg Ausländer. Selbst die Rede eines Bürgers in der Ekklesia oder bei einer Gerichtssitzung konnte von einem als wortgewandt bekannten Metöken-Logographen verfaßt sein.[429] Pseudo-Xenophon behauptet auch in seiner Streitschrift (I, 12), in Athen billige man Metöken und sogar Sklaven dieselbe Isegoria wie den Bürgern zu. Dieser Betonung der liberalen Gesinnung in der Polis begegnet man auch später, zum Beispiel in einer Demosthenes-Rede (Philippika, III, 3).

Für die Entscheidung in Staatsangelegenheiten war natürlich die den Bürgern in den öffentlichen Organen sich bietende Isegoria am wichtigsten. Das Wort repräsentierte jene Kraft, die den ganzen Staatsmechanismus in Bewegung hielt. Der athenische Demos mußte selbst imstande sein zu beurteilen, welches politische Problem jeweilig nach Entscheidung verlangte und wie diese ausfallen mußte. Nur durch Reden war Verständigung, war *consensus* der Meinungen zu erzielen. Obgleich die Möglichkeit dazu jedem offenstand, regelte sich ihre Verwirklichung weitgehend durch das Prinzip qualitativer oder relativer Gleichheit.

Vor Athenern zu sprechen war eine anspruchsvolle Aufgabe. Trotz der glücklichen Vielseitigkeit, die Perikles an seinen Landsleuten rühmt, hatten verhältnismäßig wenige die Voraussetzungen zum öffentlichen Auftreten. Da war zunächst der Mangel an Selbstvertrauen. Obgleich schon im 5. Jahrhundert der uralte Brauch aufgehoben war, daß man sich in der Ekklesia nach einer vom Alter diktierten Rangordnung zum Wort meldete, wagten Junge und Unerfahrene meist nicht, als erste vorzutreten.[430] Schüchternheit und Angst wegen seiner schwachen Stimme sollen ja sogar den Meister der schriftlichen Reden, Isokrates, am Auftreten als Rhetor gehindert haben.[431]

Zudem führte die Einstellung des selbst eine politische «Theatrokratie» ausübenden Demos gegenüber Bürgern auf der Rednertribüne zu einer gewissen Auslese. Die antiken Schriftsteller waren sich über diese Erscheinung einigermaßen klar. So erklärt Sokrates in Platons Protagoras (319b–d), daß die Athener, einem weisen

Prinzip folgend, in der Ekklesia bei der Behandlung einer Fachkenntnisse oder lehr- und lernbares Wissen fordernden Frage nur auf die Meinung von Sachkennern hören. Handelt es sich indes um eine nicht lehrbare städtische Angelegenheit, darf jeder seine Ansicht äußern. Es gab jedoch andere Beobachter, die eine Art Aussieben bei der Diskussion, unabhängig von der Natur der jeweiligen Sache, feststellten. In Thukydides' Geschichtswerk (III, 42–43) teilt Diodotos den die oberste Gewalt ausübenden Demos in zwei quantitativ und qualitativ ganz verschiedene Teile, nämlich in wenige Ratgeber, das heißt Redner, und die vielköpfige Menge der Abstimmenden. Er betont ausdrücklich, daß auch die Redner nur je eine Stimme haben, so daß die Beschlußfassung nicht bei ihnen liegt. Sie beraten nur und versuchen, die Menge für sich zu gewinnen. Dazu brauchen sie Überredungskunst und politischen Weitblick, also Fähigkeiten, deren die passiven und mit den Dingen oberflächlich vertrauten Abstimmenden entraten können. Nach Diodotos' Darlegung anerkennt der athenische Demos diese Spezialisierung in der Isegoria-Praxis insofern, als er die Redner für ihre Ratschläge, nicht aber die Bürger für ihre Abstimmung verantwortlich macht.

Die Eigenschaften, durch welche sich die Redner als politische Elite von der breiten Masse abheben, paßten nicht in die üblichen Wertskalen der Philosophen. Nach Aristoteles gelten als individuelle, zu Macht und Ehre berechtigende Qualitäten Reichtum, Adel und Tugend (Politik, 1283a–1284b). Diese Qualitäten waren nicht absolut kennzeichnend für Rhetoren. Nach einigen Quellen forderte man zwar in der Frühzeit manchmal vielleicht dieselben Eignungsgarantien von Initiatoren in der Ekklesia wie von Strategen, nämlich Landbesitz in Attika und legitime Nachkommenschaft. Doch war die Vorschrift toter Buchstabe geworden.[432] Rhetorische Begabung ließ sich auch nicht ohne weiteres als Weisheit oder Tugendhaftigkeit, Arete, stempeln. Die Bürger in der Ekklesia, im Rat oder Dikasterion für sich gewinnen war etwas ganz anderes als das Suchen nach einer denkbar unbedingten «guten» und «richtigen» Entscheidung. Zu ersterem bedurfte es weniger Sachkenntnis als vielmehr Wortgewandtheit, weniger logisches Denken als Überredungskunst. Hauptziel war das Zustandekommen zweckmäßiger Handlungen. Daß «die Rede die Lehrerin der Taten» sei, spricht Diodotos bei Thukydides aus (III, 42).

Um so zu sprechen, daß eine vielköpfige Versammlung sich eine Meinung bilden und einen Beschluß fassen konnte, bedurfte es natürlich besonderen Könnens, vor allem Instinkt für die Massenpsyche und Beherrschung aller Mittel suggestiver Eloquenz. In dieser Kunst brachte man es in Athen schon um die Mitte des 5. Jahrhunderts und bald danach – vor der Ära der eigentlichen Berufsredner – zu Leistungen von unvergänglichem Ruf. Der reichbegabte und gebildete Perikles galt als größter Redner seiner Zeit. Nach Thukydides' Bericht lenkte er souverän die Stimmung des Demos, indem er seinen Worten je nach Bedarf eine tadelnde, einschüchternde oder ermutigende Note gab (II, 65). Plutarch, der viel später lebte, sieht in Perikles' Beispiel den Beweis dafür, daß die Redekunst, wie Platon sagt, «Seelenführung» ist und daß sie an die Gemütszustände und Leidenschaften, jene Saiten der Seele rührt, die nur eine virtuose Hand zum Klingen bringt (Perikles, 15). Perikles scheint indessen gar keine eigentliche rhetorische Schulung durchgemacht zu haben. Sokrates meint in Platons Phaidros (270), er habe unter Führung des Philosophen Anaxagoras «das Wesen der Vernunft und der Unvernunft» erkannt und daraus Gewinn für seine Redekunst gezogen.

Rhetorik als Lehrfach kam in Athen, wie gesagt, durch die Sophisten auf. Paradoxerweise erfaßten offenbar zunächst gerade die auswärtigen Weisheitslehrer, die selber am politischen Leben ihrer neuen Wohnpolis nicht teilnehmen durften, am klarsten, mit welchen Mitteln man in Ekklesia, Rat und Dikasterion der Schule von Hellas Erfolg haben konnte.[433] Sie unterwiesen die Athener außer in dem, was sie Bürgertugend, *politiké areté*, nannten, auch in der Redekunst, *rhetoriké téchne*, und Staatskunst, *politiké téchne*. Obschon die ernsthaften Philosophen diese Lehrer der Liebedienerei und Suggestion gerne mit giftigem Spott bedachten, erwiesen sich die Sophisten praktisch bald als unleugbar kompetente Wegweiser zu Macht und Ehren im demokratischen Staat. So beißend sarkastisch Platon auch im allgemeinen die Rhetorik und ihre Lehrer behandelt, widerspricht er doch nicht der prahlerischen Behauptung, die er Gorgias in den Mund legt: die Rhetorik, dieses größte Gut, kraft dessen die Menschen sowohl selbst frei sind als auch über andere herrschen, gebe durch Worte Gewalt über die Richter, die Ratsmänner sowie die Männer in der Ekklesia und anderen Versammlungen (Gorgias, 452d–e).

Nach Perikles' Tod folgte ja eine Zeit, da Personen ohne offizielle Stellung die athenische Politik kraft des Wortes lenkten. Einmal eingewurzelt, behielt die Rhetorik die ganze demokratische Ära hindurch ihre Bedeutung bei. Das politische Theatrokratie-Publikum verfolgte weiterhin fasziniert das Auftreten ruhmreicher Redner, wie zum Beispiel bei dem berühmten Wortgefecht zwischen Aischines und Demosthenes im Jahre 330, das Hörer von nah und fern herbeilockte.

Aber der ästhetische Geschmack der Zuhörer war erheblichen Wandlungen unterworfen. Es dürfte etwas Wahres an jener Auffassung antiker Schriftsteller sein, daß Kleon, der ruchlose Paphlagonier in Aristophanes' «Rittern», ein höchst vulgäres Gebaren einführte (Plutarch, Nikias, 3 und 8) und vielleicht tatsächlich den Weg zum «Verderben» des Demos bahnte (Athenaion Politeia, 28, 3). Aber im nächsten Jahrhundert erwiesen zahlreiche Beispiele, daß die Athener bei der Verteilung ihrer Sympathien an die Redner durchaus nicht einseitig vorgingen, sondern nebeneinander recht verschiedenen Stilrichtungen der Beredsamkeit huldigten (Plutarch, Phokion, 5 und 7; Demosthenes, 5–10). Die Rhetoren brauchten auch nicht unbedingt «Geschulte» zu sein, um den Anforderungen des Demos zu genügen. Neben solchen mit gründlicher, systematischer Vorbildung gab es unter den bedeutenden Rednern auch gänzlich ungebildete Naturbegabungen, wie Demades.[434]

Wer über die Fähigkeiten und Mittel verfügte, von der Isegoria Gebrauch zu machen, konnte es zu einer richtigen «Hegemonie der Überredung» bringen. Aus diesem Kreis erwuchsen Führer für die verschiedenen Meinungsrichtungen oder «Parteien» der Athener.

Sie und ihre Stellvertreter wurden die wesentlichen Meinungsbildner, Initiatoren von Entscheidungen und Vorbereiter der Beschlußfassung bei öffentlichen Versammlungen. Oft beherrschten sie allein das Gespräch in der Ekklesia, und die Debatte sowohl hier wie vor Gericht konnte manchmal ein politisches Kräftemessen nur zwischen ihnen sein.[435] Ganz besonders durchorganisiert war die politische Debatte in den Volksversammlungen zu Zeiten, da die Symmorien am aktivsten waren. Laut Demosthenes hatte jede Symmoria als Leiter einen Redner, dieser wiederum als Gehilfen einen Strategen und als Claque die Mitglieder der «Dreihundert», also der Gruppe der Reichsten (Olynthische Reden, II, 29).

Die Wirklichkeit entsprach also recht ungenügend dem Idealbild einer allen gleicherweise zustehenden Beteiligung an der Diskussion über Staatsangelegenheiten. Statt allgemeiner Debatten gab es Wortwechsel zwischen einigen «Beratern». Die endgültige Entscheidung war nur die Resolution über die von ihnen aufgestellten Alternativen. Sie lag in den Händen des Volkes, das – wie Thukydides es Kleon formulieren läßt (III, 38) – sich angewöhnt hatte, «die Reden als Schaustücke zu betrachten und die Tatsachen nur durch Hörensagen zu vernehmen».

TENDENZEN ZUR ERWEITERUNG DES GLEICHHEITSPRINZIPS

Vor dem Gesetz waren die Bürger Athens gleich, einerlei, ob sie «groß» oder «klein» waren, wie schon Solon sagt. Unterschiede in der Herkunft waren vom Standpunkt der Polis bedeutungslos. Seit Kleisthenes' Zeiten pflegte man in amtlichen Urkunden dem Namen des Bürgers den seines Demos hinzuzufügen, so daß die Adelsstolzen sich nur im Privatleben durch Anwendung auch ihres Vaternamens vom einfachen Volk unterscheiden konnten.[436] Das Fehlen einer eigentlichen Bürokratie verhinderte ja auch die Entstehung einer permanenten Ungleichheit zwischen Beamten und gewöhnlichen Bürgern. Ein Forscher bezeichnet die Athener als das einzige Volk, in dem die Beamten immer Staatsdiener, Amtsträger auf Frist, ohne jegliche Atmosphäre von Mysterium, blieben.[437]

Im gesellschaftlichen Verkehr herrschte augenscheinlich eine, gemessen an der übrigen hellenischen Welt, weitgehende Gleichheit. Eine so belanglose äußere Ehrenbezeugung wie die Verneigung beim Begrüßen – die leicht zu einer Betonung des Niveauunterschiedes oder geradezu einseitiger Unterwürfigkeit wird – lehnte man als monarchistische Gepflogenheit ab.[438] Sowohl die Staatsordnung wie die landläufigen Anschauungen waren angetan, den individuellen Unabhängigkeitssinn im höchsten Maß zu bestärken. In den Augen mancher Schriftsteller des 5. und 4. Jahrhunderts dominierte das Gleichheitsprinzip in allen menschlichen Beziehungen, steigerte sogar die Unbotmäßigkeit im Verhalten der Metöken und Sklaven zu den Bürgern und verwischte die durchs Alter gezogenen Grenzen der Konvenienz. «Die Jüngeren stellen sich den Älteren gleich und treten mit ihnen in die Schranken in Worten und Taten; die Alten aber setzen sich unter die Jugend und suchen es ihr gleichzutun...», läßt Platon Sokrates sagen (Politeia, 563 a).

Die meisten Athener scheinen sich mit den Erscheinungsformen der Gleichheit begnügt zu haben, die beim Wahlverfahren, bei Zusammensetzung und Funktionieren staatlicher Einrichtungen sowie im alltäglichen sozialen Kontakt zu beobachten waren. Aber die Überlegung lag nahe, wie die Ungleichheit auszugleichen oder auszumerzen wäre auch in anderen Beziehungen, wo sich Gleichheit aus Gerechtigkeits- oder Zweckmäßigkeitsgründen empfahl. Zur Stütze solcher Meinungen konnte man zu Redewendungen oder Argumenten greifen, die dem Schlagwortschatz der «Demokraten» entlehnt waren oder wenigstens eine Fortsetzung ihrer Ideen zu bilden schienen.

In Athen blieben solche auf Egalität erpichte Reformgedanken ohne unmittelbare praktische Wirkung. Wohl aber waren einige von ihnen für die theoretische Erörterung der Demokratie von Belang. Namentlich zwei Erscheinungsformen der Ungleichheit wurden stark beachtet: die ungleichmäßige Verteilung von Unterrichts- und Bildungsmöglichkeiten und der Unterschied zwischen reich und arm.

Ungleichheit der Bildung und Demokratie

Für die zur Demokratie kritisch eingestellten Kreise war es natürlich ein willkommener Angriffspunkt, daß der ungebildete Bürger im Prinzip und auch sehr weitgehend in der Praxis dem, der sich Wissen und Können erworben hatte, gleichgestellt war. Es ließ sich die Theorie von der kollektiven Vernunft der Masse ins Treffen führen und erklären, die Menge sei dank ihrem Urteilsvermögen auch Herr über die Wahl der Beamten (Aristoteles, Politik, 1282a). Aber auch das reichte nicht, um die völlige Gleichheit beim Besetzen von Ämtern, die manchmal die Sonderbezeichnung *Isotimía* erhielt[439], berechtigt zu nennen. Xenophon erzählt in seinen Memorabilien (I, 2), wie Sokrates die Absurdität einer Methode, welche die Bürger auf die unbestechlichste Weise als gleichwertig behandelt, habe illustrieren wollen. Er hatte behauptet, niemand würde eine durchs Bohnenlos gewählte Person als Steuermann, Baumeister, Flötenspieler oder für sonst eine Tätigkeit gutheißen, bei der doch Unfähigkeit viel weniger Schaden anrichten könne als Verfehlungen in Staatsämtern.

Es ist klar, daß gewisse, allen Bürgern obliegende Aufgaben, wie Beteiligung an der Ostrakismos-Abstimmung, Kenntnisnahme amtlicher Mitteilungen und veröffentlichter Gesetzestexte zum Beispiel, Kenntnis des Alphabets erforderten. Dennoch durfte sich jemand, der nicht einmal diese Bedingung ordentlich erfüllte, um die höchsten Ämter bewerben, wie der erfolgreiche Diener des Demos und seines Bauchs, der Wursthändler in Aristophanes' Komödie «Die Ritter».

Tatsächlich hatten wohl die Bürger Athens, im Vergleich zu denen anderer griechischer Stadtstaaten, wesentlich bessere Gelegenheiten zum Elementarunterricht, wenigstens in allgemeinen Fächern und Fertigkeiten. Allerdings gab es weder staatliche Schulen noch einheitlich festgesetzte Unterweisung, statt dessen aber private Lehranstalten in jedem Stadtteil und Landbezirk. Eigentlichen Schulzwang dürfte es auch nicht gegeben haben, anscheinend jedoch gewisse Vorschriften betreffs Schulung, deren Ursprung im 4. Jahrhundert bis auf die Ära Solons zurückgeführt wurde. In Platons Kriton (50 d–e) spricht Sokrates von Gesetzen, die seinem Vater auferlegten, ihn in Geistesübungen und Leibeskünsten zu unterrichten.

Soweit man schließen kann, besuchten auch die Kinder armer Bürger durchweg ein paar Jahre die Grundschule, und Analphabetismus war selten. Auf den höheren Stufen der Ausbildung wurde indessen die Auslesetendenz spürbarer. Schon in den Gymnasien dürften nur Söhne reicher Familien gewesen sein. Wer nach tieferer Erkenntnis und Verstandesschulung strebte, dem stand die unentgeltliche Unterweisung der Philosophen sowie die gebührenpflichtige der Sophisten zu Gebote. Beides war nicht Popularbildung, sondern streng differenzierende geistige Formung, die einen Aufwand an Zeit verlangte, den nicht jeder zu leisten vermochte. Der Durchschnittsathener mußte sich also damit begnügen, seine Allgemeinbildung und seinen Einblick in Staatsangelegenheiten hauptsächlich daraus zu bestreiten, was er in Ekklesia, Dikasterion, Theater und anderen öffentlichen Einrichtungen aufzunehmen und zu verarbeiten vermochte. Das so Erworbene konnte allerdings an Quantität und Qualität recht beträchtlich sein.[440]

Die ungleichmäßige Verteilung von Wissen und Können erzeugte natürlich soziale Wertunterschiede, die Neid auf die Gebildeteren auslösten.[441] Ferner bewirkten der Individualismus und die Planlosigkeit in der Unterweisung eine lebhafte Auseinandersetzung, ob der Staat, gleich verschiedenen dorischen Stadtstaaten, zum Beispiel Kreta und Sparta, das Unterrichtswesen in die Hand nehmen und gesetzlich regeln solle. In Sparta erhielten die Knaben notdürftige Anleitung im Lesen und Schreiben, aber um so reichlichere Unterweisung in uniformer Moral und körperlicher Schulung.[442] Nach Plutarch (Lykurg, 24–25) erstreckte sich dort die Zucht sogar auf die dem Knabenalter Entwachsenen; keinem stand es frei, zu leben, wie er wollte, sondern die Stadt war wie ein

Feldlager, wo jedem seine Stellung und seine Beschäftigung vorgeschrieben war; und jeder glaubte, dem Vaterland, nicht seinen eigenen Interessen zu dienen. Das Ergebnis dieser geistigen Formung war, daß die Bürger Spartas ein abgetrenntes Privatleben weder wünschten noch sich dafür eigneten, sondern wie die Bienen, mit der Gemeinschaft verwachsen, sich miteinander um ihre Herrscher drängten.

Vor allem während des 4. Jahrhunderts nahmen sich athenische Philosophen und Rhetoren, von Platon und Isokrates angefangen, immer mehr das spartanische Erziehungssystem zum Vorbild. Es wurde auch als ausgesprochen demokratisch erklärt und empfohlen. Nach Aristoteles (Politik, 1294b) nennen viele die spartanische Staatsordnung unter anderem gerade deshalb demokratisch, weil die Kinder der Reichen genau so erzogen werden wie die der Armen und weil diese Gleichschaltung noch, wenn sie Männer geworden sind, bei den Syssitien und sogar in der Kleidung befolgt wird.

In Wirklichkeit aber entsprang diese Idealisierung des spartanischen Erziehungssystems nicht dem Wunsch, die athenische Volksherrschaft «demokratischer», mit anderen Worten besser einer «Idee der Demokratie» entsprechend, zu gestalten, als sie war. Der Grund war vielmehr, daß in dorisierenden Kreisen die Auffassung Boden gewonnen hatte, Unterdrückung des Individualismus und Einordnen des Menschengeistes in eine von der Staatsautorität bestimmte Form seien erstrebenswürdige Werte.[443] Diese Denkweise stand in unvereinbarem Widerspruch zu dem, was als Freiheitsideal der Demokraten galt. Gerade auf das Fehlen von Zwangserziehung und strenger Zucht waren ja die Athener bewußt stolz. Das Anpreisen des spartanischen Vorbilds als nachahmenswert scheint auch nicht viel Echo gefunden zu haben, und nichts deutet auf ernstliche Reformversuche im demokratischen Athen hin. Erziehung und Beschäftigung blieben dort weiterhin so, wie Aristoteles in seiner Nikomachischen Ethik (1180a) skizziert: jeder Mann «spricht Recht wie die Kyklopen über Weib und Kind».

Die Abstempelung des spartanischen Erziehungssystems als ein demokratisches ist höchst aufschlußreich. In der Antike war es – wie auch heute – möglich, die Gleichheit als ein Grundprinzip der Demokratie aufzustellen. Ihre Bedeutung konnte über das Gebiet, auf dem sie empirisch nachweisbar in der athenischen Demokratie herrschte, hinaus ausgedehnt werden. Bei diesem Verfahren war es möglich, zum Beispiel das gleichmäßige Bildungsniveau und sogar die Uniformität in Nahrung und Kleidung einzubeziehen. Zu demselben Ergebnis kam, wer das Wesen der Demokratie darin sehen wollte, daß die Polis die Vorteile, über welche sie Bestimmungsrecht und Kontrolle hatte, gleichmäßig an die Bürger verteilte. Auch hierin war Sparta, wo der Staat die Erziehung in der Hand hatte, vorbildlich.

Wirtschaftliche Ungleichheit und Demokratie

Der wirtschaftlichen Ungleichheit war man sich in den von Klassenkämpfen zerrissenen griechischen Stadtstaaten von alters her aufs lebhafteste bewußt. Sie war ja viel bedeutungsschwerer als die durch das Bildungsniveau bedingte soziale Staffelung, weil sie sich meistens von Generation zu Generation vererbte und infolgedessen die Bürgerschaft auf konstante Weise in Schichten aufteilte. Die letzteren bildeten überdies ziemlich deutlich unterscheidbare und bei der Vermögensschätzung auch offiziell festgelegte Kategorien.

In Athen hatten allerdings die Schätzungsklassen zum großen Teil ihre Bedeutung beim Besetzen der meisten Ämter verloren. Sie wurden auch nicht bei den Misthos-Zahlungen – außer anscheinend für einige wenige Ämter – berücksichtigt. Nur wo die Polis Armenunterstützung in Form von Geld oder Lebensmitteln verteilte, war das Vermögen ausschlaggebend. Im übrigen hatten die Bürger grundsätzlich die gleichen Rechtsansprüche an die Polis, unabhängig von ihrem wirtschaftlich verschiedenen Standard.

Anders war es mit den Lasten. Sie verteilten sich bei der Beschaffung von Kriegsausrüstung und Zahlung direkter Steuern sehr ungleich auf Arme und Reiche. Aber infolge der Unzulänglichkeit des Besteuerungssystems richtete sich ja die Steuerlast faktisch nicht nach der Vermögensskala, und auch bei der Einteilung der Bürger in Waffengattungen mußten Ausnahmen gemacht werden.

Die athenische Gesetzgebung und Verwaltung in der demokratischen Ära tat sehr wenig gegen die Aufrechterhaltung und Verschärfung der wirtschaftlichen Ungleichheit. Die wichtigste Ausnahme war das die Parzellierung des Grundbesitzes fördernde Erbschaftsgesetz. Auf die meisten mit Erwerb und materiellen Interessen verknüpften Tätigkeiten, Dienst- und Lohnverhältnisse usw., ja sogar auf die Höhe der Darlehenszinsen konnten zwar gewisse allgemeine Bräuche und Anschauungen Einfluß haben, aber die Polis mischte sich nicht ein.

Dennoch war das Recht «zu leben, wie man wünscht», auch in dieser Hinsicht keineswegs vollkommen. In manchen Punkten kontrollierte und regulierte nämlich der Staat die Gewinn- und auch Verschwendungssucht der Athener in einer Weise, die zwischen gelinder Bevormundung und Pedanterie schwankte. Von größter sozialer Bedeutung waren die Maßnahmen zur Regelung des Getreideimports und -angebots und zur Verhinderung übertriebener Spekulation in Getreidepreisen, wie auch etwaiger Mißbräuche im Handel.[444] Für den Finanzhaushalt der Polis selber wie überhaupt den Machtaufstieg von ganz Attika wurde ein wichtiger Faktor, daß die Silbergruben wie auch die Salzbergwerke und Steinbrüche als Staatsbetriebe galten und an Inhaber befristeter Konzessionen verpachtet wurden.[445] Aber trotz all diesen Beschränkungen blieb das Prinzip der Freiheit privaten Unternehmertums, das sich in Perikles' Leichenrede (II, 40) spiegelt, auch im 4. Jahrhundert noch in Ehren.

In Athen, der Hochburg der Demokratie, erhielt sich die wirtschaftliche Ungleichheit im Schutze der fast sakralen Weihe, mit der Gesetz, Tradition und öffentliche Meinung das private Eigentumsrecht schützten. Man kennt aus der demokratischen Ära keinen einzigen Versuch einer allgemeinen Beschlagnahme von Privateigentum oder der Erpressung unverhältnismäßig hoher Zahlungen von Reichen, nicht einmal der Aufnahme von Zwangsanleihen.[446] Einige den Reichen auferlegte Lasten konnten freilich sehr drückend, ja im Einzelfall untragbar werden, so zum Beispiel wenn in Notzeiten die teuersten Leiturgien mit anderen Zwangszahlungen zusammenfielen. Es war wohl kaum ein rein sprachliches Dekorum, daß es im Griechischen zwei eigene Verba für diesen ruinösen Vorgang gab.[447] Da die Leiturgien tatsächlich den Unbemittelten Verdienstmöglichkeiten boten, hat Pseudo-Xenophon in seiner Weise recht, wenn er sagt (I, 13), das Volk wolle durch Gesang, Wettlauf, Tanz und Flottendienst sein Einkommen aufbessern. Aber seine Behauptung, man habe dadurch zugleich das Vermögen der Reichen mindern wollen, ist sichtlich übertrieben. Bei der Festsetzung der Leiturgien wurde ja, wie gesagt, im allgemeinen die finanzielle Solvenz der Betreffenden berücksichtigt, ferner ein Turnus befolgt, auch eine Einteilung in solidarisch haftende Gruppen vorgenommen.

Die gelegentliche Strenge der Leiturgien und Besteuerung entsprang nicht etwa der Tendenz, Reichtümer zu vernichten und Eigentum zu nivellieren. Zu beachten ist eben, daß sich im öffentlichen Lastensystem ein allen Egalitätsforderungen widerstreitender Zug erhielt. Einzelne Personen wurden nämlich vorübergehend oder befristet der Leiturgiepflicht aus verschiedenem Anlaß, etwa einer Geste der Dankbarkeit seitens der Polis, entbunden, und die Nachkommen ehemaliger «Tyrannenmörder» genossen sogar ein ständiges Privileg in Form von erblicher Dispens.[448]

Die Volksgerichte hingegen waren geneigt, den Vorurteilen und gehässigen Neidgefühlen nachzugeben, die das Verhalten des Armen zum Reichen diktierten. Zeitweise verfuhren sie unleugbar parteiisch zum Schaden der Reichen, und zwar so systematisch, daß es an regelrechte Verfolgung grenzte. Und da der Ertrag aus Geldbußen und Konfiskationen in die Lohnkasse der Heliasten, also der Geschworenen selbst, floß, wurde eine Art Vermögensverschiebung möglich.

Aber weder Steuern noch Leiturgien, weder Geldstrafen noch Konfiskationen riefen nachweisbar unter den reichsten Athenern eine Massenverarmung hervor, die den Anschein erwecken könnte, man habe durch diese Manipulationen eine annähernde wirtschaftliche Gleichheit erstrebt.[449] Übrigens sollten die sozialpolitischen Maßnahmen des Staates die Vermögensunterschiede gar nicht beseitigen – hätten auch gar nicht dazu ausgereicht –, sondern nur einige der schreiendsten Mißstände abstellen. Öffentliche Arbeiten und die Besiedlung von Kleruchien schufen zwar zeitweise Erleichterung, aber unbegrenzt konnte man sich nicht darauf verlassen. Vor allem die Gründung von Kleruchien hing von militärischen und diplomatischen Erfolgen ab. Misthos und Theorikon schließlich waren hinsichtlich der Vermögensverhältnisse belanglos.

In der Literatur der klassischen Epoche finden sich empirische Beobachtungen darüber, wieweit die schroffe Diskrepanz in der Vermögensverteilung das Verhalten der Menschen in der Machtfrage bestimmte. Bekannt ist Aristoteles' Ausspruch (Politik, 1295 b), die sehr Reichen und Mächtigen hätten weder Neigung noch Einsicht, anderen zu gehorchen, während die übermäßig Armen gedemütigt würden. Die ersteren können in despotischer Weise herrschen, selbst aber sich keiner Disziplin unterwerfen; die letzteren gehorchen sklavisch, können aber nicht regieren. Aus diesen zwei Elementen entsteht keine Gemeinschaft freier Männer, sondern ein Staat von Herren und Knechten, wo die einen verachten, die anderen beneiden und wo jeglicher Gemeinsinn fehlt. Man weiß auch von einigen politischen Manifestationen, in denen sich eine Verwandtschaft mit Aristoteles' Gedankengang kundtut. Vielleicht das deutlichste Beispiel bietet ein Ereignis auf Sizilien aus den 350er Jahren. Damals spielte sich in Syrakus ein Machtkampf zwischen Dionysios dem Jüngeren und dessen Oheim Dion – beide Schüler Platons – ab. Plutarch berichtet (Dion, 37 ff.), wie ein Vertreter der radikalsten Richtung namens Hippon eine neue Verteilung des Landbesitzes beantragte, mit der Motivierung, Gleichheit sei die Wurzel der Freiheit, Armut und Versklavung hingegen seien unzertrennlich voneinander.

In Athen hatten gewisse reformatorische oder revolutionäre Ideen frühzeitig schon an Boden gewonnen. Man ventilierte Streichung der Schulden, Einschränkung des Privateigentums, sogar gleichmäßige Verteilung des Bodens unter die Bürger. Und spätestens an der Wende des 5. und 4. Jahrhunderts kommen auch kommunistische Gedanken auf. Sie hatten einige Anhänger – oder vielleicht eher Interessenten – auch bei der Intelligenz und den Reichen. In Platons Politeia, wo der Hauptgesprächspartner der noch ins 5. Jahrhundert gehörende Sokrates ist, wird ein Idealgemeinwesen mit unwandelbarer Ordnung entworfen: die ihn regierenden Philosophen und Wächter sind aller aus Familie und Eigentum erwachsenden Bande ledig. Weiber, Kinder und materielle Güter sind also unter ihnen gemeinsamer Besitz. Das übrige Volk hingegen, die Klasse der eigentlichen Gewerbetreibenden, ist all dem demütigenden Verdruß und egoistischen Streit ausgeliefert, die dort entstehen, wo es dauernd um «Mein» und «Dein» geht (416d–420a, 457c ff., 464b–e).

In den Erörterungen der Philosophen erhielten die Formen des Kommunismus eher einen moralischen und gewissermaßen aristokratischen Anstrich als wirtschaftlichen Charakter. Da aber dieselben Ideen geistiges Eigentum der notleidenden armen Elemente wurden, nährten sie naturgemäß deren Umsturzträume. Die baldige Beruhigung der Gemüter zeigt sich indessen darin, daß schon Anfang des 4. Jahrhunderts diese Dinge in der Öffentlichkeit scharf verspottet werden konnten. So unter anderem in den zwei Komödien des Aristophanes «Die Ekklesiazusen» («Die Frauenvolksversammlung») und «Plutos». Der *locus classicus* ist im ersten Schauspiel das Sozialprogramm der Kommunistin Praxagora (590–594; 597–600). Demnach sollen Land, Geld und anderes Eigentum sowie die Weiber Gemeingut sein, jeder soll Anteil an allem haben und der Lebensstandard aller bis zur Nahrung der gleiche sein. In diesem Staat herrscht Überfluß, und die Arbeit tun die Sklaven.[450]

All diese sehr verschiedenen Gedanken, Phantasien, Pläne und Forderungen, die auf Erleichterung oder völlige Abschaffung der ökonomischen Ungleichheit zielten, beeinflußten zweifellos das Verhalten der Gesellschaftsklassen untereinander ebenso wie die

Einstellung der Bürger zur Polis. Auch im Zeichen der Demokratie konnte man einen gewissen wirtschaftlichen Ausgleich erstreben. Wie erwähnt, unterstützten bei der Gründung ihres Imperiums die Athener selber in fremden Stadtstaaten Umsturzbewegungen, bei denen Raub und Verteilung von Eigentum vorkamen. Noch nach der zweiten Restauration der Demokratie in Athen setzte sich in einigen anderen griechischen Stadtstaaten der «Klassenkampf» unter gewalttätigen Formen fort. Um die Zeit, da das politische System zu dem wurde, was man fortan «Demokratie» nannte, erfolgte hier und da eine Vermögensverlagerung immer noch unter Gewalt und Blutvergießen. So fand in Kyrene an der nordafrikanischen Küste 401 eine «demokratische Revolution» statt. Die Herrschaft der Reichen, die nach der Darstellung einer Forscherin «die Klasse der Arbeitenden», den zahlenmäßig größten Teil der freien Bevölkerung, unterdrückt hatten, wurde gestürzt, 500 der Reichen wurden umgebracht und, vermutlich wenigstens teilweise, athenische Einrichtungen nachgeahmt.[451] Die «Volksparteiler» von Argos metzelten im Jahre 370 mehr als 1200 Reiche nieder und konfiszierten ihren Besitz.[452] Ungeklärt bleibt jedoch, ob bei diesen und ähnlichen Umwälzungen im Namen der Demokratie ein gründlicherer Ausgleich geschaffen wurde, als er durch «Köpfen der längsten Ähren» zu erzielen war.

Sehr begreiflich, daß solch ein direkter Raub weithin Entsetzen erregte und das Urteil über die Demokraten und ihre Ziele, wie sie sich unter anderem in dem Pseudoxenophontischen Pamphlet, in verschiedenen Schriften Platons und Reden des Isokrates spiegeln, bekräftigte. Die Methode kannte man als ein namentlich bei Tyrannen beliebtes Mittel zur Bestätigung und Stabilisierung ihrer politischen Macht. Beweise dafür boten sich noch später.[453]

Immerhin lag der Gedanke nahe, daß gerade die demokratische Ordnung darunter leiden mußte, wenn die wirtschaftliche Ungleichheit allzu eklatant wurde. Thukydides' Perikles vertritt allerdings die optimistische und idealisierende Auffassung aus der Frühzeit der demokratischen Ära von der Einsichtigkeit der Reichen und dem Initiativgeist der Armen. So sagt er in seiner

Leichenrede: «Unseren Reichtum zeigen wir zur rechten Zeit mehr durch die Tat als durch Prahlen. Es ist keine Schande, seine Armut zu gestehen, aber es ist schimpflich, wenn man sich nicht bemüht, sie abzuwenden» (Thukydides, II, 40). Ein Zeitgenosse von Sokrates und den Sophisten, der berühmte Atomist Demokritos von Abdera, versichert sogar: «Die Armut in einer Demokratie ist dem gepriesenen Glück bei den Fürsten um soviel mehr vorzuziehen wie Freiheit der Knechtschaft.»[454] Aber ein paar Generationen später weist Aristoteles (Politik, 1320a) darauf hin, daß «Armut die Ursache ist, wenn eine Demokratie schlecht wird». Die Sorge, daß die Menge nicht in zu großes Elend gerät, hält er für Pflicht der wahren Demokratie.

Das Aufkommen wirtschaftlicher Reform- und Umsturzideen in Athen bewog manche Forscher, das dortige politische System in gewisser Hinsicht für mangelhaft zu erklären. Man hat in der Entwicklung jener Ideen ein Anzeichen dafür sehen wollen, daß zwischen der von der Verfassung «versprochenen» Gleichheit einerseits und den wirtschaftlichen und sozialen Verhältnissen anderseits solch schroffer Gegensatz herrschte[455], daß die politische Gleichheit «unreal» blieb, weil eine klaffende Ungleichheit der Vermögenslage die scheinbare Gleichheit des Stimmrechts Lügen strafte.[456]

Wenn dem so wäre, müßte man wissen oder wenigstens annehmen können, daß die Anhänger der Reformen fürchteten, die wirtschaftliche Ungleichheit mache durch ihr Untergraben des wichtigsten Fundaments des Freiheitsideals die Demokratie illusorisch, entfremde sie ihrem Zweck. Eines ihrer Motive wäre dann neben allen anderen auch der Wunsch nach Mitteln zur Erhaltung oder Zurückgewinnung der wahren Bedeutung politischer Freiheit gewesen.

Ganz so dürfte die Sache jedoch kaum gewesen sein.

Kein bekannter Umstand scheint dafür zu sprechen, daß man in der ungleichen Verteilung des Vermögens gleichsam eine Verdrehung des politischen Gleichheitsprinzips in der athenischen Demokratie gesehen hätte. «Die Gleichheit des Stimmrechts» hätte vermutlich nur auf zweierlei Weise Irrealität oder Illusion werden können: Entweder waren bei Beschlüssen über Staatsangelegenheiten in öffentlichen Organen Arme und Reiche faktisch nicht gleichgestellt, oder die in Ekklesia, Dikasterion und Rat zustande gekommenen Abstimmungsbeschlüsse galten als reine Formalität und blieben unvollzogen. Die letztere Möglichkeit kann man als irrelevant ausscheiden, und auch zur ersteren genügen wenige Worte.

Zur Rechtfertigung der Behauptung, die wirtschaftliche Ungleichheit drohe das gleiche Recht aller Bürger auf Teilnahme an den Staatsgeschäften zu annullieren oder habe es schon annulliert, hätte man beweisen müssen, daß die Reichen oder die Armen dieses Recht regelrecht mißbrauchten, zum Beispiel erstere durch Kauf, letztere durch Verkauf von Stimmen, oder daß eine der beiden als geschlossene Gruppe, Klasse, dauernd an der Ausübung des Rechts gehindert worden wäre. Nichts dergleichen ist, soviel man weiß, vorgekommen. Aus der Geschichte des demokratischen Athen kennt man freilich viele Bestechungsprozesse, und im 4. Jahrhundert gehörten sie fast zum täglichen politischen Leben. Meist handelte es sich jedoch um die Unredlichkeit eines einzelnen Staatsmannes oder einer kleinen Gruppe, nicht etwa einer größeren Menge, geschweige denn einer «Klasse».

Die Bestechungen gingen meist vom Ausland aus, obschon bisweilen auch einheimischer «Rednerkauf» ans Licht kam. Auch der athenische Demos selber ließ sich manchmal von fremden Herrschern Freundschaftsdienste im voraus oder nachträglich vergüten. So zum Beispiel 445/444, als ein libyscher Fürst Getreide zur Verteilung unter die Athener schickte. Die Folge war nicht etwa ein Prozeß gegen die Empfänger wegen Annahme, sondern eine strenge Ermittlung, wer in den Bürgerlisten registriert war, also zu den Gabenempfängern rechnete, wer nicht.[457] Die öffentliche Meinung, die sich ereifern konnte, wenn irgendein Politiker in sensationeller Weise als korrupt entlarvt wurde, schien gewillt zu sein, solche dem Volk zugedachten Geschenke und namentlich die den armen Mitbürgern zugute kommenden «vergoldeten Pakte» mit fremden Mächten zu billigen[458], ohne darin eine Knebelung des Beschlußrechts sehen zu wollen.

Daß die reichen Athener selbst, oder einer von ihnen, aus eigenen Mitteln eine Massenbestechung in der Ekklesia, den Dikasterien oder im Rat versucht hätten – und mit Erfolg –, war in normalen Zeiten nicht denkbar. Man weiß nur von wenigen Fällen des Stimmenkaufs in diesen vielköpfigen Institutionen.[459] Hingegen konnten die Reichen durch Geldopfer für prächtige Leiturgien und Schenkungen an Tempel oder Fonds die öffentliche Meinung zu ihrem persönlichen Vorteil beeinflussen. All das war indessen nur Wahlpropaganda.

So blieb als einziges Verfahren, um die Volksgunst wirklich für einen einheimischen Politiker oder eine ganze Gruppe zu erkaufen, «dem Volk das zu verteilen, was dem Volk gehörte», wie Damonides in der Athenaion Politeia (27, 4) rät; also gleichsam Bestechung des Volkes aus seiner eigenen Tasche. Aber in den Misthos-Zahlungen sah man keineswegs eine Beeinträchtigung der politischen Gleichheit. Freilich waren jene, auf deren Anregung hin ein Misthos eingeführt oder nach einer Unterbrechung wieder aufgenommen respektive erhöht wurde, der Dankbarkeit weiter Volksschichten sicher, ohne persönliche Opfer bringen, ja ohne auch nur etwas Opferbares besitzen zu müssen. Aber obwohl man solches Vorgehen als billig und moralisch fragwürdig verwerfen konnte, änderte es nichts an der Tatsache, daß die Misthophoria als ein Mittel gerade gegen die wirtschaftliche Ungleichheit galt. Sie sollte ja den Armen Gelegenheit bieten, sich von der Sorge ums tägliche Brot loszumachen, und sie für die Ausübung öffentlicher Pflichten gewinnen. Und gerade die Misthophoria garantierte ihnen die Möglichkeit, die durch die gleichmäßige Verteilung politischer Rechte gesicherte Chance in die Praxis umzusetzen. Sie war der «Leim» in einer Demokratie, in der die Armen das Übergewicht hatten.

Obgleich man glaubte, die schroffe Trennung der Polis in eine «Stadt der Reichen» und eine «Stadt der Armen» sei für das demokratische System von Übel, hielt man die Ausdehnung des Gleichheitsprinzips auf den wirtschaftlichen Sektor in Athen nicht für ein wesentliches Attribut der Demokratie. Sofern etwa Einzelne oder ganze Kreise die Vorstellung hegten, es gebe wirklich eine Idealform der Demokratie, die auch wirtschaftliche Gleichheit verlangte, daß also die athenische Volksherrschaft falsch oder verlogen sei, da sie die in ihrem Namen liegenden «Versprechen» gar nicht erfülle – so ist hierüber nichts überliefert. Im Gegensatz zu vielen anderen griechischen Staaten artete in Athen der «Klassenkampf» während der ganzen Periode von der endgültigen Restauration der Demokratie bis 322 nicht in Gewalttätigkeiten aus. Die demokratische Ära im 4. Jahrhundert war auffallend viel ruhiger und «konservativer» als die von der Masse der Seeleute beherrschte Demokratie vor und zwischen den oligarchischen Revolutionen. Die Lage war damals so stabilisiert, daß nicht ein einziges Mal Landteilung oder Schuldenerlaß auch nur vorgeschlagen wurde.[460]

Aber der bürgerliche Charakter konnte sich natürlich jederzeit wandeln, und wenn überhaupt irgendwo die Lösung eines schwierigen sozialen Problems einfach erschien, dann im demokratischen System. Offenbar wurde dies im Athen des 4. Jahrhunderts – und zum Beispiel nach dem von Xenophon geschilderten oder fingierten Gespräch zwischen Perikles und Alkibiades (Memorabilien I, 2, 45–46) schon im vorhergehenden – als eine theoretische und vielleicht auch reale Möglichkeit erörtert. «Denn wenn die Armen zufolge ihrer Mehrheit den Besitz der Reichen unter sich teilten, wäre das kein Unrecht?» fragt Aristoteles (Politik, 1281a). Er kennt das Argument, es sei kein Unrecht, weil die Anordnung von der souveränen Obrigkeit ausgehe. Doch ist er selbst anderer Meinung. Er glaubt, es werde den Staat zugrunde richten, wenn eine beliebige Mehrzahl, unabhängig vom Vermögen, sich des Eigentums der Minderzahl bemächtigt. Die Tugend kann nicht den vernichten, der sie besitzt, und die Gerechtigkeit keinen Staat ruinieren. Da also solches Verfahren verderbliche Folgen hätte – schließt er –, wäre es unrecht und verdammenswert. So ist es mit jeglicher Unterdrückung, ob nun eine Mehrzahl von Bürgern durch Gesetzgebung oder ein Tyrann oder eine reiche Minderheit durch Anwendung von Gewaltmitteln sie ausübt. Nach Aristoteles (Politik, 1309b–1310a) ist die wirtschaftliche Ausgleichung in der

Demokratie außerdem insofern verhängnisvoll, als ihre Durchführung unmittelbar zu einem Systemwechsel, also zum Sturz der Volksherrschaft führen würde. Die demokratische Ordnung gründet sich ja – genau wie die oligarchische – darauf, daß es sowohl reiche wie arme Bürger gibt. Wird nun dieser Vermögensunterschied mittels einer radikalen Gesetzgebung beseitigt, so bedeutet das eine Vernichtung der ursprünglichen Staatsordnung.

Tatsächlich deckt sich Aristoteles' Gedankengang, so befremdend er wirken mag, mit seiner Ansicht, die Demokratie sei eine Mehrheitsregierung der Armen, verliere also ihren eigentlichen Charakter, wenn die Mehrzahl der Bürger reich wäre. Es scheint jedoch nicht nur ein morphologisches Bedenken vorzuliegen, sondern ein aus vielen Beobachtungen gewonnenes Wissen. Aristoteles sagt (Politik, 1320a), manche Demokratie sei daran zugrunde gegangen, daß man die nötigen Misthos-Gelder durch Besteuerung, Konfiskation und von korrupten Gerichten verhängte Geldbußen aufbrachte. Er schildert (1304b–1305a), wie die Demokratie auf der Insel Kos, in Rhodos, in Herakleia am Schwarzen Meer, in dessen Mutterstadt Megara und in dem kleinasiatischen Kyme zusammenbrach, als das von den Führern aufgewiegelte Volk in seiner Geldgier gegen die Reichen vorging. In keinem dieser Fälle geschah es jedoch, wie man aus Aristoteles' eben erwähnter Darstellung folgern könnte, daß ein Vermögensausgleich an sich das neue politische System hervorgebracht hätte. Was dann folgte, war einfach ein Staatsstreich: die verfolgten Reichen sammelten ihre Kräfte, stürzten die demokratische Regierung und führten die Oligarchie ein.

BEFREIUNG DER BÜRGER VON BEVORMUNDUNG

Erleichterung der Kontrolle durch die Umwelt

Wenn man so will, kann man die Gedankenfäden in Perikles' Leichenrede in heute geläufige Kategorien einordnen. Es ließe sich zum Beispiel sagen, daß der Redner außer individueller und politischer Freiheit auch geistige Freiheit, Freiheit von Arbeitsfron,

Freiheit von Mangel, Freiheit von Angst und anderes im Auge gehabt habe.[461]

Das historische Tatsachenmaterial bestätigt uns, daß die Schilderung solcher Züge keine leere Ruhmredigkeit war. Die Athener hatten tatsächlich in ihrer Polis eine Atmosphäre geschaffen, die, verglichen mit ihrer eigenen Vergangenheit wie auch den gegenwärtigen Zuständen andernorts, den Eindruck erwecken konnte, man sei auf dem Wege der «Freiheit». Eine wie weite Strecke man schon geschafft hatte und wie groß die noch zurückzulegende war, hing davon ab, was man als ihren Anfangs- und was als ihren Endpunkt annahm. In der Beziehung gab es offenbar keinen gemeinsamen Maßstab. Wie die Ausführungen des Atheners in Platons Nomoi zeigen, ließ sich die Skala zeitlich nach Belieben in die Vergangenheit sowie in die Zukunft ausdehnen. Gewisse Komponenten in diesem zusammengewürfelten Komplex, der die «Freiheit» darstellte, entstammten natürlich verschiedenen Perioden. Doch braucht man auf der Suche nach ihrem Ursprung kaum bis zu jener Phase zurückzugehen, wo das «demokratische» Chaos in die musischen Künste einbrach, die Gesetze der Klagelieder, Hymnen, Päane und Dithyramben sprengend. Untersucht man die Entstehung des demokratischen Freiheitsideals, so genügt die Erinnerung an jene Faktoren, die bei der Revolution des materiellen und geistigen Lebens Athens im 5. Jahrhundert eine wesentliche Rolle spielten.

In den rund 50 Jahren, der sogenannten Pentekontaetie zwischen dem Ende der Perserkriege und dem Anfang des Peloponnesischen Krieges, waren die Wandlungen in Athen augenfällig und ihre Skala weitgespannt. Der Wohlstand der Stadt nahm zu, die Kapitalzirkulation belebte sich, die Bevölkerung wuchs; die auswärtigen Kontakte hatten sich stabilisiert; die vermehrten Sklavenarbeitskräfte hatten große öffentliche Bauunternehmen und Erweiterung des Bergbaus wie auch mehr Bürgern als bisher Muße für gemeinsame Polisinteressen ermöglicht. All das hatte den Boden für neue Impulse bereitet. Der reichfacettierte weitere Spielraum prägte das Leben der Athener und schuf in nie dagewesener und ganz einmaliger Weise eine Ebene für die Aktivität der Bürger.

So gesehen, ist das in Perikles' Grabrede sich spiegelnde Selbstbewußtsein berechtigt und die Wahl der positiven Züge seiner Vaterstadt, die er anführt, motiviert. Es gehören dazu unter anderm die öffentlichen Feste, die Wohnkultur, Kultus des Schönen und Pflege der Wissenschaften, bedeutender Import – alles Zeugnisse des Reichtums und Glanzes der Polis, des Bildungsniveaus und der verfeinerten Lebensart ihrer Bewohner. Auch die Erleichterung für die Bürger, daß sie nicht von Kind an zu langwierigen Waffenübungen herangezogen und zwangsweise zu Tapferkeit erzogen werden müssen, betont Perikles (Thukydides, II, 38–39). Derlei Lobpreisungen sollen natürlich dartun, welch hohe materielle und geistige Kultur Athen erreicht hatte, ohne daß die Lebensweise der Bürger irgendwie darunter gelitten hätte. In dem feindlichen Lakedämonien hingegen stand man vielen Beschäftigungen, die das Leben bereichern konnten, und Erleichterungen, die es reizvoll machten, verständnislos oder schroff ablehnend gegenüber. Dort fürchtete man, diese Lebenshaltung zerstöre die moralische und physische Substanz der Bürger, die für kriegerische Aktionen intakt bleiben mußte.

In Athen hatte man eine gewisse Sphäre der Zwanglosigkeit schaffen können, wo der Bürger, geschützt vor Kontrolle und Druck der Umwelt, frei seinen Lebensstil wählen konnte. In seiner Trauerrede sagt Perikles (Thukydides, II, 37), ebenso wie in der Polisregierung die Freiheit das bestimmende Moment sei, kenne man auch im Alltagsleben kein argwöhnisches Bespitzeln; man grolle dem Nachbar nicht, wenn er nach eigenem Gutdünken lebe, demütige ihn nicht einmal durch kränkende Blicke. Das zielt natürlich vor allem auf die Toleranz der Bürger untereinander, schließt aber auch ein, daß ein Sektor des bürgerlichen Lebens außerhalb behördlicher Kontrolle steht. Der diesen beiden Bedeutungen – die in der alten Polis nicht so klar voneinander geschieden waren wie im modernen Staat – zugrunde liegende Zustand war tatsächlich eine bemerkenswerte Neuheit.

Die Griechen hatten Erfahrung in politischen Systemen, wo das öffentliche und auch private Tun und Treiben der Bürger scharf überwacht wurde und die in dem modernen sogenannten Polizeistaat ihre nächste Analogie haben. Besonders systematisch und raffiniert hatte sich die Zwangsregulierung aller Lebensäußerungen der Bürger und die Bespitzelung ihrer Meinung unter der traditionellen Tyrannis entfaltet. Zu ihren Praktiken gehörte ja, wie aus Aristoteles' erstaunlich sachkundiger Darstellung hervorgeht, Mißtrauen zwischen den Bürgern zu säen, gemeinschaftliches Handeln zu unterbinden und sie kleinmütig zu machen.

Im Athen der 430er Jahre war die Erinnerung an die tyrannische Ära natürlich schon verblaßt. Perikles und seine Altersgenossen hingegen waren mit dabei gewesen, als die Stellung des alten Areopags als Hüter der Sitte und Moral zu Fall kam. Die bei der «Halbrevolution» 462 verlorene Wächterfunktion des Areopags wurde weder einem anderen Organ übertragen, noch fiel sie an ihn zurück, wenn nicht vielleicht – und nur teilweise – erst in der zweiten Hälfte des 4. Jahrhunderts. Daß die Überwachung aufhörte, mußte von den Bürgern als Erleichterung und die Auswirkungen mußten als befreiend empfunden werden. Noch beinahe ein Jahrhundert später klagte der konservative Isokrates in seinem Areopagitikos bitterlich über den grenzenlosen Egoismus der Athener, seitdem man den Rat, der Sophrosyne und Arete der Vorväter gepflegt hatte, des Rechts beraubt hatte, Zucht zu halten und den Bürgern ihren Lebenswandel vorzuschreiben. Und Plutarch (Perikles, 7) sieht im Lichte seines Quellenmaterials die Areopag-Reform als ein Ereignis, das, nach dem Wort, das Platon Sokrates in den Mund legt, «den Bürgern den Becher der Freiheit voll bis zur Berauschung einschenkte».[462]

Daß Perikles in seiner Leichenrede das Nichteinmischen der Athener in anderer Privatangelegenheiten so hervorhob, dürfte jedoch kaum auch in jenem damals erst drei Jahrzehnte zurückliegenden Umsturz seinen Anlaß haben. Die natürlichste Erklärung ist wohl, daß die Gebundenheit und die Autoritätsfurcht, deren Abschütteln die alte Generation Athener persönlich erlebt hatte, ein sehr potentes und sicher noch bedrückenderes Gegenstück in Sparta, dieser «Männerbändigerin», hatte. Dort verehrte man ja, nach Plutarch (Kleomenes, 9), in einem Heiligtum die Furcht als eine Kraft, die größten Anteil an der Erhaltung der Polis hatte, und dort war ja die erste Amtsverrichtung der Ephoren eine Proklamation an die Bürger, die Schnurrbärte zu scheren und den Gesetzen zu gehorchen.

Also hatte sich die Stellung des athenischen Bürgers auch in dem Bezirk, den Perikles «Privatleben» nennt, während einer Generation sehr merklich gewandelt. Stärker als je wich sie von der entsprechenden Situation im feindlichen Sparta ab, ja war geradezu einzig dastehend in der ganzen damals bekannten Welt. Und in der stolzen Präzisierung spiegelt sich eine völlig neue Anschauungsweise. Das Individuum, das im politischen Denken auch nach den solonischen Reformen eine ziemlich inferiore Rolle spielte, hatte sich seit den Perserkriegen in dem Grade zu einer immer deutlicher selbständigen Einheit entwickelt, als die Familienverbände und andere alte Korporationen an politischer Bedeutung einbüßten.[463] Dem athenischen Bürger war jetzt als Individuum Unabhängigkeit von Kontrolle und Bevormundung anderer zuerkannt. Er war imstande, für seine Handlungen einzustehen, war mündig, «erwachsen», was das Adjektiv *eleútheros*, frei, nach einer Deutung auch ursprünglich bedeutet haben soll.[464]

Versuche, das Denken von herkömmlichen Schemata zu befreien

Der athenische Bürger, der schon ob seiner privaten Einfälle und Neigungen kaum scheelen Blickes angesehen wurde, hatte auch weit mehr Auswahl als früher beim Suchen und Annehmen oder Ablehnen neuer Gedanken, Lehren und Einstellungen. Es gab deren nunmehr übergenug in der Stadt. Eine zentrale Stellung nahmen in diesem damals einsetzenden «Lüftungsprozeß» die Sophisten ein. Allerdings hatten sich nur wenige unter ihnen um die Entwicklung origineller philosophischer Systeme verdient gemacht; auch kennt man unter ihnen keine Vorkämpfer ausgesprochen politischer Richtungen. Unathenisch, wie sie waren, unterschätzten sie als Zugewanderte oft die Unerschütterlichkeit attischer

Traditionen und Glaubensvorstellungen. Man hat behauptet, der «religiöse Konservatismus sei in Athen stärker gewesen als in den Kolonien, wo die geographische Trennung manche Bande der Tradition zerrissen hatte», und gemeint, «die Stadt wäre vielleicht bildungsfeindlich und intolerant bis zur Stupidität geblieben ohne das Heranwachsen einer kosmopolitischen Kaufmannschaft und das Erscheinen der Sophisten in Athen».[465]

Von den neuen geistigen Anregungen, die dem seiner obrigkeitlichen Moralkontrolle entronnenen Bürger zuteil wurden, waren am fruchtbarsten die verschiedenen Auffassungen vom Unterschied zwischen den menschlichen Gesetzen und Konventionen, zusammengefaßt unter dem Namen Nomoi, und der Naturordnung, der Physis. Diese Lehren waren keineswegs ursprünglich und durchgehend gerade von Sophisten geschaffen. Aber durch deren Verbreitung unter aufgeschlossenen Bürgern schenkten diese Enzyklopädisten der athenischen Aufklärungsperiode nicht nur der eigentlichen Philosophie kraftvolle Impulse, sondern bahnten auch einer intellektuellen, moralischen und politischen Theatrokratie den Weg.

Sofern die Angaben über Protagoras, Perikles' Freund und Gesetzgeber der Stadt Thurioi, stimmen, blieben die politischen Theorien dieses bedeutendsten der sogenannten alten oder klassischen Sophisten noch im Kompromißstadium stecken. Man kennt ihn ja als Bahnbrecher der Subjektivität, «der gesagt hat, ‹der Mensch sei der Maßstab aller Dinge – der seienden, daß sie sind, der nichtseienden, daß sie nicht sind›». Bei seiner Definition der Beziehung des Menschen zur Polis verfolgt er jedoch dieses sein Schlüsselthema nur bis zur Hälfte. Zwar dehnt er seinen Relativismus auch auf das Gesetz aus und spricht ihm folglich sowohl Universalismus wie Unfehlbarkeit oder Unabänderlichkeit ab; aber trotzdem will er den Staat als Quelle der Moral und des Gesetzes aufrechterhalten, was ja auch die griechische Polis normalerweise war. Unabhängig von seinem persönlichen Standpunkt muß sich also der Bürger, nach Protagoras, der gemeinsamen Entscheidung unterwerfen, die das Gesetz, Nomos, auch auf dem Gebiet der Moral verkörpert. Der Mensch – sosehr er auch «Maßstab aller Dinge» sein mag – darf sich nicht verhalten, wie er will.[466]

Die skeptische Einstellung, von der Protagoras ausging, verführte jedoch zu immer konsequenteren und radikaleren Schlüssen. Da sich nun einmal Menschengesetze und -sitten als veränderlich, ohne einen immer und überall gültigen Wert, erwiesen, suchte man das Prinzip der Unwandelbarkeit und Konstanz in der Natur. Nur die Physis war ein unfehlbarer, ewiger und universal gültiger Führer bei der Suche nach Normen für das menschliche Verhalten. Keine menschliche Handlung konnte «gerecht», kein von Menschen erlassenes Gesetz, keine von ihm entwickelte andere Satzung verpflichtend sein, wenn sie nicht die Forderungen der Natur erfüllten oder aus der Naturordnung abzuleiten waren. Je nachdem, wie und wo man das Naturgesetz zu finden glaubte, gestalteten sich die Vorstellungen von der Physis und ihrem Verhältnis zum Nomos sehr verschieden. Bejahte man den anthropozentrischen Standpunkt und glaubte, das ewige Recht offenbare sich mittels Reflexion und Verstandesübung auch aus des Menschen eigener Natur, so konnte man folgern, daß zwischen dem Handeln des vollbewußten Menschen und der Physis kein Widerspruch zu entstehen brauche. Vorläufig aber ignorierte man diesen, eigentlich erst bei Sokrates und Platon durchgedrungenen Gedankengang. Die athenischen Intellektuellen fühlten sich mehr von Lehren angesprochen, nach denen es für menschliche Gesetze, Konventionen und Sitten faktisch keine Grundlage in der Natur gibt, sondern die nur auf einer gemeinsamen Auffassung oder Vereinbarung basieren. Nomos und Physis sind einander also ganz entgegengesetzt und unvereinbar. Das moralische Element der ersteren ist der letzteren fremd. Die Natur ist amoralisch; in ihr herrscht nur das Gesetz des egozentrischen Trachtens nach Vorteil und Genuß und das Gesetz der rohen Kraft.[467]

Die zeitgenössische Literatur quillt über von Diskussionen um diese Fragen. Sie gibt ein lebendiges Bild davon, welch radikale Umwertung aller Werte, ja direkte Revolution das Ergebnis war, ob nun die Erörterungen auf ernsthafter Ebene stattfanden oder ein intellektuelles Feuerwerk waren, *pour épater le bourgeois.* So nannte Antiphon – unter den Sophisten insofern eine Ausnahme, als er geborener Athener war – die Menschengesetze der Natur angelegte Fesseln. Die Befolgung dieser künstlichen Vorschriften sei nur insoweit unvermeidlich, als die menschliche Handlung Zeugen hat, während sich eine Versündigung gegen das Naturgesetz immer und unausweichlich rächt, ob Zeugen da sind oder nicht. Thrasymachos aus Chalkedon bringt in Platons Politeia bei seiner Auseinandersetzung mit Sokrates das damals schon abgegriffene Argument vor, «das Gerechte sei nichts anderes als das dem Stärkeren Zuträgliche» (338c) und jede Regierung, ob tyrannisch, oligarchisch oder demokratisch, gebe ihre Gesetze nur nach dem, was ihr nützlich sei (338e–339a). Zum Schluß preist er die souveräne, «im großen getriebene» Ungerechtigkeit, weil sie «kräftiger und edler und vornehmer ist als die Gerechtigkeit» (343c–344c). Eine noch ausgesprochener hedonistische und von moralischen Bindungen freie Lebenseinstellung vertritt Kallikles, über dessen Person man indessen nichts Näheres weiß. In Platons Gorgias-Dialog (491a–492c) versteigt er sich zu der These, kein Mensch könne glückselig sein, der irgendwem diene, und wer richtig leben wolle, müsse seine Begierden so groß wie möglich werden lassen und sie befriedigen. Nur der so erlangte Genuß mache glücklich.[468]

Viele dieser neuen, umwälzenden Ideen wären Eigentum einer kleinen, Philosophie, Staatskunst oder Rhetorik treibenden Gruppe geblieben, hätte nicht die dramatische Literatur ihnen große Tragweite verliehen. Das griechische Drama ist so eng mit der Philosophie verknüpft, daß sogar eine Wechselwirkung zwischen beiden sichtbar ist. Die dramatische Kunst hatte als geistige Kost der Bevölkerung eine besonders gewichtige Stellung in der Polis. Die gewaltigen Zuschauerräume der Theater faßten beinahe «die ganze Stadt», und die Vorstellungen hatten den Charakter offizieller Festveranstaltungen. Im 5. Jahrhundert wurde zwar ein Stück gewöhnlich nur einmal aufgeführt, und Reprisen wurden erst von den 380er Jahren an üblich; aber aus den Quellen ersieht man die gründliche Vertrautheit der Athener mit ihrer dramatischen Literatur. Sie prägten sich die Verse ein und zitierten gerne aus den Dialogen.[469]

Aischylos, der in der ersten Hälfte des 5. Jahrhunderts die athenische Bühne beherrschte, hatte sich in dem Streit zwischen traditionellen Anschauungen und revolutionärem Geist eine vornehme moralische Einstellung bewahrt. Streifte er politische Probleme, so geschah es aus einer konservativen Haltung heraus, wenn er zum Beispiel in seiner Orestie-Trilogie, die bald nach den Reformen des Ephialtes aufgeführt wurde, den Areopag rühmt. Auch Sophokles, der in der Ära des Perikles und während des Peloponnesischen Krieges die Gunst des Publikums und der Preisrichter genoß, blieb in seinem Schaffen «orthodox», erwies sich sogar auf seine alten Tage in der Politik als Anhänger der Oligarchie.

Aber der dritte große Tragiker des klassischen Athen, Euripides, vertrat die damalige modernistische Richtung. Er war leidenschaftlich der Philosophie ergeben, ein Freund von Anaxagoras und Protagoras, später auch von Sokrates. In ihm fanden die von den Sophisten verbreiteten Ideen der Skepsis, des Unglaubens und der Aufklärung einen Interpreten, der die Ausdrucksmittel der dramatischen Kunst souverän beherrschte. Euripides – er schuf in dem halben Jahrhundert nach 455 fast hundert Schauspiele – kleidet neue, kühne Ideen über Religion, Moral und Staat in pathetische oder pointierte Form. Er seziert den Aberglauben, kritisiert Mythen, bestreitet die Berechtigung der Geburtsaristokratie und wagt sogar, lange vor dem Rhetor Alkidamas, zu behaupten, die Sklaverei stehe im Widerspruch zu der naturgegebenen Freiheit jedes Menschen. Die radikale junge Generation sah in ihm ihren geistigen Führer, obgleich er seinerseits nicht eingeschworener Vorkämpfer einer feststehenden Doktrin war und nur selten in der eigentlichen Tagespolitik Stellung bezog. Volle Anerkennung wurde ihm erst nach seinem Tod zuteil, doch übte seine Dichtung offenbar schon zu seinen Lebzeiten eine seltene Faszination aus. Plutarch erzählt (Nikias, 29) eine eigenartige Episode aus der unglücklichen sizilischen Expedition von 413: manche kriegsgefangenen Athener wurden in Freiheit gesetzt, weil sie die Sizilianer Dichtungen des Euripides lehrten, die von den dortigen Griechen leidenschaftlich bewundert wurden.

Die Verbreitung revolutionärer und traditionsfeindlicher Ideen im Athen der zweiten Hälfte des 5. Jahrhunderts weckte Widerstand. Nach Autorität und unerschütterlichen Normen verlangende Kreise standen natürlich den meisten Neuerungen negativ gegenüber. Die Ausdrucksformen der auf dem «Gebiet der musischen Künste geschaffenen Demokratie» begegneten strenger Kritik, namentlich seitens derer, die, unzufrieden mit den herrschenden Verhältnissen, eine Entsprechung ihrer Utopien in der Vergangenheit oder in Sparta suchten. Beachtenswert ist indes, daß auch die Anhänger der politischen Demokratie nicht etwa in demselben Lager standen wie die Verfechter der «ungehemmten Freiheit». Im Gegensatz zu dem, was sich zum Beispiel aus Platons und Aristoteles' Ausführungen schließen läßt, billigten die «Demokraten» keineswegs «der Freiheit übervollen Becher». Die radikalsten jener Lehren, welche die Ehrfurcht vorm Gesetz untergruben, Immoralität priesen oder religiöse Skepsis schürten, konnten eben nicht populär werden. Das athenische Volk – wie es das Volk überall und zu allen Zeiten getan hat – verhielt sich mißtrauisch und feindselig gegen Ideen, die den Wert ererbter Glaubensinhalte und Sitten leugneten.

Nichts hinderte auch radikal volksfreundliche Politiker, an diese konservative Geisteshaltung zu appellieren und, von ihr gestützt, die neuen Strömungen zu verurteilen. So verfuhr schon ganz im Anfang der Demagogenperiode Kleon, der zwar selbst bei den Sophisten in die Lehre gegangen war, aber nicht ihren liberalen Anschauungen huldigte. In einer seiner Reden wirft er den Athenern, diesen «Sklaven des Außergewöhnlichen» und «Verächtern des Gewöhnlichen», vor, sie folgten lieber den Haarspaltereien der Sophisten, als daß sie sich über das Staatswohl berieten. Er verteidigt den sogenannten *common sense* mit den Worten: «... beschränkte Einsicht, mit bescheidener Gesetzlichkeit gepaart, wirkt nützlicher als Geschicklichkeit mit zügelloser Gesetzesverachtung;

und Menschen von geringerem Verstande verwalten die Staaten meist besser als klügere. Denn diese wollen immer weiser erscheinen als die Gesetze und anderer Vorschläge überstimmen, als könnten sie ihre Weisheit in keinen wichtigen Dingen zeigen, und eben dadurch richten sie oft in ihrem Lande Unheil an. Jene aber, die ihrer eigenen Klugheit mißtrauen, bescheiden sich, weniger weise zu sein als die Gesetze und nicht befugt, die Vorträge anderer zu tadeln. Aber da sie mehr unparteiische Richter als Rivalen auf der Rednertribüne sind, treffen sie gemeinhin das Richtige» (Thukydides, III, 37–38).

Die Tatsachen sprechen nicht für die Behauptung, das Recht, zu leben, wie es einem gefällt, habe zu den Parolen der Demokraten gehört. Zur Beleuchtung der damaligen Verhältnisse ist eine besondere Untersuchung des Rahmens geboten, den die athenische Demokratie der Rede als «Lehrerin der Taten» gab.

REDEFREIHEIT

Erweiterung des Rechts der verbalen Meinungsäußerung

Das öffentliche Wort in der Leitung des Staatsgetriebes hatte in der demokratischen Periode Athens, wie wir sahen, eine wesentlich andere Stellung und Bedeutung, als es früher gehabt oder zum Beispiel in Sparta immer noch hatte. Aufgabe des Demos war nicht, in primitiv-formloser Weise seine Stellung zu einem autoritativ und fertig vorgelegten Beschluß darzulegen, sondern möglichst viele, «von wem auch immer» gemachte Vorschläge anzuhören und sich nach einer prinzipiell allen Bürgern freistehenden Debatte für eine abgewogene Lösung zu entscheiden.

Das der Übung im öffentlichen Debattieren dienende Gebiet der Rhetorik fußte natürlich auf der Voraussetzung oder dem Wissen, daß es der Meinungen mehr als eine gab. Sie mußten um den Vorrang kämpfen können, genau so wie andere geistige Darbietungen im alten Griechenland, zum Beispiel Musik, Dichtung, Schauspiel, die sich dem Wettbewerb, *agón,* und dem Urteil besonderer Preisrichter oder des Publikums unterziehen mußten.[470] Voraussetzung für solche Grundeinstellung war große Toleranz. Das brauchte natürlich nicht etwa zu bedeuten, daß irgendein geschulter Rhetor fähig gewesen wäre, wie Protagoras jede Sache von zwei Seiten zu betrachten[471]; noch weniger, daß er unbedingt auch einer fremden Denkart Berechtigung zugestanden hätte. Daß man Konkurrenzverhältnisse duldete und sicherte, hinderte auch nicht immer und von vornherein den Sieg eines radikal einseitigen Standpunktes und förderte nicht immer das Zustandekommen eines Kompromisses – obschon die entgegengesetzte Auffassung in der antiken[472] wie in der modernen Staatstheorie Vertreter hat. Die Hauptsache ist, daß Meinungswettstreit möglich war und die Entscheidung mittels zwangloser Deliberation herbeigeführt werden konnte. Unabhängig davon, ob der kollektiv gefaßte Endbeschluß annähernd eines jeden Meinung spiegelte über das, was die Vernunft und die Erhaltung des Zusammengehörigkeitsgefühls unter den Bürgern forderte, oder ob er weit entfernt davon war – die Methode selbst war grundsätzlich «isegorisch».

In der Frage, über welche Gegenstände diese unterschiedlichen Meinungen in Wettstreit treten durften, wie sie beschaffen sein sollten und in welcher Form sie vorgetragen werden konnten, wichen die Verhältnisse im demokratischen Athen sehr spürbar von den früheren ab. Eine Menge Faktoren, die ehemals die Freiheit der verbalen Meinungsäußerung eingeengt hatten, waren im Laufe der Zeit verschwunden oder aus dem Wege geräumt. Einige gingen auf Gesetzesnormen, die meisten jedoch auf überlieferte Gewohnheiten und konventionelle Denkbahnen zurück.

Ein wichtiges und die Ausdehnung der Freiheit der Meinungsäußerung zweifellos begünstigendes Moment war, daß, nachdem die Eupatriden ihre Stellung als alleinige Ausleger des Rechts und faktische Machthaber verloren hatten, keine Gesellschaftsklasse die anderen ihrer Überwachung hätte unterwerfen können. So fehlte zum Beispiel in Athen ein Priesterstand, der sich bemüht hätte, die Meinungsbildung der Bürger zu beeinflussen. Auch eine Kriegerkaste gab es nicht, die sich als Sondergruppe abgehoben hätte. Und die Beamtenschaft stand im allgemeinen nicht über dem Demos, in einer der Kritik entrückten Stellung. Auch hatte die Polis kein Staatsoberhaupt, das eine Art Kontinuität repräsentiert hätte und weniger verantwortlich als die anderen Beamten gewesen oder auf dessen Gunst die übrige Bürgerschaft angewiesen gewesen wäre. Ferner hatten offenbar die durch soziale Rangunterschiede bedingten Autoritätsverhältnisse in dem demokratischen Athen sehr wenig Einfluß auf die Isegorie. Welch tiefgreifende Wandlung die Abschaffung der Wächtergewalt des alten Areopags über Sitte und Moral im Jahre 462 bedeutete – davon kann man sich, wie gesagt, auch mittels der besten Konjektur keine genaue Vorstellung machen. Manche Forscher verweisen indes angesichts dieser Reform auf das als demokratische Parole gestempelte Schlagwort «leben, wie es einem gefällt».[473] Und schließlich, wenn man Perikles' Versicherung glauben darf, waren ja die Athener nicht gewohnt, einander im Privatleben zu bespitzeln und zu bevormunden.

Angesichts dieser Gegebenheiten meinte man mit Isegorie nicht nur das Recht, seine Meinung und seinen Standpunkt zu bekunden und in der Volksversammlung Vorschläge zu machen, sondern überhaupt eine große Dosis «Freiheit, zu sagen, was einem beliebt», *Parrhesia*. Für den sprachlichen Ausdruck, zumal den kritischen, skeptischen und verspottenden, waren Themata und Objekte erobert worden, die von alters her im Schutze von Tradition und Konvention als unantastbare Tabus bestanden hatten. Das betraf, wohl in ziemlich analoger Weise, schriftliche Darlegungen – die auch früher durch keine Vorzensur eingeengt waren – wie mündliche Äußerungen. Diese beiden Formen sprachlicher Kommunikation waren noch weitgehend gleichgestellt. Sowohl Poesie wie Prosa wurden ja fast immer im Hinblick auf lauten Vortrag geschaffen; stummes Schreiben und stummes Lesen dürfte in der Antike wenig gepflegt worden sein.[474]

Bezeichnend ist auch, daß an der Ausbreitung der Parrhesie nicht das Theoretisieren über den Nutzen der Redefreiheit für Staat und Bürger den wichtigsten Anteil hatte, ja nicht einmal der Bedarf in den Regierungsorganen nach einem größeren Feld für die Debatte, sondern die Schauspielkunst, sowohl in gesprochener und gesungener Form wie als geschriebener Text. Zügellosigkeit im Sprachgebrauch gehörte schon zu dem burlesken Programm der Dionysien, aus denen das griechische Schauspiel hervorging. Aber gerade der attischen Komödie kommt das Verdienst zu, auch der politischen freien Meinungsäußerung neue Bezirke erschlossen zu haben.[475] Allmählich machten es sich gewisse Kreise zum Programm, das gesprochene Wort aller Fesseln zu entledigen. So nannte im 4. Jahrhundert der Kyniker Diogenes von Sinope gerade die Parrhesie den wertvollsten Faktor im Zusammenleben der Menschen. Schließlich kam es so weit, daß freie Meinungsäußerung außer freier Hand in der Stoffwahl auch Ungebundenheit oder, wie bei den Stoikern, unbekümmerte Obszönität im Ausdruck bedeutete.[476]

Die hier gestreiften Umstände und Richtungen verliehen Athen offensichtlich eine Sonderstellung auf dem Gebiet der freien Meinungsäußerung in der hellenischen Welt. Ein klares Bild von dem eigentlichen Ausmaß dieser lebenswichtigsten Freiheit in der athenischen Demokratie erhält man jedoch kaum ohne detaillierte Untersuchung. Schon die Schätzungen der schärfsten damaligen Geister sind verwirrend. Kein Wunder also, daß auch die spätere Forschung eine Menge widerstreitender Ansichten aufweist.

Gewisse Aussprüche von Sokrates – dessen eigene Lehrtätigkeit sich ja nur mündlich abwickelte – werfen ein Licht auf die Frage. In Platons Gorgias (461 e) sagt er von Athen, dort herrsche in ganz Hellas die größte Freiheit im Reden. Doch in seiner Apologie – auch nach Platon (19. und 21. Kapitel) – bezeichnet er die dortige Meinungsfreiheit sogar als lebensgefährlich. Deutlich, wennschon ohne jeden dramatischen Akzent, zeichnen sich die widerspruchsvollen Umrisse der athenischen Isegorie in verschiedenen anderen Quellen ab. Aus einer etwas späteren Periode kann man etwa Isokrates und Demosthenes als Persönlichkeiten anführen, deren politische Aktivität eben gerade und lediglich im Schutze der Redefreiheit möglich war. Ersterer beklagt das Fehlen dieser Freiheit in der Ekklesia, wenngleich er zugibt, daß dort rücksichtslose, das Volkswohl ignorierende Redner genau so wie die Komödiendichter auf der Bühne sich unter Umständen ihrer bedienen (in der vermutlich 355 verfaßten Rede über den Frieden, 14). Demosthenes' Kritik ist noch schärfer. Er sagt, in Athen rede mancher Haussklave freier heraus als Bürger anderer Stadtstaaten, während freie Meinungsäußerung von der dortigen Rednerbühne verbannt sei (Philippische Reden, 3, 3; vom Jahre 341).

Man könnte derlei Bemerkungen als rein rhetorisch abtun, wenn nicht viele Tatsachen bewiesen, daß sie nicht ganz unmotiviert waren. In der bewunderten Freistatt der Isegoria waren dem freien Wort in mancher Hinsicht kategorische, ja erschreckend enge Grenzen gezogen.

Beschränkungen der Redefreiheit

Schon die an sich ungleichmäßige Verteilung der Isegorie verursachte gewisse Einschränkungen der Redefreiheit.

Je kleiner der Kreis derer war, die sich des Rechts, freimütig zu reden, bedienten, desto empfindlicher war die Parrhesie für äußere Einflüsse. Eine größere Menge Wasser ist schwerer verderblich als eine kleine, und die breite Masse des Volkes ist nicht so sehr der Verderbnis ausgesetzt wie die Wenigen, sagt Aristoteles (Politik, 1286a). Für die Reichen, die gerne die Bürger von Athen für ihre Sache gewinnen oder sie hindern wollten, unliebsame Entscheidungen zu treffen, war es am einfachsten und vermutlich am billigsten, zu diesem Zweck die Ratgeber des Volkes zu kaufen. Die verschieden eingestellten Cliquen, fremde Stadtstaaten und ausländische Fürsten taten das in Fällen, wo es um ihren Vorteil ging. Zumal im 4. Jahrhundert scheinen die Redner von ihnen häufig Honorare empfangen zu haben.[477] Auch brauchte das nicht immer geheimgehalten zu werden. So tritt Demades ganz offen als von Makedonien besoldeter Sachwalter, mitunter sogar wie ein Vertreter des Königs in Athen auf, und Demosthenes konnte sich öffentlich rühmen, die Gegenpartei habe ihm eine so hohe Bestechungssumme angeboten, daß er sich schäme, sie zu nennen.[478] Demosthenes' Parteifreund Hypereides fand es jedoch nötig, den Athenern vorzuhalten, daß sie in ihrer Gutwilligkeit und Humanität den Strategen und Rednern ihren reichen Verdienst gönnten, wenn nur die Entgegennahme des Geldes zu ihrem, der Athener, Vorteil und nicht zu ihrem Schaden erfolge.[479] Anderseits hieß es auch, solche Kompensierung für die Unterstützung einer Meinung gehöre zur Gedanken- und Redefreiheit.[480] Kurz und gut: die Isegorie war gewissermaßen zur Handelsware geworden.

Aus sehr begreiflichen Gründen waren die Redner selbst eher um ihre seitens des Demos bedrohte Redefreiheit besorgt, als daß die Bestechung sie irritierte. Unter Verhältnissen, in denen «jeder jeden kannte», konnte der von einer organisierten Clique oder von einer momentan aufgehetzten Menge ausgeübte Druck für die Isegorie leicht verhängnisvoll werden. Thukydides erzählt zum Beispiel (VI, 24), wie bei der Diskussion in der Ekklesia 415 über die Expedition nach Sizilien viele, denen die Idee nicht behagte, angesichts der leidenschaftlichen Begeisterung der Mehrheit schwiegen, weil sie fürchteten, als staatsfeindlich angeprangert zu werden, wenn sie gegen den Plan stimmten. Neun Jahre später offenbarte ein Vorfall, wieviel Furchtlosigkeit das freie Wort zuweilen auch forderte. Es ging darum, die Ekklesia zu der Erklärung zu bewegen, daß die in der Seeschlacht bei den Arginusen führend gewesenen Strategen das Todesurteil verdienten. Einige Prytanen des Rats wollten den gesetzwidrigen Vorschlag nicht als Probuleuma gutheißen; als aber die Stimmung in der Ekklesia gegen sie aufgewiegelt wurde, gaben alle außer Sokrates nach. Nach Xenophon (Memorabilia, I, 1, 8, und IV, 3, 2) ließ sich der Philosoph in seiner Haltung ebensowenig vom Haß des Volkes wie von dem Druck seitens mancher einflußreicher Bürger erschüttern.[481]

Allerdings waren in Athen die Redner ohne offizielle Stellung mehr geschützt vor politischen Prozessen als Bürger mit öffentlichen Funktionen. Man weiß sogar von Fällen, wo die Demagogen selbst straflos ausgingen, obgleich man gerade auf ihre Initiative hin sich auf gewisse mißglückte und dann streng verurteilte Unternehmungen eingelassen hatte.[482] Aber als rein private Mitbürger auftretende Redner waren trotzdem ebensowenig ganz vor Anklagen geschützt wie vor der Feindseligkeit des Volkes. Wie schwer sie zeitweilig ihr Gefährdetsein empfanden, zeigen Berichte schon aus frühen Zeiten. Diodotos in Thukydides' Geschichtswerk (III, 42–43) schildert, wie Tadel, Mißtrauen und Beschuldigungen die Redner zwingen, zu unredlichen Mitteln zu greifen. Der Kern in der scharfsinnigen Analyse des Diodotos liegt in der Behauptung, die Furcht beraube die Stadt ihrer Ratgeber. Auch andere außer den Rednern hatten unter der Neigung des Volkes, die Verantwortung auf den Antragsteller und den Versammlungsleiter abzuwälzen, zu leiden (vgl. Pseudo-Xenophon, II, 17). Nach Thukydides (VIII, 1) richtete sich bei der Ankunft der Kunde von dem vernichtenden Ausgang der sizilischen Expedition 413 der Zorn des athenischen Demos auch gegen die Zeichendeuter, Seher und Wahrsager.

Die Freiheit der Meinungsäußerung war in keinem Gesetz verankert, sowenig wie manche andere in Athen herrschende Freiheiten. Heutige Althistoriker, die über moderne Vergleichspunkte, wie Verkündigungen der Menschenrechte und Gesetze über staatsbürgerliche Freiheiten, verfügen, haben diesem Mangel mehr Aufmerksamkeit zugewendet als der ungleichen Verteilung der Isegorie und den tatsächlichen Begrenzungen ihres Gebietes. Da es keine gesetzlich festgelegten Garantien für die Redefreiheit gab, konnte sie dauernd oder vorübergehend eingeschränkt werden. Man berief sich auf alte Gesetzesbestimmungen oder ordnete neue Psephismata an, um gewisse Sektoren aus dem Bereich der Redefreiheit auszuschalten. Dem Demos in der Ekklesia oder in den Gerichtshöfen wurde das Recht zugestanden, Mitbürger, die jene Grenzen überschritten oder auch nur bestimmte Vorschläge zur Polisverwaltung gemacht hatten, zu bestrafen und zu verurteilen. Solche Einschränkungen und die daraus entspringenden Maßregeln konnten die Redefreiheit vielfach stark beschneiden und ihre Anwendung hemmen. Zugleich boten sie eine scheinbare Grundlage für die Behauptung, es gebe in Wirklichkeit gar keine Isegoria.

Die Vorstellungen der Nachwelt von der Schutzlosigkeit der Redefreiheit im alten Athen wurden vielleicht am stärksten durch die Verfolgungen beeinflußt, die manche Persönlichkeiten, namentlich Philosophen, Sophisten und Schriftsteller, um ihrer Meinungen willen erlitten. Zwar war der Polytheismus in Athen schon an sich der gegebene Boden für Toleranz, denn Gesetze und Sitte forderten weder das Bekenntnis zu einem gemeinsamen Glauben noch die Teilnahme an bestimmten Kulten. Aber die Religion und der dazugehörige Kult waren untrennbar mit dem Staatsleben verknüpft – konnte doch keine öffentliche Feier oder Versammlung ohne Gebet oder Opfer beginnen. Daher galt jeder offne Verstoß dagegen, jede Lästerung für ein Verbrechen am Interesse der Polis.

Ein Solon zugeschriebenes archaisches Gesetz ermöglichte eine Anklage wegen «Gottlosigkeit», *graphé asebeías*. Wenigstens in den überlieferten Fällen wurde die Anklage in den Dikasterien unter dem Vorsitz des Basileus behandelt. Welche Form der Religionsfeindlichkeit in den alten Bestimmungen gemeint war, ist nicht bekannt.[483] Als aber zu Perikles' Zeit unter Berufung auf sie die Verfolgung gegen den Philosophen Anaxagoras einsetzte, fand die Ekklesia es doch nötig, den Begriff «Gottlosigkeit» auch auf die Verbreitung der neuen Lehren über die Himmelserscheinungen auszudehnen (Plutarch, Perikles, 32). Die Auffassung des berühmten Physikers, die Sonne sei überhaupt kein göttliches Wesen, sondern ein aus einer festen Masse geformter Körper, soll bei den Athenern die gleiche Entrüstung ausgelöst haben wie die Entwicklungslehre in konservativen Kreisen unserer Zeit. Vermutlich hielt man seine Lehren doch nicht für belastend genug, um daraufhin ein erfolgreiches Rechtsverfahren einzuleiten, denn man beschuldigte ihn zusätzlich der Anzettelung von Intrigen mit Persien. Er entzog sich dem Urteil, indem er außer Landes ging. Die Beschäftigung mit Astronomie blieb jedoch bis Ende des Jahrhunderts in Athen verboten.[484] Auch eine andere Persönlichkeit aus Perikles' nächster Umgebung, seine Konkubine Aspasia, die einen philosophischen Salon unterhalten und Rhetorik gelehrt hatte, wurde wegen Asebie angeklagt. Dem großen Staatsmann soll es gelungen sein, die Geschworenen zum Freispruch zu bewegen.[485] Die Prozesse gegen Anaxagoras und Aspasia waren unverkennbar politisch gefärbt. Sie bildeten, ebenso wie die Ostrakisierung des Damonides,

Glieder in jener Kette verschiedenartiger Maßnahmen, die Perikles' Feinde ergriffen, um seine Stellung zu untergraben. Etwas später, Ende des 5. Jahrhunderts, wurde Diagoras von Melos wegen ehrfurchtslosen Verhaltens gegenüber der Religion gerichtlich belangt und floh außer Landes. Auch der Sophist Protagoras, der Zweifel am Dasein der Götter geäußert hatte, wurde in einem Asebieprozeß zur Verbannung aus Attika oder vielleicht sogar in absentia zum Tode verurteilt.[486]

In allen diesen Fällen war der Angeklagte von auswärts gebürtig. Wie schon erwähnt, wurden ja neue, die überlieferten Glaubensvorstellungen erschütternde Lehren gerade durch Fremde nach Athen gebracht. Das bedeutete jedoch nicht, daß in der mündlichen und schriftlichen Behandlung von Glaubensfragen die Athener selbst größere Freiheit als die Zugewanderten genossen hätten. Es sind Nachrichten erhalten, daß auch einige aus Attika Gebürtige in dieser Hinsicht die Strenge der Gesetze und der Vorurteile des Volkes zu spüren bekamen. Nach einer alten Erzählung hatte sich schon der eigentliche Schöpfer des attischen Dramas, Aischylos, vor dem Areopag gegen die Beschuldigung, er habe Geheimnisse der Eleusinischen Mysterien verraten, verteidigen müssen.[487] Euripides, der große Dramatiker des Zeitalters der Aufklärung, wurde wegen Gottlosigkeit angeklagt – aber offenbar nicht verurteilt –, und zwar auf Betreiben derselben politischen Kreise, die Anaxagoras vor Gericht gebracht hatten.[488] Alkibiades samt seinen Gefährten wurde 415 in contumaciam wegen parodistischer Ausfälle gegen religiöse Gebräuche zum Tode verurteilt (Thukydides, VI, 61).

Der die Mit- und Nachwelt am stärksten erschütternde Asebieprozeß wurde 399 gegen Sokrates angestrengt. Ein Tragiker, sekundiert von einem Politiker der gemäßigt-demokratischen Richtung und einem ziemlich unbekannt gebliebenen Redner, erhoben gegen ihn die Anklage auf Staatsverbrechen, weil er nicht an die von der Polis anerkannten Götter glaube, sondern neue Götter an ihre Stelle setze sowie die Jugend verderbe. Die geschickt entworfene Anklage entsprang scheinbar dem reinen Eifer, die Religion und allgemeine Moral zu schützen. Im Laufe des Prozesses wurde jedoch auch jene Seite seiner philosophischen Unterweisung beanstandet, die eine Kritik an staatlichen Einrichtungen Athens, unter anderm dem Losverfahren, darstellte. Die Geschworenen – man vermutet, es waren 501 – erklärten mit 60 Stimmen Mehrheit Sokrates schuldig und verurteilten ihn mit 360 Stimmen zum Tode.[489] Man hat nicht feststellen können, daß Sokrates einen politischen Standpunkt in Übereinstimmung mit den Linien der damals akuten Richtungsstreitigkeiten eingenommen hätte. Demnach ist er nicht als politischer Märtyrer gestorben. Ob er sein Leben um der Gewissensfreiheit oder der sittlichen Freiheit des Individuums willen einbüßte, wie ein Forscher sagt[490], oder ob er nicht vielmehr auch vor den Richtern die Autorität der objektiven philosophischen Wahrheit verteidigte[491], kann in diesem Zusammenhang unerörtert bleiben.

Die Prozesse wegen Gottlosigkeit waren Versuche, den «neuzeitlichen Riß zwischen Kultur und Religion» auszufüllen, der vor dem Auftreten der Sophisten unbekannt gewesen war. Während der ganzen klassischen Periode Griechenlands war Frömmigkeit ein politischer Begriff. Daher hatten die Rechtsprozesse niemals einen nur rein religiösen Hintergrund, und man kann nicht sagen, sie spiegelten lediglich enge religiöse Intoleranz.[492] Durch harte Urteile wollte man Leuten die Hände binden, deren Einfluß auf die Polis «verderblich» – ein weiter Begriff – schien. Soweit es um die Unterdrückung neuer Anschauungen ging, mußte die Zweckmäßigkeit des Verfahrens bald, zum mindesten den aufgeklärten Kreisen, fragwürdig erscheinen. «Unmögliches glaubt und große Dummheit verrät, wer da meint, wenn die menschliche Natur mit Heftigkeit nach etwas strebt, sie durch Gewalt der Gesetze oder irgendein anderes Schreckmittel davon abhalten zu können», läßt Thukydides den Diodotos in seiner Polemik (III, 45) gegen den rachsüchtigen Kleon sagen, denselben, der unter anderm bei der Anklage gegen Anaxagoras und Euripides wegen Gottlosigkeit aktiv beteiligt war.

Manche Asebieprozesse erwiesen sich auch tatsächlich und mit der Zeit in ihrer Wirkung als belanglos. Die Lehren der Verurteilten blieben in Athen lebendig, wenn nicht in anderer Form, dann in

Reden und Schriften anderer – vielleicht gefärbt und entstellt, aber immerhin oft inspirierend. So fragt Sokrates in seiner von Platon nachträglich aufgesetzten Verteidigungsrede (14. Kap.) ironisch seinen Ankläger, ob dieser die literarischen Kenntnisse der Geschworenen so geringschätze, da er behaupte, er, Sokrates, gebe seine Lehre von den Himmelskörpern als seine eigene aus, denn schon Anaxagoras sei ja gerade wegen dieser Anschauungen verurteilt worden. Sokrates erwähnt sogar den Ort, wo die Jugend solche ketzerischen Ideen zu einem Spottpreis erwerben könne. Das Schicksal der sokratischen Lehre selbst gestaltete sich dann noch eklatanter: dieser Denker, der, soweit bekannt, kein einziges Werk geschrieben hat, gab nach seinem Tode Anlaß zu einem umfassenderen Schrifttum als je einer seiner Vorgänger oder Zeitgenossen, und alle großen philosophischen Schulen der Antike betrachteten ihn als ihren geistigen Vater. Sogar von den über seinen Prozeß verfaßten «Verteidigungsreden» sind zwei erhalten geblieben.

Die Quellen berichten aber einen Fall, wo außer der Person des Verkünders unerwünschter Lehren auch sein Gedankengut liquidiert werden sollte. Als sich nämlich Protagoras einem Gerichtsverfahren durch Flucht entzogen hatte, wurde er selbst verurteilt, und von seiner Ärgernis erregenden Schrift über die Götter wurden alle erreichbaren Exemplare – nach manchen Auslegungen seine sämtlichen Schriften – öffentlich auf dem Markt zu Athen verbrannt. Dies ist die erste bekannte Bücherverbrennung der Geschichte überhaupt und die einzige aus Altgriechenland. Ob freilich die Tatsache, daß von den Schriften des Protagoras, dieses selbständigsten Denkers unter den Sophisten, nur wenige Fragmente übrig sind, mit diesem Akte zusammenhängt, ist eine offene, letzten Endes wohl zu verneinende Frage. Von dem Werk, das die eigentliche Anklage heraufbeschworen hat, ist der Nachwelt nur ein einziger Satz erhalten geblieben – allerdings einer, von dem die Richter sicher gewünscht hätten, gerade er möchte vom Erdboden vertilgt werden.[493]

Da es damals meist wenig Textabschriften gab, ließ sich die literarische Produktion einer Persönlichkeit relativ leicht restlos zerstören, sofern die Abschriften nicht weit verstreut waren. Eine derart kulturfeindliche Aktion, zu der die Polis ein Zwangsverfahren anwenden mußte, hätte eine Privatperson einfach mit hinreichenden Mitteln ausführen können. Laut einer alten Überlieferung wollte Platon sämtliche Exemplare der Werke eines anderen großen Philosophen, Demokritos, aufkaufen, um sie zu verbrennen.[494] Mag die Anekdote an sich jeder Grundlage entbehren, immerhin zeigt sie, daß solch ein Gedanke im alten Athen durchaus nicht abwegig war. Und was immer der Grund war – von Demokritos' Schriften sind tatsächlich nur einige Bruchstücke übrig.

Sokrates' Prozeß kann man entschieden als Ausgangspunkt einer in ihrer Art neuen Epoche rechnen. Sein Todesurteil galt bei vielen als ein Justizmord. Überdies weckte es, zum mindesten bei seinen Freunden und Schülern, tiefes Mißtrauen gegen das ganze demokratische System. Das angewandte Rechtsverfahren büßte seine einstige Bedeutung ein. Man weiß zwar von einigen noch späteren Prozessen wegen Einführung fremder, Ordnung und Sitte gefährdender Kulte in Athen. Im 4. Jahrhundert begegnet man jedoch keinen weiteren Versuchen, die religiöse «Orthodoxie» mit Hilfe von Asebieprozessen lebendig zu erhalten.[495] Damit ist nicht gesagt, daß die Toleranz auf der ganzen Linie gesiegt hätte. Sogar Platon, den das Todesurteil über Sokrates, diesen «rechtlichsten aller Männer seiner Zeit», so abgestoßen hatte, daß er den Gedanken an die politische Laufbahn endgültig aufgab (7. Brief, 324e und 325a–326b)[496], nimmt einen sehr unliberalen Standpunkt ein. In seinem Alterswerk «Nomoi» empfiehlt er ganz unathenisch eine Staatsreligion und ein Gesetz, laut dem auf Gottlosigkeit Gefängnis oder auch Tod stehe (909d–910d).

Aber für den politischen Zweck gab es andere Mittel als plumpe Anklage auf Gotteslästerung, wodurch Mitmenschen um ihrer Äußerungen willen verfolgt werden konnten.

Der Gedanke, daß die Bestrafung relativ weniger Einzelpersonen oder die Androhung eines generellen Verbotes nicht genügte, um der Verderbnis zu steuern, sondern daß das «Staatsinteresse» den Abbau ganzer Gebiete der Geistesbildung fordere, scheint den

Athenern nicht völlig fremd gewesen zu sein. Daß das Studium der ionischen Astronomie in Athen am Ende des 5. Jahrhunderts untersagt war, erfuhren wir schon. Laut Xenophon (Memorabilia, I, 2, 31) setzte Kritias, der die Unterweisung der Sophisten genossen hatte, 404 während der oligarchischen Regierungsperiode, wenn auch nur ganz vorübergehend, ein gesetzliches Verbot des Rhetorikunterrichts durch. Im eigentlichen Zeitalter der Demokratie bereitete man dem Philosophieunterricht keine weiteren Schwierigkeiten als die schon oben erwähnten. Aber während der Autonomie unter der makedonischen Herrschaft im letzten Jahrzehnt des 4. Jahrhunderts erschien ein Gesetz, das bei Todesstrafe die Gründung einer philosophischen Schule ohne Genehmigung des Rats und der Ekklesia verbot. Es wurde freilich, weil auf gesetzwidrige Weise zustande gekommen, bald aufgehoben.[497]

Es fehlte auch nicht an Plänen zu einer offiziellen Siebung der dichterischen Literatur. Platon möchte seinem Idealstaat die moralgefährlichen «nachahmenden» oder «entstellenden» Dichtungen und Mythen ebenso wie ihre Autoren und die Darstellenden fernhalten (Politeia, II, 7–21, III, 1–9, 595 a und 607 a). Er ist übrigens nicht der einzige, der diese Fragen behandelt hat, und zum mindesten in seiner Stellungnahme zu Hesiod und Homer ist nichts umwälzend Neues; denn da kann er sich auf die von jeher gegen die Epik gerichtete Kritik stützen, der wir schon bei Xenophanes und Heraklit begegnen und der sich auch Euripides angeschlossen hat.[498] Gleichwohl ist weder eine Überwachung und Säuberung der Dichtkunst, wie sie sich Platon erträumt, noch die strenge moralische Zensur, die er in «Nomoi» für die Literatur und andere Musenkünste vorschlägt (656c, 811b–e, 816e–817), aus Athen bekannt. Im Gegenteil: man hat vorgebracht, der Demos habe die Freiheit der Dichter nicht beschneiden wollen.[499] In Wirklichkeit genoß die Dichtung dieselbe Unabhängigkeit wie die übrigen Formen des Ausdrucks in Wort und Schrift, begrenzt lediglich an einigen neuralgischen Punkten, wie die Asebieprozesse erkennen lassen.

Ein Gebiet, auf dem nachweislich der Kreis der Isegorie eingeengt wurde, war das Verhältnis zu fremden Ländern. Diese Praxis geht in ihren Wurzeln relativ weit zurück. Herodot verzeichnet einen interessanten Einzelfall schon aus dem Ende der 490er Jahre, der auch gerade die heikle Lage der Dichtung erhellt. Die Perser hatten den Ionischen Aufstand, den die Athener trotz ihrem starken Zusammengehörigkeitsgefühl nur pro forma unterstützt hatten, blutig erstickt. Der Dichter Phrynichos nahm die Eroberung von Milet zum Vorwurf für seine Tragödie; aber bei der Aufführung «brachen die Zuschauer in Tränen aus, und die Athener verurteilten ihn zu einer Geldstrafe von tausend Drachmen, weil er, ihrer Meinung nach, ihnen ihr Unglück vorgehalten habe, und sie bestimmten, daß keiner mehr dieses Schauspiel zur Aufführung bringen dürfe» (VI, 21). Das Verbot wird auf die Furcht zurückgeführt, ein Aufpeitschen der Stimmung unter den Athenern gefährde die damals befolgte Politik der Zurückhaltung gegenüber Persien.[500] Nur wenige Jahre später zeugt ein Versuch, außenpolitische Meinungsäußerungen zu lenken, von der entgegengesetzten Einstellung. Nach Plutarch (Aristeides, 10) legte nämlich Aristeides der Volksversammlung den Beschluß nahe, jeden verfluchen zu lassen, der mit den Medern Verhandlungen aufnehme oder den Bund mit den Griechen verlasse. Und in seinem um 380 verfaßten Panegyrikos (157) behauptet Isokrates, dazumal sei noch Brauch gewesen, vor Beginn öffentlicher Versammlungen in Athen den Fluch der Götter auf jeden Mitbürger herabzurufen, der persienfreundliche Vorschläge mache.

Die Bedeutung solcher religiösen Strafe war natürlich allmählich stark verblaßt. Der traditionelle Standpunkt, Bündnisverträge seien als endgültig und unabänderlich zu betrachten, blieb indessen als eine Art konventionelle Regel bestehen.[501] Sie ließ sich nach wie vor relativ weitgehend anwenden, um das freie Wort auf außenpolitischem Gebiet in Schranken zu halten. So heißt es von Kleon, er habe Aristophanes vor den Rat geladen, um ihn wegen des angeblich taktlosen Spottes zur Verantwortung zu ziehen, den er in einer (426 aufgeführten, später verschollenen) Komödie am Verhalten Athens gegen seine Bundesgenossen geübt habe. Allerdings erwuchs nur Kleon selbst Verdruß aus seiner Maßregel: ihm wurde in ein paar folgenden Werken des Autors eine erbarmungslose Behandlung zuteil.[502] Aber die an außenpolitische Verpflichtungen gebundenen Garantien konnten recht fühlbar sein. Der Bündnisvertrag zwischen Athen und gewissen anderen Staaten 377 verbot den Athenern, von ihren Verbündeten Gelder einzutreiben, auf deren Gebiet Kleruchien zu gründen usw. Wer in diesen Punkten Änderungen vorschlug, dem drohte in Athen schlimmstenfalls Verbannung aus dem gesamten Bundesgebiet oder Todesstrafe mit dem Verbot der Bestattung in attischer Erde und bundesgenössischem Gebiet.[503]

Solche strengen Sanktionen wirkten natürlich auf die anderen Kontrahenten, die Athens Zielen mißtrauten, beruhigend. In Wirklichkeit beschnitten sie die Meinungsfreiheit der Athener in Wort und Schrift nur so lange, wie der «auf ewig» geschlossene Vertrag in Kraft war. Überhaupt hatten die das außenpolitische Gespräch begrenzenden Vorschriften nur vorübergehende Tragweite. Als in einer – Demosthenes zugeschriebenen – Rede aus den 320er Jahren angedeutet wird, gewöhnliche Bürger hätten keine Möglichkeit, sich über bestimmte öffentliche Angelegenheiten zu orientieren, werden dabei solche die Isegorie beschneidenden Sonderbestimmungen nicht erwähnt, sondern behauptet, der Rat der Fünfhundert habe mit voller Befugnis das Monopol auf Staatsgeheimnisse.[504]

Geradezu lebensgefährlich konnte es in Athen auch sein, die Verwendung der Gelder aus gewissen Fonds zur Sprache zu bringen. Das erklärt sich daraus, daß der relativ spät entwickelte Staatshaushalt mitunter, zumal in schwierigen Zeitläuften, die Tempelschätze angreifen mußte. Eingriffe in diesem Punkt galten jedoch als Gottlosigkeit. Deshalb hielt man, wenn der Fonds für Polisbedürfnisse beansprucht werden mußte, strenge Vorsichtsmaßnahmen für unerläßlich. Als zum Beispiel bei Beginn des Peloponnesischen Krieges die Athener aus dem Athena-Fonds tausend Talente reservierten, setzten sie zugleich Todesstrafe darauf, falls jemand beantragen oder nur vorbringen sollte, diese Summe anderweitig als nur bei einem Angriff der Feindesflotte auf die Stadt anzutasten (Thukydides, II, 24). Erst fast zwei Jahrzehnte später, nach schweren Mißerfolgen und in großer Notlage, wurde die Verfügung annulliert, so daß von den Geldern neue Schiffe bemannt werden konnten (Thukydides, VIII, 15).

Das einzige Mittel, ohne Gefahr Vorschläge für die Verwendung der Tempelschätze zu machen, war ein spezieller Vordispens von der Strafe, *ádeia,* durch das Plenum der Ekklesia. Dieses komplizierte und feierliche Verfahren befolgte man auch in der Finanzverwaltung im 5. Jahrhundert regelmäßig, als es keinen von den Tempelschätzen gesonderten öffentlichen Fonds gab.[505] Aber auch als es schon durchweg profane Fonds gab, konnten noch in ähnlicher Weise drastische Bestimmungen die Diskussion und das Beschlußrecht beschneiden. So zum Beispiel bei dem etwa Mitte des 4. Jahrhunderts reorganisierten Theorikon-Hilfsfonds. Auf dem Vorschlag, Mittel daraus für andere als die ursprünglichen Zwecke zu bewilligen, stand Todesstrafe. Dieser Fonds war besonders Demosthenes und seinen Parteigenossen ein Dorn im Auge, denn sie fanden die Gelder für Kriegsrüstungen viel nötiger als für Festveranstaltungen. Ihre verkappten und auch direkten Reden, die sie oft vor Gericht zu bringen drohten, führten schließlich zu dem Ergebnis, daß die Theorikon-Zahlungen offenbar für die Dauer des Krieges eingestellt wurden.[506]

Daß man gewisse permanent unabänderlich gedachte Angelegenheiten unter Strafandrohung aus der öffentlichen Diskussion ausschied, war also keineswegs eine ungewöhnliche Maßnahme. Das besagte ja auch die Graphe-paranomon-Satzung. Während sie die Unverletzlichkeit der Staatsverfassung und die «Grundgesetzmäßigkeit» der Arbeitsmethode der Ekklesia und Bule garantierte, beschnitt sie zugleich die Redefreiheit in diesen beiden Organen. Zwar konnte man sich mit Hilfe des Adeia-Verfahrens von Bann und Strafe, sonst die Folgen verbotener Vorschläge, sichern; da dies jedoch, wie gesagt, schwierig und daher ziemlich außergewöhnlich war, blieb die Graphe-paranomon-Satzung durchaus nicht toter Buchstabe, sondern bot dauernd ein Mittel, im Namen der Gesetzmäßigkeit, der Tradition und vor allem des «Staatsinteresses» die Behandlung aller möglichen Dinge zu erschweren. Doch war dies nicht immer katastrophal, sondern oft nur ärgerlich, denn die Strafe konnte zwischen Todesurteil und geringer Geldbuße wechseln. Wie gesagt, diente das Verfahren unter Umständen als Schikanemittel. So rühmte sich im 4. Jahrhundert der Politiker Antiphon, auf Grund des Graphe-paranomon-Verfahrens fünfundsiebzigmal vor Gericht gestanden zu haben, ohne bestraft worden zu sein. Sein Fall war zweifellos ein seltener. Man kennt aus derselben Zeit andere Politiker, denen es glückte, von derlei Rechtshändeln ganz verschont zu bleiben.[507] Die Frage nach der Grenze der Gesetzlichkeit entschied das Dikasterion. Die Geschworenen konnten natürlich ihrer Auslegung einen viel engeren Rahmen geben als der Rat oder der Demos in der Ekklesia. Es sei an das Beispiel erinnert, wo es sich um die Bereicherung der Kriegskasse statt des Theorikon-Fonds handelte.[508]

Die Graphe paranomon konnte nicht ganz verhindern, daß in öffentlichen Reden Neuerungen zur Sprache kamen, deren formeller Vorschlag in der Ekklesia sicher einen Strafantrag zur Folge gehabt hätte. Sogar solch heikle Themen wie eben die Aufhebung des Gesetzes über den Theorikon-Fonds konnte man mündlich ganz offen diskutieren.[509] Aber das Graphe-paranomon-Verfahren hinderte die freie Rede in der Ekklesia. Man empfand es auch, wie Hypereides sagt, als Einschränkung jener Redefreiheit, auf die die Bürger Athens so stolz waren.[510] Paradoxerweise vertraten die Oligarchen in dieser Beziehung einen liberaleren Standpunkt als die Demokraten. Sie hatten ja, als sie den Umsturz 411 vorbereiteten, die Graphe-paranomon-Bestimmungen aufgehoben und sogar jedem, der die freie Antragstellung zu hindern suchte, Strafe angedroht.

Noch ein anderes Verfahren im demokratischen System, um Mitbürger wegen Handlungen zu belangen, die eine politische Meinungsäußerung darstellten, nämlich die Eisangelia-Vorschrift, war während der Regierung der «Vierhundert» und vielleicht auch der «Dreißig» außer Kraft gesetzt. Die bei der zweiten Restauration der Demokratie erfolgte Präzisierung des Eisangelia-Gebietes hat das Durcheinander bei Ausübung des Verfahrens nicht beseitigt. Zur Eisangelia-Anklage griff man in wirklich ernsten wie auch ganz belanglosen Fällen. Jedes ausgesprochene Wort konnte sie schon auslösen. Immerhin dürfte sie die Redefreiheit nicht empfindlich beeinflußt haben.[511]

Das politische System und Männer des öffentlichen Lebens im freien Wort

Trotz fehlenden Garantien und trotz den geschilderten Einschränkungen erstreckte sich die Isegorie in anderen Punkten sehr weit, selbst an den liberalsten Maßstäben der Jetztzeit gemessen. Es zeugte schon von weitgehender Freiheitlichkeit, daß ein aus politischen Gründen gerichtlich belangter Bürger sich selbst und ein Fremder sich durch einen Vertreter öffentlich verteidigen konnte. Aus vielen Quellen weiß man, daß dem Beklagten die freie Rede vor Gericht so ungehindert zustand wie dem Kläger. Seit der sophistischen Ära hatte die durch die neue Redekunst geförderte logische Beweisführung immer mehr die alten, rauhen Methoden des Rechtsverfahrens verdrängt.[512] Und obgleich das Strafsystem im demokratischen Athen in Wirklichkeit wohl nicht so human war, wie man mitunter annimmt[513], deutet nichts darauf hin, daß etwa ein wegen politischer Delikte Beklagter unter Druck gesetzt oder gar gefoltert worden wäre.

Bemerkenswerter noch ist, daß die wegen ihrer Strenge und Unklarheit bedenklichen Gesetze, die ursprünglich die Unverletzlichkeit der religiösen und staatlichen Einrichtungen garantieren sollten, tatsächlich nur ein – sagen wir – Mindestmaß von Loyalität erzwungen haben. Soweit man überhaupt von einer alles «Unathenische» verurteilenden Einstellung sprechen kann, war sie jedenfalls in der zweiten Hälfte des 5. Jahrhunderts gar nicht betont. Der von dem engherzigen Kleon gerügte Hang der Athener zum «Außergewöhnlichen» äußerte sich unter anderem darin, daß mitten im Peloponnesischen Krieg Schauspiele verfaßt und aufgeführt werden konnten, die radikal pazifistisch waren oder sonst die offizielle Tagespolitik offen kritisierten. Aristophanes' kriegsgegnerische Komödien lösten keineswegs einen Rechtsstreit aus. Im Gegenteil: sie weckten Sympathie. «Der Frieden» wurde sogar mit dem ersten Preis ausgezeichnet.[514]

Auch Kritik an staatlichen Einrichtungen und politischen Verhältnissen der Heimatpolis war weitgehend erlaubt. Ein großer Teil des einschlägigen Quellenmaterials, das aus dem Athen der letzten Jahrzehnte des 5. Jahrhunderts und dem folgenden Jahrhundert stammt, steht ja tatsächlich dem «Demokratie» benannten System ablehnend oder geradezu feindlich gegenüber. Von den bekannten Athenern konnten zum Beispiel Aristophanes, Platon, Isokrates sowie von den Fremden Aristoteles ihre abfälligen Ansichten unter dem Publikum oder ihren Schülern verbreiten. Auch Sokrates durfte ein ganzes Menschenalter hindurch seine Lehrtätigkeit ohne erhebliche Behinderung ausüben. Der in der Anklage gegen ihn erhobene Vorwurf, er habe staatliche Einrichtungen Athens kritisiert, ist doch wohl als Ausnahme zu betrachten.[515] Die Duldung negativer Urteile ging so weit, daß man fremde Verhältnisse rühmlicher als die eigenen nennen konnte. So trifft man zuweilen neben der Idealisierung der nahen oder fernen Vergangenheit auch Sympathieäußerungen für Sparta, sogar während des Krieges zwischen Athen und Sparta.

Diese Aufgeschlossenheit unterschied sich aufs schroffste von der Isolierung, durch die Sparta immer noch versuchte, seine Bürger vor geistiger Ansteckung von außen her zu schützen. Demosthenes meint etwas sarkastisch, in Sparta dürfe keiner die Gesetze Athens oder einer anderen fremden Polis loben, sondern nur, was mit der Verfassung des eigenen Landes übereinstimme.[516]

Immer und überall waren Machthaber ängstlich auf Rang und Ehren bedacht, um so mehr, je weniger sie auf die Autorität und Festigkeit ihrer Stellung bauen konnten. Auch in Athen durfte man natürlich weder das Volk und seine Art der Machtausübung noch die für die Regierung verantwortlichen Obrigkeiten unbegrenzt verspotten und schmähen. Doch war in dieser Beziehung die Meinungsäußerung bereits relativ früh so frei, daß sich in späteren Perioden schwerlich eine Entsprechung finden läßt. Schon daß bei Theatervorstellungen – die ja offiziellen Charakter hatten und bei denen außer der athenischen Beamtenschaft oft Vertreter der Bündnisstaaten und ausländische Gesandte zugegen waren – Komödien gegeben wurden, die den Rat, die Gerichte und andere Staatseinrichtungen lächerlich machten, zeugt für weitgespannte Toleranz. Daß jedoch eine Satire, die wie Aristophanes' «Ritter» den Demos selber als einen von Losbohnen sich nährenden, launischen und für Schmeichelei empfänglichen Greis verhöhnt, den ersten Preis erhielt, beweist die erstaunliche Vorurteilslosigkeit der «Theatrokratie».

Der Kritik an Beamten und Männern der Öffentlichkeit hingegen waren offensichtlich gewisse Schranken gesetzt. Nach Plutarch verbot ein solonisches Gesetz nicht nur, einem Toten Böses nachzusagen, sondern auch bei Geldbuße, einen Lebenden in Heiligtümern, vor Gerichten und Behörden sowie bei Kampfspielen zu schmähen (Solon, 21). Ferner weiß man, daß auf Beamtenbeleidigung strenge Strafe stand.

Solche Bestimmungen genügten aber wohl kaum mehr, das freie Wort einzuschränken, nachdem sich die attische Komödie eine Stellung erobert hatte, wie sie in modernen Staaten die politische Presse innehat. Der zwischen der Regierungsautorität und der Parrhesie entstandene Widerstreit wuchs sich bereits in der Ära des Perikles zur Krise aus. Auf den Strategen selbst, seine nächste Umgebung und politische Tätigkeit zielten die Bosheiten zahlreicher Komödiendichter, namentlich des Kratinos. Damals, wahrscheinlich 440/439, beschloß die Ekklesia auf Perikles' eigene Anregung hin, die Redefreiheit der Dramatiker zu beschneiden. Wie dies geschah, weiß man nicht genau, vermutlich durch das Verbot, lebende Persönlichkeiten in erkennbarer Gestalt auf die Bühne zu bringen und der Lächerlichkeit preiszugeben. Die Bestimmung wurde jedenfalls großenteils schon nach wenigen Jahren umgestoßen. In Kraft blieb nur das Verbot, wonach im Schauspiel weder Beamte im allgemeinen angeprangert noch der die Dionysien leitende Archon verspottet werden durften.[517]

Versuche, persönliche Verunglimpfung im öffentlichen Wort zu hindern oder auch nur zu dämpfen, blieben ziemlich wirkungslos. Als Avantgarde des freien Worts in der Politik wählten die Komiker in den letzten Jahrzehnten des 5. Jahrhunderts mit Vorliebe bekannte Mitbürger zur Zielscheibe ihres Spottes. Besonders das fast ganz verlorengegangene Werk des Eupolis enthielt eine Musterlese von «Revolverjournalistik» gegen Staatsmänner.[518] Vor Schmähungen waren Tote ebensowenig sicher wie Lebende. Auch vor Angriffen auf die Beamtenschaft schreckte man nicht zurück.[519] Sie erfolgten bald offen, bald getarnt, ohne Nennung des richtigen Namens. Eine gewisse letzte Scheu läßt sich jedoch immer wieder beobachten.

Pseudo-Xenophon versucht in seinem drastischen Pamphlet (II, 18) zu erklären, wie die Komödie der Haltung der «Volksparteiler» entgegenkommt: zu Opfern der Karikatur wählte man vor allem Reiche oder Adlige, Arme und Volksparteiler dagegen nur wegen Wichtigtuerei und wenn das Volk sich nicht über die Verspottung ärgerte. In Wirklichkeit war aber die sogenannte alte attische Komödie vorwiegend konservativ, neuen Ideen und Lebensformen ebenso abhold wie politischen Emporkömmlingen. Vom Standpunkt der Meinungsbildung hatte sie zweifellos eine gewisse, manchmal offenbar recht nachhaltige Bedeutung. In Platons Apologie des Sokrates (2. Kap.) nennt der Angeklagte als Hauptquelle des Verleumdungsfeldzugs gegen ihn die Voreingenommenheit der Komiker. Man hat das vor allem auf Aristophanes' «Wolken» bezogen, also ein Schauspiel, dessen Aufführung zur Zeit des Prozesses schon fast ein Vierteljahrhundert zurücklag. Es liegt jedoch kein Grund vor, den unmittelbaren Einfluß der Komödie auf das politische Leben zu übertreiben. Die beißende Satire auf Kleon in Aristophanes' preisgekrönten «Rittern» verhinderte zum Beispiel nicht, daß er bald nach der Aufführung aus der Strategenwahl siegreich hervorging.[520]

Nicht lange darauf, zu Beginn des 4. Jahrhunderts, wandelte sich der Charakter der Komödie, und zugleich verlor sie an Interesse als politisches Phänomen. Doch war es ihr inzwischen gelungen, der niedrigen, unflätigen und entstellenden Invektive im öffentlichen Leben den Weg zu bereiten. Zumal wer von der Politik lebte, bediente sich in weitem Ausmaß der persönlichen Verdächtigung und Schmähung. Das gab dem ganzen sogenannten Jahrhundert der Rhetoren sein Gepräge. In den zahllosen politischen Prozessen, für die Athen berüchtigt wurde, gediehen Denunziation und Verleumdung als tägliche Äußerungen der Isegoria. Neben den großen Rhetoren, die sich durchaus nicht scheuten, ihrer Rhetorik hohen Stils auch dieses aggressive Element einzuverleiben, wirkten auf einer niedrigeren Ebene Volksaufwiegler und Sykophanten. Letztere nannten sich selbst zuweilen «Hunde des Volkes», die angeblich gierige Wölfe fernhalten mußten. Sie verlegten sich mit Vorliebe auf Ausspionieren und Denunzieren ihrer Mitbürger, besonders der reichen.[521] Vergeblich sucht man in all diesen Erscheinungen nach dem von Perikles gepriesenen Prinzip des Nichteinmischens.

In der Ekklesia und den Gerichten war infolgedessen, ebenso wie in den Theatern, persönlicher Anschuldigung und Verleumdung Tür und Tor geöffnet. In einem modernen Staat hätte dies zu endlosen Klagen, Vorladungen und Prozessen geführt. Im alten Athen hingegen gingen auch die wüstesten Schmähungen durch, ohne einen Prozeß auszulösen. Daß die Athener öffentliche Beleidigungen duldeten, entsprang nicht etwa einer fanatischen Liebe zur Redefreiheit. Wir sahen sie ja in anderen Punkten bereit, ihre Isegorie recht radikal zu beschränken. Auch stützt nichts die Annahme, daß sie ungehinderte Verlästerung als unzertrennlich von ihrem System der Demokratie betrachtet hätten.

Die eigentliche Erklärung liegt anderswo. Zunächst wichen die Ehrbegriffe der Griechen wesentlich von denen des modernen Abendlandes ab. Den Begriff Ehrbeleidigung gab es überhaupt nicht.[522] Darum richtete sich die Reaktion auf öffentliche Beleidigungen nach anderen Gesichtspunkten als dem des verletzten Schamgefühls. Es besteht ein Hypothese, daß persönliche Schmähung von der Bühne her geradezu eine Befriedigung für die «pathologische hellenische Ruhmsucht» sein konnte.[523] So wird erzählt, während der ganzen Aufführung von Aristophanes' Komödie

«Die Wolken», in der Sokrates und seine Denkerwerkstatt massiv verspottet werden, habe sich der Philosoph erhoben, damit das Publikum ihn mit der persiflierten Gestalt vergleichen könne.[524]

Solche Haltung brauchte jedoch keine Duldung der Parrhesie in diesen Formen zu bedeuten. Deshalb empfand Platon es offenbar gar nicht als Widerspruch, wenn er gerade Sokrates in der Politeia (387c–392c) den Gedanken entwickeln läßt, man solle in den Werken der Dichter alle Stellen streichen, wo ausgezeichnete Männer als unwürdig hingestellt werden.

SUPREMATIE DES GESETZES

In der allegorischen Darstellung von Entstehung, Wachstum und Untergang der Freiheit, die der Athener in Platons Nomoi gibt, heißt es, ein dem Endpunkt seines Weges zur Freiheit nahes Volk versuche, den Zwang der Gesetze abzuschütteln. Und diese Phase entspricht jener, die Platon schon in seiner Politeia als charakteristisch für die Demokratie skizziert hatte: wo alles «voll Freiheit ist» und die Bürger sich auch um die Gesetze, ob geschriebene oder ungeschriebene, gar nicht kümmern. Die Auffassung, Mangel an Ehrfurcht vor dem Gesetz oder direkte Verachtung des Gesetzes sei etwas typisch Demokratisches, erwies sich als sehr zählebig. Sie bildet auch in Aristoteles' Schriften eine der wichtigsten Grundlagen seiner Klassifikation der verschiedenen Gattungen Demokratie. Dadurch hat er auch in späteren Zeiten, bis in unsere Tage, das Bild von der athenischen Volksherrschaft als «äußerster Demokratie» stark beeinflußt.

Aristoteles' Schema von der chronologischen und «konsequenten» Entwicklung der Volksherrschaft ist das folgende (Politik, 1292b–1293a). Zunächst: die Herrschaft kann den ackerbautreibenden und mäßig begüterten Klassen anvertraut werden, jedoch so, daß auch jeder andere Bürger an der Regierung teilnehmen darf, sobald er die Zensusbedingungen erfüllt. Die Vollbürger können von ihrer Arbeit leben, haben aber nicht viel Muße für öffentliche Aufgaben.

Deshalb halten sie nur die notwendigste Zahl Volksversammlungen ab und erkennen das Gesetz als souverän, *kýrion,* an. Wo die zweite Form der Demokratie herrscht, ist einwandfreie Abstammung Voraussetzung für die Ausübung der bürgerlichen Ehrenrechte. In der Praxis nimmt jedoch nur, wer die nötige Muße dazu hat, an der Polisregierung teil. Daher ist auch in einer solchen Demokratie das Gesetz souverän. In der nächsten Gattung werden die politischen Rechte allen frei geborenen Bürgern verliehen. Die Armen machen von diesen ihren Rechten keinen Gebrauch, folglich herrscht auch in diesem System das Gesetz. Der letzte, vierte Grad entwickelt sich, wo die Bevölkerung stark angewachsen ist und eine Fülle von öffentlichen Mitteln zur Verfügung steht. Die Misthos-Besoldungen erlauben auch den Ärmsten politische Aktivität. In der Praxis neigen die untersten Volksschichten noch mehr zu Müßiggang als die übrigen; die Reichen bleiben dagegen Ekklesia-Versammlungen und Gerichtssitzungen oft fern. Unter diesen Umständen ist die Herrschaft an die Masse der Armen übergegangen, also ist das Gesetz nicht mehr souverän.

In einem anderen Zusammenhang (Politik, 1292a) legt Aristoteles etwas genauer dar, was seiner Meinung nach diese äußerste und korrupte Phase von den anderen Formen der Demokratie unterscheidet. In der Demokratie, wo es nach dem Gesetz zugeht, gebe es keine Demagogen, behauptet er. Wo die Gesetze keine souveräne Stellung haben, führen die Demagogen, und dort wird das Volk zum Alleinherrscher. Die Demokratie wandelt sich in Despotie, ähnlich der Tyrannis eines Einzelnen. Die Volksführer überantworten alle Fragen der Entscheidung des Demos, und auch die Autorität der Behörden wird in den Augen des Volks zersetzt. Die Volksversammlungsbeschlüsse, Psephismata, erhalten den Vorrang über die Gesetze, Nomoi. Die Souveränität der Beschlüsse tritt an Stelle der Souveränität der Gesetze.

Aristoteles geht von seinem oft wiederholten Grundsatz aus, Suprematie des Gesetzes sei das Kennzeichen eines guten Staates. Für ihn ist das Gesetz das von einem unpersönlichen Gesetzgeber geschaffene Produkt der reinen, begierdelosen Vernunft, das sich in gewisser Weise unwandelbar erhalten könne und müsse (vgl. zum Beispiel Nikomachische Ethik, 1134a, 1137b, und Politik, 1287a). Wie konsequent er seine Opposition gegen die Gesetzgebung durch Mehrheitsbeschluß durchzuführen gewillt ist, wird nicht ganz klar.[525] Er erwähnt ja auch nicht das Nomothesia-Verfahren. Mehr Gewicht hat jedoch in diesem Zusammenhang seine Behauptung, in der äußersten – von Athen repräsentierten – Demokratie breche das Volk mit seinen Beschlüssen willkürlich die Gesetze.

Er vermeidet aber, das Volk selbst, den Vertreter kollektiver Weisheit, zum Sündenbock zu stempeln, und beschuldigt in erster Linie die Aufwiegler. Doch zeugt nichts dafür, daß gerade die Anhänger des demokratischen Systems im allgemeinen oder wenigstens die Demagogen für sich anders über Ursprung und Heiligkeit des Gesetzes gedacht hätten als Aristoteles. Auch sie ordneten ja gerne die Gesetze einem weisen Urheber, wie Kleisthenes oder Solon, sogar Drakon, zu. So zum Beispiel bei der allgemeinen Gesetzesrevision während der zweiten Restauration der Demokratie. Die Führer der Demokraten bedienten sich auch in ihren Erläuterungen zur Stellung des Gesetzes ganz ähnlicher Redewendungen wie die Kritiker der Volksherrschaft. Perikles betont in seiner Leichenrede (Thukydides, II, 37) den Gehorsam der Athener gegen die Gesetze und die Obrigkeit, namentlich gegen die, wenn auch ungeschriebenen, Gesetze zum Schutze der Gekränkten. Viele Stellen aus den Reden von Politikern des folgenden Jahrhunderts, wie Aischines, Demosthenes, Lykurg und Hypereides, beweisen, welch großes Gewicht man immer noch auf die Ehrfurcht vorm Gesetz legte.[526] Aischines behauptet sogar, in der Tyrannis und der Oligarchie herrsche die Willkür der Regierung, in der Demokratie hingegen bestimmten die Gesetze. Und in einer wahrscheinlich von dem Metöken-Logographen Lysias verfaßten Rede wird die athenische Demokratie als ein System gepriesen, in dem das Gesetz als König und die Vernunft als Lehrmeister eingesetzt sind.[527]

Solch positive Versicherungen über die Ehrfurcht vor dem Gesetz und die Suprematie des Gesetzes im Munde von Demagogen sagen natürlich ebensowenig über die wirklichen Verhältnisse aus wie negative Äußerungen in den Schriften von Kritikern des demokratischen Systems. Sie zeigen lediglich, daß trotz den neuen Strömungen, welche die traditionellen Werte zersetzt hatten, im Lager der sogenannten Demokraten jene auch bei der Gegenseite geschätzten Losungen keineswegs abgelehnt wurden. Auch hatte man keine der Parolen vom Recht des Volkes, zu tun, was es wolle, akzeptiert. Der aus Platons und Aristoteles' Schilderungen sich ergebende Eindruck, die Geringschätzung der Gesetze habe gleichsam zur Grundhaltung der Demokraten gehört, kann demnach nicht zutreffend sein.

Aber im Lichte der überlieferten Nachrichten über die athenischen Verhältnisse erscheint die Kritik doch nicht ganz unbegründet. Platon selbst vermag an Beispielen, wie Umgehung der Eignungsvorschriften für Beamte oder Vernachlässigung einer Urteilsvollstreckung (Politeia, 557e–558a) oder gar der Annullierung eines im Prinzip unwiderruflichen Gerichtsbeschlusses[528], zu beweisen, wie das Gesetz in der Demokratie mißachtet wird. Ebenso findet sich für Aristoteles' Behauptung eine gewisse Stütze in der politischen Praxis Athens. Die Ekklesia erlaubte sich ja manchmal gesetzwidrige Psephismata, sogar ohne sich um den Einspruch des Rats zu kümmern. Die große Anzahl gesetzwidriger Beschlüsse ist kein Beweis für fehlende Kontrolle, sondern für die Schwäche des Systems. Wenn eine Graphe-paranomon-Klage zu einem Prozeß führte, scheute sich das geheim abstimmende Gericht allerdings nicht, den Ekklesia-Beschluß umzustoßen; wenn aber eine Ansicht die Zustimmung aller Bürgerkreise fand oder alle eines Sinnes waren, konnte es sein, daß der Demos in der Heliaia gar nicht zu verhindern wünschte, daß das gesetzwidrige Psephisma des Demos in der Ekklesia rechtskräftig wurde.[529]

Trotz allem wurden die durchs Gesetz gezogenen Grenzen während Athens demokratischer Periode ziemlich konsequent respektiert. In normalen Verhältnissen wurde die Souveränität des Volkes weder in der Praxis noch im Prinzip auf verbotene Gebiete ausgedehnt. Nur unter Zuhilfenahme des komplizierten Adeia-Verfahrens konnte man ausnahmsweise Vorschläge über Dinge machen, die durch Tradition als unabänderlich und unwiderruflich gestempelt waren. In bezug auf sie war ja die Redefreiheit reduziert oder zum mindesten das normale Initiativrecht aufgehoben. Daß die Gesetzgebung trotzdem zur Anpassung an die neuen Verhältnisse gezwungen war, konnte auch Aristoteles nicht fremd sein. Seine sehr subjektive Rubrizierung der Entwicklungsphasen der Demokratie ist ja auch stark durch politische Gesichtspunkte beeinflußt. Das wird noch augenfälliger, wenn man die Athenaion Politeia einbezieht, die nach weitverbreiteter Ansicht von ihm verfaßt oder eine Niederschrift seiner Vorlesungen ist. Hier wird nämlich unter Berufung auf oligarchische Quellen behauptet, die Ereignisse von 411 bedeuteten keine Revolution, sondern eine legitime Umgestaltung.[530] Doch hatte, wie gesagt, zu den ersten Maßnahmen der Oligarchen die Aufhebung der Graphe-paranomon-Vorschrift gehört, die als Garantie der Verfassung und Gesetzmäßigkeit gedacht war. Zu einer entsprechenden Maßregel schritt man während der Demokratie nicht. Nur in solch aufgepeitschter Stimmung wie nach der Seeschlacht bei den Arginusen, als man die Strategen verurteilen wollte, konnte das Volk das Recht verlangen, ohne Rücksicht auf die Gesetze handeln zu dürfen.

Der konservative Platon hatte sich bei seinen Schlußfolgerungen von der Befürchtung leiten lassen, daß nun, da die Ehrfurcht vor dem ungeschriebenen Gesetz, die dem «heroischen Zeitalter der attischen Demokratie» eigen gewesen, erloschen war, die Freiheit allen geschriebenen Gesetzen zum Trotz in Ungesetzlichkeit ausarten würde.[531] Außer in Kreisen, die zur Idealisierung spartanischer Zustände neigten, war nicht viel von derlei Bedenken zu spüren, zumal nachdem die zweite Restauration der Demokratie mit ihrem gewissenhaft befolgten Amnestiegesetz dem politischen Leben Athens einen dauerhaften Rahmen geliefert hatte. Platons Schüler Aristoteles hingegen stützte sich auf gewisse Vorstellungen aus früheren politischen Kampfzeiten von der «Verfassung der Vorväter», um seine Theorie vom Verfall der Demokratie zu entwickeln. Daß er die korrupte Form der Demokratie in Athen findet, entspricht offenbar nicht der Überzeugung seiner meisten

Zeitgenossen, noch viel weniger deren allgemeinem Sprachgebrauch. Jenes politische System, das sich im Perikleischen Zeitalter stabilisiert hatte und sich nach den Unruhen vom Ende des 5. Jahrhunderts aufrechterhielt, bis eine äußere Macht auch in Athens innere Verhältnisse eingriff, war Demokratie ohne weitere Attribute. Nur diese Form hatte in Athen wirklich Recht auf die Bezeichnung «Demokratie», während die Variationen – die man als «echte» Formen der Demokratie hinstellen wollte – im Grunde Entstellungen waren.

HINWEISE UND ANMERKUNGEN

ZUR EINLEITUNG

[1] Vgl. jedoch Jørgen Jørgensens Beitrag in der von Richard McKeon und Stein Rokkan herausgegebenen Schrift Democracy in a World of Tensions. A Symposium prepared by Unesco (Paris 1951), 112. Jørgensen sieht in dieser vielfältigen Anwendung des Wortes «Demokratie» Ausdrücke für die verschiedenen Aspekte, unter denen die Mitglieder einer Gemeinschaft einander gleich gemacht werden können.

[2] Vgl. Alf Ross' Beitrag ebd. bes. 364.

[3] Siehe T. D. Weldon, The Vocabulary of Politics (London 1953), bes. 17f.

[4] Analytical Survey of Agreements and Disagreements von Arne Naess und Stein Rokkan; Beitrag in obenerwähnter Unesco-Veröffentlichung, 471–472.

[5] Maurice Cranston, Freedom. A New Analysis (London u. aaO. 1953), 109–110.

[6] Alf Ross, ebd. 365. Über diese Fragen vgl. auch Hans Kelsen, Vom Wesen und Wert der Demokratie (2. umgearb. Aufl., Tübingen 1929).

[7] Weldon, ebd. 28–29.

[8] Vgl. Weldon, ebd. 36.

[9] R. R. Palmer, Notes on the Use of the Word «Democracy» 1789–1799 (Political Science Quarterly, Vol. 68, 1953, No. 2), 204.

[10] Hierüber bes. Albert Debrunner, *ΔΗΜΟΚΡΑΤΙΑ* (Festschrift für Edouard Tièche, Bern 1947), 11–24; ferner z.B. J.L. Myres, The Political Ideas of the Greeks (London 1927), 38–40; G. Glotz, La cité grecque (Paris 1928), IX, Anm. 1, 14, Anm. 6, 39, 58–59; Ernest Barker, The Politics of Aristotle (verb. Aufl., Oxford 1948), LXV u. LXVI; T. A. Sinclair, A History of Greek Political Thought (London 1952), 15.

[11] Z. B. Cranston, ebd. 109–110.

[12] Siehe z. B. Friedrich Warncke, Die demokratische Staatsidee in der Verfassung von Athen (Würzburg 1951), 38.

[13] Z. B. Maurice Duverger sagt in Les régimes politiques (2. Aufl., Paris 1951), 15: «En tout état de cause, d'ailleurs, on n'oubliera point que les prétendues démocraties antiques n'avaient de démocraties que le nom.» Vgl. auch G. C. Field, Political Theory (London 1963), 275–291, und Herbert Tingsten, Demokratiens problem (2. Aufl., Stockholm 1961), 20.

RAHMEN DES STAATES UND DES VOLKES BEI DEN GRIECHEN

Stadtstaat und Staatsbürger

[14] Sinclair, A History of Greek Political Thought, 7.

[15] George H. Sabine, A History of Political Theory (3. durchges. u. erweit. Ausgabe, London u. aaO. 1951), 29.

[16] Glotz, La cité grecque, 28f.

[17] H. D. Kitto, The Greeks (London u. aaO. 1954), 66.

[18] Für dieses Werk dienten als Quellen folgende Übersetzungen von Aristoteles' Politik: Olof Gigon, Politik und Staat der Athener (Zürich 1955); Eugen Rolfes, Politik (Hamburg 1958); Barker, The Politics of Aristotle.

[19] Sinclair, ebd. 6.

[20] Sinclair, ebd. 21, 161.

[21] Egon Friedell, Kulturgeschichte Griechenlands (Basel 1949), 18, 93.

Traditionelle staatliche Institutionen

[22] Glotz, La cité grecque, 26–27; Myres, The Political Ideas of the Greeks, 40f.

[23] Vincenzo Costanzi, Le costituzioni di Atene e di Sparta (Bari 1927), 8–10; Glotz, ebd. 58–66; Gustave Glotz avec la collaboration de Robert Cohen, Histoire grecque, I. Des origines aux guerres médiques (4. Aufl., Paris 1948), 129–130; T. R. Glover, Democracy in the Ancient World (Cambridge 1927), 16–17.

[24] Glotz, ebd. 94–98.

[25] Paul Cloché, La démocratie athénienne (Paris 1951), 10–11; Glotz, ebd. 130; Glotz und Cohen, ebd. I, 245.

[26] Costanzi, ebd. 8–9, 16–18; Glotz, ebd. 24–25, 54–58; Jean Hatzfeld, Histoire de la Grèce ancienne (3. durchges. u. verb. Aufl., Paris 1950), 43–44.

[27] Costanzi, ebd. 9–10, 16–18, 36–38; Glotz, ebd. 24–25, 54–58, 99–103; Cloché, ebd. 4, 187.

[28] Glotz, ebd. 103–116; Glotz und Cohen, ebd. I, 398.

Bevölkerung und Abgrenzung der Staatsbürgerschaft

[29] Sinclair, A History of Greek Political Thought, 15.

[30] Kitto, The Greeks, 44.

[31] Hatzfeld, Histoire de la Grèce ancienne, 96; Will Durant, The Life of Greece (The Story of Civilisation II, New York 1939), 305ff. Siehe auch Fustel de Coulanges, La cité antique (26. Aufl., Paris 1920), 94.

[32] Glotz, La cité grecque, 285, 291, 304–306; Durant, ebd. 279–280.

[33] Glotz, ebd. 150; Glotz und Cohen, Histoire grecque, I, 430f.;

C. Hignett, A History of the Athenian Constitution to the End of the Fifth Century B.C. (Oxford 1952), 87f., 106, 316f.

34 Hatzfeld, ebd. 86–87.

35 Barkers Vorwort in The Politics of Aristotle, LVII.

36 Barkers erw. Schrift, XXI.

37 Glotz, ebd. 414; Gustave Glotz avec la collaboration de Robert Cohen, Histoire grecque, III. La Grèce au IVe siècle: La lutte pour l'hégémonie (404–336) (Paris 1936), 375–377.

38 Zu berücksichtigen wären auch die politischen Dialoge des Aristoteles, von denen wir allerdings nicht viel mehr wissen, als daß sie im wesentlichen Platons Gedankenrichtung folgten. – Arturo Beccari, Il pensiero politico classico (Milano 1949), 99f.

39 Barker, ebd. LVII; Beccari, ebd. 37; Sinclair, ebd. 78.

40 Hatzfeld, ebd. 145.

41 A.W. Gomme, The Population of Athens in the Fifth and Fourth Centuries B.C. (Oxford 1933), Tab. 26.

42 Gustave Glotz avec la collaboration de Robert Cohen, Histoire grecque, II. La Grèce au Ve siècle (Paris 1931), 226f.

43 Gomme, ebd. 18–19, 22f.; Glotz und Cohen, ebd. II, 222; Gustave Glotz, Pierre Roussel und Robert Cohen, Histoire grecque, IV. Alexandre et l'hellénisation du monde antique. 1. Alexandre et le démembrement de son empire (Paris 1938), 327; A.H.M. Jones, Athenian Democracy (Oxford 1957), 16–17.

44 Hatzfeld, ebd. 145–146.

45 Jones, ebd. 10–11, 14–17, 19–20; Glotz und Cohen, ebd. II, 261f.; Friedell, Kulturgeschichte Griechenlands, 196f.; Durant, ebd. 278–279; Kitto, ebd. 132f.

46 Glotz, ebd. 308f.; Glotz und Cohen, ebd. II, 251f.; Durant, ebd. 277–278.

47 Fustel de Coulanges, ebd. 226ff.

48 Costanzi, ebd. 24.

49 Über die erste Berechnung siehe Glotz und Cohen, ebd. II, 225f.; über die letztere Gomme, ebd. 19–20, 26.

50 Glotz und Cohen, ebd. II, 222; Glotz, Roussel und Cohen, ebd. IV: 1, 327; Gomme, ebd. 18–19.

51 Glotz, ebd. 316f., 417f.; Glotz und Cohen, ebd. II, 229f; Cloché, La démocratie athénienne, 206.

52 Glotz, ebd. 32–33.

53 Gomme, ebd. siehe vor allem Tab. 26; Glotz und Cohen, ebd. II, 222–225; Cloché, ebd. 146, 209.

54 Gomme, ebd. 37–48.

55 Friedell, ebd. 119–120; Durant, ebd. 276ff.; Jones, ebd. 10–11.

DIE SUCHE NACH DEN URSACHEN UND DEN GRÜNDERN DER ATHENISCHEN DEMOKRATIE

Soziale Spannung und Entstehung des geschriebenen Gesetzes

[56] SINCLAIR, A History of Greek Political Thought, 115–117.

[57] Die Zitate aus der deutschen Übersetzung von FRIEDRICH SCHLEIERMACHER (Hamburg, Rowohlt, 1962).

[58] SINCLAIR, ebd. 11, 23 f.; HIGNETT, A History of the Athenian Constitution to the End of the Fifth Century B.C., 47.

[59] Als Quelle diente die von ERNST KALINKA herausgegebene, übersetzte und mit Erklärungen versehene Pseudoxenophontische *ΑΘΗΝΑΙΩΝ ΠΟΛΙΤΕΙΑ* (Leipzig und Berlin 1913).

[60] GLOTZ, La cité grecque, 122–123, 451, 456.

[61] GLOTZ und COHEN, Histoire grecque, I, 122–124, 218–219; SINCLAIR, ebd. 16–17.

[62] GLOTZ und COHEN, ebd. I, 238–242, 416f.; GLOTZ, ebd. 123–126; FUSTEL DE COULANGES, La cité antique, 218–219, 375–377.

[63] GLOTZ und COHEN, ebd. I, 420–424; HIGNETT, ebd. 5, 305 f.

[64] GLOTZ und COHEN, ebd. I, 403–406.

[65] HIGNETT, ebd. 99–101; GLOTZ und COHEN, ebd. I, 414–416.

Der «demokratisch gesinnte» Solon

[66] GLOTZ, La cité grecque, 127; GLOTZ und COHEN, Histoire grecque, I, 239, 273; KATHLEEN FREEMAN, Greek City-States (New York 1950), 196–197.

[67] HIGNETT, A History of the Athenian Constitution to the End of the Fifth Century B.C., 86–89, 316–321; GLOTZ und COHEN, ebd. I, 425–429.

[68] HIGNETT, ebd. 106.

[69] GLOTZ und COHEN, ebd. I, 432–434.
Als Quellen wurden benutzt ARISTOTE, Constitution d'Athènes, herausgegeben und übersetzt von GEORGES MATHIEU und BERNARD HAUSSOULLIER (Paris 1922); OLOF GIGON, Staat der Athener (Zürich 1955).

[70] SINCLAIR, A History of Greek Political Thought, 23–24.

[71] GLOTZ und COHEN, ebd. I, 435–437; HIGNETT, ebd. 88.

[72] HIGNETT, ebd. 98–102, 118; CLOCHÉ, La démocratie athénienne, 5; GLOTZ und COHEN, ebd. I, 437. Vgl. auch FUSTEL DE COULANGES, La cité antique, 312–313.

[73] Wie verschieden diese Worte in der heutigen Sprache wiedergegeben werden können, ergibt ein Vergleich folgender Übersetzungen: PLUTARCH, Große Griechen und Römer, I, eingeleitet und übersetzt von KONRAT ZIEGLER (Zürich/Stuttgart 1954), 231; GLOTZ und COHEN, ebd. I, 436; HIGNETT, ebd. 96; BARKER, The Politics of Aristotle, 89, Anm. 1.

[74] Hignett, ebd. 79, 96–97; Glotz und Cohen, ebd. I, 439; Hatzfeld, Histoire de la Grèce ancienne, 88.

[75] Glotz und Cohen, ebd. I, 439–440; Hignett, ebd. 97.

[76] Costanzi, Le costituzioni di Atene e di Sparta, 70.

[77] Hignett, ebd. 97–98.

[78] Hignett, ebd. 79–84, 92–96; Glotz und Cohen, ebd. I, 438–439.

[79] Hignett, ebd. 78–79, 321–326; Glotz und Cohen, ebd. I, 437–438.

[80] Hignett, ebd. 91–92, 98–99.

[81] Alexander Fuks, The Ancestral Constitution. Four Studies in Athenian Party Politics at the End of the Fifth Century B.C. (London 1953), 14f.

Das «demokratische Ideal» im Zeitalter der Tyrannis

[82] Hignett, A History of the Athenian Constitution to the End of the Fifth Century B.C., 26–27.

[83] Hignett, ebd. 108–112; Glotz und Cohen, Histoire grecque, I, 443–444; Cloché, La démocratie athénienne, 8–9.

[84] Durant, The Life of Greece, 121.
Siehe auch Glotz, La cité grecque, 132; Glotz und Cohen, ebd. I, 449–451, 458–462; Hignett, ebd. 113–115.

[85] Glotz und Cohen, ebd. I, 466.

[86] Hignett, ebd. 115–123; Glotz und Cohen, ebd. I, 448–449, 451.

[87] Glotz und Cohen, ebd. I, 449, 461–466.

[88] Durant, ebd. 123.

Kleisthenes – «Begründer der Demokratie»

[89] Glotz und Cohen, Histoire grecque, I, 466.

[90] Glotz, La cité grecque, 138. Vgl. auch Glover, Democracy in the Ancient World, 49.

[91] Cloché, La démocratie athénienne, 18.

[92] Hignett, A History of the Athenian Constitution to the End of the Fifth Century B.C., 331–336.

[93] Hignett, ebd. 126–128, 128, Anm. 3, 146–147; Glotz und Cohen, ebd. I, 467–468.

[94] Cloché, ebd. 18.

[95] Durant, The Life of Greece, 124.

[96] Hignett, ebd. 125–128.

[97] Hignett, ebd. 47, 50, 55–60, 119f., 129f., 132–145.

[98] Hignett, ebd. 59–60.

[99] Glotz und Cohen, ebd. II, 235.

[100] Glotz und Cohen, ebd. II, 230–231.

[101] Durant, ebd. 124–125.

[102] Hignett, ebd. 157, 394–395.

103 GLOTZ und COHEN, ebd. I, 476–477; HIGNETT, ebd. 146, 153–156; J. A. O. LARSEN, Representative Government in Greek and Roman History (Berkeley und Los Angeles 1955), 15–17.

104 Über diese Fragen siehe u. a. FUSTEL DE COULANGES, La cité antique, 212–213, 216–217 sowie 213, Anm. 1; JAMES WYCLIFFE HEADLAM, Election by Lot at Athens (von D. C. MACGREGOR durchgesehene 2. Aufl., Cambridge 1933), 1–40; GLOTZ, ebd. 244 f.; COSTANZI, Le costituzioni di Atene e di Sparta, 36–38, 73; CLOCHÉ, ebd. 25; HIGNETT, ebd. 321–326.

105 Als Quelle diente HIERONYMUS MÜLLERS deutsche Übersetzung von PLATONS Nomoi (Hamburg, Rowohlt, 1962) und die von ANTONINO CASSARÀ besorgte italienische Übersetzung PLATONE, Le leggi (durchgesehene 2. Aufl., Padua 1947).

106 So z. B. GLOTZ und COHEN, ebd. I, 477; vgl. auch BARKERS Vorwort zu The Politics of Aristotle, LXVII–LXVIII, und SINCLAIR, A History of Greek Political Thought, 213, Anm. 1, und 280, Anm. 1.

107 HIGNETT, ebd. 149–151, 155–156; GLOTZ und COHEN, ebd. I, 476–477.

108 HIGNETT, ebd. 151–155, 156; GLOTZ und COHEN, ebd. I, 476, 477–478.

109 HIGNETT, ebd. 145–146, 166, 169–173.

110 GLOTZ, ebd. 144, 246; GLOTZ und COHEN, ebd. I, 472–473; HIGNETT, ebd. 134–138.

111 HIGNETT, ebd. 205–208.

112 HIGNETT, ebd. 208.

113 HIGNETT, ebd. 203–205.

114 J. A. O. LARSEN, Cleisthenes and the Development of the Theory of Democracy at Athens (in dem Sammelband Essays in Political Theory Presented to GEORGE H. SABINE, redig. von MILTON R. KONVITZ und ARTHUR E. MURPHY, Ithaca, New York 1948), 8–12; DEBRUNNER, *ΔΗΜΟΚΡΑΤΙΑ*, bes. 21–22; etwas anders VICTOR EHRENBERG, Origins of Democracy (Historia I, 1. Jg. 1950, 515–548); siehe auch SINCLAIR, ebd. 39.

115 LARSEN, ebd. 13–14.

116 FUKS, The Ancestral Constitution, 9–11, 111–112; WERNER JAEGER, Paideia. Die Formung des griechischen Menschen, III (2. Aufl., Berlin 1955), 177–180.

117 SINCLAIR, ebd. 35 und 39.

118 MYRES, The Political Ideas of the Greeks, 214.

119 Vgl. HIGNETT, ebd. 142.

Politische Neuerungen und Änderungen

120 HIGNETT, A History of the Athenian Constitution to the End of the Fifth Century B.C., 156.

121 GLOTZ, La cité grecque, 198 f.; CLOCHÉ, La démocratie athénienne, 27–28, 43; GLOTZ und COHEN, Histoire grecque, I, 478; HIGNETT, ebd. 164–166.

[122] DURANT, The Life of Greece, 125.
[123] HIGNETT, ebd. 159–164, 182–186.
[124] HIGNETT, ebd. 395.
[125] GLOTZ und COHEN, ebd. II, 53, 122–123, 127–128, 137, 186–187.
[126] GLOTZ, ebd. 198–203; GLOTZ und COHEN, ebd. II, 280 und 674.
[127] GLOTZ und COHEN, ebd. II, 52–53; HIGNETT, ebd. 173 f., 321–326; s. auch HEADLAM, Election by Lot at Athens, 79 f., 184–185.
[128] HIGNETT, ebd. 182–189.
[129] HIGNETT, ebd. 170–173, 175–176, 187–188, 244–249, 347–356.
[130] GLOTZ und COHEN, ebd. II, 238, 241, 296–297.
[131] GLOTZ, ebd. 146; GLOTZ und COHEN, ebd. II, 131–137; CLOCHÉ, ebd. 70–72; HIGNETT, ebd. 193–198, 337–341.
[132] Als Quelle diente die von GEORGE NORLIN besorgte Ausgabe mit englischer Übersetzung ISOCRATES, I (London and New York 1938).
[133] HIGNETT, ebd. 200–201.
[134] GLOTZ und COHEN, ebd. II, 138–139; HIGNETT, ebd. 198–200.
[135] HIGNETT, ebd. 205–208.
[136] HIGNETT, ebd. 203–205; GLOTZ und COHEN, ebd. II, 289.
[137] HIGNETT, ebd. 202–203.
[138] HIGNETT, ebd. 167, 209–213, 275, 357; GLOTZ und COHEN, ebd. II, 140.
[139] GLOTZ, ebd. 209 f.; CLOCHÉ, ebd. 74, 214–215; UGO ENRICO PAOLI, La sauvegarde de la légalité dans la démocratie athénienne (Festschrift Hans Lewald, Basel 1953), 138–139.
[140] GLOTZ und COHEN, ebd. II, 278–279; HIGNETT, ebd. 210–213.

GESTALTUNG, AUSBREITUNG UND FESTIGUNG DER ATHENISCHEN DEMOKRATIE

Das Perikleische Zeitalter

[141] GLOTZ und COHEN, Histoire grecque, II, 140.
[142] LÉON HOMO, Périclès (Paris 1954), z. B. 98 und 124.
[143] HIGNETT, A History of the Athenian Constitution to the End of the Fifth Century B.C., 342–343; HOMO, ebd. 109; E. M. WALKER in dem Werk The Cambridge Ancient History, V (Cambridge 1927), 101.
[144] HIGNETT, ebd. 216–219.
[145] DURANT, The Life of Greece, 249; GLOTZ und COHEN, ebd. II, 333.
[146] HIGNETT, ebd. 219.
[147] GLOTZ und COHEN, ebd. II, 141–142, 345–346, 373–374; HOMO, ebd. 109–110; HIGNETT, ebd. 220.
[148] JONES, Athenian Democracy, 136, Anm. 9.
[149] HIGNETT, ebd. 220–221.

150 Als Quelle diente PLATON, Sämtliche Werke I, in der Übersetzung von FRIEDRICH SCHLEIERMACHER, hrsg. von WALTER E. OTTO, ERNESTO GRASSI, GERT PLAMBÖCK (Hamburg 1957).

151 JONES, ebd. 5–6, 19.

152 GLOTZ und COHEN, ebd. II, 131, 199f., 242–244; HIGNETT, ebd. 225–226; JONES, ebd. 7.

153 GOMME, The Population of Athens in the Fifth and Fourth Centuries B.C., 26; GLOTZ und COHEN, ebd. II, 243; JONES, ebd. 8–9.

154 GLOTZ, La cité grecque, 103–116.

155 HIGNETT vertritt diese Auffassung ebd. 227. Er scheint jedoch in anderen Zusammenhängen, z.B. ebd. 150 und 237, die Zuverlässigkeit der Angaben, wonach die Ratsmitglieder aus erwählten Kandidaten erlost wurden, zu bejahen.
Vgl. GLOTZ, ebd. 244f.; CLOCHÉ, La démocratie athénienne, 224–226; COSTANZI, Le costituzioni di Atene e di Sparta, 45f.; GLOTZ und COHEN, ebd. II, 282; LARSEN, Representative Government in Greek and Roman History, 6–7, 11.

156 R.M. MACIVER, The Modern State (London 1926), 76.

157 BERTRAND RUSSELL, History of Western Philosophy and its Connection with Political and Social Circumstances from the Earliest Times to the Present Day (London 1946), 95.

158 GLOTZ, ebd. 245f.; GLOTZ und COHEN, ebd. II, 296–297; HIGNETT, ebd. 229–230.

159 HEADLAM, Election by Lot at Athens, 92–93.

160 HEADLAM, ebd. bes. 10–12, 28–32; JONES, ebd. 47–48; HIGNETT, ebd. 229–232. Vgl. auch COSTANZI, ebd. 60; GLOTZ und COHEN, ebd. II, 297.

161 DURANT, ebd. 276.

162 COSTANZI, ebd. 100.

163 HIGNETT, ebd. 343f.; GLOTZ und COHEN, ebd. II, 178–179.

164 Siehe über diese verschiedenen Deutungen u.a. HIGNETT, ebd. 343f.; GLOTZ und COHEN, ebd. II, 179f.; GLOTZ, ebd. 154, 316; CLOCHÉ, ebd. 113; HATZFELD, Histoire de la Grèce ancienne, 145; WALKER, ebd. 102–103; DURANT, ebd. 250; HOMO, ebd. 109, 123–124.
Vgl. auch den von Lord ACTON schon 1877 gehaltenen Vortrag The History of Freedom in Antiquity in der von JOHN EMERICH EDWARD DALBERG redigierten Sammlung Essays on Freedom and Power by Acton (Boston 1949), bes. 38.

165 LARSEN, Cleisthenes and the Development of the Theory of Democracy at Athens, 2–3.

166 WERNER JAEGER, Paideia. Die Formung des griechischen Menschen, I (3. Aufl., Berlin 1954), 509.

167 SINCLAIR, A History of Greek Political Thought, 101, Anm. 1.

168 LARSEN, ebd. 13–14. Vgl. MYRES, The Political Ideas of the Greeks, 175.

169 Siehe die von LOUIS MÉRIDIER besorgte Ausgabe PLATON, Œuvres complètes, V, 1 (Paris 1931), 89–90.

Ausbreitung des demokratischen Systems

170 TUTTU TARKIAINEN, Pakotettua demokratiaa (Suomalainen Suomi, n:o 9, 1952, 516–522); und DERS., Påtvungen demokrati (Statsvetenskaplig Tidskrift Nr. 1, Lund 1954, 31–40).

171 GLOTZ und COHEN, Histoire grecque, II, 113–118, 155–157, 188–206.

172 GLOTZ und COHEN, ebd. II, 156, 189, 191–192; GLOTZ, La cité grecque, 329; CLOCHÉ, La démocratie athénienne, 66–67. Vgl. auch LARSEN, Representative Government in Greek and Roman History, 9, 12f.

173 FREEMAN, Greek City-States, 166–167.

174 GLOTZ und COHEN, ebd. II, 206–208; CLOCHÉ, ebd. 120–122.

175 JACQUELINE DE ROMILLY, Thucydide et l'impérialisme athénien. La pensée de l'historien et la genèse de l'œuvre (Paris 1947), 77, 84–85.

176 Benutzte Quelle: XÉNOPHON, Helléniques, von J. HATZFELD besorgte und übersetzte Ausgabe (Paris 1936 und 1939).

177 CLOCHÉ, ebd. 288; DERS., La politique étrangère d'Athènes de 404 à 338 av. J.-C. (Paris 1934), 32f.

178 ROMILLY, ebd. 86.

179 CLOCHÉ, La démocratie athénienne, 129. Siehe auch E. M. WALKERS Beitrag Democracy in the Empire in dem Werk The Cambridge Ancient History, V, 471–472.

180 Die Rede ist in der von MAURICE CROISET besorgten Ausgabe DÉMOSTHÈNE, Harangues, I (Paris 1924), enthalten; 70f. Siehe Abschn. 8.

Grenzziehung zwischen Demokratie und Nichtdemokratie

181 GLOTZ und COHEN, Histoire grecque, II, 354, 357–358, 375.

182 HIGNETT, A History of the Athenian Constitution to the End of the Fifth Century B.C., 268.

183 GOMME, The Population of Athens in the Fifth and Fourth Centuries B.C., 37–39.

184 HIGNETT, ebd. 268–269.

185 WALKER in The Cambridge Ancient History, V, 106–110; HIGNETT, ebd. 259–260, 262–265; GLOTZ, La cité grecque, 207–208.

186 WALKER, ebd. 108; HIGNETT, ebd. 264.

187 GLOTZ, ebd. 392; JONES, Athenian Democracy, 127–128; HIGNETT, ebd. 262.

188 CLOCHÉ, La démocratie athénienne, 169f.

189 HIGNETT, ebd. 260–268; W.S. FERGUSON in The Cambridge Ancient History, V, 322–323; CLOCHÉ, ebd. 183–184.

190 FRANCO SARTORI, La crisi del 411 a.C. nell'Athenaion Politeia di Aristotele (Padova 1951), 11–13.

191 FUKS, The Ancestral Constitution, 84–101; HIGNETT, ebd. 273.

192 FUKS, ebd. 3 f., 108 f.; HIGNETT, ebd. 273.

193 GLOTZ und COHEN, ebd. II, 708; SARTORI, ebd. 15–16.

194 SARTORI, ebd. 17–24; HIGNETT, ebd. 269, 271, 273–274, 356.

195 LARSEN, Cleisthenes and the Development of the Theory of Democracy at Athens, 14–15; FUKS, ebd. 8; SARTORI, ebd. 25–27; HIGNETT, ebd. 15, 130.

196 Siehe hierüber z.B. HIGNETT, ebd. 356–378; SARTORI, ebd. 1–8, 89–133.

197 SARTORI, ebd. 65–72; FUKS, ebd. 87–88; GLOTZ und COHEN, ebd. II, 723.

198 SARTORI, ebd. 52–55, 57–59; HIGNETT, ebd. 275–276, 360–361.

199 SARTORI, ebd. 40–41, 56–57, 93–94; HIGNETT, ebd. 370.

200 FUKS, ebd. 8, 11, 86; SARTORI, ebd. 117 f.; HIGNETT, ebd. 372–373, 376 f.

201 SARTORI, ebd. 106–110; HIGNETT, ebd. 279, 367 f., 372 f., 375–378.

202 FUKS, ebd. 90.

203 GLOTZ und COHEN, ebd. II, 736–737.

204 FERGUSON, ebd. 348 f.; GLOTZ und COHEN, ebd. II, 737–738; HIGNETT, ebd. 280; MARTIN OSTWALD, The Athenian Legislation against Tyranny and Subversion (Transactions and Proceedings of the American Philological Association, Vol. 86, 1955), 106, 114.

205 FERGUSON, ebd. 349–352, 358–365; GLOTZ und COHEN, ebd. II, 743–744, 746–748, 751–758; HIGNETT, ebd. 282–284.

206 FUKS, ebd. 52–63; HIGNETT, ebd. 285; GLOTZ und COHEN, ebd. III, 29.

207 GLOTZ und COHEN, ebd. II, 757.

208 JONES, ebd. 9–10; GLOTZ und COHEN, ebd. III, 5.

209 Über die Chronologie siehe bes. HIGNETT, ebd. 378–383.

210 FERGUSON, ebd. 365–368; HIGNETT, ebd. 287–289; GLOTZ und COHEN, ebd. III, 51–55; FUKS, ebd. 63–64, 70–76.

211 FUKS, ebd. 65–67, 76–79. – Über die Zeitfolge der Ereignisse siehe bes. HIGNETT, ebd. 384, 389.

212 GLOTZ und COHEN, ebd. III, 58–64; FERGUSON, ebd. 369–372, 375; HIGNETT, ebd. 291–294, 297.

213 HIGNETT, ebd. 293, 295; FERGUSON, ebd. 373–374; GLOTZ und COHEN, ebd. III, 61, 64.

214 HIGNETT, ebd. 292, 296–297; GLOTZ und COHEN, ebd. III, 62–66; CLOCHÉ, La démocratie athénienne, 204–207.

215 GLOTZ und COHEN, ebd. II, 233–234, 638–639, und III, 65 f.

216 CLOCHÉ, ebd. 206–207; HIGNETT, ebd. 296.

217 FUKS, ebd. 103, 111–112.

218 HIGNETT, ebd. 18f., 302–304; FUKS, ebd. 39.

219 FUKS, ebd. 14–15, 86–89, 92–96.

220 GLOTZ und COHEN, ebd. III, 70–71; HIGNETT, ebd. 300–302.

221 UGO ENRICO PAOLI, Studi sul processo attico (Padova 1933), 34–35.

222 HIGNETT, ebd. 18, 300, 303–304.

223 GLOTZ und COHEN, ebd. II, 336–338, und III, 72–73; FERGUSON, ebd. 374–375; GLOTZ, ebd. 302–303.

224 GLOTZ und COHEN, ebd. III, 68–70; FERGUSON, ebd. 374.

225 J. A. O. LARSEN, The Judgment of Antiquity on Democracy (Classical Philology, Vol. 49, 1954), 8; HIGNETT, ebd. 303; GLOTZ und COHEN, ebd. III, 71–72.

226 GLOTZ und COHEN, ebd. III, 71–72.

227 GLOTZ und COHEN, ebd. III, 67–68.

228 CLOCHÉ, La démocratie athénienne, 210; WALKER, ebd. 104; HIGNETT, ebd. 396–397; GLOTZ und COHEN, ebd. III, 68.

229 WALKER, ebd. 104; GLOTZ und COHEN, ebd. III, 68.

230 FRIEDELL, Kulturgeschichte Griechenlands, 203; GLOTZ und COHEN, ebd. III, 249.

231 Vgl. WERNER JAEGER, Paideia. Die Formung des griechischen Menschen, II (2. Aufl., Berlin 1954), 315, und III, 187–188, 316.

232 SINCLAIR, A History of Greek Political Thought, 115.

233 FUKS, ebd. 9–11, 14f., 112–113.

234 SINCLAIR, ebd. 118–120.

235 W.W. TARN in The Cambridge Ancient History, VI (Cambridge 1927), 440.

236 GLOVER, Democracy in the Ancient World, 133.

237 Übersetzung der Wortform z.B. in BARKER, From Alexander to Constantine. Passages and Documents Illustrating the History of Social and Political Ideas 336 B.C.–A.D. 337 (Oxford 1956), 68–69.

238 W.W. TARN, Alexander the Great (Boston 1956), 15, 17–19, 33–36.

239 JONES, ebd. 9, 76.

240 TARN in The Cambridge Ancient History, VI, 459–460; GLOTZ, ROUSSEL und COHEN, Histoire grecque, IV:1, 273–274.

241 FUKS, ebd. 24–25.

242 LARSEN, The Judgment of Antiquity on Democracy, 9–10. Vgl. auch DERS., Representative Government in Greek and Roman History, 84.

DAS DEMOKRATISCHE SYSTEM IN FUNKTION

Bürgerschaft

243 LARSEN, The Judgment of Antiquity on Democracy, 9; GLOTZ, ROUSSEL und COHEN, Histoire grecque, IV:1, 294, 326–328.

244 O.W. REINMUTH, The Ephebate and Citizenship in Attica (Transactions and Proceedings of the American Philological Association, Vol. 79, 1948), 211–231; DERS., The Genesis of the Athenian Ephebia (Transactions and Proceedings of the American Philological Association, Vol. 83, 1952), 34–50; HIGNETT, A History of the Athenian Constitution to the End of the Fifth Century B.C., 232 u. Anm. 6, 232–233; GLOTZ, La cité grecque, 156; DURANT, The Life of Greece, 289–290. Vgl. auch JAEGER, Paideia, II, 331, und III, 235 f., 330.

245 GLOTZ, ebd. 417; GLOTZ und COHEN, Histoire grecque, II, 234.

246 GLOTZ, ebd. 417–418; GLOTZ und COHEN, ebd. II, 231.

247 CLOCHÉ, La politique étrangère d'Athènes de 404 à 338 av. J.-C., 60.

248 CLOCHÉ, ebd. 39, 50, 124–126, 129–130, 132, 145–147, 155–156, 192–194, 265, 268, 270, 283–284.

249 CLOCHÉ, ebd. 310.

250 JONES, Athenian Democracy, 175–176.

251 CLOCHÉ, ebd. 317.

252 GLOTZ und COHEN, ebd. II, 242–243 u. Anm. 62, sowie III, 67; HIGNETT, ebd. 225–226.

253 JONES, ebd. 31, 142, Anm. 50.

254 JONES, ebd. 80.

255 JONES, ebd. 79–81.

256 GLOTZ und COHEN, ebd. II, 249–250, 403, und III, 5, 9.

257 GLOTZ und COHEN, ebd. II, 246.

258 GLOTZ und COHEN, ebd. II, 345–346.

259 PAUL CLOCHÉ, Démosthènes et la fin de la démocratie athénienne (Paris 1937), 76.

260 JONES, ebd. 80–81.

261 CLOCHÉ, La politique étrangère d'Athènes de 404 à 338 av. J.-C., 16–17, 205.

262 GLOTZ und COHEN, ebd. II, 343–344; JONES, ebd. 99.

263 CLOCHÉ, ebd. 16.

264 GLOTZ und COHEN, ebd. II, 383–384.

265 M. CARY in The Cambridge Ancient History, VI, 74–75; JONES, ebd. 23–29, 84; GLOTZ und COHEN, ebd. III, 129–131; CLOCHÉ, La démocratie athénienne, 234 f.

266 CLOCHÉ, La politique étrangère d'Athènes de 404 à 338 av. J.-C., 159–160, 287–289; GLOTZ und COHEN, ebd. III, 196–197, 341–342.

267 JONES, ebd. 28–29, 83–84.

268 JONES, ebd. 84.

269 JONES, ebd. 85.

270 GLOTZ und COHEN, ebd. II, 380–384.

271 MARCUS N. TOD in The Cambridge Ancient History, V, 32; JONES, ebd. 86–88.
272 CLOCHÉ, ebd. 160.
273 JONES, ebd. 88–91; GLOTZ und COHEN, ebd. II, 403.
274 HIGNETT, ebd. 295–296, 298.
275 JONES, ebd. 91–92.
276 CLOCHÉ, La démocratie athénienne, 236–240, 246, 253–255, 398.
277 GLOTZ und COHEN, ebd. II, 249–250, und III, 9–10; JONES, ebd. 17, 100–101.
278 CLOCHÉ, La politique étrangère d'Athènes de 404 à 338 av.J.-C., 6–10, 16–17, 205–206, 310–311; JONES, ebd. 35–36, 131–132.
279 GLOTZ und COHEN, ebd. II, 236–239, 240–242.

Volksversammlung

280 CLOCHÉ, La démocratie athénienne, 209–210.
281 JONES, Athenian Democracy, 35–36, 109–110.
282 GLOTZ und COHEN, Histoire grecque, II, 273, und III, 128.
283 HIGNETT, A History of the Athenian Constitution to the End of the Fifth Century B.C., 246–247.
284 JONES, ebd. 111–118; HIGNETT, ebd. 242–244; GLOTZ und COHEN, ebd. II, 274; CLOCHÉ, ebd. 211.
285 JONES, ebd. 120–121; GLOTZ und COHEN, ebd. II, 274.
286 UGO ENRICO PAOLI, Studi di diritto attico (Pubblicazioni della R. Università degli Studi di Firenze, Facoltà di lettere e di filosofia, N.S. vol. 9, Firenze 1930), 227f. (Erwähnt in U.E. PAOLIS Schrift La sauvegarde de la légalité dans la démocratie athénienne, 133.)
287 HIGNETT, ebd. 299–300; GLOTZ, La cité grecque, 386–389; CLOCHÉ, ebd. 213–214; COSTANZI, Le costituzioni di Atene e di Sparta, 42–43.
288 PAOLI, La sauvegarde de la légalité dans la démocratie athénienne, 137–138.
289 ULRICH KAHRSTEDT, Untersuchungen zu athenischen Behörden, II. Die Nomotheten und die Legislative in Athen (Klio. Beiträge zur alten Geschichte, Bd. 31, N.F. Bd. 13, 1938), 16.
290 HIGNETT, ebd. 299; KAHRSTEDT, ebd. 2.
291 GLOTZ, ebd. 418–421.
292 HIGNETT, ebd. 234.
293 HIGNETT, ebd. 236 u. Anm. 7.
294 GLOTZ, ebd. 419.
295 JONES, ebd. 99–100, 124; GLOTZ und COHEN, ebd. II, 276; HIGNETT, ebd. 234–235.
296 CLOCHÉ, ebd. 212–213; JONES, ebd. 101–103.
297 GLOTZ und COHEN, ebd. II, 280, 673–674, und III, 308.

[298] GLOTZ, ebd. 233–234. Vgl. HIGNETT, ebd. 233.

[299] CLOCHÉ, ebd. 223.

[300] HIGNETT, ebd. 200, 233–234; GLOTZ und COHEN, ebd. II, 278.

[301] HIGNETT, ebd. 235–236.

[302] CLOCHÉ, Démosthènes et la fin de la démocratie athénienne, 271–274.

[303] JONES, ebd. 94–95; HIGNETT, ebd. 236; GLOTZ und COHEN, ebd. II, 415.

[304] HIGNETT, ebd. 135, 141.
Siehe jedoch Kallixenos' Vorschlag, die Strategen der Arginusenschlacht zu verurteilen. XENOPHON, Hellenika I, 7:9–13.

[305] GLOTZ, ebd. 186, 188–189; GLOTZ und COHEN, ebd. II, 275.

[306] JONES, ebd. 130.

[307] JONES, ebd. 127–129.

[308] JONES, ebd. 119–120.

[309] JONES, ebd. 34–35.

[310] CLOCHÉ, ebd. 242.

Volksgerichtshöfe

[311] HIGNETT, A History of the Athenian Constitution to the End of the Fifth Century B.C., 224.

[312] GOMME, The Population of Athens in the Fifth and Fourth Centuries B.C., Tab. 29, 72 f.; JONES, Athenian Democracy, 82–83.

[313] GLOTZ und COHEN, Histoire grecque, II, 324; HIGNETT, ebd. 216.

[314] GLOTZ und COHEN, ebd. II, 324–325, und III, 69–70, 131–132; CLOCHÉ, La démocratie athénienne, 220–221; FUKS, The Ancestral Constitution, 94–95.

[315] GLOTZ, La cité grecque, 282–283; HIGNETT, ebd. 220–221.

[316] GLOTZ und COHEN, ebd. II, 17, 69.

[317] JONES, ebd. 36, 37, 50, 124.

[318] GLOTZ, ebd. 283–289; GLOTZ und COHEN, ebd. II, 326–331.

[319] CLOCHÉ, ebd. 222; GLOTZ, ebd. 289–290; GLOTZ und COHEN, ebd. II, 331–332.

[320] PIERO CALAMANDREI in seinem Vorwort zu PAOLIS Studi sul processo attico, XV–XVI.

[321] GLOTZ, ebd. 274–277.

[322] HIGNETT, ebd. 218–219; GLOTZ, ebd. 278–279.

[323] HIGNETT, ebd. 221–223.

[324] JONES, ebd. 4; CLOCHÉ, Démosthènes et la fin de la démocratie athénienne, 207.

[325] GLOTZ, ebd. 280.

[326] JONES, ebd. 37.

[327] HOMO, Périclès, 314–317.

328 CLOCHÉ, ebd. 207–208, 262.
329 CLOCHÉ, ebd. 264.
330 CLOCHÉ, ebd. 86.
331 CLOCHÉ, La démocratie athénienne, 238–255.
332 JONES, ebd. 58–61.

Rat

333 LARSEN, Representative Government in Greek and Roman History, 5–9.
334 GOMME, The Population of Athens in the Fifth and Fourth Centuries B.C., Tab. 29; JONES, Athenian Democracy, 82–83.
335 HEADLAM, Election by Lot at Athens, 96–102; HIGNETT, A History of the Athenian Constitution to the End of the Fifth Century B.C., 205–206.
336 GLOTZ, La cité grecque, 215–217; GLOTZ und COHEN, Histoire grecque, II, 283.
337 JONES, ebd. 106.
338 LARSEN, ebd. 11.
339 JOHANNES SUNDWALL, Epigraphische Beiträge zur sozial-politischen Geschichte Athens im Zeitalter des Demosthenes, 1. Der Rat (Klio. Beiträge zur alten Geschichte, 4. Beiheft, Leipzig 1906), 1–18; HIGNETT, ebd. 220; JONES, ebd. 50, 106; CLOCHÉ, La démocratie athénienne, 217.
340 JONES, ebd. 82, 106.
341 GLOTZ, ebd. 215; JONES, ebd. 55, 80, 106.
342 LARSEN, ebd. 9, 11.
343 ULRICH KAHRSTEDT, Untersuchungen zu athenischen Behörden, IV. Bemerkungen zur Geschichte des Rats der Fünfhundert (Klio. Beiträge zur alten Geschichte, 33. Bd., N.F. Bd. 15, 1940), 8–12; GLOTZ und COHEN, ebd. II, 284.
344 GLOTZ, ebd. 222–225, 391–392.
345 HIGNETT, ebd. 221.
346 GLOTZ, ebd. 221.
347 GLOTZ und COHEN, ebd. II, 432.
348 JONES, ebd. 108.
349 HIGNETT, ebd. 151, 245, 262.
350 JONES, ebd. 119–120; HIGNETT, ebd. 243–244, 245–246, 262–263.
351 HEADLAM, ebd. 68–72.
352 LARSEN, ebd. 19–20; GLOTZ, ebd. 213.
353 JONES, ebd. 107–108; HEADLAM, ebd. 71–72.
354 GLOTZ, ebd. 226–227.
355 CLOCHÉ, ebd. 217–218.
356 GLOTZ, ebd. 227–228. Vgl. JONES, ebd. 118.
357 GLOTZ, ebd. 222–225, 228–233.

[358] Glotz und Cohen, ebd. II, 288–290; Cloché, ebd. 218–219.

[359] Cloché, ebd. 219; Headlam, ebd. 52–54, 56–57, 68–69.

Beamtenschaft

[360] Hignett, A History of the Athenian Constitution to the End of the Fifth Century B.C., 226.

[361] Glotz, La cité grecque, 260–261; Glotz und Cohen, Histoire grecque, II, 284.

[362] Glotz und Cohen, ebd. II, 295–296.

[363] Hignett, ebd. 220.

[364] Glotz und Cohen, ebd. II, 309–310.

[365] Glotz, ebd. 241–242; Glotz und Cohen, ebd. II, 297.

[366] Hignett, ebd. 220.

[367] Jones, Athenian Democracy, 49.

[368] Hignett, ebd. 220.

[369] Glotz und Cohen, ebd. II, 296–297.

[370] Glotz und Cohen, ebd. II, 304.

[371] Glotz und Cohen, ebd. II, 305.

[372] Jones, ebd. 100–102; Glotz und Cohen, ebd. II, 306–307.

[373] Headlam, Election by Lot at Athens, 24–26.

[374] Cloché, Démosthènes et la fin de la démocratie athénienne, 183.

[375] Glotz und Cohen, ebd. II, 298, 311.

[376] Jones, ebd. 101; Glotz und Cohen, ebd. II, 308–310.

[377] Hignett, ebd. 207.

[378] Glotz und Cohen, ebd. II, 235, 299.

[379] Glotz, ebd. 256.

[380] Hignett, ebd. 224, 226; Glotz, ebd. 256. Vgl. auch Fuks, The Ancestral Constitution, 92–93.

[381] Cloché, La démocratie athénienne, 226; Glotz, ebd. 255–256.

[382] Glotz, ebd. 247–248.

[383] Glotz, ebd. 258.

[384] Headlam, ebd. 96–102.

[385] Cloché, ebd. 196.

[386] Jones, ebd. 48, 108; Glotz, ebd. 263–264; Cloché, ebd. 196, 213, 228.

[387] Glotz, ebd. 263.

[388] Glotz, ebd. 265–267.

[389] Wilhelm Capelle, Die Vorsokratiker. Fragmente und Quellenberichte (4. Aufl., Stuttgart 1956), 453.

[390] Glotz und Cohen, ebd. II, 314–315.

[391] Hignett, ebd. 221–224; Glotz und Cohen, ebd. II, 316.

392 D. C. MACGREGORS Erläuterung in HEADLAMS erwähntem Werk, 196–197; HIGNETT, ebd. 227.

393 JONES, ebd. 55, 80, 104, 106.

394 SUNDWALL, Epigraphische Beiträge zur sozial-politischen Geschichte Athens im Zeitalter des Demosthenes, 2. Die Strategen, 29–30; HIGNETT, ebd. 224; JONES, ebd. 42, 132.

395 HEADLAM, ebd. 93; JONES, ebd. 104; HIGNETT, ebd. 224.

396 HIGNETT, ebd. 244; GLOTZ, ebd. 267.

397 CLOCHÉ, La démocratie athénienne, 224.

398 GLOTZ und COHEN, ebd. III, 245.

399 GLOTZ und COHEN, ebd. II, 308; JONES, ebd. 129–130.

400 GLOTZ, ebd. 401.

401 HIGNETT, ebd. 244.

402 JONES, ebd. 129–130.

403 GLOTZ, ebd. 241.

404 CLOCHÉ, La politique étrangère d'Athènes de 404 à 338 av. J.-C., 310.

405 JONES, ebd. 129–130; GLOTZ und COHEN, ebd. II, 308, und III, 243, 245, 366f.

406 CLOCHÉ, Démosthènes et la fin de la démocratie athénienne, 128; GLOTZ und COHEN, ebd. III, 307–308.

407 OSTWALD, The Athenian Legislation against Tyranny and Subversion, 126.

408 CLOCHÉ, ebd. 271, 275.

409 Vgl. JONES, ebd. 125–128.

410 LARSEN, The Judgment of Antiquity on Democracy, 9; OSTWALD, ebd. 103, 120f., 125f.

411 JONES, ebd. 129.

412 GLOTZ, ebd. 242; JONES, ebd. 125, 129, 132.

413 GLOTZ, ebd. 259.

414 GLOTZ und COHEN, ebd. II, 264–265.

DIE WICHTIGSTEN KENNZEICHEN DER DEMOKRATIE IN DER IDEE UND IN DER WIRKLICHKEIT BEI DEN GRIECHEN

Herrschaft der «Meisten»

415 LARSEN, Cleisthenes and the Development of the Theory of Democracy at Athens, 13, und SABINE, A History of Political Theory, 25. Siehe ferner das mit J. CLASSENS Erläuterungen versehene Geschichtswerk des THUKYDIDES, II (von J. STEUP besorgte 5. Aufl., Berlin 1914), 91–92.

416 So z. B. in RICHARD CRAWLEYS englischer Übersetzung (in The Complete Writings of THUCYDIDES. The Peloponnesian War, New York 1934), 104; HOMO, Périclès, 262, und CLOCHÉ, La démocratie athénienne, 111.

[417] So vor allem HOMO, ebd. bes. 121, 124–131, 330.

[418] FUSTEL DE COULANGES, La cité antique, 375–380.

[419] EHRENBERG, Origin of Democracy, 517–524; LARSEN, Representative Government in Greek and Roman History, 14–15.

[420] LARSEN, The Judgment of Antiquity on Democracy, 4.

[421] Siehe z.B. PLATONS Kriton, VII. – SINCLAIR, A History of Greek Political Thought, 222; BECCARI, Il pensiero politico classico, 131.

Idee der Freiheit

[422] RICHARD MCKEON, The Funeral Oration of Pericles (in Great Expressions of Human Rights, hrsg. von R.M. MACIVER, New York und London 1950), 30.

Idee der Gleichheit

[423] LARSEN, The Judgment of Antiquity on Democracy, 3–4; HEADLAM, Election by Lot at Athens, 21 f., 102 f.

[424] Die Deutung stammt von HEADLAM (ebd. 15).

Gleichheit – Ungleichheit bei gemeinsamen Beschlüssen

[425] COSTANZI, Le costituzioni di Atene e di Sparta, 112, 115; GLOTZ und COHEN, Histoire grecque, I, 363, 365.

[426] Als Quelle diente die von LÉON PARMENTIER und HENRI GRÉGOIRE besorgte und übersetzte EURIPIDES-Ausgabe, III (Paris 1923), 119.

[427] Siehe hierüber u.a. MYRES, The Political Ideas of the Greeks, 208; SINCLAIR, A History of Greek Political Thought, 39, 315; GLOTZ, La cité grecque, 151, 188; EHRENBERG, Origins of Democracy, 527; KALINKA, Die Pseudoxenophontische *ΑΘΗΝΑΙΩΝ ΠΟΛΙΤΕΙΑ*, 134–137.

[428] GLOTZ, ebd. 151.

[429] GLOTZ und COHEN, ebd. II, 256.

[430] GLOTZ, ebd. 187; GLOTZ und COHEN, ebd. II, 274.

[431] GLOTZ und COHEN, ebd. III, 449.

[432] JONES, Athenian Democracy, 132.

[433] ERIC A. HAVELOCK, The Liberal Temper in Greek Politics (London 1957), 216.

[434] GLOTZ, ROUSSEL und COHEN, Histoire grecque, IV:1, 197–198.

[435] GLOTZ und COHEN, ebd. II, 274.

Tendenzen zur Erweiterung des Gleichheitsprinzips

[436] GLOTZ und COHEN, Histoire grecque, I, 470, und II, 218.

[437] HEADLAM, Election by Lot at Athens, 92.

[438] DURANT, The Life of Greece, 294.

[439] COSTANZI, Le costituzioni di Atene e di Sparta, 23.

[440] JAEGER, Paideia, I, 366, 368, 369–370, 372; GLOTZ und COHEN, ebd. II, 588–599; DURANT, ebd. 288–290.

[441] GLOTZ, La cité grecque, 375.

[442] DURANT, ebd. 81–83.

[443] JAEGER, ebd. I, 120f.

[444] GLOTZ und COHEN, ebd. II, 306–307, 415.

[445] GLOTZ und COHEN, ebd. II, 376, III, 246–247.

[446] GLOTZ und COHEN, ebd. II, 397.

[447] FRIEDELL, Kulturgeschichte Griechenlands, 213–214.

[448] GLOTZ und COHEN, ebd. I, 466, II, 381–382, III, 247.

[449] CLOCHÉ, La démocratie athénienne, 253–255.

[450] GLOTZ, ebd. 364–378; DURANT, ebd. 281–286, 463–467.

[451] FREEMAN, Greek City-States, 200.

[452] GLOTZ, ebd. 378–379.

[453] GLOTZ, ebd. 379.

[454] H. DIELS – W. KRANZ, Die Fragmente der Vorsokratiker (Hamburg 1957), 113.

[455] GLOTZ, ebd. 364, 368.

[456] DURANT, ebd. 282, 466.

[457] WALKER in The Cambridge Ancient History, V, 102; GLOTZ und COHEN, ebd. II, 179.

[458] Vgl. z. B. über den Einfluß der persischen Gelder in Athen im Jahre 393. – CLOCHÉ, ebd. 284; GLOTZ und COHEN, ebd. III, 86–87.

[459] FERGUSON in The Cambridge Ancient History, V, 351; GLOTZ und COHEN, ebd. II, 740.

[460] JONES, Athenian Democracy, 9–10, 91–93.

Befreiung der Bürger von Bevormundung

[461] McKEON, The Funeral Oration of Pericles, 31–33; SABINE, A History of Political Theory, 30.

[462] Platon meint jedoch mit diesem Ausspruch das Treiben schlechter Volksführer im allgemeinen. Siehe Politeia, 562c–d.

[463] SINCLAIR, A History of Greek Political Thought, 45–46; GLOTZ, La cité grecque, 150.

[464] MYRES, The Political Ideas of the Greeks, 196f.

[465] DURANT, The Life of Greece, 358.

[466] DIELS – KRANZ, Die Fragmente der Vorsokratiker, 121–123; SINCLAIR, ebd. 51–60; BECCARI, Il pensiero politico classico, 34–36.

[467] SINCLAIR, ebd. 50–51, 69; MYRES, ebd. 166f.

[468] DIELS – KRANZ, ebd. 129–130, 132–135; SINCLAIR, ebd. 70–78; BECCARI, ebd. 36–38.

469 GLOTZ und COHEN, Histoire grecque, II, 453, 456; FRIEDELL, Kulturgeschichte Griechenlands, 229, 271.

Redefreiheit

470 HAVELOCK, The Liberal Temper in Greek Politics, 214–216.

471 CAPELLE, Die Vorsokratiker, 325–326.

472 Siehe hierüber HAVELOCK, ebd. bes. 167, 230–232, 236–239.

473 Z. B. HIGNETT, A History of the Athenian Constitution to the End of the Fifth Century B.C., 201.

474 FRIEDELL, Kulturgeschichte Griechenlands, 60.

475 JAEGER, Paideia, I, 458; DURANT, The Life of Greece, 231, 420.

476 BARKER, From Alexander to Constantine, 42–43.

477 JONES, Athenian Democracy, 129.

478 GLOTZ, ROUSSEL und COHEN, Histoire grecque, IV:1, 197–198; CLOCHÉ, Démosthènes et la fin de la démocratie athénienne, 179.

479 JONES, ebd. 129.

480 GLOTZ, La cité grecque, 395–396.

481 Siehe auch CLOCHÉ, La démocratie athénienne, 196–197; GLOTZ und COHEN, Histoire grecque, II, 748–751.

482 WALKER in The Cambridge Ancient History, V, 109.

483 HIGNETT, ebd. 89, 199; GLOTZ und COHEN, ebd. II, 420–428; J. B. BURY in The Cambridge Ancient History, V, 382.

484 BURY, ebd. 382–383; GLOTZ und COHEN, ebd. II, 430; HOMO, Périclès, 280–281; CAPELLE, ebd. 250–251.

485 HOMO, ebd. 281; GLOTZ und COHEN, ebd. II, 430.

486 BURY, ebd. 383–384; GLOTZ und COHEN, ebd. II, 430–431; CAPELLE, ebd. 324.

487 ARISTOTELES, Nikomachische Ethik, 1111a, mit Erläuterungen; GLOTZ und COHEN, ebd. II, 429–430; CLOCHÉ, La démocratie athénienne, 164–165.

488 BURY, ebd. 383; GLOTZ und COHEN, ebd. II, 430.

489 BURY, ebd. 391–396; GLOTZ und COHEN, ebd. III, 73–77.

490 SINCLAIR, A History of Greek Political Thought, 92.

491 JAEGER, ebd. II, 227.

492 Vgl. JAEGER, ebd. I, 382, II, 151; BURY, ebd. 384.

493 «Von den Göttern vermag ich nichts festzustellen, weder, daß es sie gibt, noch, daß es sie nicht gibt, noch, was für eine Gestalt sie haben; denn vieles hindert im Wissen hierüber: die Dunkelheit der Sache und die Kürze des menschlichen Lebens.»

CLARENCE A. FORBES, Books for the Burning (Transactions and Proceedings of the American Philological Association, Vol. 67, 1936), 117–118; ERNST KUHNERT und HANS WIDMANN, Geschichte des Buchhandels (in Handbuch der Bibliothekswissenschaft, I, 2, vermehrte und verbesserte Aufl., Wiesbaden 1952), 865; SINCLAIR, ebd. 51–53; BURY, ebd. 379, 384; CAPELLE, ebd. 324, 333.

494 FRIEDELL, ebd. 264.

495 GLOTZ und COHEN, ebd. II, 431.

496 Der Brief ist an die Vertrauten und Freunde des Dion gerichtet, mehr als vierzig Jahre nach Sokrates' Tod. – PLATON, Sämtliche Werke, I, 302–303.

497 TARN in The Cambridge Ancient History, VI, 497–498; GLOTZ, ROUSSEL und COHEN, Histoire grecque, IV:1, 329.

498 JAEGER, ebd. II, 287.

499 GLOTZ und COHEN, ebd. II, 429.

500 HIGNETT, ebd. 178, 181; GLOTZ und COHEN, ebd. II, 462.

501 PAOLI, La sauvegarde de la légalité dans la démocratie athénienne, 139.

502 ERICH BETHE, Die griechische Dichtung (Wildpark-Potsdam 1924), 239; KALINKAS Einleitung in Die Pseudoxenophontische *ΑΘΗΝΑΙΩΝ ΠΟΛΙΤΕΙΑ*, 10–11.

503 CLOCHÉ, La politique étrangère d'Athènes de 404 à 338 av.J.-C., 60; DERS., La démocratie athénienne, 297–298; GLOTZ und COHEN, ebd. III, 123–124.

504 Die sogenannte erste Rede gegen den Sykophanten Aristogeiton (in der von GEORGES MATHIEU edierten und übersetzten Sammlung DÉMOSTHÈNE, Plaidoyers politiques, IV, Paris 1947, 134f.), Abschn. 23.

505 GLOTZ, ebd. 203–204; GLOTZ und COHEN, ebd. II, 385–386.

506 A.W. PICKARD-CAMBRIDGE in The Cambridge Ancient History, VI, 222–223, 231, 259, 265; GLOTZ und COHEN, ebd. III, 245, 248–249; CLOCHÉ, La démocratie athénienne, 346, 365; DERS., Démosthènes et la fin de la démocratie athénienne, 86–89, 122, 166–167, 177.

507 GLOTZ, ebd. 385; CLOCHÉ, La démocratie athénienne, 214–215.

508 CLOCHÉ, Démosthènes et la fin de la démocratie athénienne, 86; DERS., La politique étrangère d'Athènes de 404 à 338 av.J.-C., 215–217.

509 Vgl. CLOCHÉ, La politique étrangère d'Athènes de 404 à 338 av.J.-C., 209, 217–219.

510 GLOTZ, ebd. 385. Siehe auch PAOLI, ebd. 139.

511 HIGNETT, ebd. 233–244; GLOTZ, ebd. 196, 385–386; GLOTZ und COHEN, ebd. II, 279, 289.

512 JAEGER, ebd. I, 399.

513 BURY, ebd. 396.

514 BETHE, ebd. 244–245.

515 JONES, ebd. 44–45.

516 JONES, ebd. 44.

[517] HOMO, ebd. 58–61; GLOTZ und COHEN, ebd. II, 471; siehe auch KALINKAS Einleitung zu Die Pseudoxenophontische *ΑΘΗΝΑΙΩΝ ΠΟΛΙΤΕΙΑ*, 13–16, 243–248.

[518] BETHE, ebd. 240.

[519] GLOTZ, ebd. 262.

[520] F. E. ADCOCK in The Cambridge Ancient History, V, 237.

[521] GLOTZ, ebd. 294–295, 393–396.

[522] FRIEDELL, ebd. 52.

[523] FRIEDELL, ebd. 274.

[524] DURANT, ebd. 425–426.

Suprematie des Gesetzes

[525] JONES, Athenian Democracy, 50; SABINE, A History of Political Theory, 92–95.

[526] Siehe hierüber z. B. JONES, ebd. 53.

[527] JONES, ebd. 62.

[528] PAOLI, La sauvegarde de la légalité dans la démocratie athénienne, 139.

[529] PAOLI, ebd. 140.

[530] SARTORI, La crisi del 411 a.C. nell'Athenaion Politeia di Aristotele, 8, 28 f.

[531] JAEGER, Paideia, II, 315.

NACHTRAG:

Nach dem Abschluß des Manuskripts erschien die zweite, erweiterte Auflage von Victor Ehrenbergs umfassender Darstellung «Der Staat der Griechen» (Zürich und Stuttgart 1965). Besonders verwiesen sei auf den umfangreichen, den letzten Stand der Forschung repräsentierenden bibliographischen Anhang («Zur Forschung», S. 303–340).

Geschichte in Dokumenten

Ferdinand Lassalle:
Reden und Schriften

Bismarck und die preußisch-deutsche Politik 1871–1890

Lebenszeichen aus Piaski
Briefe Deportierter aus dem Distrikt Lublin 1940–1943

Kirche und Staat
Von der Mitte des 15. Jahrhunderts bis zur Gegenwart

Utopie und Mythos der Weltrevolution
Zur Geschichte der Komintern 1920–1940

Das politische Tagebuch Alfred Rosenbergs

Katholische Kirche und Nationalsozialismus

Meldungen aus dem Reich. Aus den geheimen Lageberichten des Sicherheitsdienstes der SS 1939–1944

dtv-dokumente

»Ein Meisterwerk. Es wird Generationen hervorragende Dienste leisten.«
Süddeutsche Zeitung

Hermann Kinder/
Werner Hilgemann:
dtv-Atlas
zur Weltgeschichte
Karten und
chronologischer Abriß
Graphische Gestaltung
der Karten:
Harald und Ruth Bukor
Kunststoffeinband

Band 1:
Von den Anfängen
bis zur Französischen
Revolution
Im 420. Tausend

Band 2:
Von der Französischen
Revolution bis zur
Gegenwart
Im 370. Tausend

164 Hohes Mittelalter/Deutsches Reich V (1125–1190)

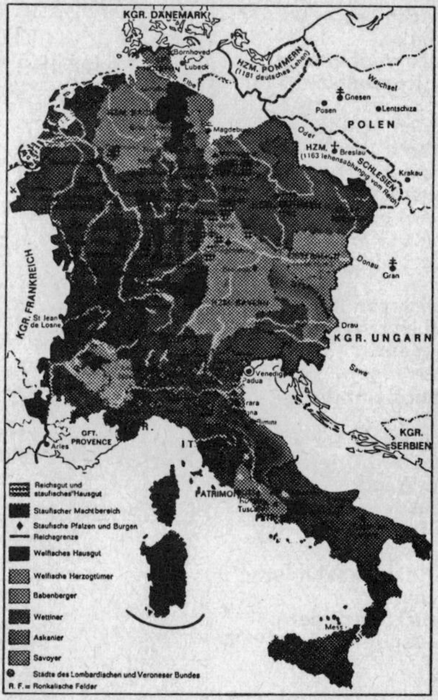

Das Reich der Hohenstaufen 1125–1254

dtv-Atlas zur Weltgeschichte

dtv